Michael P. Streck

Altbabylonisches Lehrbuch

D1705801

PORTA LINGUARUM ORIENTALIUM

Neue Serie

Herausgegeben von Werner Diem und Lutz Edzard

Band 23

2011

Harrassowitz Verlag · Wiesbaden

Michael P. Streck

ALTBABYLONISCHES LEHRBUCH

2011
Harrassowitz Verlag · Wiesbaden

Bibliografische Information Der Deutschen Bibliothek:
Die Deutsche Bibliothek verzeichnet diese Publikation in der Deutschen Nationalbibliografie; detaillierte bibliografische Daten sind im Internet über http://dnb.ddb.de abrufbar.

Bibliographic information published by Die Deutsche Bibliothek:
Die Deutsche Bibliothek lists this publication in the Deutsche Nationalbibliografie; detailed bibliographic data is available in the internet at http://dnb.ddb.de.

Informationen zum Verlagsprogramm finden Sie unter
http://www.harrassowitz.de/verlag

© Otto Harrassowitz KG, Wiesbaden 2011
Das Werk einschließlich aller seiner Teile ist urheberrechtlich geschützt.
Jede Verwertung außerhalb der engen Grenzen des Urheberrechtsgesetzes ist ohne Zustimmung des Verlages unzulässig und strafbar. Das gilt insbesondere für Vervielfältigungen jeder Art, Übersetzungen, Mikroverfilmungen und für die Einspeicherung in elektronische Systeme.
Gedruckt auf alterungsbeständigem Papier.
Druck und Verarbeitung: Hubert & Co., Göttingen
Printed in Germany

ISSN 0554-7342
ISBN 978-3-447-06456-9

Für Eva

Ex oriente lux

Es liegt im Grauen dunkel da
der Geschichte Morgen:
Osten! Gib die Rätsel preis!
Bleib uns nicht verborgen!

Viel Licht ist's, das du uns geschenkt:
Schriften, Künste, Staaten,
Dichtung, Handwerk, Könige
mit ruhmreichen Taten.

All dies steht geschrieben
in wundersamen Zeichen,
die aus uralt früher Zeit
zu uns rüber reichen.

Inhalt

Vorwort XIII

Abkürzungen XV
1 Bibliographische Abkürzungen in den Belegzitaten XV
2 Sonstige Abkürzungen XVII

I Kurzgefasste Grammatik 1
1 Geschichte des Akkadischen und des Altbabylonischen 2
2 Die Keilschrift 7
3 Phonologie 13
3.1 Phoneminventar 13
3.2 Vokale 14
3.3 /*m*/ 16
3.4 /*w*/ 17
3.5 /*d*/, /*t*/ und /*ṭ*/ 17
3.6 /*n*/ 18
3.7 /*z*/, /*s*/ und /*ṣ*/ 19
3.8 /*š*/ 20
3.9 /*j*/ 20
3.10 /*ʾ*/ 21
3.11 Konsonantenlänge 22
3.12 Die Silbe 22
4 Morpheme und ihre Funktionen 23
4.1 Wortklassen 23
4.2 Morphemtypen 23
4.3 Pronomina 23
4.3.1 Personalpronomina 23
4.3.2 Andere Pronomina 26
4.4 Nomina 27
4.4.1 Einleitung 27
4.4.2 Derivation (Nominalformen) 27
4.4.3 Genus 30
4.4.4 Numerus 32
4.4.5 Kasus 33
4.4.6 Status 38
4.4.7 Paradigmen zur Nominalflexion 39
4.5 Numeralia 43
4.6 Verben 44
4.6.1 Wurzeltypen 44
4.6.2 Übersicht über die Flexion 45

4.6.3 Personalaffixe ... 45
4.6.4 Tempora ... 46
4.6.5 Modi ... 54
4.6.6 Subordinativ ... 56
4.6.7 Ventiv ... 57
4.6.8 Verbalnomina ... 58
4.6.9 Übersicht über die Derivation (Stammbildung) ... 60
4.6.10 Starkes dreiradikaliges Verbum im Grundstamm ... 61
4.6.11 Gt-Stamm ... 63
4.6.12 D- und Dt-Stamm ... 65
4.6.13 Š- und Št-Stamm ... 67
4.6.14 N-Stamm ... 68
4.6.15 Die -tan-Stämme ... 70
4.6.16 Übersicht über die Flexion des starken Verbums ... 72
4.6.17 Verben secundae geminatae ... 72
4.6.18 Verben primae nun ... 72
4.6.19 Verben primae aleph ... 72
4.6.16 Übersicht über die Flexion des starken Verbums ... 73
4.6.20 Verben secundae aleph ... 75
4.6.21 Verben tertiae aleph ... 75
4.6.22 Verben primae waw ... 75
4.6.23 Verben secundae waw/jod (Verben secundae vocalis) ... 82
4.6.24 Verben tertiae waw/jod (Verben tertiae vocalis) ... 82
4.6.25 Vierradikalige Verben ... 87
4.6.26 Das Verb *izuzzum* „stehen“ ... 87
4.6.27 Das Verb *nīʾālum* „liegen“ ... 88
4.6.28 Das Verb *edûm* „wissen“ ... 94
4.6.29 Das Verb *išûm* „haben“ ... 94
4.6.30 Das Verb *nābutum* „fliehen“ ... 94
4.7 Präpositionen ... 95
4.8 Präpositionalphrasen ... 97
4.9 Subjunktionen ... 97
4.9.1 Übersicht ... 97
4.9.2 Relativsätze ... 99
4.9.3 Substantiv-Sätze ... 100
4.9.4 Temporalsätze ... 100
4.9.5 Kausalsätze ... 102
4.9.6 Konsekutivsätze ... 102
4.9.7 Finalsätze ... 102
4.9.8 Komparativsätze ... 102
4.10 Konjunktionen ... 102
4.11 Negationen ... 105
4.12 Partikeln der zitierten direkten Rede ... 105
4.13 Enklitisches *-ma* ... 106
5 Satzsyntax ... 107

5.1 Nichtverbale Sätze ... 107
5.2 Verbalsätze ... 108
5.3 Fragen ... 109
5.4 Syndetische und asyndetische Satzfolgen ... 109
5.5 Pendenskonstruktionen ... 110

II Lektionen ... 111
Lektion 1 ... 112
Lektion 2 ... 112
Lektion 3 ... 115
Lektion 4 ... 118
Lektion 5 ... 120
Lektion 6 ... 122
Lektion 7 ... 124
Lektion 8 ... 126
Lektion 9 ... 128
Lektion 10 ... 130
Lektion 11 ... 132
Lektion 12 ... 135
Lektion 13 ... 137
Lektion 14 ... 138
Lektion 15 ... 140

III Altbabylonische Lesestücke ... 144
1 Kodex Hammurapi ... 144
1.1 KH § 8 ... 144
1.2 KH § 129 ... 145
1.3 KH § 130 ... 146
1.4 KH § 136 ... 146
2 Omina ... 147
2.1 YOS 10, 11 i 23–27 ... 147
2.2 YOS 10, 46 i 45–47 ... 148
2.3 YOS 10, 56 i 34f. ... 148
2.4 YOS 10, 56 i 26f. ... 149
2.5 YOS 10, 56 iii 3–5 ... 149
2.6 YOS 10, 56 iii 8f. ... 150
3 Briefe Hammurapis ... 150
3.1 AbB 9, 32 = YOS 2, 32 ... 150
3.2 AbB 2, 24 = LIH 1, 24 ... 151
3.3 AbB 13, 12 ... 152
4 Eine Inschrift Hammurapis: RIME 4, 347–349 Nr. 12 ... 154
5 Beschwörungen ... 156
5.1 Gegen Fliegen: YOS 11, 6: 1–11 ... 156
5.2 Gegen Hundebiss: BiOr. 11, 82f. pl. II (LB 2001) ... 157
5.3 Um ein Baby zu beruhigen: ZA 71, 62 rev. ... 157
6 Zeichenliste zu den Lesestücken ... 159

IV Glossar ... 161

V Grundwortschatz ... 174
1 Substantive ... 174
1.1 Natur ... 174
1.1.1 Landschaft ... 174
1.1.2 Wetter ... 175
1.1.3 Tiere und Viehzucht ... 175
1.1.4 Pflanzen und Ackerbau ... 176
1.1.5 Mineralien ... 177
1.2 Mensch ... 177
1.2.1 Körper, Krankheit, Tod ... 177
1.2.2 Ernährung ... 179
1.2.3 Affekte ... 179
1.3 Gesellschaft ... 180
1.3.1 Familie ... 180
1.3.2 Soziale Schichten ... 180
1.3.3 Berufe ... 181
1.3.4 Palast ... 181
1.3.5 Krieg ... 182
1.3.6 Tempel und Religion ... 182
1.3.7 Haus und Stadt ... 184
1.3.8 Hausrat ... 184
1.3.9 Recht ... 185
1.3.10 Handel ... 186
1.3.11 Sprache und Schrift ... 186
1.4 Raum ... 187
1.5 Zeit ... 188
1.6 Quantität ... 188
1.7 Eigenschaftsabstrakta und verwandte Wörter ... 189
1.8 Handlungsabstrakta und verwandte Wörter ... 189
2 Adjektive ... 190
2.1 Raum (teilweise sekundär auch Zeit) ... 190
2.2 Zeit ... 191
2.3 Quantität ... 191
2.4 Farben, Reinheit (auch in übertragenem Sinn) ... 191
2.5 Sonstige Eigenschaften ... 191
3 Verben ... 192
3.1 Eigenschaften und Zustände ... 192
3.1.1 Dimension, Raum ... 192
3.1.2 Quantität ... 193
3.1.3 Farbe, Reinheit ... 193
3.1.4 Sonstige Eigenschaften und Zustände ... 193
3.2 Bewegung ... 194
3.2.1 Nicht zielgerichtete Bewegung ... 194

3.2.2 Zielgerichtete Bewegung ... 195
3.3 Sinnlich-geistige Wahrnehmung und Aktivität ... 196
3.3.1 Sehen, hören ... 196
3.3.2 Wissen ... 196
3.3.3 Sich kümmern ... 197
3.3.4 Suchen, finden ... 197
3.3.5 Wünschen ... 197
3.3.6 Warten ... 197
3.3.7 Sonstiges ... 197
3.4 Affekte ... 197
3.5 Sprechen, lesen, schreiben ... 198
3.6 Nehmen, geben, werfen, schütten ... 198
3.6.1 Nehmen ... 198
3.6.2 Geben, werfen, schütten ... 199
3.7 Erzeugen, bauen, zerstören, schlagen ... 200
3.7.1 Erzeugen, bauen ... 200
3.7.2 Zerstören, schlagen ... 200
3.8 Binden, schließen, ausstrecken usw. ... 200
3.8.1 Binden, schließen, ausstrecken ... 200
3.8.2 Trennen, schneiden, ausreißen, lösen, öffnen ... 201
3.9 Alltägliche Aktivität ... 201
3.10 Berufliche Aktivität ... 201
3.11 Rechtliche Aktivität ... 202
3.12 Kultische Aktivität ... 202
3.13 Wetter ... 203
3.14 Sonstiges ... 203

VI Zeichenindex ... 204

VII Lösung zu den Lektionen und Lesestücken ... 211
Lektion 1 ... 211
Lektion 2 ... 211
Lektion 3 ... 212
Lektion 4 ... 212
Lektion 5 ... 213
Lektion 6 ... 213
Lektion 7 ... 214
Lektion 8 ... 215
Lektion 9 ... 215
Lektion 10 ... 216
Lektion 11 ... 217
Lektion 12 ... 218
Lektion 13 ... 218
Lektion 14 ... 219
Lektion 15 ... 220
Lesestück 1.1. KH § 8 ... 221

Lesestück 1.2. KH § 129 ... 221
Lesestück 1.3. KH § 130 ... 221
Lesestück 1.4. KH § 136 ... 222
Lesestück 2.1. YOS 10, 11 i 23–27 ... 222
Lesestück 2.2. YOS 10, 46 i 45–47 ... 222
Lesestück 2.3. YOS 10, 56 i 34f. ... 222
Lesestück 2.4. YOS 10, 56 i 26f. ... 222
Lesestück 2.5. YOS 10, 56 iii 3–5 ... 223
Lesestück 2.6. YOS 10, 56 iii 8f. ... 223
Lesestück 3.1. AbB 9, 32 = YOS 2, 32 ... 223
Lesestück 3.2. AbB 2, 24 = LIH 1, 24 ... 223
Lesestück 3.3. AbB 13, 12 ... 224
Lesestück 4. Eine Inschrift Hammurapis: RIME 4, 347–349 Nr. 12 ... 224
Lesestück 5.1. Gegen Fliegen: YOS 11, 6: 1–11 ... 225
Lesestück 5.2. Gegen Hundebiss: BiOr. 11, 82f. pl. II (LB 2001) ... 225
Lesestück 5.3. Um ein Baby zu beruhigen: ZA 71, 62 rev. ... 225

VIII Grammatische Terminologie ... 227

IX Index zitierter Paragraphen des Kodex Hammurapi ... 234

X Literatur ... 235

Vorwort

Das vorliegende Lehrbuch führt anhand des altbabylonischen Dialektes in das Akkadische ein, die nach Umfang, geographischer Breite und chronologischer Länge der Bezeugung bedeutendste altorientalische Sprache und zugleich eine der wichtigsten semitischen Sprachen. Zugleich bietet es eine Einführung in die Keilschrift, das wichtigste Schriftsystem des Alten Orients, in dem auch das Akkadische verfasst ist.

Das Lehrbuch ist wie folgt aufgebaut: Kapitel I enthält eine kurzgefasste Grammatik des Altbabylonischen. Kapitel II besteht aus 15 Lektionen, in denen die Grammatik, das Vokabular, die Keilschriftzeichen und die Technik von Transkription und Transliteration eingeübt werden. Kapitel III bietet in den neuassyrischen Duktus sowie in die altbabylonische Kursive umgesetzte und kommentierte altbabylonische Lesestücke, die im Anschluss an die Lektionen durchgearbeitet werden können. Kapitel IV stellt ein Glossar dar, das den Wortschatz der Lektionen und der Lesestücke erschließt. Kapitel V enthält einen nach Wortklassen und Bedeutungsgruppen gegliederten akkadischen Grundwortschatz. Kapitel VI ist ein Zeichenindex zu den Lektionen und Lesestücken. Kapitel VII bietet Lösungen zu den Übungen in den Lektionen und den Lesestücken. Kapitel VIII stellt die in diesem Lehrbuch verwendete grammatische Terminologie mit ganz knappen Erläuterungen zusammen. Kapitel IX ist ein Index zitierter Paragraphen des Kodex Hammurapi. Die Literaturliste (Kapitel X) beschließt das Lehrbuch.

Das vorliegende Lehrbuch ist aus einem seit 1991 immer wieder umgearbeiteten und erweiterten Vorlesungsskript entstanden; dieses bestand zuletzt vor allem aus einer umfangreichen, wiewohl unvollständigen Grammatik des Altbabylonischen, aus der die kurzgefasste Grammatik „destilliert" wurde.

Für dieses Buch wurden dankbar die Unicode Cuneiform Fonts des Hethitologie Portals (www. hethiter.net) verwendet.

Bei der Fertigstellung des Lehrbuches unterstützten mich die folgenden Studentinnen des Leipziger Altorientalischen Instituts: Josephine Fechner, Juliane Sellenk, Theresa Blaschke, die auch die Endformatierung durchführte, und Anna Jordanova, die Korrekturen las.

Lutz Edzard danke ich für seine Korrekturen und Anregungen und die Aufnahme des Lehrbuchs in die altehrwürdige Porta Linguarum Orientalium.

Leipzig, im Dezember 2010 Michael P. Streck

Abkürzungen

1 Bibliographische Abkürzungen in den Belegzitaten

Für weitere Abkürzungen in der Literaturliste s. http://www.lrz-muenchen.de/~rla/ unter Reallexikon der Assyriologie und Vorderasiatischen Archäologie, Abkürzungsverzeichnisse.

AAA	Annals of Archaeology and Anthropology (Liverpool 1908–1948).
AbB	F. R. Kraus (ed.), Altbabylonische Briefe in Umschrift und Übersetzung (Leiden 1964ff.).
AfO	Archiv für Orientforschung (Berlin etc. 1923ff.).
AHw.	W. von Soden (ed.), Akkadisches Handwörterbuch, 1–3 (Wiesbaden 1959–1981).
Akk.	Akkadica. Périodique bimestriel de la Fondation Assyriologique Georges Dossin (Brüssel 1977ff.); Supplementum (Löwen 1983ff.).
AnOr.	Analecta Orientalia (Rom 1931ff.).
AOAT	Alter Orient und Altes Testament (Neukirchen-Vluyn 1969ff.).
AoF	Altorientalische Forschungen. Schriften zur Geschichte und Kultur des alten Orients (Berlin [1974]ff.).
ARM	Archives royales de Mari, traduction (Paris 1950ff.).
AS	Assyriological Studies (Chicago 1931ff.).
ASJ	Acta Sumerologica (Hiroshima 1979ff.).
Atr.	W. G. Lambert/A. R. Millard, Atra-ḫasīs. The Babylonian Story of the Flood, with M. Civil, The Sumerian Flood Story (Oxford 1969).
AulaOr.	Aula Orientalis (Barcelona 1983ff.); Suppl. (1991ff.).
BagM	Baghdader Mitteilungen (Berlin/Mainz 1960ff.).
BiOr.	Bibliotheca Orientalis (Leiden 1943/44ff.).
BSOAS	Bulletin of the School of Oriental and African Studies (London 1917ff.).
CAD	A. L. Oppenheim/E. Reiner et al. (ed.), The Assyrian Dictionary of the University of Chicago (Chicago 1956ff.).
CM	Cuneiform Monographs (Groningen/Leiden 1992ff.).
CRRA	Compte rendu de la ...e Rencontre Assyriologique Internationale (1951ff.).
CT	Cuneiform Texts from Babylonian Tablets in the British Museum (London 1896ff.).
Fs. Perrot	F. Vallat (ed.), Contribution à l'histoire de l'Iran: mélanges offerts à Jean Perrot (Paris 1990).

GAG	W. von Soden, Grundriß der akkadischen Grammatik (= AnOr 33, ^{1}1952; ^{3}1995).
Gilg.	Gilgamešepos, zitiert nach George 2003.
GKT	K. Hecker, Grammatik der Kültepe-Texte (= AnOr. 44, 1968).
HAL	s. Koehler, L. und W. Baumgartner 1967.
HdOr.	Handbuch der Orientalistik (Leiden 1948ff.).
HS	Hilprecht-Sammlung (Jena), Tafelsignatur.
HSAO	Heidelberger Studien zum Alten Orient (Bd. 2ff.: Heidelberg 1988ff.).
HSS	Harvard Semitic Series (Cambridge, Mass. 1912ff.).
JAOS	Journal of the American Oriental Society (New Haven etc. 1843/49ff.).
JCS	Journal of Cuneiform Studies (New Haven/Boston etc. 1947ff.).
JNES	Journal of Near Eastern Studies (Chicago 1942ff.).
JRAS	Journal of the Royal Asiatic Society of Great Britain and Ireland (London 1834ff.); Cent. Suppl.= Centenary Supplement (1924).
KH	Kodex Ḫammurapi, ed. R. Borger 1979, 5–50; Keilschrifttext: ibid., 286–314.
LIH	L. W. King, The Letters and Inscriptions of Hammurabi, King of Babylon, about B.C. 2200, to Which Are Added a Series of Letters of Other Kings of the First Dynasty of Babylon, I (London 1898)/II–III (London 1900).
LSS	Leipziger semitistische Studien (Leipzig 1903–1920); NF (1931–1932).
MAD	I. J. Gelb (ed.), Materials for the Assyrian Dictionary, 1–5 (Chicago 1952–1970).
M.A.R.I.	MARI. Annales de Recherches Interdisciplinaires (Paris 1982ff.).
MSL	B. Landsberger/M. Civil et al., Materialien zum sumerischen Lexikon/Materials for the Sumerian Lexicon (Rom 1937ff.).
MVAeG	Mitteilungen der Vorderasiatischen (ab 1921: Vorderasiatisch-Ägyptischen) Gesellschaft (Berlin/Leipzig 1896ff.).
OBTR	S. Dalley/C. B. F. Walker/J. D. Hawkins, The Old BabylonianTablets from Tell al Rimah (Hertford, Engl. 1976).
ÖB	G. Pettinato, Die Ölwahrsagung bei den Babyloniern (StSem. 21–22, Rom 1966).
OECT	Oxford Editions of Cuneiform Texts (Oxford 1923ff.).
OLA	Orientalia Lovaniensia Analecta (Löwen 1974/75ff.).
OLZ	Orientalistische Literaturzeitung. Monatsschrift für die Wissenschaft vom ganzen Orient und seine(n) Beziehungen zu den angrenzenden Kulturkreisen (Titel variiert) (Berlin/Leipzig 1898ff.).
Or. (NS)	Orientalia, NS = Nova Series (1932ff.).
Or. Suec.	Orientalia Suecana (Uppsala/Stockholm 1952ff.).
PBS	Publications of the Babylonian Section, University of Pennsylvania, (Philadelphia 1911ff.).
PIHANS	Publications de l'Institut historique et archéologique néerlandais de Stamboul (Leiden 1956ff.).

RA	Revue d'Assyriologie et d'Archéologie Orientale (Paris 1884/85ff.).
RB	Revue biblique (Paris 1892ff.).
RHA	Revue hittite et asianique (Paris 1930/32ff.).
SAACT	State Archives of Assyria, Cuneiform Texts (Helsinki 1997ff.).
StOr.	Studia Orientalia (Helsinki 1925ff.).
StPohl SM	Studia Pohl: dissertationes scientificae de rebus Orientis antiqui (Rom 1967ff.); SM = Series Maior (1969ff.).
Sumer	Sumer. A Journal of Archaeology (and History) in Iraq (bis 1973: in Arab World) (Baghdad 1945ff.).
Syria	Syria. Revue d'art oriental et d'archéologie (Paris 1920ff.).
TCL	Textes cunéiformes. Musée du Louvre, Département des Antiquités Orientales (Paris 1910ff.).
TLB	Tabulae Cuneiformes a F. M. Th. de Liagre Böhl Collectae Leidae Conservatae (Leiden 1954–1973).
UCP	University of California Publications in Semitic Philology (Berkeley 1907ff.).
UET	Ur Excavations, Texts (London 1928ff.).
UVB	Vorläufiger Bericht über die von der Notgemeinschaft der Deutschen Wissenschaft in Uruk-Warka unternommenen Ausgrabungen (Titel variiert) (Berlin 1930ff.).
VAB	Vorderasiatische Bibliothek (Leipzig 1907ff.).
VS	Vorderasiatische Schriftdenkmäler der Königlichen Museen zu Berlin (Leipzig 1907–1917), NF Vorderasiatische Schriftdenkmäler der Staatlichen Museen zu Berlin (Berlin 1971ff.).
WZKM	Wiener Zeitschrift für die Kunde des Morgenlandes (Wien 1887ff.).
YOS	Yale Oriental Series. Babylonian Texts (New Haven/London/Oxford 1915ff.).
ZA	Zeitschrift für Assyriologie und verwandte Gebiete (seit 1939: und vorderasiatische Archäologie) (Leipzig/Berlin 1886ff.).
ZDMG	Zeitschrift der Deutschen Morgenländischen Gesellschaft (Wiesbaden etc. 1847ff.); Suppl.= Supplementa (1969ff.).

2 Sonstige Abkürzungen

Akkad.	Akkadisch
akkad.	akkadisch
aB	altbabylonisch
Altbab.	Altbabylonisch
c.	commune
fem.	feminin
Fem.	Femininum
Inf.	Infinitiv
jB	jungbabylonisch
mask.	maskulin
Mask.	Maskulinum
Mittelbab.	Mittelbabylonisch
nB	neubabylonisch
ON	Ortsname
Part.	Partizip
Perf.	Perfekt
Pl.	Plural
PN	Personenname
Präs.	Präsens
Prät.	Präteritum

Sg.	Singular
spB	spätbabylonisch
St. cstr.	Status constructus
Sum.	Sumerisch
sum.	sumerisch

Nur in Tabellen, im Fließtext ausgeschrieben:

Adjkt.	Adjektiv
Akk.	Akkusativ
Altakkad.	Altakkadisch
Altassyr.	Altassyrisch
Dat.	Dativ
Du.	Dual
f.	feminin
Frühaltbab.	Frühaltbabylonisch
Gen.	Genitiv
genitiv.	genitivisch
kons.	konsonantisch
Kons.	Konsonant
Lok.	Lokativ
m.	maskulin
Mittelassyr.	Mittelassyrisch
Neubab.	Neubabylonisch
Neuassyr.	Neuassyrisch
Nom.	Nominativ
Obl.	Obliquus
Protoakkad.	Protoakkadisch
selbst.	selbstständig
Spätbab.	Spätbabylonisch
Subst.	Substantiv
suff.	suffigiert
Term.	Terminativ

I Kurzgefasste Grammatik

Die folgende Grammatik nennt sich aus drei Gründen „kurzgefasst“: a) Sie beschränkt sich auf die Teile, die für den Anfängerunterricht von besonderer Bedeutung sind; dies sind eine synchrone Beschreibung insbesondere von Schriftlehre und Morphologie, während Phonologie und Syntax ebenso zurücktreten müssen wie historische, etymologische oder semitistische Erwägungen. b) Auf eine ausführliche Illustration der Grammatik durch eine Fülle von Belegen muss zugunsten weniger besonders aussagekräftiger und eindeutiger Belege verzichtet werden. Belege, die der Diskussion im Detail bedürfen, werden weggelassen. c) Für Diskussionen unterschiedlicher Grammatik-Auffassungen ist in einem für Anfänger gedachten Werk ebenfalls kein Platz; es wird versucht, diesen Mangel durch die beigegebenen Literaturangaben zu lindern, wobei mitunter durch knappe Zusätze („anders“ u. ä.) verdeutlicht wird, dass diese von der hier gebotenen Auffassung abweichen. Es bleibt zu betonen, dass ich auch von Autoren, die andere Interpretationen vertreten, viel gelernt habe.

Konstruierte Belege sind im altsprachlichen Unterricht, der nicht auf kompetente Muttersprachler zurückgreifen kann, problematisch. Daher werden im Fließtext Originalbelege verwendet; diese sind aB Briefen (einschließlich Mari), Urkunden, Königsinschriften, wissenschaftlichen Texten (Omina) und literarischen Texten entnommen. Diese Belege werden oft mit Belegstelle zitiert; dies ist für den Anfänger entbehrlich, erlaubt jedoch dem Fachmann die Nachprüfung. Lediglich die in den Paradigmen genannten Formen sind immer ohne Belegstellen angegeben und teilweise konstruiert, um dem Lernenden weitgehend vollständige Paradigmen eines einzelnen Nomens oder Verbs bieten zu können; es besteht allerdings kein Zweifel daran, dass alle diese Formen so bildbar sind. Belegstellen lassen sich über die Wörterbücher (AHw. und CAD) relativ mühelos auffinden. Bei den abgeleiteten Stämmen des Verbs und beim schwachen Verb bleiben aber auch in den Paradigmen manche Lücken.

Die gebrauchte Grammatikterminologie (Kapitel VIII) und die Art der Darstellung folgen meist der traditionellen Akkadistik und Semitistik. Beide haben sich in meinen Augen bewährt. In der Anordnung der Syntax folge ich einem formalen Ansatz derart, dass Funktionen direkt im Anschluss an die Formen erklärt werden. Daher finden sich z. B. die Funktionen der Tempora im Kapitel über das Verb (§§ 91–94) und die subjunktionalen und konjunktionalen Sätze im Kapitel der Partikeln (§§ 137–148 und §§ 149–151). Das Kapitel der Syntax ist daher besonders kurz (§§ 155–161).

1 Geschichte des Akkadischen und des Altbabylonischen

§ 1 Die Semitistik gliedert die semitischen Sprachen gewöhnlich in zweidimensionalen Stammbaummodellen. Zunächst dient dabei lediglich die grobe geographische Lage als oberstes Einteilungskriterium, indem Begriffe wie „Ostsemitisch", „Westsemitisch" etc. in Gebrauch sind. Allerdings entsprechen dieser nur scheinbar oberflächlichen Einteilung gewichtige sprachliche Gegebenheiten, so dass sie in bestimmtem Rahmen ihre Berechtigung hat. Die gängigen Stammbaummodelle differieren in zahlreichen Details. Das folgende Modell ist stark vereinfacht:

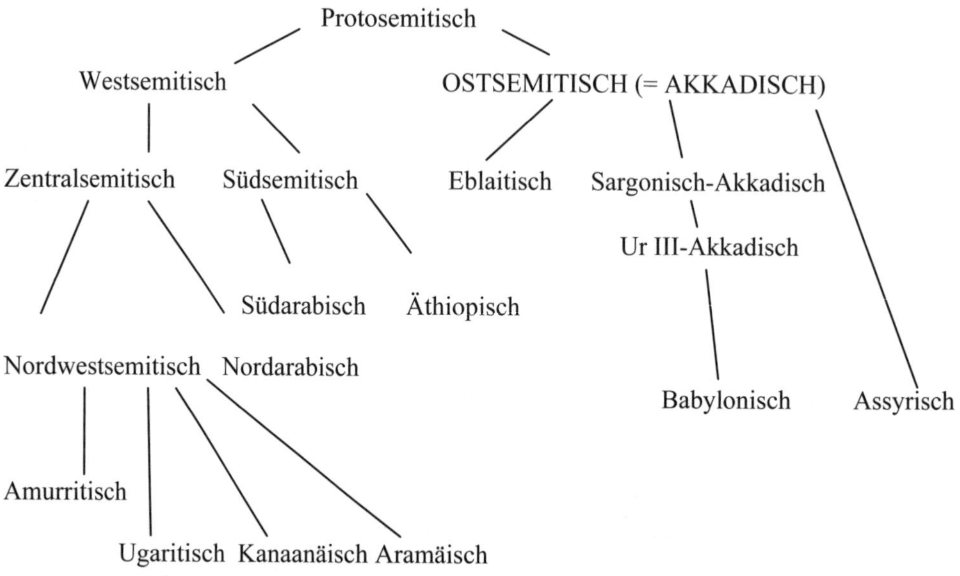

Nach diesem Modell ist das Akkad. einschließlich der Sprache von Ebla innerhalb der semitischen Sprachen der einzige Vertreter des Ostsemitischen. Ihm steht das Westsemitische mit den beiden wichtigsten Untergruppen Zentralsemitisch und Südsemitisch (Altsüdarabisch, Äthiopisch, Neusüdarabische Sprachen(?)) gegenüber. Das Zentralsemitische gliedert sich in das Nordwestsemitische (Amurritisch, Ugaritisch, Kanaanäisch (Phönizisch, Hebräisch), Aramäisch) und Nordarabische. Ostsemitisch gliedert sich im 3. Jt. u. a. in die Dialekte von Ebla und des Sargonisch-Akkad. Das Ur III-Akkad. vom Ende des 3. Jt. ist ein Vorläufer des Babylonischen. Erst mit Beginn des 2. Jt. wird auch das Assyrische greifbar.

Tiefergehende Darstellungen der semitischen Sprachen, die auch das Akkad. in vollem Umfang berücksichtigen, sind Moscati et alii 1964, Lipiński 1997 und Kienast 2001. Kurzdarstellungen mit guter Berücksichtigung des Akkad. sind etwa Huehnergard 1992 und 1995. Für Stammbaummodelle s. z. B. Hetzron 1974; Voigt 1987a; Huehnergard 1992, 157. Mit besonderem Blick auf das Akkad. ist das stärker abweichende Modell von Parpola 1988, 298 erwähnenswert. Grundlegende Kritik am Stammbaummodell übt L. Edzard 1998. Zum Eblaitischen s. Krebernik

1996, Tropper 2003, Edzard 2006, Huehnergard 2006, 3–5, Rubio 2006. Zum Sargonisch-Akkad. s. zuletzt Hasselbach 2007.

§ 2 Das Akkad. ist aufgrund des Umfangs, der Vielseitigkeit, der chronologischen und geographischen Distribution der in ihm verfassten Quellen die bedeutendste Sprache des Alten Orients. Das Korpus besteht aus mehr als 10 000 000 Wörtern Text, die sich auf ca. 144 000 archivalische Texte sowie monumentale und kanonische Texte mit reicher Parallelüberlieferung verteilen. Die einheimische (akkad. *akkadû* bzw. *akkadītu*) und zugleich moderne Bezeichnung „Akkadisch" für Babylonisch, Assyrisch und andere Varietäten derselben Sprache geht auf die in Nordbabylonien liegende, noch nicht genau lokalisierte Stadt Akkad, die Hauptstadt der Dynastie von Akkade (ca. 2400–2200 v. Chr.), zurück. Die akkad. Sprachgeschichte differenziert die im historischen Sprachwandel entstehenden Sprachperioden, regionale Dialekte und durch verschiedene Textgattungen bedingte Sprachebenen. Sie berücksichtigt darüber hinaus die nach Zeit, Ort und Textkategorie unterschiedliche Keilschriftorthographie.

Das grammatische Standardwerk ist von Soden 1952, ^{2}1969, ^{3}1995. Es gibt einen Überblick über die gesamte akkad. Sprachgeschichte, konzentriert sich jedoch besonders auf das Altbab. Als ganzes unüberholt, ist dieses Werk heute aufgrund des starken Quellenzuwachses und neuer methodischer Anforderungen in zahlreichen, z. T. bedeutsamen Einzelpunkten revisionsbedürftig. S. zur ersten Auflage vor allem die Rezension von Gelb 1955, zur zweiten von Hirsch 1975 und zur dritten die Rezensionen von Huehnergard 1997a, Kouwenberg 1997 und Streck 1998. Buccellati 1996 erhebt keinen Anspruch, eine neue Referenzgrammatik zu sein, sondern stellt im Wesentlichen die bei von Soden 1995 gebuchten Fakten unter bestimmten strukturalistischen Gesichtspunkten dar; s. die Rezensionen von Streck 1998a, Kouwenberg 1998 und Farber 2001. Einen Vorgänger hat Buccellati in Reiner 1966, ein Werk, das allerdings keine Syntax enthält; zu Reiner s. die Rezension von von Soden 1968. Streck 2007, 44–79 gibt einen Überblick über das Akkad. mit Schwerpunkt Altbab. – Lexika sind: von Soden 1958–1981, drei Bände; Oppenheim et alii 1956ff. (im Laufe der langen Editionsgeschichte wechselnde Herausgeber; am wichtigsten ist neben Oppenheim E. Reiner), zurzeit 19 Bände, noch unvollständig. Zur Geschichte akkad. Lexikographie: Borger 1984. – Lehrbücher: Riemschneider 1969, Borger 1979, Caplice 1988 und Huehnergard 1997, ^{2}2005. Sie gehen grammatisch kaum über von Soden 1952 hinaus; s. zu Huehnergard die Rezensionen von Streck 1999 und Farber 2001. – Bibliographien zur akkad. Grammatik in von Soden 1995, xxix–xxxi, Reiner 1970, 296–303, Huehnergard 1997, xxxi–xl, Streck 2007, 73–79. – Zum Umfang des akkad. Schrifttums s. Streck im Druck.

§ 3 Akkad. Sprachgeschichte: Sprachperioden und Dialekte samt Kontaktsprachen mit

Vor 2700	2700–2000	2000–1900	1900–1500
Protoakkad.	Altakkad.	Frühaltbab.	Altbab./-assyr.
	---Ebla (<--*Nordwestsemitisch*)		-(?)-(?)------------
	---Beydar		
			-(?)-(?)------------
	---Mari--(?)-(?)-----------	Mari-(?)-(?)-----	Mari (<--*Sumerisch, Amurritisch*)
	---Sargonisch-Akkadisch, Ur III-Akkad.------------ (<--*Sumerisch*)	Babylonien-(?)- (<--*Sumerisch*)	Babylonien------- (<--*Sumerisch*)
	---Diyāla-(?)-(?)----------	Diyāla-(?)--(?)--	Diyāla-------(?)---
			Susa--------------- (<--*Elamisch*)
	------------------------------	-------------------	Assyrien---------- (<--*Babylonisch, anatolische Sprachen*)

sichtbarem Einfluss auf das Akkad.:

1500–1000	1000–600	600–300 n. Chr.
Mittelbab./-assyr.	Neubab./-assyr.	Spätbab.
Amarna, Ugarit, Emar (<--*Nordwestsemitisch*)		
Hattuša (<--*Hethitisch*)		
Babylonien------------- (<--*Kassitisch*)	Babylonien--------- (<--*Aramäisch*)	Babylonien (<--*Aramäisch, Altpersisch, Griechisch*)
Nuzi (<--*Hurritisch*)		
Susa (<--*Elamisch*)		
Assyrien----------------- (<--*Babylonisch, Hurritisch*)	Assyrien (<--*Babylonisch, Aramäisch*)	

§ **4** Das Altbab., das diesem Lehrbuch zugrunde liegt, kündigt sich im Ur III-Akkad. und in verschiedenen archaischen Dialekten (ca. 2000–1900) Babyloniens, des Diyālagebietes und Maris an; besonders auffällig ist die Form der 3. Pl. mask. *tiprusū* in Mari. Die sehr zahlreichen und sich auf alle Textgattungen verteilenden Quellen für das Altbab. der 1. Dynastie von Babylon (ca. 1900–1500) sowie der „Lim"-Dynastie in Mari (ca. 1800–1750) greifen über den Süden des Zweistromlandes im Osten bis in den Westiran, im Nordwesten dem Euphrat folgend bis nach Nordsyrien, im Norden bis nach Assyrien aus. Literarische Texte zeigen erstmals die Entwicklung einer teilweise archaisierenden, sich stilistisch abhebenden Kunstsprache. Die Schrift passt sich dem vielleicht unter sum. Einfluss veränderten Lautstand der Sprache weiter an. Sumerer und die von der Region des Mittleren Euphrats nach Zentralbabylonien eindringenden nomadischen Amurriter werden sprachlich und kulturell assimiliert.

Zum Ur III-Akkad. s. Hilgert 2002. Zu den archaischen Dialekten allgemein s. A. Westenholz 1978, 163, speziell für Mari Limet 1975, A. Westenholz 1978, 163–166, und vor allem Gelb 1992, 171–195, für Ešnunna im Diyālagebiet Whiting 1987, 5–22. Zu *tiprusū* s. Edzard 1985: die Form ist auch schon in Ebla bezeugt, s. Krebernik 1996, 245 Nr. 35. Eine durch zahlreiche neue Quellen z. T. überholte Beschreibung der in Mari bezeugten Dialekte bietet Finet 1956. Den Dialekt von Susa beschreiben De Meyer 1962 und Salonen 1962. Zur Sprache der aB Dichtung s. von Soden 1931 und 1933. Zum Terminus „hymnisch-epischer Dialekt" s. zuletzt J. G. Westenholz 1997, 181–183. Zum aB Wortschatz s. Kogan 2006.

§ **5** Das Altbab. ist zur Zeit durch ca. 45.000 Texte mit zusammen ca. 2.560.000 Wörtern bezeugt. Die folgenden Text-Typen sind in den verschiedenen Regionen des aB Sprachgebietes belegt:

Texttypen	Süden	Norden	Westen	Assyrien	Diyāla	Elam
Alltagsbriefe	X	X	X	X	X	X
Königliche Korrespondenz	X	X	X	X	X	X
Verwaltungstexte	X	X	X	X	X	X
Königsinschriften	X	X	X	X	X	X
Jahresnamen	X	X	X	–	X	X
Edikte	X	X	–	–	X	X
Omina	X	X	X	–	X	X
Lexikalische Texte	X	X	–	–	X	X
Schultexte	X	X	–	–	X	X
Mathematische Texte	X	X	–	–	X	X
Zweisprachige Texte	X	X	–	–	X	X
Epische (mythische) Texte	X	X	–	–	X	X
Hymnen, Gebete, Beschwörungen	X	X	X	–	X	X

Zum Umfang des aB Schrifttums und zu dem der Keilschriftsprachen allgemein s. Streck in Druck. Die Übersicht über die aB Text-Typen ist von Lieberman 1977, 13, adaptiert.

2 Die Keilschrift

§ 6 Die akkad. Sprache wird mit der von den Sumerern erfundenen Keilschrift geschrieben. Der Keil entsteht durch das Eindrücken des zugeschnittenen Griffelkopfes in den feuchten Ton. Jedes Keilschriftzeichen besteht aus einem oder mehreren Keilen, von welchen es fünf Grundformen gibt: Waagerechter, Schräger oder, Winkelhaken und Senkrechter. Äußerlich verändert sich die Schrift im Lauf der Jahrhunderte und zeigt auch regionale Unterschiede und Unterschiede bezüglich des Schreibmaterials (Ton oder Stein). In den folgenden Paragraphen zur Schrift wird der neuassyrische Duktus zugrundegelegt. In den Lektionen und Lesestücken dagegen wird zusätzlich auch die aB Kursive geboten.

Die Standard-Zeichenliste ist Borger 2004. Wegen des paläographischen Teils immer noch empfehlenswert ist auch die Zeichenliste von (Malbran-)Labat 1976. Eine allgemeine Einführung in die Keilschrift bieten u. a. Krebernik/Nissen 1994.

§ 7 Die Keilschrift ist eine Wort-Silbenschrift. Jedes Keilschriftzeichen besitzt einen oder mehrere Zeichenwerte. Drei Typen von Zeichenwerten sind unterscheidbar:

a) Logogramme (Wortzeichen, bisweilen auch „Ideogramme“ genannt) stehen für ein Wort oder mehrere ganze Worte. So steht z. B. das Zeichen (AN) für *ilum* (sum. DINGIR) „Gott“, *šamû* (sum. AN) „Himmel“ und *Anum* (sum. AN) „der Himmelsgott Anum“. Auch zwei oder mehr Zeichen zusammen können für ein einziges akkadisches Wort stehen: (DAM.GÀR) für *tamkārum* „Kaufmann“.

b) Phonogramme (Lautzeichen, auch „Syllabogramme“) stehen für eine Silbe bzw. einen Vokal oder mehrere Silben bzw. Vokale. So steht z. B. das Zeichen (NA) für die Silbe */na/*, das Zeichen (UM) für die Silbe */um/*.

c) Determinative (Deutzeichen) stehen vor oder nach einem Logogramm und kennzeichnen das durch das Logogramm ausgedrückte Wort als zu einer bestimmten semantischen Wortklasse gehörig. So steht z. B. das Zeichen (AN) auch als Determinativ vor Götternamen, das Zeichen (MEŠ) nach Wörtern im Pl.

Für den Terminus Logogramm s. Krebernik/Nissen 1994, 276. Eine Liste der in Mari gebräuchlichen Determinative bietet Bottéro in Bottéro/Finet 1954, 72.

§ 8 Die meisten Zeichen sind gleichzeitig Logogramm, Phonogramm und mitunter auch Determinativ. So steht z. B. das Zeichen (A) als Logogramm für das Wort *mû* (sum. A) „Wasser“ und als Phonogramm für den Vokal */a/*, das Zeichen (KI) als Logogramm für das Wort *erṣetum* (sum. KI) „Erde“, als Phonogramm für die Silbe */ki/* und als Determinativ ^{ki} nach Ortsnamen.

§ 9 Aus praktischen Gründen wird Keilschrift oft in Alphabetschrift umgesetzt. Dabei unterscheiden wir zwischen Transliteration und Transkription. Die Transliteration gibt Zeichen für Zeichen wieder, wobei die zu einem Wort gehörigen Zeichen durch Bindestriche miteinander verbunden sind. Die Transkription ist eine phonemische Rekonstruktion, d. h. eine Wiedergabe der Lautgestalt des Wortes (wenn auch nicht der genauen Aussprache). So wird z. B. die Zeichenfolge 𒄿 𒇻 𒌝 mit *i-lu-um* transliteriert, mit *ilum* transkribiert. Die Transliteration wird besonders bei Textbearbeitungen, die Transkription in der Grammatik und im Lexikon gebraucht. Großbuchstaben in der Transliteration geben Logogramme mit ihrer sum. Lesung wieder. Meint das Zeichen 𒀭 (AN) z. B. „Himmel" mit der akkad. Lesung *šamû,* wird AN (die sum. Lesung von „Himmel") transliteriert. Determinative schließlich werden in der Transliteration ebenfalls mit der sum. Lesung hochgestellt: 𒀭 𒈨𒌍 (DINGIR^{meš}) mit der Lesung *ilū/ilānū* „Götter".

§ 10 Vokallänge erscheint nur in der Transkription, nicht aber in der Transliteration. Zwei Typen von Vokallänge werden differenziert: Durch Kontraktion zweier Vokale entstandene Vokallänge (§ 28) wird durch Zirkumflex, z. B. */û/* < **/ī-u/*, jede andere, d. h. strukturelle oder durch Monophthongierung entstandene Vokallänge durch Längestrich über dem Vokal, z. B. */ū/*, markiert.

§ 11 Wortanlautendes, manchmal auch silbenanlautendes ʾ im Inlaut wird in der Akkadistik anders als in anderen semitischen Sprachen nicht transkribiert, weil die Keilschrift es hier oft nicht eigens bezeichnet. So transkribiert man z. B. statt *ʾilum* vielmehr *ilum.* Da jedoch jede Silbe und somit auch der Wortanlaut in den semitischen Sprachen mit Konsonant beginnt, steht auch eine Transkription *ilum* phonemisch für *ʾilum. ilum* ist lediglich eine Vereinfachung der Transkription und darf nicht etwa zu dem Schluss führen, das Wort beginne mit einem Vokal *i.*

§ 12 Abgebrochene Zeichen werden in der Umschrift durch eckige Klammern (z. B. *a-wi-*[*lam*]), nur halb zerstörte durch halbe eckige Klammern (z. B. *a-wi-*⸢*lam*⸣) markiert.

§ 13 Viele Wörter können sowohl logographisch als auch phonographisch geschrieben werden. So kann z. B. *rabûm* „groß" mit dem Logogramm 𒃲 (GAL), aber auch syllabisch 𒊏 𒁍 𒌝 (*ra-bu-um*) wiedergegeben werden. Bisweilen werden beide Schreibweisen miteinander kombiniert. So erscheint etwa das Wort für *ilum* „Gott" gerne als 𒀭 𒈝 (DINGIR-*lum*), d. h. Logogramm DINGIR für „Gott" und Phonogramm *lum. lum* wird dann auch als phonetisches Komplement bezeichnet und bisweilen in der Transliteration hochgestellt (DINGIR^{lum}).

§ 14 Es gibt vier Typen von Phonogrammen: K(onsonant)-V(okal), VK, KVK und V, z. B. 𒆷 (*la*), 𒄠 (*am*), 𒇴 (*lam*) und 𒀀 (*a*). Ein Zeichen kann mehrere phonographische Werte besitzen. So steht z. B. das Zeichen 𒌓 (UD) für die Silben */ud/*, */ut/*, */uṭ/*, */tam/* und */pir/*. Umgekehrt können die meisten Silben oder Vokale durch mehrere Zeichen phonographisch wiedergegeben werden. So schreibt man z. B. den Vokal */u/* 𒌋, 𒌑 oder 𒅇. In der Transliteration werden die verschiedenen Zeichen für dieselbe Silbe bzw. denselben Vokal durch Akzente oder Indizes auseinandergehalten: *u* (= u_1), *ú* (= u_2), *ù* (= u_3), (u_4, u_5 usw.).

§ 15 Geschlossene Silben (Typ */KVK/*) werden entweder durch KVK-Zeichen oder häufiger durch eine Kombination eines KV- und eines VK-Zeichens dargestellt: KV_1-V_1K für */KV_1K/*. So schreibt man die Silbe */lam/* entweder mit dem KVK-Zeichen 𒇴 (*lam*) oder durch die KV$_1$-V$_1$K-Kombination (*la-am*). Eine Transliteration *i-la-am* steht also in der Regel für *i/lam*, nicht etwa für **i/la/ʾam*. Vor langem Konsonanten kann der Silbenschluss auch unbezeichnet bleiben, z. B. (*i-la-ak*) für *il/lak*.

§ 16 Die folgende Tabelle enthält eine Übersicht über die im Altbab. gebräuchlichen Phonogramme des Typs KV und VK (einige sehr seltene sind eingeklammert) und die Vokalzeichen. Dabei steht M für Mari und S für Südbabylonien:

	K*a*	K*e*	K*i*	K*u*	*a*K	*i*K	*u*K
b	*ba*	*be* *bé*=*bi*	*bi*	*bu*	*ab*	*ib*	*ub*
p	*pa* (*pa*$_{12}$ = *pi*)		*pi*(S) *pí*=*bi*	*pu*=*bu*	*ap*=*ab*	*ip*=*ib*	*up*=*ub*
m	*ma*	*me*	*mi* *mì*=*me*	*mu*	*am*	*im*	*um*
w	*wa*=*pi*	*we*=*pi*	*wi*=*pi*	*wu*=*pi*			
d	*da*		*di*	*du*	*ad*	*id*	*ud*
t	*ta* *tá*=*da*	*te*	*ti*	*tu*	*at*=*ad*	*it*=*id*	*ut*=*ud*
ṭ	*ṭa*=*da* *ṭá*=*ta* *ṭà*=*ḫi*	*ṭe*$_4$=*te*	*ṭi*=*di* *ṭi*$_4$=*te*(M)	*ṭù*=*du*(S) *ṭú*=*tu* (nicht S)	*aṭ*=*ad*	*iṭ*=*id*	*uṭ*=*ud*
n	*na*	*ne* *né*=*ni*	*ni*	*nu*	*an*	*en* *in*	*un*
z	*za*		*zi* *zí*=*ṣi*	*zu*	*az* *áz*=*áš*	*iz*	*uz*
s	*sa* *sà*=*za*		*si* *sí*=*zi*	*su* *sú*=*zu*	*as*=*az* *ás*=*áš*	*is*=*iz* *ís*=*iš* *ìs*=*ab*	*us*=*uz* *ús*=*uš*
ṣ	*ṣa*=*za*		*ṣí*=*zi* *ṣi*	*ṣú*=*zu*	*aṣ*=*az*	*iṣ*=*iz*	*uṣ*=*us*

	K*a*	K*e*	K*i*	K*u*	*a*K	*i*K	*u*K
l	*la*		*li* *lí=ni*	*lu*	*al*	*el* *il*	*ul*
r	*ra*		*ri* *rí*	*ru*	*ar*	*ir*	*ur* *úr*
š	*ša*	*še*	*ši*	*šu*	*aš* *áš*	*eš* *iš* *èš = ab* (M)	*uš* *úš = be*
j	*ia* *ia=pi*		*ii=ia* *ji=pi* *jì=e* (M)	*iu=ia* *ju=pi*			
g	*ga*		*gi* *gi*$_4$	*gu*	*ag*	*ig*	*ug*
k	*ka*		*ki*	*ku*	*ak=ag*	*ik=ig*	*uk=ug*
q	*qá=ga* (nicht M) *qa* (nur M)		*qì=gi* (S, M) *qí=ki*	*qù=gu* (nur S) *qú=ku* (nicht S)	*aq=ag*	*iq=ig*	*uq=ug*
ḫ	*ḫa*		*ḫi*	*ḫu*	*aḫ*	*iḫ=aḫ*	*uḫ=aḫ* *úḫ*
	ʾa$_4$*=ḫa*	(*ʾe = aḫ*)	*ʾì=ḫi*	*ʾu*$_5$*=ḫu*	*aʾ=aḫ*	*iʾ=aḫ*	*uʾ=aḫ*
ʾ	*a* (*à=pi*)	*e* (*e*$_x$*= pi*)	*i* *ì=ni*	*ú* *ù* *u* *u*$_4$			

Das Standardwerk zu den Phonogrammen ist von Soden/Röllig 1991. Für das Syllabar von Mari s. auch Bottéro in Bottéro/Finet 1954, 33–66.

§ **17** Die Keilschrift unterscheidet *e* und *i* nur in einigen Fällen. Meistens werden die *i*-haltigen Silbenzeichen für *e* mitverwendet.

§ 18 Im Silbenauslaut werden stimmlose, stimmhafte und sogenannte emphatische Konsonanten nicht unterschieden: so steht das Zeichen (AD) für die Silben */ad/*, */at/* und */aṭ/*. Auch im Silbenanlaut werden stimmhaft und stimmlos nur z. T. differenziert, z. B. *pi* und *bi*, nicht aber *b/pu*. Eigene Keilschriftzeichen für Silben mit *ṭ*, *ṣ* und *q* im Silbenanlaut werden erst nach und nach entwickelt und sind auch dann nur für einen Teil der Silben verfügbar. Das erste Zeichen, welches schon aB nur für einen sogenannten "emphatischen" Konsonanten benutzt wird, ist (SÌLA) für die Silbe */qa/* in Mari. Sonst werden entweder die Zeichen für stimmlosen oder stimmhaften Konsonanten, für *ṣ* immer die letzteren, mitverwendet.

§ 19 Die folgende Tabelle enthält die aB gebräuchlichen Phonogramme des Typs KVK nach dem ersten Konsonanten geordnet:

b	*bad/t/ṭ*, *bar*, *bil*, *bil*, *bur*
p	*pár*, *píl*, *pir*, *pur*
m	*mad/t/ṭ*, *maḫ*, *mar*, *maš*, *mil*, *mur*
d	*dag/k/q*, *dam*, *dan*, *dar*, *dim*, *din*, *dum*, *dur*
t	*tab*, *tág/k/q*, *taḫ*, *tam*, *tar*, *taš*, *til*, *tim*, *tir*, *tum*
ṭ	*ṭam*, *ṭar*, *ṭim*, *ṭum*, *ṭur*
n	*nam*, *nim*, *nir*, *núm*, *nun*
ṣ	*ṣar*, *ṣir*, *ṣum*, *ṣur*
l	*lam*, *làḫ*, *lig/k/q*, *lim*, *luḫ*, *lum*
r	*rum*
š	*šar*, *šum*
g	*gal*, *gàr*, *gim*, *gir*, *gur*
k	*kab/p*, *kal*, *kam*, *kar*, *kir*, *kum*, *kur*
q	*qal*, *qar*, *qir*, *qum*
ḫ	*ḫal*, *ḫar*, *ḫir*, *ḫur*

§ 20 Normalerweise ist die phonographische Orthographie silbengerecht, d. h. phonemisch. Jeder Silbe entspricht ein KV(-VK)- oder KVK-Zeichen: *a-na-ku-ma* AbB 9, 92: 20 *a|nā|ku|ma*. *li-il-li-kam* AbB 9, 93: 15 *lil|li|kam*.

§ 21 Vokalpleneschreibungen sind Schreibungen des Typs KV_1-V_1 oder V_1-V_1K. Die häufigsten Funktionen der Vokalpleneschreibung sind:

a) Ausdruck der Vokallänge (vgl. § 24a), sei es strukturelle (nur gelegentlich bezeichnet) oder durch Vokalkontraktion entstandene (häufig durch Pleneschreibung bezeichnet): *ab-nu-ú* AbB 9, 61: 6 *abnū* „Steine", *ú-ka-a-al* AbB 2, 37: 6 *ukāl* „Er hält.", *ra-bi-i-im* AbB 2, 62: 16 *rabîm* < **rabī-im*. Dies ist die traditionelle Deutung; möglicherweise geben diese Pleneschreibungen jedoch primär einen Akzent wieder, der vielleicht in vielen Fällen auf

Silben mit langem Vokal liegt. Dann wären diese und die im Folgenden genannte Funktion identisch.

b) Ausdruck des Satz- oder Wortakzents (im Folgenden in Transkription durch Akzentzeichen wiedergegeben). Zahlreiche Fälle lassen sich differenzieren; die häufigsten und am besten erkennbaren sind: In Fragen ohne Fragewort: *iṣī ša in-na-ak-su maṣṣar(ū) qišātim ik-ki-su-ú ina qātim aḫītim in-na-ak-su-ú* AbB 4, 20: 21–25 „Haben die Waldwächter die Bäume, die gefällt worden sind, *gefällt*? Sind sie von fremder Hand *gefällt worden*?" (beachte ohne Pleneschreibung *in-na-ak-su* außerhalb und *ik-ki-su-ú* sowie *in-na-ak-su-ú* mit Pleneschreibung innerhalb der Frage). Auf der Silbe vor enklitischem *-ma*: *a-ḫu-ka-a-ma* ARM 28, 96: 3 *aḫukáma*. Auf offener Silbe mit kurzem Vokal vor einem Pronominalsuffix: *ša bi-ti-i-ša* AbB 9, 49: 9 *bītíša*.

Zum *i* des Genitivs s. anders Hecker 2000.

c) Ausdruck von silbenöffnendem /ʾ/: *e-ek-me-et* YOS 10, 33 iii 55 *ʾekmet*, *i-li-a-am-ma* LSS 1/1, 56: 62 *īlīʾamma*.

In allen diesen Fällen sind Vokalpleneschreibungen fakultativ und wechseln mit einfachen KV- oder VK-Schreibungen. Öfter ist zu beobachten, dass in bestimmten Texten, etwa aus Larsa oder Ilanṣura, Pleneschreibungen gehäuft auftreten, was für Eigenheiten von Schreiberschulen oder einzelner Schreiber spricht.

Vgl. Aro 1971, 250 für die Vermutung, dass Vokalpleneschreibungen nicht dem Ausdruck der Vokallänge, sondern des Akzents dienen. – Für Pleneschreibungen in Ilanṣura s. Charpin 1989, 32. – Für den Sonderfall *a-a* zum Ausdruck von /*j*/ oder /ʾ/ s. Mayer 2003.

§ **22** Konsonantenlänge (Gemination, s. § 52) wird im Altbab. häufig (K)VK_1-K_1V(K) geschrieben. Manchmal unterbleibt aber eine entsprechende Notation. Mitunter innerhalb eines einzigen Textes wechseln Schreibung und Nicht-Schreibung der Konsonantenlänge: *i-li-kam* AbB 6, 146: 16 *illikam* neben *il-li-kam* ebd. 10.

§ **23** a) Im Silbenanlaut am Wortanfang oder zwischen zwei verschiedenen Vokalen im Wortinneren bedarf der Konsonant /ʾ/ keines schriftlichen Ausdrucks, weil er hier den akkad. Silbengesetzen entsprechend selbstverständlich ist: *e-še-re-et* Sumer 7, 33: 2 *ʾešeret*, gewöhnlich *ešeret* transkribiert (s. § 11). *an-ni-a-tum* AbB 6, 194: 22 *ʾannīʾātum*, gewöhnlich *annīātum* transkribiert. Auch zwischen zwei gleichen Vokalen ist /ʾ/, insbesondere langes /ʾʾ/, oft nicht notiert: *ú-qá-a-ka* AbB 6, 137: 10 *uqaʾʾāka*.

b) Im Anlaut einer geschlossenen Silbe wird /ʾ/ oft durch Vokalpleneschreibung wiedergegeben (s. § 21c): *i-il-la-ku-ma* AbB 7, 133: 20 *ʾillakūma*, gewöhnlich *illakūma* transkribiert. *ša-ni-a-am* AbB 7, 53: 11 *šanīʾam*, gewöhnlich *šanīam* transkribiert.

Für den Typ *i-il-la-ku-* vgl. Kouwenberg 2004 mit Interpretation als *îllakū*.

3 Phonologie

3.1 Phoneminventar

§ 24 a) Die aus dem Protosemitischen ererbten Vokalphoneme sind: /*a*/, /*i*/, /*u*/, /*ā*/, /*ī*/, /*ū*/. Makron bezeichnet strukturelle oder durch Monophthongierung aus den Diphthongen */*aw*/ und */*aj*/ entstandene Länge. Die Akkadistik unterscheidet davon durch Kontraktion zweier benachbarter Vokale entstandene Länge, welche in der Transkription durch Zirkumflex markiert wird (§ 28): /*â*/, /*î*/, /*û*/. Die Keilschrift drückt erstere nur gelegentlich, letztere dagegen meist durch Vokalpleneschreibung (z. B. K*u-ú* für /*û*/) aus (s. § 21a). Es ist unklar, ob die beiden unterschiedlich entstandenen Längen auch eine verschiedene Aussprache hatten.

b) Zusätzlich zu den aus dem Protosemitischen ererbten Vokalphonemen kommen sekundär aus /*a*/, /*ā*/ oder /*i*/ entwickeltes /*e*/ und /*ē*/ (§ 26), die in der Keilschrift allerdings nicht konsequent von /*i*/ und /*ī*/ geschieden sind. /*e*/ und /*ē*/ haben beschränkten Phonemcharakter, wie die folgenden Minimalpaare zeigen: *allī* „meine Hacke" : *ellī* „Ich werde hinaufsteigen." : *illī* „Er wird hinaufsteigen." : *ullī* „Er hat erhöht." *ālī* „meine Stadt": *ēlī* „Ich bin hinaufgestiegen." : *īlī* „Er ist hinaufgestiegen."

c) Minimalpaare zeigen, dass auch Vokallänge phonemisch ist: *šarratum* „Königin": *šarrātum* „Königinnen". *elī* „auf" : *ēlī* „Ich bin hinaufgestiegen." *ilī* „mein Gott": *īlī* „Er ist hinaufgestiegen." *mutum* „(Ehe-)Mann" : *mūtum* „Tod".

Für die Möglichkeit einer unterschiedlichen Aussprache von struktureller und durch Vokalkontraktion bezeichneter Länge s. die Diskussion bei Buccellati 1996, 20f. – Zu /*ō*/ in lexikalischen Texten aus Nippur s. A. Westenholz 1991. – Die Beispiele für phonemisches /*e*/ und /*ē*/ verdanke ich D. O. Edzard. – Für den Phonemcharakter von Vokallänge s. Buccellati 1996, 19.

§ 25 Die Rekonstruktion der Artikulation der Konsonanten beruht auf Beobachtungen der Keilschriftorthographie, semitistischen Erwägungen und Transkriptionen akkad. Wörter in anderen Schriften. Sie weicht von der traditionellen Aussprache der Altorientalistik mehrfach ab. Alle Konsonanten kommen in phonologisch relevanter Längung vor (vgl. § 52). Als Bezeichnungen für die Konsonanten verwendet die Altorientalistik gewöhnlich die Namen des hebräischen oder arabischen Alphabets. In der folgenden Tabelle sind die Konsonanten in der Reihenfolge der primären Artikulationsbasis von labial bis glottal angeordnet:

Phonem	rekonstruierte Artikulation	traditionelle Aussprache	Hebräischer Buchstabe
/*b*/	[*b*] bilabialer stimmhafter Verschluss	deutsch **B**ach	Beth
/*p*/	[*p*] bilabialer stimmloser Verschluss	deutsch **P**ost	Pe
/*m*/	[*m*] bilabialer stimmhafter Nasal	deutsch **M**utter	Mem
/*w*/	[*w*] bilabialer stimmhafter Frikativ	englisch **w**ell	Wau
/*d*/	[*d*] dentaler stimmhafter Verschluss	deutsch **D**ame	Daleth
/*t*/	[*t*] dentaler stimmloser Verschluss	deutsch **T**ochter	Tau

Phonem	rekonstruierte Artikulation	traditionelle Aussprache	Hebräischer Buchstabe
/ṭ/	[*t*ʾ] dentaler stimmloser(?) glottalisierter Verschluss	arabisch **ṭ**, d. h. velarisiert	Tet
/n/	[*n*] dentaler stimmhafter Nasal	deutsch **N**ase	Nun
/z/	[*dz*] dentale stimmhafte Affrikate mit Allophon [*z*] (dentaler stimmhafter Sibilant)	englisch **z**ero	Sajin
/s/	[*ts*] dentale stimmlose Affrikate mit Allophon [*s*] (dentaler stimmloser Sibilant)	deutsch **S**ohn	Samech
/ṣ/	[tsʾ] dentale stimmlose glottalisierte Affrikate mit Allophon [sʾ] (dentaler stimmloser glottalisierter Sibilant)	arabisch **ṣ**, d. h. velarisiert, oder hebräisch **ṣ**, d. h. wie deutsch **Z**ahn	Zade
/r/	[*r*] dentaler stimmhafter Vibrant	süddeutsch **R**abe, spanisch **r**ey	Resch
/l/	[*l*] alveolarer stimmhafter Lateral	deutsch **L**and	Lamed
/š/	[*tɬ*] affrizierter(?) alveolarer stimmloser Lateral	deutsch **Sch**wein	Schin
/j/ oder /y/	[*j*] präpalataler stimmhafter Frikativ	deutsch **J**ahr	Jod
/g/	[*g*] palataler stimmhafter Verschluss	deutsch **G**arten	Gimel
/k/	[*k*] palataler stimmloser Verschluss	deutsch **K**ind	Kaph
/q/	[*k*ʾ] palataler glottalisierter Verschluss	arabisches **q**, d. h. als Velar	Koph
/ḫ/	[*ḫ*] velarer stimmloser Frikativ	deutsch Ba**ch**	Chet
/ʾ/	[ʾ] glottaler stimmloser Verschluss	deutsch be-achten	Aleph

Zur Aussprache von /s/, /z/, /ṣ/ und /š/ s. Streck 2006 und 2008. – Zur glottalisierten Aussprache der sogenannten Emphatica /ṭ/, /ṣ/ und /q/ s. Cantineau 1952, 93; Knudsen 1961; Edzard 1983, 134f.; Bomhard 1988, 115f.

3.2 Vokale

§ 26 Das sekundäre Phonem /e/ (§ 24b) entsteht aus unterschiedlichen Gründen:

a) Während das Altakkad. (§ 3) noch die aus dem Protosemitischen ererbten Konsonanten /ḥ/, /ʿ/ oder /ġ/ besitzt, schwinden diese Konsonanten im Altbab. entweder ganz oder fallen mit /ḫ/ zusammen (letzteres bei /ḥ/ oder /ġ/). Schwinden sie, wird oft, aber nicht immer /a/ in derselben Silbe zu /e/; stehen diese Konsonanten ursprünglich im Silbenanlaut, entsteht gleichzeitig immer sekundäres (§ 47), vokalischen Silbenanlaut vermeidendes (§ 53) /ʾ/: *eqlum* (genauer *ʾeqlum*) „Feld" < **ḥaql-*, *ep*(*e*)*rum* (genauer *ʾeperum*) „Staub" < **ʿapr-*; für Verben der primae aleph *e*-Gruppe s. § 122a, für Verben mediae *ē* § 126b, für Verben tertiae *ē* § 127b. Bei Nomina der Form *PaRS*, *PiRS* oder *PuRS* mit drittem Radikal */ḥ/ oder */ʿ/ wird /a/ der vorangehenden Silbe bei gleichzeitiger Ersatzdehnung (vgl. § 48b für /ʾ/ als drittem Radikal) zu /ē/: **qamḥum* > *qēmum* „Mehl". Auch der Schwund von ursprünglich anlautendem */j/ bewirkt den Umlaut /a/ > /e/ (§ 122a): **janāqum* „saugen" > *enēqum*.

Für */ḥ/ > /ḫ/ s. Tropper 1995, für die verschiedenen Reflexe von */ġ/ im Akkad. Kogan 2001. Kogan 2001, 284 lässt offen, ob der Umlaut /a/ > /e/ bei *ebûm* „dick sein", *eṭûm* „dunkel sein" und *ešûm* „verwirren" durch den Schwund von */ġ/ oder durch den dritten schwachen Konsonanten bedingt ist. Unklar ist auch, inwieweit die Reflexe nur verschiedene orthographische Realisationen eines in Resten noch erhaltenen /ġ/ sind oder tatsächlich sprachliche Realität besitzen (Kogan 2001, 287). Huehnergard 2003 will aus den unterschiedlichen Reflexen von */ḥ/ im Akkad. einen weiteren protosemitischen Konsonanten erschließen.

b) Ein Umlaut /a/ > /e/ erfolgt auch in der Nachbarschaft eines weiteren /e/. Betroffen sind Vokale innerhalb des Wortstamms ebenso wie Vokale von Prä-, In- und Suffixen: *epēšum* < **epāšum* „tun". *te-ppeš* < **ta-ppeš* „Du tust.", *e-ppeš* < **a-ppeš* „Ich tue.", *ī-te-peš* < **ī-ta-peš* „Er tat.", *ī-ten-eppeš* < *ī-tan-appeš* „Er tut immer wieder.", *epš-et* < **epš-at* „Sie ist getan." In literarischen Texten unterbleibt der Umlaut mitunter: *epšātūšu* RIME 4, 348: 7, 23 „seine Taten" statt *epšētūšu*. Nicht von diesem Umlaut betroffen sind normalerweise das *-ā* des Pl. und die Akkusativendung *-am*: *ippeš-ā* „Sie tun.", *teppeš-ā* „Ihr tut.", *epš-am* „Getanes". Vgl. § 122e für *uppaš* neben *uppeš*.

c) Die Umlaute /a/ > /e/ und /i/ > /e/ (letzterer in der Keilschriftorthographie nicht immer sicher fassbar) erfolgen oft in der Umgebung von /r/ oder /ḫ/, allerdings nicht konsequent. /e/ greift dabei auch auf andere Silben über: *arṣatum* > *erṣetum* „Erde". *išabbir* > *išabber* > *išebber* „Er zerbricht." *utīr* > *utēr* „Er brachte zurück." *ḫašiḫ* > *ḫašeḫ* „Er braucht."

Zu *išebber* s. Huehnergard 1997, 592.

§ 27 Der zweite Vokal in der Folge von zwei kurzen Vokalen in offenen Silben hintereinander außerhalb der Pronominalsuffixe wird normalerweise elidiert:

a) Bei Adjektiven der Nominalform *PaRaS*, *PaRiS*, oder *PaRuS* (§ 65c–e): **ra|pa|šum* > *rapšum* „breit", **da|mi|qum* > *damqum* „gut", **le|mu|num* > *lemnum* „schlecht".

b) Beim Pl. fem. Substantive (§ 84a): **na|pi|šā|tum* > *napšātum* „Leben" (Sg. *napištum*), **tu|ku|lā|tum* > *tuklātum* „Vertrauen" (Sg. *tukultum*).

c) Beim Stativ (§ 108b): **Pa|Ri|Sat* > *PaRSat*, **Pa|Ri|Sā|ku* > *PaRSāku*, **Pa|Ri|Sū* > *PaRSū*.

d) Beim Imperativ G (§ 108a): **Pu|Ru|Sī* > *PuRSī*, **Pu|Ru|Sā* > *PuRSā*.

e) Beim Perf. G = Prät. Gt (§§ 108a, 109d): **iP|ta|Ra|Sū* > *iPtaRSū*, **taP|ta|Ra|Sī* > *taPtaRSī*.

f) Beim Part. Gt: **muPtaRiSum* > *muPtaRSum*.

g) Beim Imperativ, Inf. und Verbaladjektiv Gt (§ 109c–d): **Pi|ta|RaS* > *PitRaS*, **Pi|ta|Ru|Sum* > *PitRuSum*.

h) Beim Prät. und Part. N (§ 115d–e): **ip|PaR|i|Sū* > *ipPaRSū*, **mup|Pa|Ri|Sum* > *mupPaRSum*.

i) Optional unterbleibt die Vokalelision jedoch bisweilen bei Konsonanten hoher Sonorität: Vor /r/, vor und nach /l/, und vielleicht selten vor /n/: *na-ki-ri* KH ii 68 *nakirī*

„Feinde", aber *na-ak-ra-am* YOS 10, 31 viii 35 *nakram* „Feind". *a-ka-lam* Gilg. OB II 87 *akalam* „Brot", aber *ak-lam* ib. 96 *aklam*. *ḫa-ta-ni* AbB 11, 148: 10' *ḫatanī* „mein Verschwägerter". In sum. und amurritischen Lehnwörtern: *nu-ḫa-ti-mi-im* TCL 10, 106: 9 *nuḫatimmim* (< Sum.) „Koch", aber *nu-uḫ-ti-mi* ARM 13, 101: 30 *nuḫtimmī* „Köche". *ia-ba-mi-ša* OBTR 143: 10 *jabamiša* (< Amurritisch) „ihres Schwagers". Im Pl. fem. Nomina: *bu-tu-qá-tim* YOS 10, 46 iv 46 *butuqātim*, *bu-tu-qá-*[*tum*] YOS 10, 26 iii 29, *butuqā*[*tum*] „Dammbrüche". Zu *u*/*ūbilū* neben *ublū* s. § 125c.

Zu amurritischen Lehnwörtern s. Streck 2000, 120 und 128 § 1.104 mit weiteren Beispielen.

§ 28 a) Zwei aufeinanderfolgende Vokale werden in der Regel kontrahiert, wobei der zweite Vokal dominiert. Es entsteht ein kontraktionslanger Vokal, dessen Länge durch Zirkumflex „^" bezeichnet wird (s. §§ 10, 24a): **rabī-um* > *rabûm* „groß". **rubā-um* > *rubûm* „Fürst". **šadū-um* > *šadûm* „Berg". **rabī-ūtum* > *rabûtum* „große". **rubā-ātum* > *rubâtum* „Fürstinnen". **ibnī-ū* > *ibnû* „Sie bauten." In literarischen Texten unterbleibt die Vokalkontraktion mitunter: *ibnīʾu* RIME 4, 349: 43 „(das, was) er gebaut hat."

b) Die Vokalfolgen /*ī*/*ē-a*/ und /*ī-ā*/ bleiben dagegen meist erhalten: **rabī-am* > *rabīʾam* „groß". **rabī-ātum* > *rabīʾātum* „große". **ibnī-ā* > *ibnīʾā* „Sie bauten." Nur selten werden /*ī-a*/ und /*ī-ā*/ zu /*â*/ kontrahiert: **ibnī-ā* > *ibnâ* „Sie bauten." In Mari wird /*ī-a*/*ā*/ meistens zu /*īji*/*ījī*/*î*/: *annīʾātim* > *annījītim* > *annîtim*.

c) Die Vokalfolgen /*ā-i*/ oder /*ā-ī*/ werden zu /*ê*/ oder /*î*/ (beim Verbum immer /*î*/): **rubā-im* > *rubêm*, seltener *rubîm* „des Fürsten". **rubā-ī* > *rubê*, seltener *rubî* „der Fürsten". **taklā-ī* > *taklî* „Du hieltest zurück."

Edzard 1999 sieht in den Vokalkontraktionen Analogiebildungen. – Zu *rabûm* anstatt **rābum* s. Krebernik 2006, 88f. – Zur Deutung der Mari-Orthographie für *annījītim*/*annîtim* s. Streck 1998 zu GAG § 16k*.

3.3 /*m*/

§ 29 Nicht wurzelhaftes /*m*/ ist verschiedenen Dissimilations- und Assimilationsprozessen ausgesetzt. Zum einen wird das /*m*/ des derivativen Präfixes *ma-* (§ 65f) bei einer Wurzel, die einen der Labiale /*b*/, /*p*/, /*m*/ oder /*w*/ enthält, zu /*n* dissimiliert: **marmakum* > *narmakum* „Badewanne". Zum anderen assimiliert sich /*m*/ von Flexionssuffixen immer an einen folgenden Konsonanten. Vier Fälle lassen sich dabei differenzieren:

a) Lokativsuffix -/*ūm*/ vor den Pronominalsuffixen: *ri-tu-uš-ša* VS 10, 214 ii 10 *rittūšša* < **rittūm-ša* „in ihrer Hand".

Weitere Belege für den Lokativ bei Groneberg 1978/9, 24–26.

b) Dativ- vor Akkusativsuffixen: *a-ṭà-ar-ra-da-ak-ku-úš-*[*š*]*u-ma* ARM 1, 62: 15 *aṭarradakkuš*[*š*]*uma* < **aṭarrad-am-kum-šu-ma* „Ich werde ihn dir senden."

c) Ventivsuffixe vor Dativ- oder Akkusativsuffixen: *li-id-di-nu-ni-ik-ki-im* AbB 11, 40: 15 *liddinūnikkim* < **liddinū-nim-kim* „Sie mögen dir geben."

Zur Ventivendung s. mit anderer Erklärung Edzard 2003, 92.

d) Akkusativ /*-am*/ im Kompositum *ūmakkal* < **ūmam kal* „einen Tag lang".

§ 30 Die Mimation der Kasusendungen, des Ventivs, des pronominalen Dativs und der Präposition/Subjunktion *aššum* wird Altbab. noch ganz überwiegend geschrieben. Selten wird die Mimation nicht geschrieben, wobei innerhalb eines einzigen Textes Schreibungen mit und ohne Mimation wechseln können: *tup-pa-ti ši-na-ti* ARM 1, 11: 11 *tuppāti šināti* „diese Tafeln", aber *tup-pa-a-tim* ebd. Z. 5. Vermutlich fehlte die Mimation in der gesprochenen aB Sprache schon viel häufiger, als die Schreibungen zeigen. Erst im Mittelbab. wird das Fehlen der Mimation auch in der Schriftsprache in vollem Umfang erkennbar.

Zur Häufigkeit des Erhalts der Mimation s. Buccellati 1996, 150.

3.4 /*w*/

§ 31 /*w*/ ist ein schwacher Konsonant, der in verschiedenen Positionen Lautwandel unterliegt:

a) Die Lautfolge */*aw*/ ist ein Diphthong, der gewöhnlich zu /*ū*/ (oder /*ō*/?, s. § 24 Literatur) monophthongiert wird: **mawtum* > *mūtum* „Tod".

b) Der Diphthong /*uw*/ wird gewöhnlich zu /*ū*/ monophthongiert: **imannuw* > *imannū* „zählt". Ausnahmen finden sich unter Systemzwang bei einigen Formen von Wurzeln I-*w*: *uw*$_x$(*um*)-*ta-ar-ru-nim-ma* AbB 10, 79: 14 *uwtarrûnimma* „wurden abgetrennt" zum D-Stamm *wurrûm* „abtrennen". Die Lautfolge /*uww*/ bleibt dagegen immer erhalten: *nu*!-*wi-ir* ARM 4, 59: 9f. *nuwwir* „Erleuchte!"

c) */*w*/ als dritter Radikal von Nomina der Form *Pa*/*i*/*uRS* schwindet bei gleichzeitiger Ersatzdehnung des vorangehenden Vokals: **minwum* > *mīnum* „Zählung". Sonst bleibt postkonsonantisches /*w*/ erhalten: *at-wa*$_6$(*ma*)-*ki-im* ZA 49, 170: 6 *atwākim* „Dir ist gesagt."

d) In Wurzeln II-w, die zugleich III-infirmae sind, ist /*w*/ in allen Positionen stark: *i-la-a-wi* RA 40, 91: 33 *ilawwī* „umgibt". *la-wi-at* YOS 10, 9: 2 *lawīʾat* „Sie ist umgeben." *al-wi-šu* AfO 12, 364: 18 *alwīšu* „Ich umgab ihn."

§ 32 Bei *wabālum* kommt regressive Assimilation von /*w*/ an /*b*/ vor. Betroffen sind meistens Inf., Part. und Stativ des G-Stammes, immer der N-Stamm sowie nominale Ableitungen von der Wurzel WBL: *ba-ba-lam* AbB 5, 162: 8 *babālam* < *wabālam* „Bringen" (Akkusativ). *ba-bi-la-at* LIH 95: 19 *bābilat* < *wābilat* „Bringerin" (St. cstr.). *ba-bi-il* Sumer 14, 50: 5 *babil* < *wabil* „ist gebracht". *babbilum* AHw. 94 „Kornträger". *babbilūtum* AHw. 94 „Kornträgerdienst". *biblum* AHw. 125 „Bringen, Gebrachtes". *ibbabbal* usw. AHw. 1454 „wird gebracht" (und andere Formen des N-Stamms).

3.5 /*d*/, /*t*/ und /*ṭ*/

§ 33 /*d*/ als zweiter oder dritter Radikal assimiliert sich an einen unmittelbar folgenden Konsonanten: An folgendes /*t*/: *pirittum* < **piridtum* AHw. 866 „Schrecken". An folgendes /*š*/: *eššum* < **edšum* AHw. 258f. „neu".

§ 34 /*t*/ der Verbalinfixe /*t*(*a*)/ und /*tan*/ (nicht aber /*t*/ der Fem.endung!) assimiliert sich voll an unmittelbar vorausgehendes oder folgendes /*d*/, /*ṭ*/, /*z*/, /*s*/ und /*ṣ*/ sowie an folgendes (nicht aber vorausgehendes!) /*š*/: *id-du-uk-šu* KH § 244 *iddūkšu* < **idtūkšu* „Er tötete ihn."

– *aṭ-ṭà-ra-a*[*d*] ARM 1, 41: 12 *aṭṭara*[*d*] < **aṭtarad* „Ich schickte.“ *iz-za-kar* KH § 18 *izzakar* < **iztakar* „Er nannte.“ *ta-as-sà-na-ḫu-ri* AbB 3, 15: 15 *tassanaḫḫurī* < **tastanaḫḫurī* „Du suchst immer wieder.“ *iṣ-ṣa-ba-at* ARM 1, 5: 33 *iṣṣabat* < **iṣtabat* „Er ergriff.“ *pí-ša-aš* ARM 7, 45: 2 *piššaš* < **pitšaš* „sich salben“. Vgl. aber *iš-ta-ak-nu* ARM 1, 69: 15' *ištaknu* „er sich verschafft hat“.

S. Streck 2006, 218 für die phonetische Interpretation des Befundes.

§ **35** /*t*/ der Verbalinfixe /*t*(*a*)/ und /*tan*/ wird nach unmittelbar vorausgehendem /*g*/ zu /*d*/: *ig-da-am-ru* ARM 2, 133: 13 *igdamrū* < **igtamrū* „Sie vollendeten.“ *-mt-* werden zu *-nd-* **mumtagrum* > *mundagrum* „willfährig“.

§ **36** /*ṭ*/ als dritter Radikal assimiliert sich immer an unmittelbar folgendes /*t*/ der Fem.endung: *ḫa-mu-ti-im* ARM 7, 161: 16 *ḫamuttim* < **ḫamuṭtim* „Eile“.

S. – mit Richtigstellung von GAG § 29e – Hirsch 1975, 293f.

§ **37** Bei Kontakt zwischen /*d*/, /*t*/ und /*ṭ*/ als dritter Radikal und /*š*/ der Pronominalsuffixe entsteht die Affrikate [ts], geschrieben Z, traditionell als *s* transliteriert und transkribiert (s. § 43).

3.6 /*n*/

§ **38** Oft assimiliert sich /*n*/ an einen folgenden Konsonanten. Allerdings ist nicht jedes /*n*/ gleich stark davon betroffen:

a) Immer assimiliert sich das derivative /*n*/ des N(tn)-Stamms (§ 115a, e):**inPaRRaS* > *ipPaRRaS* „Es wird entschieden.“ (Präs.), **inPaRiS* > *ipPaRiS* „Es wurde entschieden.“ (Prät.), **intaPRaS* > *ittaPRaS* „Es wurde entschieden.“ (Perf.), **munPaRSum* > *mupPaRSum* (Part.).

b) In allen Formen mit Ausnahme des N(tn)-Stamms assimiliert sich das /*n*/ der Wurzeln I-*n* (§ 121):**indin* > *iddin* „Er gab.“ (Prät. G), **intadin* > *ittadin* „Er gab.“ (Perf. G), **ušandan* > *ušaddan* „Er lässt geben.“ (Präs. Š), **manjalum* > *majjalum* „Schlaflager“ usw., aber *ittanqar* „Er wurde zerstört.“ (Perf. N), *nanqurum* „zerstört werden“ (Inf. N) usw.

c) /*n*/ als zweiter Radikal assimiliert sich ganz überwiegend bei den Nominalformen *PaRS* und *PuRS*: **anpum* > *appum* „Nase“, **kanpum* > *kappum* „Flügel“, **unṭatum* > *uṭṭatum* „Getreide“. S. aber *enzum* neben *ezzum* „Ziege“. In Formen aber, bei denen der Kontakt von /*n*/ und dem folgenden Konsonanten sekundär nach Vokalelision entstanden ist, bleibt /*n*/ erhalten: *enšum* < **enišum* „schwach“. *ītanḫū* BWL 155: 2 < **ītanaḫū* „Sie sind müde geworden.“

d) /*n*/ als dritter Radikal assimiliert sich bisweilen an einen folgenden Konsonanten: *šakimma* YOS 10, 46 i 45 „Er liegt.“ < *šakinma*. Dies ist aber nicht regelhaft, und oft bleibt /*n*/ in dieser Position erhalten: *šakinma*.

Zu /*n*/ als zweitem Radikal s. von Soden 1988, 282.

§ 39 Wo in der Flexion in Analogie zum starken dreiradikaligen Verbum (*PRS*) ein wortanlautendes */*n*/ zu erwarten wäre, steht stattdessen /ʾ/:

a) Wurzelhaftes /*n*/ im Imperativ des G-Stammes, im Imperativ, Inf., Verbaladjektiv und Stativ des Gt- und Gtn-Stammes: **nidin* > *ʾidin* „Gib!“. Vgl. *piqid*. **nuqur* > *ʾuqur* „Zerstöre!“. Vgl. *purus*. **nitkupum* > *ʾitkupum* „einander stoßen“. Vgl. *pitrusum*. **nitkup* < *ʾitkup* „einander gestoßen habend“. Vgl. *pitrus*. **nitakkupum* > *ʾitakkupum* „immer wieder stoßen“. Vgl. *pitarrusum*. Wohl auch im Imperativ, Inf., Verbaladjektiv und Stativ Dt- und Dtn-Stamms (vgl. § 111b): **nutaqqir* > *utaqqir* „Zerstöre immer wieder!“, **nutaqqur*(*um*) > *utaqqurum* „immer wieder zerstören“.

b) Derivatives /*n*/ im Imperativ, Inf., Verbaladjektiv und Stativ des Nt(n)-Stammes: **nitaprusum* > *ʾitaprusum* „immer wieder entschieden werden“.

Zur Entstehung dieser Formen s. Tropper 1997, 195–199, und Testen 1998, 130[8]. Anders dagegen GAG §§ 33b und 192f.

3.7 /*z*/, /*s*/ und /*ṣ*/

§ 40 Die Affrikaten /*z*/, /*s*/ und /*ṣ*/ werden vor Dentalen zu deaffriziertem [*s*], geschrieben mit den Zeichen AŠ, ÁŠ, IŠ, UŠ: *ma-za-aš-ti* Sumer 14, 44 Nr. 20: 4, traditionelle Transkription *mazzašti* < **mazzazti*, gesprochen [*mazzasti*] „Standort“. *na-ap-la-áš-tam* ARM 2, 126: 15, traditionelle Transkription *naplaštam* < **naplastam*, gesprochen [*naplastam*] „Blick“. *i-iš-tum* YOS 10, 11 i 6, traditionelle Transkription *īštum* < **īṣtum*, gesprochen [*istum*] „wenig“. *ma-ru-uš-tum* YOS 10, 31 xii 34, traditionelle Transkription *maruštum* < **maruṣtum*, gesprochen [*marustum*] „kranke“.

S. mit weiterer Literatur und zahlreichen Belegen Streck 2006, 216–218.

§ 41 Bei Kontakt zwischen /*z*/, /*s*/ und /*ṣ*/ als dritter Radikal und /*š*/ der Pronominalsuffixe entsteht die Affrikate [*ts*], geschrieben Z, traditionell als *s* transliteriert und transkribiert (s. § 43).

§ 42 In einigen aB Texten, z. B im KH, aber auch sonst, lässt sich bei der Schreibung von /*s*/ ein Wechsel von der Z-Zeichenreihe zur S-Zeichenreihe feststellen: Z-Zeichenreihe am Wortanfang und bei gelängtem /*ss*/, S-Zeichenreihe in intervokalischer Position (fakultativ, auch Z-Zeichenreihe belegt) und nach Konsonant. Dies erklärt sich daraus, dass die Affrikate /*s*/ in den mit S geschriebenen Positionen deaffriziert wird: Z am Wortanfang: *ZA-aḫ-ma-aš-tam* KH xxviii r. 6 *saḫmaštam* „Aufstand“. Z bei langem /*ss*/: *i-na-ZA-aḫ* KH §§168, 169 *inassaḫ* „Er reißt aus.“ S in intervokalischer Position: *na-SA-ḫi-im* KH §§ 168, 169 *nasāḫim* „ausreißen“. Z in intervokalischer Position: *ú-ZA-aḫ-ḫa-mu-ši* KH § 172 *usaḫḫamūši* „Sie bedrängen sie.“ S nach Konsonant: *ki-ib-SA-am* KH xxv r. 80 *kibsam* „Wandel“.

S. mit weiterer Literatur und zahlreichen Belegen Streck 2006, 218–227.

3.8 /š/

§ 43 Nach den Dentalen /d/, /t/ und /ṭ/ sowie den Affrikaten /z/, /s/ und /ṣ/ wird das /š/ der Pronominalsuffixe mit der Z-Zeichenreihe geschrieben. Die traditionelle Umschrift gibt diesen Laut mit *s* wieder; tatsächlich entstehen jedoch die Affrikate [*ts*] (eventuell auch [*dz*] und [*ts*ʾ], hier nicht berücksichtigt): *i-ši-IZ-ZU* YOS 10, 42 iii 29, traditionelle Transliteration *i-ši-is-sú*, Transkription *išissu* < **išid-šu*, gesprochen [*išittsu*] „seine Basis". *bi-IZ-ZU* YOS 10, 17: 80, traditionelle Transliteration *bi-is-sú*, Transkription *bīssu* < **bīt-šu*, gesprochen [*bīttsu*] „sein Haus". *bu-ul-li-IZ-ZI-na-ti* VAB 6, 66: 32, traditionelle Transliteration *bu-ul-li-is-sí-na-ti*, Transkription *bullissināti* < **bulliṭ-šināti*, gesprochen [*bullittsināti*] „Erhalte sie am Leben!" *i-iḫ-ḫa-AZ-ZI* KH § 137, traditionelle Transliteration *i-iḫ-ḫa-as-sí*, Transkription *iḫḫassi* < **iḫḫaz-ši*, gesprochen [*iḫḫattsi*] „Er wird sie heiraten." *ap-ru-ZU-nu-ti-ma* ARM 2, 23: 11, traditionelle Transliteration *ap-ru-sú-nu-ti-ma*, Transkription *aprussunūtima* < **aprus-šunūti-ma*, gesprochen [*apruttsunūtima*] „Ich habe sie getrennt." *mu-ru-*(*UZ-*)*-ZU* ÖB 2, 65: 45; 21/3: 46, 63 u. ö., traditionelle Transliteration *mu-ru*(*-us*)*-sú*, Transkription *murussu* < **muruṣ-šu*, gesprochen [*muruttsu*] „seine Krankheit".

S. mit weiterer Literatur und zahlreichen Belegen Streck 2006, 228–232.

§ 44 /š/ in Kontakt mit anlautendem /š/ der Pronominalsuffixe wird meist S, seltener Z geschrieben. In beiden Fällen ist die traditionelle Transliteration und Transkription *s*: *er-re-eZ-SU-nu* AbB 4, 95: 18, traditionelle Transliteration *er-re-es-su-nu*, traditionelle Transkription *errēssunu* < * *errēš-šunu*, gesprochen [*errēssunu*] „ihr Pächter". *er-re-ZA* KH § 178, traditionelle Transliteration *er-re-sà*, traditionelle Transkription *errēssa* < **errēš-ša*, gesprochen [*errēttsa*] „ihr Pächter".

S. mit weiterer Literatur und Belegen Streck 2006, 239.

§ 45 In Mari, vereinzelt auch sonst, wird /š/ vor /t/ statt mit sonst gebräuchlichem AŠ und ÚŠ vielmehr ÁŠ und UŠ geschrieben. Dieser orthographische Wechsel ist wohl ähnlich zu deuten wie der in § 40 Beschriebene: /š/ ist eine Affrikate und wird vor Dental deaffriziert. Die traditionelle Umschrift berücksichtigt diesen orthographischen Wechsel nicht: *áš-ta-ap-ra-am* ARM 27, 148: 27, traditionelle Transkription *aštapram*, gesprochen [*astapram*] aber *wa-aš-bu* ib. 11., traditionelle Transkription *wašbu*, gesprochen [*watłbu*]. *uš-te-le-me-en*$_6$ ARM 27, 151: 28, traditionelle Transkription *uštelemmen*, gesprochen [*ustelemmen*], *aber nu-úš-bu* ib. 75, traditionelle Transkription *nušbu*, gesprochen [*nutłbu*].

S. mit zahlreichen Belegen Streck 2006, 232–237.

3.9 /j/

§ 46 /j/ ist ein schwacher Konsonant, der in verschiedenen Positionen Lautwandel unterliegt:

a) Die Lautfolge */aj/ ist ein Diphthong, der gewöhnlich zu /ī/ oder /ē/ monophthongiert wird: **bajtum* > *bītum* „Haus". Ausnahmen sind: Die Vetitivpartikel /aj/, die vor Vokal erhalten bleibt: *a-ia-ba-aš* MVAeG 44, 174 *ajabāš* „Ich will nicht zuschanden werden.“ (PN). Langes /*jj*/: *ajjum* AHw. 25f. „welcher?“.

b) Der Diphthong /*ij*/ wird zu /*ī*/ monophthongiert: **ijšir* > *īšir* „Er wurde gerade.“ **ibannij* > *ibannī* „Er baut.“

c) */*j*/ als dritter Radikal von Nomina der Form *Pa*/*i*/*uRS* schwindet bei gleichzeitiger Ersatzdehnung des vorangehenden Vokals: **bišjum* > *bīšum* „bewegliches Eigentum“.

d) Wortanlautendes /*ja*/ ist in Verbalwurzeln durch /*e*/ oder /*i*/ ersetzt: **janāqum* > *enēqum* „saugen“. Im selbständigen Personalpronomen der 1. Person sowie in Lehnwörtern ist /*ja*/ dagegen erhalten: *jāʾum* AHw. 413 „meiniger“, *jāšibum* AHw. 412 „Mauerbrecher“.

e) Die Diphthonge */*ji*/ und /*ju*/ werden zu /(ʾ)*i*/ und /(ʾ)*u*/:**jiPRuS* > *ʾiPRuS*, **juPaRRiS* > *ʾuPaRRiS*.

3.10 /ʾ/

§ 47 /ʾ/ ist ein Phonem (s. § 25), entsteht aber auch sekundär (§ 26a), um dem Akkad. fremden vokalischen Silbenanlaut (§ 53) zu vermeiden. Dabei erlaubt die Orthographie oft keine Differenzierung von sekundärem /ʾ/, /*w*/ oder /*j*/. Auch sprachlich sind diese drei Laute nur teilweise differenziert und austauschbar. Die traditionelle Umschrift unterscheidet phonemisches und sekundäres /ʾ/ nicht.

Zur Austauschbarkeit von /ʾ/, /*w*/ und /*j*/ s. Reiner 1964, 176.

§ 48 Silbenanlautendes /ʾ/ im Wortinlaut nach Konsonant wird unterschiedlich behandelt:

a) In Verbalformen bleibt es in Analogie zu starken Formen derselben Wurzel erhalten: *id-ʾì-im* RA 45, 174: 62 *idʾim* „Er verdunkelte sich.“ analog zu *daʾāmum* „sich verdunkeln“. Schwund unter Ersatzdehnung des folgenden Vokals ist wahrscheinlich ebenfalls nicht lautgesetzlich, sondern durch Analogie zu geschwundenem intervokalischem /ʾ/ bedingt: *li-ša-lu-ni-ik-kum* AbB 4, 139: 30 *lišālūnikkum* „Sie mögen dich fragen.“ analog zu *šâlum* < *šaʾālum* „fragen“.

b) Bei Nomina der Form *PaRS*, *PiRS* und *PuRS* schwindet es teilweise unter Ersatzdehnung des vorangehenden Vokals: *mārum* < *marʾum* „Sohn“. Teilweise ist /ʾ/ jedoch erhalten, um Verwechslung mit Formen anderer Wurzeln zu vermeiden: *pirʾum* „Spross“ (vgl. *pīrum* „Elefant“).

§ 49 Silbenschließendes /ʾ/ wird unterschiedlich behandelt:

a) Bei den Wurzeln I-ʾ (§122b, i) schwindet es in der Regel unter Ersatzdehnung des vorangehenden Vokals: **iʾkul* > *īkul* „Er aß.“ Erhalten bleibt es jedoch beim Verb *abātum* „zerstören“: *iʾ-bu-tu* Gilg. OB II 225 *iʾbutū* „Sie zerstörten.“

b) Bei den Wurzeln II-ʾ und III-ʾ (§§ 123–124) bleibt /ʾ/ in einigen Fällen erhalten, wohl eine Analogie zu erhaltenem intervokalischem /ʾ/: *da-aʾ-mu-um* OECT 4, 152 i 45 *daʾmum* „dunkel“ analog zu *daʾāmum* „sich verdunkeln“. *im-ta-ša-aʾ* AbB 1, 95: 11 *imtašaʾ* „Er raubte.“ analog zu *mašāʾum* „rauben“. In anderen Fällen schwindet /ʾ/ mit folgender Vokalkontraktion oder Ersatzdehnung des vorausgehenden Vokals: *mu-uš-ta-al* TCL 1, 134: 23 *muštâl* „er ist umsichtig“ analog zu *šâlum* < *šaʾālum* „fragen“. *im-la* ARM 6, 8: 7 *imlā* „er füllte“ analog zu *malûm* < *malāʾum* „füllen“ (nie **im-la-aʾ* o. ä.).

c) Bei Wurzeln zugleich I-ʾ und II-ʾ bleibt das zweite /ʾ/ immer erhalten: *i-iʾ-la-am* AbB 14, 50: 12 *iʾlam* „Vertrag".

§ 50 Die wohl schwächste Position, die /ʾ/ einnehmen kann, ist die intervokalische. Hier schwindet /ʾ/ oft unter folgender Vokalkontraktion: *šâlum* < *šaʾālum* „fragen". Durch Analogie dazu schwindet /ʾ/ dann auch im Silbenanlaut nach Konsonant (§ 48a). In einigen Fällen bleibt /ʾ/ in dieser Position aber erhalten:

a) Um Verwechslung mit anderen Wurzeln zu vermeiden. Durch Analogie erhält sich /ʾ/ dann auch silbenanlautend nach Konsonant (§ 48a) und silbenschließend (§ 49b): *naʾādum* „aufmerksam sein" (vgl. *nâdum* „rühmen"). *mašāʾum* „rauben" (vgl. *mašûm* „vergessen").

b) Generell bleibt intervokalisches /ʾ/ im Part. erhalten, um Verwechslung mit anderen Formen derselben Wurzel auszuschließen: *šāʾilum* „fragend" (ein Part. **šâlum* wäre mit dem Inf. identisch).

c) Erhalten bleibt intervokalisches /ʾ/ wohl generell in doppelt schwachen Wurzeln: *nêʾum* „umwenden", *leʾûm* „können".

d) Auch in zweikonsonantigen Wurzeln ist intervokalisches /ʾ/ oft erhalten: *rūʾum* „Freund", *šuʾum* „Schaf" (neben *rûm* und *šûm*).

§ 51 /ʾ/ kann gelängt werden, wie Doppelschreibungen zeigen: *ú-na-aʾ-ʾì-da-an-ni* ARM 2, 88: 20 *unaʾʾidanni.*

3.11 Konsonantenlänge

§ 52 Artikulatorisch lässt sich Konsonantenlänge als Verzögerung der Verschlussöffnung oder längere Beibehaltung der Enge beschreiben. Die Keilschrift drückt diese Länge fakultativ durch Verdopplung des Konsonanten aus (vgl. § 22, weshalb statt von „Länge" oft auch von „Gemination" gesprochen wird). Konsonantenlänge kann unterschiedlich bedingt sein. Die beiden wichtigsten Fälle sind: Strukturell, z. B. im Präs. *iPaRRaS* (§ 108a) oder im D(opplungs)-Stamm *uPaRRaS* (§ 111a, e). Durch Kontaktassimilation eines Konsonanten an einen anderen wie in *iddin* < **indin* (§ 38).

Zu den Termini „Länge" und „Gemination" s. Kouwenberg 1997, 3 Anm. 1.

3.12 Die Silbe

§ 53 Silbentypen sind (mit Beispielvokal *a*) K*a*, K*ā*/*â*, K*a*K und K*ā*/*â*K. Die ersten beiden Typen werden als „offen", die letzten beiden als „geschlossen" bezeichnet. K*a* ist kurz, K*ā*/*â* und K*a*K sind lang und K*ā*/*â*K „überlang". Silben des Typs *a*K, d. h. vokalischer Silbenanlaut, werden im Semitischen nicht geduldet; durch Schwund eines schwachen Konsonanten entstehendes *a*K wird durch Voransetzung sekundären /ʾ/ (§ 47) vermieden. Die Keilschrift bezeichnet allerdings /ʾ/ am Silbenanfang nicht konsequent (§ 23), weshalb es von der Akkadistik dort, obwohl gesprochen, meist nicht umschrieben wird: *ì-lí* für /ʾ*ilī*/, traditionell umschrieben *ilī* (§ 11).

Buccellati 1996, 24–26 und Huehnergard 1997, 3 nehmen dagegen an, dass Silben im Akkad. auch vokalisch beginnen könnten.

4 Morpheme und ihre Funktionen

4.1 Wortklassen

§ **54** Wortklassen sind Pronomina, Nomina (Substantive, Adjektive), Numeralia, Verba, Adverba, Präpositionen, Konjunktionen, Subjunktionen, Negationen und andere modale Partikeln sowie Interjektionen.

4.2 Morphemtypen

§ **55** Nomina und Verba, in der Regel jedoch nicht die anderen Wortklassen, lassen sich in drei Morphemtypen zerlegen:

a) Wurzelmorpheme, meist bestehend aus 3 oder 4 Konsonanten (Radikalen) oder 2 Konsonanten und einem langen Vokal, z. B. *PRS*, *KūN*, *RBī*, *BLKT* (s. für Verba § 87).

b) Derivationsmorpheme, nämlich Prä-, In- und Suffixe, Vokalfolge und Konsonantenlängung: *PāRiS-* (Wurzel *PRS* + Vokalfolge *ā-i-*), *maPRaS-* (Präfix *ma*, Vokal *a* nach dem 2. Radikal), *muPtaRRiS-* (Präfix *mu*, Infix *ta* nach dem 1. Radikal, Längung des 2. Radikals, Vokal *i* nach dem 2. Radikal). Beim Nomen ergibt die Derivation die Nominalformen, beim Verbum die Stammbildung.

c) Flexionsmorpheme, die in der Art mit den Derivationsmorphemen identisch sind: *PaRSum* (Wurzel *PRS*, Derivationsmorphem *a*, Flexionsmorphem *um*), *uštaPRiSū* (Derivationsmorpheme *š* und *ta*, Flexionsmorpheme Präfix *u* + Suffix *ū* und Vokal *i* nach dem 2. Radikal).

d) Gewöhnlich dient die Wurzel *PRS* als Beispiel für beliebige Konsonanten. So sagt man etwa, das Wort *kalbum* „Hund" habe die Nominalform *PaRS*; *P* steht für *k*, *R* für *l* und *S* für *b*. Oder das Prät. des starken Verbums habe die Form *iPRuS*, wobei wieder *P*, *R* und *S* durch drei beliebige Konsonanten ersetzt werden können, z. B. *iškun* „Er stellte."

4.3 Pronomina

§ **56** Es gibt Personal-, Demonstrativ-, Determinativ-, Relativ-, Interrogativ- und Indefinitpronomina. Reflexivpronomina existieren nicht; stattdessen verwendet man Umschreibungen wie *ramān-šu* „sein Selbst" = „sich".

4.3.1 Personalpronomina

§ **57** a) Bei den Personalpronomina stehen selbständige Formen neben suffigierten. Unterschieden werden vier Kasus (Nominativ, Genitiv, Dativ, Akkusativ), drei Personen und zwei (älter drei) Numeri (Sg. und Pl.; älter zusätzlich Dual). Das Paradigma lautet:

	Nom.	Gen.		Dat.		Gen./ Akk.	Akk.
	selbst.	selbst.	Suff.	selbst.	suff.	selbst.	suff.
1.Sg.c.	*anāku* „ich“	Sg. m. *jāʾum/jûm*, Sg. f. *jattum/n*, Pl. m. *jāʾūtun*, Pl. f. *jâttun* „mein“	*-ī, -ja,* *-ʾa* „mein“	*jâšim* „mir“	*-am, -m,* *-nim* „mir“	*jâti* „mich“	*-ni* „mich“
2.Sg.m.	*atta* „du“	Sg. m. *kûm*, Sg. f. *kattum/n*, Pl. m. *kuttun*, Pl. f. *kâttun* „dein“	*-ka* „dein“	*kâšim* „dir“	*-kum* „dir“	*kâta* „dich“	*-ka* „dich“
2.Sg.f.	*atti* „du“		*-ki* „dein“	*kâšim* „dir“	*-kim* „dir“	*kâti* „dich“	*-ki* „dich“
3.Sg.m.	*šū* „er“	Sg. m. *šûm*, Sg. f. *šattum*, Pl. m. *šuttun* „sein“	*-šu/-su* „sein“	*šuʾāšim*, „ihm“	*-šum, -sum* „ihm“	*šuʾāti*, *šâti* „ihn“	*-šu, -su* „ihn“
3.Sg.f.	*šī* „sie“		*-ša/-sa* „ihr“	*šiʾāšim*, „ihr“	*-šim, -sim* „ihr“	*šiʾāti*, *šâti* „sie“	*-ši, -si* „sie“
1.Pl.c.	*nīnu* „wir“	Sg. m. *nûm*, Sg. f. *nijattum/nuttum*, Pl. m. *nuttum* „unser“	*-ni* „unser“	*niʾāšim*, „uns“	*-niʾāšim* „uns“	*niʾāti* „uns“	*-niʾāti* „uns“
2.Pl.m.	*attunu* „ihr“	–	*-kunu* „euer“	*kunūšim* „euch“	*-kunūšim* „euch“	*kunūti* „euch“	*-kunūti* „euch“
2.Pl.f.	*attina* „ihr“	–	*-kina* „euer“	[*kināšim*] „euch“	*-kināšim* „euch“	*kināti* „euch“	*-kināti* „euch“
3.Pl.m.	*šunu* „sie“	Pl. m. *šunûm* „ihr“	*-š/sunu* „ihr“	*šunūšim* „ihnen“	*-š/sunūšim* „ihnen“	*šunūti* „sie“	*-š/sunūti* „sie“
3.Pl.f.	*šina* „sie“		*-š/sina* „ihr“	[*šināšim*] „ihnen“	*-š/sināšim* „ihnen“	*šināti* „sie“	*-š/sināti* „sie“

Die Auslautvokale der selbständigen Personalpronomina und der Pronominalsuffixe wurden hier, teilweise der traditionellen Akkadistik folgend, durchwegs kurz angesetzt. Zur Frage s. Hasselbach 2004 (dort für Akk. 1. Sg. *-nī*).

b) Einzelheiten zu den Formen: Genitiv selbständig: Werden wie Adjektive flektiert (§§ 72b, c, 84a), haben aber statt Mimation im Sg. f. und Pl. m. und f. z. T. Nunation.

Genitiv suffigiert 1. Sg. c.: nach Konsonant *-ī*: *bēlī* „mein Herr“; nach *i*- oder *e*-Vokal *-ja*: *ana bēli-ja* „zu meinem Herrn“; nach *u*-Vokal *ʾa*: *bēlūʾa* „meine Herren“.

Genitiv/Dativ/Akkusativ suffigiert 3. Sg. und Pl.: zur s-Variante (geschrieben mit Zeichen der Z-Reihe) nach Dentalen und Affrikaten s. § 43.

Dativsuffixe allgemein: Die Mimation fehlt vereinzelt. *-ni*(*m*), *-ki*(*m*), *-šu*(*m*) und *-ši*(*m*) fallen dann mit den entsprechenden Akkusativsuffixen zusammen: *išpur-šu* „Er hat ihn/ihm geschickt."

Dativ suffigiert 1. Sg.: nach *-ī* der 2. Sg. f. *-m,* nach *-ū* und *-ā* der 3. und 2. Pl. *-nim,* sonst immer *-am,* z. B. *tašrukī-m* „Du (f.) schenktest mir", *išrukū-nim* „Sie schenkten mir.", *išrukam* „Er schenkte mir."

Zwischen das Akkusativsuffix 1. Sg. c. *-ni* sowie die Dativsuffixe mit Ausnahme der 1. Sg. c. und den Verbstamm tritt gewöhnlich die Ventivendung (§ 101d) *-am*, *-m* oder *-nim*: *iṣbat-an-ni* < **iṣbat-am-ni* „Er hat mich gepackt.", *iṣbatū-nin-ni* < **iṣbatū-nim-ni* „Sie packten mich.", *iṭrud-ak-kum* < **iṭrud-am-kum* „Er sandte dir."

§ 58 Hauptfunktionen:

a) Nominativ selbständig: In Verbalsätzen treten die selbständigen Personalpronomina im Nominativ in der Regel nicht auf, weil das Subjekt schon durch die Personalaffixe am Verbum bezeichnet ist. Nur in den folgenden Fällen werden die selbständigen Personalpronomina im Nominativ verwendet: Als Subjekt in nichtverbalen Sätzen, deren Prädikat durch ein Genitivsuffix, einen Genitiv, einen Relativsatz oder ein Attribut erweitert ist: *šumma ina kīttim mārtī atti* AbB 11, 178: 22f. „falls du wirklich meine Tochter bist". Bei Subjektswechsel mit Nennung zweier selbständiger Pronomina: *aššum atta jattam tīdû u anāku kattam īdû* AbB 10, 176: 18–20 „weil du das Meinige weißt und ich das Deinige weiß". Bei Subjektswechsel mit Nennung nur eines selbständigen Personalpronomens: *šeʾam ašari<š> idinma annīkīʾam anāku luddin* AbB 7, 61: 16–18 „Gib du die Gerste und ich will sie hier geben." Möglicherweise zusätzlich zum Personalaffix am Verb bei besonderer Betonung. Am Kontext ist diese Funktion allerdings oft nur schwer verifizierbar, weil Betonung im subjektiven Ermessen des Sprechers liegt: *šarrāqī aššum atta lā wašbāta ana* ON *ul ušārīšunūti* AbB 10, 29 Rs. 8–10 „Die Diebe habe ich, weil du nicht selbst(?) anwesend warst, nicht nach ON führen lassen." Die Pronomina der 3. Person Sg. und Pl. werden darüber hinaus attributiv im Sinne eines Demonstrativs gebraucht: *šumma dīnum šū dīn napištim awīlum šū iddâk* KH § 3 „Wenn dieser Fall ein Fall des Lebens ist (d. h. ein Fall, in dem die Todesstrafe verhängt werden kann), wird dieser Mann getötet werden."

b) Genitiv selbständig: Besitzanzeigend, möglicherweise bei besonderer Betonung: *ul Marduk ili ālija ul Šamaš ilum nûm* AbB 10, 178: 4f. „Ist Marduk nicht der Gott meiner Stadt? Ist Šamaš nicht unser Gott?"

c) Genitiv suffigiert: Am Nomen in allen Funktionen des Genitivs, die auch beim Nomen zu beobachten sind (§ 77), z. B. besitzanzeigend: *bītka* „dein Haus".

d) Dativ selbständig: Besonders nach der Präposition *ana*, da diese kein Suffix tragen kann: *ana kâšim u* PN *addinma* CT 6, 34b: 9f. „Ich gab dir und PN."

e) Dativ suffigiert: Am Verb zur Bezeichnung des indirekten Objekts: *mārtī luddikkum-ma* AbB 14, 110: 40 „Meine Tochter will ich dir geben." Bei Verben der Wahrnehmung, der Aufmerksamkeit, des Wartens, des Vertrauens u. a.: *palsāšim kī Šamaš nišū nūriški* ZA 44, 32: 24 „Die Menschen schauen auf dein Licht wie auf die Sonne." Die Dativsuffixe der 3. Person nehmen oft die Präposition *ana* + Genitiv wieder auf: *ana Šamaš ... lū ēpussum* RIME 4, 349: 44–46 „Für Šamaš ... baute ich wahrlich" (eigentlich „baute ich ihm").

Für den Dativ bei den Verben der Wahrnehmung usw. s. Hess 2010.

f) Genitiv/Akkusativ selbständig: Wenn das Objekt verschiedene Personen beinhaltet: *adī mātka u kâta uḫallaqu* Syria 33, 67: 28f. „Bis ich dein Land und dich zerstöre". In Apposition nach einem Nomen: *ana abīja kâta aqbīma* AbB 14, 155: 16 „Ich sprach zu dir, meinem Vater." Nach Präpositionen oder dem Determinativpronomen *ša*: *ša kâta* AbB 3, 79: 21 „von dir", *kīma kâta* AfO 19, 56:33. „wie du". Die Pronomina der 3. Person Sg. und Pl. werden darüber hinaus attributiv im Sinne eines Demonstrativs gebraucht: *mātam šâti* YOS 10, 56 i 27 „dieses Land".

g) Akkusativ suffigiert: Am Verb zur Bezeichnung des direkten Objekts (vgl. für das Nomen § 78a): *utarrūšu* KH § 18 „Man wird ihn zurückbringen." Gelegentlich nehmen die Akkusativsuffixe der 3. Person ein vorher genanntes Akkusativobjekt wieder auf: *šumma wardam šuʾāti ina bītišu iktalāšu* KH § 19 „wenn er diesen Sklaven in seinem Haus festgehalten hat" (eigentlich „ihn festgehalten hat").

4.3.2 Andere Pronomina

§ 59 Alle anderen Pronomina werden wie Nomina (teils wie Substantive, teils wie Adjektive) flektiert. Die folgende Tabelle stellt die wichtigsten aB Formen zusammen.

Demonstrativpronomen, Hier-Deixis	Sg. m. *annûm*, Sg.f. *annītum*, Pl. m. *annûtum*, Pl. f. *annīʾātum/annâtum*	„dieser"
Demonstrativpronomen, Dort-Deixis	Sg. m *ullûm*, Sg.f. *ullītum*, Pl. m. *ullûtum*, Pl. f. *ullīʾātum/ullâtum*	„jener"
Determinativpronomen	*ša*	„der des", „der von"; zur Auflösung einer Gen.verbindung (§ 60b); zur Einleitung eines Relativsatzes (§ 137)
Interrogativpronomen, substantivisch, persönlich	*mannum/mannim/* *ana mannim/mannam*	„wer", wessen", „wem", „wen"
Interrogativpronomen, substantivisch, neutrum	*mīnum, minûm*; *ana mīnim, ammīnim, ammīn*	„was"; „warum" (wörtl. „zu was")
Interrogativpronomen, adjektivisch	Sg. m. *ajjum*, Sg. f. *ajjītum*, Pl. m. *ajjūtum*, Pl. f. *ajjātum*	„welcher"
Indefinitpronomen, persönlich	*mamman*	„irgendjemand", negiert „niemand"; als Relativpronomen „wer auch immer" (§ 137d)

Indefinitpronomen, neutrum	*mimma*	„irgendetwas", „irgendein", negiert „nichts"; als Relativpronomen „was auch immer" (§ 137d)
Indefinitpronomen, adjektivisch	Sg. m. *ajjumma*, Sg. f. *ajjītumma*, Pl. m. *ajjūtumma*, Pl. f. *ajjātumma*	„irgendein", negiert „kein"

§ 60 Das Determinativpronomen wird gebraucht:

a) Ohne Bezugswort: *šumma ša ilim šumma ša ekallim ... šumma ša muškēnim* KH § 8 „wenn es etwas (= Eigentum) des Gottes, wenn es etwas des Palastes, ... wenn es etwas eines Hörigen ist". *ša nadānim* KH § 8 „etwas zum Geben". In erstarrten Ausdrücken: *ša libbiša* KH § 209 „das ihres Inneren (= ihr Fötus)".

b) Mit Bezugswort zur Auflösung einer Genitivverbindung: *qadūm šeriktim ša bīt abīša* KH § 176 „mit der Mitgift ihres Vaterhauses" statt **qadūm šerikti bīt abīša*. Für die Stellung eines Adjektivs bei der Auflösung einer Genitivverbindung s. § 105b.

c) Zur Einleitung von Relativsätzen (§ 137).

4.4 Nomina

4.4.1 Einleitung

§ 61 Die Flexion des Nomens (Deklination) differenziert:

a) Zwei Genera: Maskulinum und Femininum.

b) Drei Numeri: Singular, Plural und – nicht mehr voll produktiv – Dual.

c) Fünf Kasus: Nominativ, Genitiv, Akkusativ sowie – nicht voll produktiv – Lokativ und Terminativ. Im Dual und Pl. fallen Genitiv und Akkusativ im Obliquus zusammen.

d) Drei Status: Status rectus, Status constructus und Status absolutus.

§ 62 Keine formale Markierung besitzt das Nomen für den Ausdruck von Determination und Indetermination. *šarrum* ist je nach Kontext „der König" oder „ein König", *mār* + Genitiv oder Pronominalsuffix „der Sohn von" oder „ein Sohn von": *mātum kalûša ša Marduk u* PN *šarrim* AbB 14, 109: 6f. „Das ganze Land gehört dem Marduk und dem PN, dem König." *šarrum šarram ina kakkī idâkma* YOS 10, 56 ii 37 „Ein König wird einen (anderen) König mit Waffen töten." *ina* 5 *mārī ša* PNf *ana* PN *uldu* PN_2 *mārāšu rabīʾam* PN [*an*]*a mārūtišu ilqē* VAB 5, 12: 5–9 „Von den 5 Söhnen, die PNf dem PN geboren hat, hat PN den PN_2, seinen ältesten Sohn, zur Kindschaft genommen (= adoptiert)." *ul mār* ON *šū* AbB 1, 129: 9f. „Er ist kein Sohn (= Einwohner) von ON."

4.4.2 Derivation (Nominalformen)

§ 63 a) Das semitische Nomen differenziert bestimmte formale Bildungstypen. Nur soweit es deverbal ist, sind diese Bildungstypen semantischen Klassen zugeordnet. Die nicht deverbalen Primärnomina (z. B. *abum* „Vater", *kalbum* „Hund") können dagegen keinen semantischen Klassen zugeordnet werden. Dabei handelt es sich um folgende Klassen: abstrakt: Verbalinhalt, z. B. *šiprum* „Sendung“ zu *šapārum* „senden“; konkret: Objekt oder Resultat des Verbalinhalts, z. B. *wildum* „Kind” zu *walādum* „gebären“; konkret: Mittel zur Ausführung des Verbalinhalts, z. B. *madlûm* „Schöpfeimer“ zu *dalûm* „schöpfen“; konkret: Ort des Verbalinhalts, z. B. *maṣallum* „Ruheplatz“ zu *ṣalālum* „liegen“; konkret: Zeit des Verbalinhalts, z. B. *muṣlālum* „Mittag“ zu *ṣalālum* „liegen“; konkret: Ausführender des Verbalinhalts, z. B. *dajjānum* „Richter“ zu *dīʾānum* „richten“. Traditionellerweise werden auch die mittels Suffixen abgeleiteten denominalen Nomina und die Adjektive bei den deverbalen Nomina mitbehandelt.

Zur Methodik und einer Anwendung auf das Biblisch-Hebräische s. ausführlich Rechenmacher 1994, 139–205; für eine leichte Modifikation und erste Anwendung auf das Akkad. s. Streck 2002.

b) Nur bei Zustandsverben finden sich sekundäre Konkreta, denen die durch das Adjektiv ausgedrückte Eigenschaft besonders zukommt, z. B. *ṣulmum* „Schwarzes“ zu *ṣalāmum* „schwarz sein“, *ṣalmum* „schwarz“. Sie werden als Adjektiv-Konkret bezeichnet.

Vgl. Rechenmacher 1994, 144.

c) Einer Nominalform sind in der Regel mehrere Bedeutungsklassen zugeordnet und umgekehrt (z. B. *narkabtum*, *rukūbum*, beide „Fahrzeug“ = „Mittel des Fahrens“). Auch ein und dasselbe Wort kann Bedeutungen mehrerer semantischer Klassen auf sich vereinen (z. B. *kiṣrum* „Zusammenballung“ (Verbalinhalt), „Knoten“ (Objekt oder Resultat des Verbalinhalts).

§ **64** Häufige Nominalformen von Primärnomina sind u. a.: *PaRS*, fem. *PaRSat*: *kalbum* „Hund“, fem. *kalbatum* „Hündin“; *PiRS* : *birkum* „Knie“; *PuRS*: *muḫḫum* „Schädel“; *PaRāS*: *atānum* „Eselin“; *PiRāS*: *kišādum* „Hals“; *PuRīS*: *urīṣum* „Ziegenbock“.

Zu *PaRSat* s. Edzard 1982; Krebernik 2006, 91–93. Zu *PiRS* für Primärnomina s. Krebernik 2006, 84–88. Zu *PuRīS* für Deminutiva s. von Soden 1991 und Testen 2006.

§ **65** Einige wichtige Nominalformen deverbaler Nomina, denominaler Nomina und Adjektive:

a) *PiRS*, fem. *PiRiSt* und *PiRSat*. Verbalinhalt: Mask.: *kiṣrum* „Zusammenballung“ (zu *kaṣārum* „knoten“). Fem.: *bikītum* „Beweinung“ (zu *bakûm* „weinen“). Objekt oder Resultat des Verbalinhalts: Mask.: *bitqum* „Bresche“ (zu *batāqum* „durchbrechen“). Fem.: *nidintum* „Gabe“ (zu *nadānum* „geben“).

Zu *PiRiSt* s. Krebernik 2006, 91–93. Zu *PiRSat* s. Edzard 1982.

b) *PuRS*, fem. *PuRuSt* und *PuRSat*. Häufig von Zustandsverben; seltener von dynamischen Verben, die dann meist einen Labial als ersten oder zweiten Radikal haben. Verbalinhalt: Mask.: *bulṭum* „Leben“ (zu *balāṭum* „leben“). Fem.: *puluḫtum* „Furcht“ (zu *palāḫum*

„sich fürchten"). Objekt oder Resultat des Verbalinhalts: Mask.: *šurqum* „gestohlenes Gut" (zu *šarāqum* „stehlen"). Fem.: *tukultum* „Hilfe" („das, worauf ich vertraue", zu *takālum* „vertrauen"). Adjektiv-Konkret: Mask.: *dumqum* „Gutes" (zu *damāqum* „gut sein").

Zu *PuRuSt* s. Krebernik 2006, 91–93. Zu *PuRSat* s. Edzard 1982. Zur Bedeutung des Labials für *PuRS* anstelle von *PiRS* s. Krebernik 2006, 93–95.

c) *PaRaS*(*t*). Adjektiv. Vor allem zur Bezeichnung von Dimensionen: *kabrum*, *kabartum* „dick". Aber auch sonstige Adjektive: *waqrum*, *waqartum* „kostbar". Adjektiv-Konkret, immer fem.: *ebertum* „jenseitiges Ufer" („Jenseitiges").

d) *PaRiS*(*t*). Die Normalform des (Verbal-)Adjektivs im Grundstamm: *damqum*, *damiqtum* „gut". Adjektiv-Konkret, fast immer fem.: Fem.: *epištum* „Tat". Verbalinhalt, immer fem.: *šalimtum* „Wohlbehaltenheit" (zu *šalāmum* „wohlbehalten sein").

e) *PaRuS*(*t*). Adjektiv, besonders bei Wurzeln mit Labial als zweitem oder drittem Radikal: *rašbum*, *rašubtum* „ehrfurchtgebietend". Ferner Ordinalzahlen: *šalšum*, *šaluštum* „dritter" usw. Aber auch sonstige Adjektive: *marṣum*, *maruṣ*/*štum* „krank". Adjektiv-Konkret, nur fem.: *lemuttum* „Böses". Verbalinhalt, nur fem.: *ḫamuttum* „Eile" (zu *ḫamāṭum* „eilen").

f) *maPRaS*(*t*), bei labialhaltiger Wurzel *naPRaS*(*t*) (§ 29): Verbalinhalt: Mask.: *mālakum* „Marsch, Gehen" (zu *alākum* „gehen"). Fem.: *mānaḫtum* „Mühe, Arbeit" (zu *anāḫum* „sich bemühen"). Objekt oder Resultat des Verbalinhalts: Mask.: *maddanum* „Abgabe" (zu *nadānum* „geben"). Fem.: *mēreštum* „bestelltes Land" (zu *erēšum* „Land bestellen"). Mittel des Verbalinhalts, insbesondere Werkzeuge und Gefäße: Mask.: *magšarum* „Streitaxt" (zu *gašārum* „überlegen stark sein"). Fem.: *narkabtum* < **markabtum* „Wagen" (zu *rakābum* „reiten"). Ort des Verbalinhalts: Mask.: *maškanum* „Ort, Stelle; Tenne; Zelt" (zu *šakānum* „setzen"). Fem.: *marqītum* „Versteck, Zuflucht" (zu *raqûm* „sich verstecken"). Zeit des Verbalinhalts: Mask.: *maqranum* „Zeit des Aufhäufens (der Ernte)" (ein Monatsname, zu *qarānum* „aufhäufen"). Fem.: *maṣṣartum* „Nachtwache (als Zeiteinheit)" (zu *naṣārum* „bewachen").

Zu *maPRaS*(*t*) s. ausführlich Streck 2002; beachte, dass das Bedeutungsspektrum weit über die Bedeutungsklassen „Mittel und Ort des Verbalinhalts" hinausgeht.

g) *taPRīS*, fem. *taPRīSt*. Stets vom D-Stamm abgeleitet. Verbalinhalt, fast ausnahmslos fem.: *takpīrtum* „Reinigungsritus" (zu *kapārum* D „reinigen"). Objekt oder Resultat des Verbalinhalts: Mask.: *taktīmum* „Decke" (zu *katāmum* D „bedecken"). Fem.: *tarbītum* „Ziehkind" (zu *rabûm* D „aufziehen").

h) Das Suffix *-ān-* leitet konkrete Substantive – ganz überwiegend Personenbezeichnungen – von Verbalnomina (Part., Adjektiven), von anderen deverbalen Nomina und von Primärnomina ab. Von Part.: *āḫizānum* „Bräutigam" (zu *āḫizum* „nehmend"). Von Adjektiven: *rabīʾānum* „Bürgermeister" (zu *rabûm* „groß"). Von anderen deverbalen Nomina: *mazzāzānum* „Pfand" (zu *mazzāzum* „Standort"). Von Primärnomina: *Asānum* (PN) „Bärenartiger" (zu *asum* „Bär").

Anders, als u. a. in GAG § 56r angenommen, hat das *-ān*-Suffix keine „Bedeutung", insbesondere keine „identifizierende" o. ä.; s. Streck 2005.

i) Das Suffix *-ī(t)-* leitet Adjektive von Nomina (anderen Adjektiven und Substantiven), Zahlen und Ortsnamen ab. Diese Adjektive können wie andere Adjektive auch substantiviert werden. *-ī-* wird mit den Kasusvokalen nach den Regeln von § 28 kontrahiert. Von Substantiven zur Bildung von Adjektiven der räumlichen oder zeitlichen Lage: *maḫrûm/maḫrītum* „vorderer" (zu *maḫrum* „Vorderseite"). Von Ortsnamen zur Bildung von Einwohnerbezeichnungen: *Akkadûm/Akkadītum* „Akkader(in)" (zu *Akkad*).

j) Das Suffix *-ūt-* leitet fast ausschließlich abstrakte Substantive von Primärnomina, Verbalnomina (Adjektive, Part.) und anderen deverbalen Nomina ab. Das Suffix *-ūt-* enthält wohl die Fem.endung *-t*; *-ūt*-Substantive sind daher stets fem. Die Fem.endung fällt vor *-ūt-* aus: *aššūtum* „Gattinnenschaft, Ehe" (zu *aššatum* „Gattin"). Von Primärnomina: *šarrūtum* „Königtum" (zu *šarrum* „König"). Von Adjektiven: *dannūtum* „Stärke" (zu *dannum* „stark"). Von Part.: *rēdûtum* „*rēdûm*-Dienst" (zu *rēdûm* „ein Soldat"). Von anderen deverbalen Nomina: *maṣṣarūtum* „Verwahrung" (zu *maṣṣar(t)um* „Wache").

4.4.3 Genus

§ 66 Das Nomen unterscheidet die beiden Genera Mask. und Fem. Ein morphematisches Kennzeichen des Mask. existiert nicht. Das Fem. ist entweder auch merkmallos (dann nur an der Kongruenz oder Bedeutung erkennbar, s. § 68) oder durch eines der folgenden Suffixe markiert:

a) *-at*: im Sg. nach einem Stamm, der auf einen gelängten Konsonanten auslautet (*šarr-at-um* „Königin"); bei der Nominalform *PaRS* auch sonst regelmäßig (*kalb-at-um* „Hündin"); bisweilen bei den Nominalformen *PiRS* und *PuRS*, sofern sie Primärnomina bezeichnen, nach Doppelkonsonanz (*ti/erḫ-at-um* „Brautpreis").

b) *-et*: im Sg. nach *e*-haltigem Stamm, sonst dieselben Bedingungen wie für *-at*: nach gelängtem Konsonanten (*err-et-um* „Fluch"); bei der Nominalform *PaRS* (*erṣ-et-um* „Erde").

c) *-t*: im Sg. nach einfachem Konsonanten (*sām-t-um* „Röte"). Hierher gehört auch *mār-t-um* „Tochter", das von *mārum* „Sohn" aus gebildet wird; nach Vokal (*bikī-t-um* „Beweinung"); bei den Nominalformen *PiRS* und *PuRS*, sofern sie deverbale Nomina bezeichnen und nicht bei Wurzeln II-geminatae, nach Einschub eines Hilfsvokals zwischen zweitem und drittem Radikal (*šipir-t-um* „Nachricht", *buṭum-t-um* „Terebinthe"); bei Wurzeln II-geminatae mit *r* als zweitem und drittem Radikal (*mar-t-um* „Galle").

Zum Typ *mārtum* s. auch Krebernik 2006, 89f.

d) *-āt*, *-ēt*: im Sg. bei *aḫ-āt-um* „Schwester", *em-ēt-um* „Schwiegermutter" und *iš-āt-um* „Feuer".

e) *-āt(um)*, *-āt(im)*: im Pl. Status rectus oder St. cstr. vor Genitiv (*šarr-ātum* „Königinnen" (Status rectus Nominativ), *šipr-ātim* „Nachrichten" (Status rectus Obliquus), *kalb-āt* „Hündinnen" (St. cstr. Nominativ und Obliquus).

f) *-ēt(um)*, *-ēt(im)*: im Pl. Status rectus oder St. cstr. vor Genitiv nach *e*-haltigem Stamm (*bēl-ētum* „Herrinnen" usw.).

g) *-ātū*, *-ātī*, *-ētū*, *-ētī*: im Pl. St. cstr. vor Pronominalsuffix (*šarr-ātū-šu* „seine Königinnen" (Nominativ), *šarr-ātī-šu* (Obliquus), *bēl-ētū-šu* „seine Herrinnen" (Nominativ), *bēl-ētī-šu* (Obliquus).

h) *-ūt*(*um*): Das Suffix zur Bildung von Abstrakta (*šarr-ūt-um* „Königtum") wird hier ebenfalls genannt, weil die entsprechenden Wörter fem. kongruieren und das *-t* dieses Suffixes wohl mit dem *-t* des Fem.suffixes identisch ist.

S. Streck 2010, 287–290 für die Morphologie der Fem.suffixe.

§ 67 Die wichtigsten Funktionen des morphematisch markierten Fem. sind:

a) Die Ableitung von Nomina, die natürliche Fem. bezeichnen, von Nomina, die natürliche Mask. bezeichnen: *šarrum* „König" : *šarratum* „Königin", *damqum* „guter" : *damiqtum* „gute".

b) Ableitung von Verbalabstrakta von Adjektiven: *marṣum* „krank" : *maruštum* „Krankheit".

c) Ableitung von Konkreta von Adjektiven: *šaqûm* „bewässert" : *šaqītum* „bewässertes Land".

d) Ableitung von Abstrakta von Inf.: *alākum* „gehen" : *alāktum* „Gang".

e) Ableitung von Konkreta von Inf.: *alākum* „gehen" : *alāktum* „Straße".

f) Semantische Differenzierung zweier Konkreta: *šamšum* „Sonne" : *šamšatum* „Sonnenscheibe".

S. ausführlich Streck 2010, 290–294.

§ 68 In manchen Fällen sind formale Mask. grammatisch fem., d. h. kongruieren mit fem. Attributen oder Verbalformen. Mask. können fem. Pl. haben oder wechselndes Genus. Folgende Fälle lassen sich differenzieren:

a) Morphologisch mask. aber grammatisch fem. Sg.: *arḫum* „Kuh" : *arḫim* ... *inūma rīqat* UCP 10, 78 no. 3: 11–13 „Kuh ..., als sie ohne Arbeit war". Pl. *arḫātum*.

b) Morphologisch mask., grammatisch wechselnder Sg.: *gerrum* „Weg". Sg. mask.: *gerrum dan* AbB 2, 87: 25 „Die Reise ist schwierig." Sg. fem.: *gerrašunu šalmat* ARM 6, 20: 9 „Ihre Karawane ist wohlbehalten." Pl. *gerrū*.

c) Morphologisch und grammatisch fem. Pl. von Substantiven, die im Sg. morphologisch und grammatisch mask. sind: *kirûm* „Obstgarten". Pl.: *kirêtija* ARM 2, 33: 7' „meine Obstgärten".

d) Pl. morphologisch und grammatisch mit wechselndem Genus von Substantiven, die im Sg. morphologisch und grammatisch mask. sind: *tuppum* „Tafel". Pl. mask.: *tuppīka šūbilam* AbB 6, 146: 27 „Schicke mir deine Tafeln!" Pl. fem.: *tuppātim* AbB 6, 93: 14.

e) Morphologisch mask. aber grammatisch fem. Pl.: *ṣēnū lā ikkalāšu* AbB 8, 13: 25 „Das Kleinvieh soll es nicht fressen."

S. ausführlich Streck 2010, 294–304.

4.4.4 Numerus

§ **69** Der Sg. ist formal unmarkiert. Er steht für Einzelexemplare von Gattungen (*kalbum* „ein Hund") ebenso wie für Stoffe (*kaspum* „Silber").

§ **70** a) Der Dual ist durch folgende Suffixe markiert: *-ān* und *-īn*: Nominativ bzw. Obliquus Status rectus (*kalbān, kalbīn*). *-ā* und *-ī*: Nominativ bzw. Obliquus St. cstr. (*īnāšu, īnīšu* „seine Augen") und Status absolutus (beim Zahlwort *ši/enā/šittā* „zwei").

b) Ein Attribut zum Dual steht im fem. Pl., ebenso oft das Prädikat eines Satzes mit einem Dual als Subjekt.

§ **71** Der Dual ist im Altbab. kein produktiver Numerus mehr. Er wird gebraucht:

a) Bei paarweise vorhandenen Körperteilen: *ī*[*n*]*īn awīlim ša*[*rr*]*um inassaḫ* RA 44, 35: 10f. „Der König wird die (beiden) Augen des Menschen ausreißen."

b) In Analogie zu den paarweise vorhandenen Körperteilen auch bei *išdān* „Fundament" < *„Gesäß" und *rēšān* „Kopf, Spitze" (daneben aber auch im Sg. belegt): *rēšāšunu* LIH 95: 50 „ihre Spitze". *išdāša šuršudā* KH i 24f. „Sein (des Königtums) Fundament ist fest gegründet."

c) Bei den Zahlen *ši/enā* „zwei" (§ 85), *šittān* „zwei Drittel" und *kilallān*, fem. *kilattān* „beide".

d) In Omina selten auch sonst: *qarrādān šenā* YOS 10, 31 ix 25f. „zwei Helden".

§ **72** Der Pl. bezeichnet zwei (dafür aber in Resten auch noch der Dual in Gebrauch, s. § 71) oder mehr Exemplare von Gattungen. Auch Stoffnamen stehen gerne im Pl.: *mû* „Wasser" (Pluraletantum). Der Pl. ist durch folgende Suffixe markiert:

a) *-ū* und *-ī* oder *-ē*: Mask. Substantiv in allen Status (*kalb-ū/ī* „Hunde", *kalb-ū/ī-šu* „seine Hunde").

b) *-ūt*(*um*) und *-ūt*(*im*): Mask. Adjektiv im Status rectus bzw. St. cstr. vor Genitiv (*dann-ūtu/im* „starke", *dann-ūt* „die Starken von ...").

c) *-ūtū* und *-ūtī*: Mask. Adjektiv im St. cstr. vor Pronominalsuffix (*dann-ūtū/ī-šu* „seine starken").

d) Für die Suffixe des fem. Pl. s. § 66e–g.

§ **73** Einige Nomina weisen vor den Pl.-Suffixen einen durch verschiedene Mittel verlängerten Wortstamm auf. Der wichtigste Fall sind Wörter mit meist einsilbigem Stamm, die den Pl. durch das Suffix *-ān* verlängern: *ālum* „Stadt", Pl. *āl-ān-ū* „Städte", *ilum* „Gott", Pl. *il-ān-ū* „Götter". Teilweise sind daneben auch unerweiterte Pl. belegt: *ilū* „Götter". Der *-ān*-Pl. hat keine besondere „Bedeutung", sondern ist lediglich ein ikonisches Bildungsmittel, Wörter im Pl. zu vergrößern.

S. Streck 2005, 240f.

§ **74** Kollektiva können auch dann im Sg. bleiben, wenn sie gezählt oder von einem pluralischen Attribut begleitet werden: 400 *ṣābim* ARM 1, 23: 10 „400 Soldaten (einer

Truppe)". *ṣābum lā šaṭrūtum* ARM 14, 62: 6 „nicht eingeschriebene Soldaten (einer Truppe)".

4.4.5 Kasus

§ 75 Das Nomen unterscheidet im Sg. die Kasus Nominativ, Genitiv, Akkusativ, Lokativ und Terminativ. Anstelle des Dativs gebraucht man die Präposition *ana* + Genitiv (§§ 77a, 134a). Die Kasus sind durch folgende Suffixe charakterisiert:

a) *-um*, *-im*, *-am*: Nominativ, Genitiv und Akkusativ im Status rectus.

b) *-ū*(?), *-ī*(?), *-ā*(?): Nominativ, Genitiv und Akkusativ von *abum* „Vater", *aḫum* „Bruder" sowie von den Nomina der Form *PaRS*, *PiRS* und *PuRS* mit drittem schwachem Radikal (Typ *mārum* und *bīšum*) im St. cstr. vor Pronominalsuffix. Die vermutliche Vokallänge ist bei letzteren wohl ein Reflex des dritten schwachen Radikals, bei *abum* und *aḫum* Reflex einer sekundären Erweiterung der zweikonsonantigen Wurzel um einen dritten Radikal *w*.

c) *-u*, *-a*: Nominativ und Akkusativ im St. cstr. vor Pronominalsuffix bei den auf Vokal auslautenden Nominalstämmen, wobei Kasusvokale und Auslautvokale nach den Regeln von § 28 kontrahiert werden.

d) *-i*: Genitiv vor Pronominalsuffix bei allen Nomina mit Ausnahme der unter b genannten. S. § 21b zur Erklärung der häufigen Vokalpleneschreibung als akzentbedingt. Bei den auf Vokal auslautenden Nominalstämmen werden *-i* und Auslautvokale nach den Regeln von § 28 kontrahiert.

Zur Frage, ob dieses *-i* als kurz oder lang anzusetzen ist, und zu seiner möglichen Etymologie s. Philippi 1871, 194; Brockelmann 1908, 460; Christian 1924, 20f.; GAG § 65a; Greenstein 1984, 38; Hecker 2000.

e) *-ūm*: Lokativ. Für die Assimilation von *-m* an den Anlautkonsonanten eines Pronominalsuffixes s. § 29a. Das Suffix ist unveränderbar und findet sich im Status rectus ebenso wie im St. cstr. vor Genitiv und Pronominalsuffix: Status rectus mit Mimation: *elēnūm* Or. 77, 341: 29 „oben". Status rectus ohne Mimation: *warkānū* Gilg. OB II 161 „später". St. cstr. vor Genitiv mit Mimation: *elēnūm ālim* UET 6/2, 414: 33 „außerhalb der Stadt". St. cstr. vor Genitiv ohne Mimation: *iqqerbū apsî* VS 10, 214 vi 11 „im Inneren des unterirdischen Süßwasserozeans". St. cstr. vor Pronominalsuffix mit (an den folgenden Konsonanten assimilierter) Mimation: *rittūšša* VS 10, 214 ii 10 „in ihrer Hand".

Zahlreiche Belege für den Lokativ aus literarischen Texten bietet Groneberg 1978/9. Für die Länge des Vokals s. Buccellati 1996, 152 und nB/spB Pleneschreibungen wie *lib-bu-ú* (AHw. 500).

f) *-iš*: Terminativ. Mit einem stammauslautenden Vokal wird das *-i* nach den Regeln von § 28 kontrahiert. Das Suffix ist unveränderbar und findet sich im Status rectus ebenso wie im St. cstr. vor Genitiv und Pronominalsuffix: Status rectus: *nukkurat amāriš* VS 10, 214 vii 9 „Sie ist sehr fremdartig anzusehen." St. cstr. vor Genitiv: *bīt⸢iš emūtim⸣* Gilg. OB II 149 „zum Haus der Familie des Schwiegervaters". St. cstr. vor Pronominalsuffix: *qātiššu* VS 10, 214 v 26 „in seine Hand".

Zur Etymologie des Terminativs s. Gensler 2000.

g) Die Mimation der Suffixa *-um*, *-im*, *-am* und *-ūm* ist ursprünglich Bestandteil der Kasusendung, kann aber selten auch wegfallen, so dass die Endungen *-u*, *-i*, *-a* und *-ū* lauten (§ 30).

Zu Mimation und Nunation im Semitischen s. Diem 1975. Für die Nunation in den früh-aB, *šakkanakku*-zeitlichen Texten aus Mari s. Durand 1985, 152 Anm. 30 und Lambert 1985, 531 Anm. 12.

§ 76 Der Nominativ hat folgende Funktionen:

a) Bezeichnung des Subjekts im verbalen und nichtverbalen Satz: *ṭaʾtum ibbašīma* AbB 2, 11: 8 „Bestechung ist geschehen." *ṣibûtum mā[d]iš* AbB 6, 11: 11 „Das Bedürfnis (danach) ist groß."

b) Bezeichnung der syntaktisch eingebundenen Anrede (vgl. unten § 75 für die syntaktisch nicht eingebundene Anrede): *alkamma awīlum annīʾātim amuršināti* AbB 1, 95: 15f. „Komm, Herr, und prüfe dieses!"

Zu dieser Funktion des Nominativs s. Kraus 1976, 294.

c) Anstelle des Stativs (§ 102) Bezeichnung des nominalen Prädikats, wenn das Prädikat erweitert ist oder nicht besonders markiert werden soll: *šarrum gitmālum anāku* KH xlvii 10 „Ich bin der vollkommene König."

d) In der Pendenskonstruktion (§ 161a) Bezeichnung des pendierenden Elements: *ṣuḫārtum šī ištū ajjānum ilqûši* ARM 5, 7: 11f. „Was dieses Mädchen betrifft, woher hat man sie genommen?"

e) Kasus eingliedriger Nominalphrasen nicht satzhaften Charakters: *šumma izbum kīma nēšim amūt* PN YOS 10, 56 iii 8 „Wenn die Missgeburt wie ein Löwe ist: Leberomen des PN".

f) Zitierkasus in lexikalischen Listen: lú.uru$_4$.a = *errēšum* MSL 12, 163: 179 „Pflüger".

§ 77 Der Genitiv bzw. im Pl. der Obliquus hat folgende Funktionen:

a) Markierung von Nomina in syntaktischer Abhängigkeit von Präpositionen. Der akkad. Präposition mit Genitiv entsprechen im Deutschen Präpostionen mit Dativ oder Akkusativ, nach *ana* auch der Dativ alleine: *ana šulmika* AbB 1, 5: 10 „nach deinem Wohlergehen". *ana* PN *[a]ddin* AbB 1, 3: 11f. „Dem PN habe ich gegeben!"

b) Bezeichnung des logischen Subjekts (Genitivus subjectivus): *errēt ilī* KH xxvi r. 25 „Flüche der Götter".

c) Bezeichnung des logischen Objekts (Genitivus objectivus): *nīdi aḫim* AbB 3, 24: 8 „Hinwerfen des Armes".

d) Bezeichnung eines Besitzverhältnisses (Genitivus possessivus): *abi abīj[a]* AbB 11, 83: 2 „Vater meines Vaters".

e) Bezeichnung eines Teilverhältnisses (Genitivus partitivus): *ušumgal šarrī* KH ii 55 „Großdrache unter den Königen".

f) Bezeichnung eines appositionellen Verhältnisses, auch erläuternder Genitiv (Genitivus epexegeticus): *māt Šumerim u Akkadîm* KH v 7–9 „Land von Sumer und Akkad".

g) Bezeichnung eines attributiven Verhältnisses (Genitivus attributivus): *šar tašīmtim* KH ii 22 „König der Einsicht" = „einsichtiger König".

h) Bezeichnung eines präpositionalen Verhältnisses: *miqit pîm* AbB 11, 60: 9 „aus dem Mund Gefallenes, unbedachte Äußerung".

i) Bezeichnung des Materials: *ṣalam ṭīṭim* KH xxviii r. 38 „Bild aus Ton".

j) Bezeichnung einer sonstigen Beziehung zwischen Regens und Rectum: *bīt šurīpim* ARM 2, 101: 22 „Haus des Eises, Kühlhaus".

k) Nach Adjektiven bezeichnet der Genitiv den Geltungsbereich der Eigenschaft: *ṣalmāt qaqqadim* CAD Ṣ 75f. „schwarz im Bereich des Kopfes" = „mit schwarzem Kopf". Vgl. § 105c.

l) Nach einem passiven Verbaladjektiv bezeichnet der Genitiv den Agens: *aklam išātim* MSL 12, 183: 38 „vom Feuer verzehrt". Vgl. § 105c.

§ 78 Der Akkusativ bzw. im Pl. der Obliquus hat folgende Funktionen:

a) Bezeichnung des direkten Objekts transitiver, bi- oder trivalenter Verben: *annîtim* (<**annī'ātim*) *tašpuram* ARM 1, 62: 13 „Dies hast du mir geschrieben." *kanīkšunu ina maḫar* PN. *tušēzibanni* AbB 11, 94: 8 „Du ließest mich eine gesiegelte Urkunde für sie in Gegenwart des PN ausstellen."

b) In der Pendenskonstruktion (§ 161b) Bezeichnung des pendierenden Elements: 100 *ṣābam Suḫâm u* ⸢PN⸣ *ā*[*l*]*ik pānīšunu têrētim ana šulum ṣābim šêtu ēpušma ana têrētim šalmātim aṭrussunūti* ARM 2, 39: 67–69 „Was die 100 Soldaten aus Suḫum samt PN, ihrem Anführer betrifft, so habe ich Omenanfragen bezüglich des Heils dieser Soldaten durchgeführt und sie den günstigen Omenanfragen entsprechend geschickt."

c) Bezeichnung des Ortes: *mamman bābam ul uṣṣī* AbB 6, 64: 16f. „Niemand darf durch das Tor hinausgehen." Häufig auch mehr oder weniger erstarrt in Adverbien und präpositionalen Ausdrücken: *imittam* „rechts" (*imittum* „rechte Seite"), *ašar* „an, in" (*ašrum* „Ort").

d) Bezeichnung der Richtung in räumlichem und übertragenem Sinn: *šarrum ḫarrānam illak* ARM 1, 6: 16 „Der König geht auf einen Feldzug." *ūmu nawrum da'ummatam līwīšum* SAACT 3, 35 N 68 (Anzu) „Der helle Tag möge ihm zu Dunkel werden."

GAG § 147e erwähnt den Akkusativ nach *ewûm* dagegen unter dem Zustandsakkusativ.

e) Bezeichnung des Zeitpunktes oder Zeitraumes: *ina Araḫsamna* UD 13^{kam} *šērtamma ana maḫrika asanniqa* AbB 10, 50: 15–17„Im Monat Araḫsamna, 13. Tag, morgens werde ich bei dir eintreffen." *urrī u mūšī* Gilg. OB VA + BM ii 5' „Tage und Nächte hindurch". Häufig mehr oder weniger erstarrt in Adverbien und präpositionalen Ausdrücken: *ūmam* „heute", *ūm* „am Tage, da".

f) Bezeichnung von Fülle oder Mangel bzw. Trennung: *šumma amūtum damam dannam malī'at* RA 27, 149: 37 „wenn die Leber mit geronnenem Blut gefüllt ist". *aṣbassima kīma mamman lā īšû iḫtalqanni* AbB 11, 55: 19–21 „Ich ergriff sie, aber weil ich niemanden (als Zeugen) hatte, entkam sie mir."

Zum Akkusativ des Mangels bzw. der Trennung s. Jacobsen 1963. Von Soden 1961, 157f., stellt diese Belege dagegen zum Akkusativ der Beziehung. GKT § 125f. spricht vom Akkusativ „der Trennung."

g) Bezeichnung eines Zustands: *kīma ittī bēlija libbam gamram idabbubū* ARM 2, 35: 27f. „ob sie mit meinem Herrn mit vollem Herzen (= ehrlich) sprechen". Hierher gehören adverbiale Ausdrücke, die mit dem Suffix *-ūt-* und Pronominalsuffix gebildet werden: *kaspam marṣūssu* (< **marṣ-ūt-šu*) *ašaqqal* AbB 9, 61: 27 „Ich kann das Silber nur unter Schwierigkeiten zahlen." Der Zustandsakkusativ findet sich auch mit *lā* negiert: *ana bēlija lā palāḫa luqbī* RHA 35/36, 71: 4 „Zu meinem Herrn will ich ohne Furcht sprechen."

Weitere Beispiele für den Typ *marṣūssu* finden sich in GAG § 147b.

h) Bezeichnung des Geltungsbereichs einer Eigenschaft (meist als Akkusativ der Beziehung bezeichnet). Dieser Akkusativ ist bisher nur bei Stativen bezeugt. Zwischen dem Träger der Eigenschaft (Possessor) und der Eigenschaft besteht eine inalienable Beziehung: *anami Gilgameš ⌜ma⌝šil padattam lānam [š]apil ⌜eṣemtam⌝ [puk]kul* Gilg. OB II 183–185 „Dem Gilgameš ist er gleich an Gestalt: an Körperbau gedrungen, an Knochenbau kräftig."

Beispiele aus literarischen Texten sammelt und analysiert Wasserman 2003, 29–43.

§ 79 Der Lokativ ist aB kein voll produktiver Kasus mehr. Für ihn tritt vielmehr meist die Präposition *ina* + Genitiv ein. Vor allem außerhalb der Literatur kommt der Lokativ meist nur noch in zu Adverbien und Präpositionen/präpositionalen Ausdrücken erstarrten Wendungen oder bestimmten Konstruktionen (St. cstr., paronomastischen Inf.konstruktionen) vor. Semantisch lassen sich die folgenden Fälle differenzieren:

a) Bezeichnung eines Ortes: St. cstr. vor Pronominalsuffix: *Ištar rittūšša ṣerret nišī ukīʾal* VS 10, 214 ii 10f. „Ištar hält in ihrer Hand den Zügel der Menschen." St. cstr. vor Genitiv: *qabaltū ṣēri* Gilg. OB VA + BM ii 11' „inmitten der Steppe". St. cstr. vor Genitiv mit pleonastischem *ina*: *ittamḫarū ina rebītū māti* Gilg. OB II 214 „Sie trafen auf dem Platz des Landes aufeinander." Frei zu Adverbien erstarrt: *elēnūm* „oben", *šaplānūm* „unten". Frei mit pleonastischem *ina*: *ina mešēqūm ... imaddad* CAD M/II 39 *mešēqu* 2b „Im *mešēqum*-Gefäß wird er abmessen."

b) Bezeichnung der Richtung hinein (selten): St. cstr. vor Genitiv mit *ana*: *[ṣā]b nakrim ana libbū mātim ībiram* AbB 6, 59: 9 „[Die Tru]ppe des Feindes ist bis ins Herz des Landes vorgestoßen."

c) Bezeichnung eines Zeitpunktes: St. cstr. vor Pronominalsuffix zur Präposition erstarrt: *ullânūkka aḫam šanījim ul īšū* ARM 4, 20: 8f. „Außer dir habe ich keinen anderen Bruder." St. cstr. vor Genitiv mit pleonastischem *ina*: *in libbū šattim* RA 39, 7: 42f. „während eines Jahres". Frei zu Adverbien erstarrt: *pānānūm* „früher", *warkānūm* „später".

d) Bezeichnung des Mittels: St. cstr. vor Pronominalsuffix: *siqrūšša tušaknišaššum kibrāt erbêm ana šēpīšu* RA 22, 171: 49f. „Auf ihr Geheiß hin hat sie ihm die vier Weltecken sich zu Füßen werfen lassen." St. cstr. vor Pronominalsuffix zur Präpositon erstarrt: *balūm-*, z. B. *balūkki* UET 6/2, 396: 16 „ohne dich". St. cstr. vor Genitiv zur Präposition erstarrt: *balūm šâlija* ARM 2, 109: 12 „ohne mich zu fragen". Paronomastische

Inf.konstruktion: *amārūmma ul āmuršu* ARM 2, 19: 16f. „Ich sah ihn überhaupt nicht (wörtlich: durch Sehen sah ich ihn nicht)."

Ausführliche Belegsammlung bei Groneberg 1978/9 mit Ergänzung bei Mayer 1995, 179–181. – Erklärung paronomastischer Inf. im Lokativ als Instrumentalis nach Tropper 2000, 334f.; anders Cohen 2004, 110f.

§ **80** Der Terminativ ist besonders außerhalb der Literatur aB kein voll produktiver Kasus mehr. Für ihn tritt vielmehr oft die Präposition *ana* + Genitiv ein. Bisweilen findet sich beim Terminativ auch pleonastisches *ana*. Der Terminativ besitzt folgende Funktionen:

a) Bezeichnung der Richtung zu etwas hin: Frei: *ajjiš*, *êš* < **ajjiš* AHw. 25 und 253 „wohin?" St. cstr. vor Pronominalsuffix: *bēliššu qūbam ubbalā šaptāšu* RB 59, 242 i 9 „Zu seinem Herrn tragen die Klage seine Lippen." St. cstr. vor Genitiv: *bīti⸢š emūtim iqrûninni⸣* Gilg. OB II 149 „Zum Haus der Familie des Schwiegervaters lud ⸢man mich⸣ ein."

b) Bezeichnung eines Ortes (selten): Frei: *ašariš* AHw. 78 „dort". St. cstr. vor Pronominalsuffix: *puḫriššun etel qabûša šūtur* RA 22, 171: 33 „In ihrer Versammlung ist fürstlich ihre Rede, hervorragend."

c) Bezeichnung eines Zeitpunktes: Frei: *dāriš* AHw. 163 „für immer" zu *dārum* „Dauer, Ewigkeit". Frei beim Inf.: *nukkurat amāriš* VS 10, 214 vii 9 „Sie ist sehr fremdartig anzuschauen." Frei mit pleonastischem *ana*: *ad-dāriš* RA 22, 171: 56 „für immer". St. cstr. vor Pronominalsuffix: *isaḫḫuḫū rigmiška* JRAS Cent. Supp. pl. 6 ii 6 „Sie erzittern bei deinem Schrei." St. cstr. vor Genitiv: *labāriš bītim* AAA 19, 105 iii 12 „beim Altwerden des Hauses". St. cstr. vor Genitiv mit pleonastischem *ana*: *ana dāriš ūmī* RA 11, 94: 19 „für immer" (wörtlich: „für die Dauer an Tagen"). In Kombination mit Präpositionen: *ištū labiriš* AbB 4, 121: 6 „seit alters".

d) Bezeichnung eines Finalis: St. cstr. vor Genitiv: *bubūtiš nišī tîtiš* [*ilī*] Atr. I vii 339 „für den Hunger der Menschen, die Nahrung [der Götter]". Frei beim Inf. mit pleonastischem *ana*: *ana ḫīʾāriš iqrab* CT 15, 5 ii 8 „Zum Freien näherte er sich."

e) Bezeichnung eines Konsekutivs: Frei am Inf.: *damāmiš uddaḫḫas* PBS 1/1, 2: 47b „Er wird so bedrückt, dass er jammert."

f) Sonst im Sinne der Präposition *ana*: Frei: *awīliš īwī* Gilg. OB II 109 „Er wurde zu einem Menschen." Frei: *Abiš-tikal* AS 16, 52: 25 „Auf den Vater vertraue! (PN)"

g) Bildung sonstiger Adverbien: Aus Adjektiven: *arḫiš* KH r. xxvii 32 „schnell". Aus Substantiven: *kalîš* JCS 11, 86 iv 7 „gänzlich". Aus einem Zahlwort: *ištēniš* Syria 32, 14 iii 18 „zusammen".

h) Eine distributive Funktion hat der Terminativ manchmal in Kombination mit der Akkusativ- oder Lokativendung: *ālišam* „Ort für Ort", *ūmišam*/*ūmšūm* „täglich".

Ausführliche Belegsammlung bei Groneberg 1978/9 mit Ergänzung bei Mayer 1995, 181–184. Zum semantischen Zusammenhang zwischen Richtungsbezug und adverbienbildenden Funktion des Terminativs s. Gensler 2000, 252–261; anders Mayer 1995, 164–168. – Zu h s. GAG § 67g; Groneberg 1978/9, 29.

4.4.6 Status

§ **81** Der Status rectus ist die voll flektierte Form des Nomens ohne folgenden Genitiv.

§ **82** a) Der St. cstr. ist die Form eines Nomens vor einem weiteren Nomen im Genitiv, vor einem genitivischen Pronominalsuffix (= Possessivsuffix) oder vor einem asyndetischen Relativsatz. Der St. cstr. besitzt im Allgemeinen keine oder reduzierte Kasusflexion.

b) Beim St. cstr. vor Genitiv fallen mit Ausnahme des mask. Pl. (*šarrū*) die Kasusendungen weg, so dass es für die drei Kasus im Sg. und die zwei Kasus im Pl. jeweils nur eine Form gibt. Einige Gruppen von Nomina fügen stattdessen einen Hilfsvokal *-i* an den Stamm an (z. B. *abi*, *tuppi*, *rubê* < **rubā-i*). Gelängter Stammauslaut kann gekürzt werden (z. B. *šar* < **šarr*). Doppelkonsonanz im Auslaut bei Nomina der Form *PaRS*, *PiRS* und *PuRS* wird durch einen Hilfsvokal zwischen zweitem und drittem Radikal aufgelöst (*šipir* < **šipr*). Die auf Vokal auslautenden Stämme gleichen sich teilweise den *-ī*-Stämmen an oder stoßen den Auslautvokal ganz ab (*kalā*, aber auch *kalī* wie *bānī* oder *kal*).

c) Beim St. cstr. vor Pronominalsuffixen besitzen Nominativ und Akkusativ Sg. vor Pronominalsuffix *-ī* der 1. Sg. eine gemeinsame Form (z. B. *bēl-ī*). Die Suffixe der anderen Personen werden meist entweder ebenfalls direkt an den Stamm angehängt (z. B. *bēl-ka*) oder mittels eines Hilfsvokals *-a* (z. B. *nidinta-šu*); Nomina der Form *Pa/i/uRS* III- infirmae sowie die Wörter *abum* „Vater", *aḫum* „Bruder" und *emum* „Schwiegervater" differenzieren jedoch Nominativ und Akkusativ noch und längen nach Abfall der Mimation die verbleibenden Vokale *-u* und *-a* (z. B. *mārū-šu, abā-šu*). Auch die auf Vokal auslautenden Stämme unterscheiden beide Kasus oft (z. B. *rubû-ka* < * *rubā-u-ka*), können aber die Suffixe auch direkt an den Stamm hängen (z. B. *bānī-ka*). Der Genitiv Sg. wird stets auf der Basis des Status rectus unter Wegfall der Mimation gebildet (z. B. *bēli-ka*). Alle Pl. unterscheiden zwischen Nominativ und Obliquus, wobei die Fem. und Adjektive den St. cstr. auf der Basis des Status rectus unter Wegfall der Mimation und Längung des verbleibenden *-u* oder *-i* bilden (z. B. *err-ētū-šu, dann-ūtū-šu*).

d) Auch doppelte St. cstr.-Verbindungen kommen vor: *īn mār awīlim* KH § 196 „das Auge des Sohnes eines Mannes". Mehrgliedrige St. cstr.-Verbindungen werden jedoch gerne durch das Determinativpronomen aufgelöst (§ 60b).

§ **83** Der Status absolutus besitzt keine Kasusflexion. Seine Form ist meist mit der des St. cstr. vor Nomen im Genitiv identisch (§ 82). Einige Verwendungsweisen: Die Kardinalzahlen stehen isoliert oder attributiv zum Gezählten oft im Status absolutus (§ 86a): *ana šinā eṣip* Sumer 10, 59f. § 7: 11f. „Multipliziere mit zwei!", *ištēn taklam* AbB 6, 57: 5 „einen Zuverlässigen". Merismen: *ṣe-ḫe-ra-bi ṣeḫer rabī* YOS 2, 141: 15 „klein und groß". Adverbien: *ašaršanī* „anderswohin" (aus *ašrum* „Ort" und *šanûm* < **šanī-um* „anderer"). Für die syntaktisch nicht eingebundene Anrede (vgl. § 76b für die syntaktisch eingebundene Anrede): *eṭel êš taḫišš[a]m* Gilg. OB II 145 „Mann, wohin eilst du?" Zur letzten Funktion gehören auch Eigennamen wie *Šamaš*, Name des Sonnengottes, zu *šamšum* „Sonne".

Für die Anrede vgl. Kraus 1976.

4.4.7 Paradigmen zur Nominalflexion

§ 84 a) Status rectus:

	Übersetzung	Sg. Nom.	Sg. Gen.	Sg. Akk.	Sg. Lok.	Sg. Term.	Du. Nom.	Du. Obl.	Pl. Nom.	Pl. Obl.
Subst. m. mit unveränderlichem Stamm	„König"	*šarr-um*	*šarr-im*	*šarr-am*	*šarr-ūm*	*šarr-iš*	*šarr-ān*	*šarr-īn*	*šarr-ū*	*šarr-ī*
Subst. f. mit *-at* (§ 66a)	„Königin"	*šarr-at-um*	*šarr-at-im*	*šarr-at-am*	*šarr-at-ūm*	*šarr-at-iš*	*šarr-at-ān*	*šarr-at-īn*	*šarr-ātum*	*šarr-ātim*
Subst. f. mit *-et* (§ 66b)	„Fluch"	*err-et-um*	*err-et-im*	*err-et-am*	*err-et-ūm*	*err-et-iš*	*err-et-ān*	*err-et-īn*	*err-ētum*	*err-ētim*
Subst. f. mit *-t* (§ 66c)	„Tochter"	*mār-t-um*	*mār-t-im*	*mār-t-am*	*mār-t-ūm*	*mār-t-iš*	*mār-t-ān*	*mār-t-īn*	*mār-ātum*	*mār-ātim*
Subst. f. der Form *PiRS* (§§ 65a, 66c)	„Botschaft"	*šipir-t-um*	*šipir-t-im*	*šipir-t-am*	*šipir-t-ūm*	*šipir-t-iš*	*šipir-t-ān*	*šipir-t-īn*	*šipr-ātum*	*šipr-ātim*
Subst. f. der Form *PuRS* (§§ 65b, 66c)	„Furcht"	*puluḫ-t-um*	*puluḫ-t-im*	*puluḫ-t-am*	*puluḫ-t-ūm*	*puluḫ-t-iš*	*puluḫ-t-ān*	*puluḫ-t-īn*	*pulḫ-ātum*	*pulḫ-ātim*
Adjkt. m. mit unveränderlichem Stamm	„starker"	*dann-um*	*dann-im*	*dann-am*	–	–	–	–	*dann-ūtum*	*dann-ūtim*
Adjkt. f. mit unveränderlichem Stamm	„starke"	*dann-at-um*	*dann-at-im*	*dann-at-am*	–	–	–	–	*dann-ātum*	*dann-ātim*

	Überset-zung	Sg. Nom.	Sg. Gen.	Sg. Akk.	Sg. Lok.	Sg. Term.	Du. Nom.	Du. Obl.	Pl. Nom.	Pl. Obl.
Adjkt. m. mit Stamm _PaRa/i/uS_ (§ 27a)	„guter“	_damq-um_	_damq-im_	_damq-am_	–	–	–	–	_damq-ūtum_	_damq-ūtim_
Adjkt. f. mit Stamm _PaRa/i/uS_ (§ 27a)	„gute“	_damiq-t-um_	_damiq-t-im_	_damiq-t-am_	–	–	–	–	_damq-ātum_	_damq-ātim_
Adjkt. m. mit Stammauslaut -_ī_ (§ 28)	„großer“	_rabûm_ < _*rabī-um_	_rabîm_ < _*rabī-im_	_rabī-am_	–	–	–	–	_rabûtum_ < _*rabī-ūtum_	_rabûtim_ < _*rabī-ūtim_
Adjkt. f. mit Stammauslaut -_ī_	„große“	_rabī-t-um_	_rabī-t-im_	_rabī-t-am_	–	–	–	–	_rabī-ātum_	_rabī-ātim_
Subst. m. mit Stammauslaut -_ā_ (§ 28)	„Fürst“	_rubûm_ < _*rubā-um_	_rubêm_ < _*rubā-im_	_rubâm_ _*rubā-am_	_rubûm_ < _*rubā-ūm_	_rubîš_ < _*rubā-iš_	_rubân_ < _*rubā-ān_	_rubên_ < _*rubā-īn_	_rubû_ < _*rubā-ū_	_rubê_ < _*rubā-ī_
Subst. f. mit Stammauslaut -_ā_ (§ 28)	„Fürstin“	_rubā-t-um_	_rubā-t-im_	_rubā-t-am_	_rubā-t-ūm_	_rubā-t-iš_	_rubā-t-ān_	_rubā-t-īn_	_rubâtum_ < _*rubā-ātum_	_rubâtim_ < _*rubā-ātim_
Subst. m. mit Stammauslaut –_ū_ (§ 28)	„Berg“	_šadûm_ < _*šadū-um_	_šadîm_ < _*šadū-im_	_šadâm_ < _*šadū-am_	_šadûm_ < _*šadū-ūm_	_šadîš_ < _*šadū-iš_	_šadân_ < _*šadū-ān_	_šadîn_ < _*šadū-īn_	_šadû_ < _*šadū-ū_	_šadî_ < _*šadū-ī_
Subst. m. mit Stammauslaut -_ē_ (§ 28)	„neh-men“	_leqûm_ < _*leqē-um_	_leqêm_ < _* leqē-im_	_leqē-am_	–	–	–	–	–	–

b) St. cstr.:

	Status rectus	*St. cstr. vor Gen.*	*St. cstr. Nom./Akk. (Pl.: Nom.) vor Suffix 1. Sg.*	*St. cstr. Nom./Akk. (Pl.: Nom.) vor Suffixen anderer Personen*	*St. cstr. Gen. (Pl.: Obl.) vor Suffixen aller Personen*
Auf einfachen Kons. endender Stamm	*bēl-um* „Herr“	*bēl* „Herr von“	*bēl-ī* „mein(en) Herr(en)“	*bēl-ka/šu* usw. „dein(en)/sein(en) usw. Herr(en)“	*bēl-i-ja/ka* usw. „meines/deines usw. Herren“
Fem. auf *-at/-et*	*šarr-at-um* „Königin“	*šarr-at*	*šarr-at-ī*	*šarr-at-ka* usw.	*šarr-at-i-ja* usw.
abum, aḫum, emum	*ab-um* „Vater“	*ab-i*	*ab-ī*	*ab-ū-ka* usw. (Nom.), *ab-ā-ka* usw. (Akk.)	*ab-ī-ja* usw.
Stamm mit zweikons. Wurzel	*id-um* „Arm“	*id-i*	*id-ī*	*id-ka* usw.	*id-i-ja* usw.
Nomina der Form *Pa/i/uRS* III-infirmae	*mār-um* < **marʾ-um* „Sohn“	*mār-i, mār*	*mār-ī*	*mār-ū-ka* usw. (Nom.), *mār-ā-ka* usw. (Akk.)	*mār-ī-ja* usw.
Auf langen Kons. endender einsilbiger Stamm	*libb-um* „Herz“	*libb-i*	*libb-ī*	*libb-a-ka* usw.	*libb-i-ja* usw.
Auf langen Kons. endender mehrsilbiger Stamm	*kunukk-um* „Rollsiegel“	*kunuk*	*kunukk-ī*	*kunukk-a-ka* usw.	*kunukk-i-ja* usw.
Nomen der Form *PaRS*	*kalb-um* „Hund“	*kalab*	*kalb-ī*	*kalab-ka* usw.	*kalb-i-ja* usw.
Nomen der Form *PiRS*	*šipr-um* „Botschaft“	*šipir*	*šipr-ī*	*šipir-ka* usw.	*šipr-i-ja* usw.

	Status rectus	*St. cstr. vor Gen.*	*St. cstr. Nom./Akk. (Pl.: Nom.) vor Suffix 1. Sg.*	*St. cstr. Nom./Akk. (Pl.: Nom.) vor Suffixen anderer Personen*	*St. cstr. Gen. (Pl.: Obl.) vor Suffixen aller Personen*
Nomen der Form *PuRS*	*šulm-um* „Heil“	*šulum*	*šulm-ī*	*šulum-ka* usw.	*šulm-i-ja* usw.
Einsilbiges Fem. auf *-t*	*šub-t-um* „Wohnung“	*šub-at*	*šub-t-ī*	*šub-at-ka* usw.	*šub-t-i-ja* usw.
Einsilbiges Fem. auf *-t*	*qīš-t-um* „Geschenk“	*qīš-t-i*	*qīš-t-ī*	*qīš-t-a-ka* usw.	*qīš-t-i-ja* usw.
Mehrsilbiges Fem. auf *-t*	*nidin-t-um* „Gabe“	*nidin-t-i*	*nidin-t-ī*	*nidin-t-a-ka* usw.	*nidin-t-i-ja* usw.
Auf *-ī* endender Stamm	*bānûm* < **bānī-um* „Erzeuger“	*bānī*, *bān*	*bānî* < **bānī-ī*	*bānû-ka* usw. (Nom.) < **bānī-u-ka*, *bānâ-ka* usw. (Akk.) < **bānī-a-ka* *bānī-ka* (Nom./Akk.)	*bānî-ja* < **bānī-i-ja* usw.
Auf *-ā* endender Stamm	*kalûm* < **kalā-um* „Gesamtheit“	*kalā*, *kalī*, *kal*	*kalî* < *kalā-ī*	*kalû-ka* usw. (Nom.) < **kalā-u-ka*, *kalâ-ka* usw. (Akk.) < **kalā-a-ka*	*kalî-ja* < **kalā-i-ja* usw.
Auf *-ā* endender Stamm	*rubûm* < **rubā-um* „Fürst“	*rubê* < **rubā-i*	*rubî/ê* < ** rubā-ī*	*rubû-ka* usw. (Nom.) < **rubā-u-ka*, *rubâ-ka* usw. (Akk.) < **rubā-a-ka*	*rubî/ê-ja* < **rubā-i-.ja* usw.
Subst. m. Pl.	*šarr-ū* „Könige“	*šarr-ū* (Nom.) „*šarr-ī* (Obl.)	*šarrū-ʾa/ka* usw. (Nom.)		*šarrī-ja* usw.
Subst. f. Pl.	*šarr-āt-um* „Königinnen“	*šarr-āt*	*šarr-āt-ū-ʾa/ka* usw. (Nom.)		*šarr-āt-ī-ja* usw.

4.5 Numeralia

§ **85** Numeralia werden ganz überwiegend mit Zahlzeichen geschrieben. Die folgende Übersicht enthält nur syllabisch geschriebene Formen der Kardinalia (seltene Formen sind weggelassen; Bezeugungslücken wurden nicht ergänzt) und Ordinalia:

		Kardinalzahlen				Ordinalzahlen	
	Zahlzeichen	Status rectus m.	Status absolutus und St. cstr. m.	Status rectus f.	Status absolutus und St. cstr. f.	Mask.	Fem.
1	𒁹	išteʾān-um, ištēn-um	ištēn	–	ištēʾ-at, ištât, Mari ištêt	ištēn, maḫrûm <*maḫrī-um panûm < *panī-um, rēštûm < *rēštī-um	išteʾat, maḫrī-t-um, panī-t-um, rēštī-t-um
2	𒈫	–	šin-ā	–	šitt-ā < *šin-t-ā	šanûm < *šanī-um	šanī-t-um
3	𒐈	–	šalāš	šalāš-t-um	šalāš-at, šalāš-t-i, šalāš-t-	šalš-um	šaluš-t-um
4	𒐉	erbûm < *erbē-um, arbāʾum	erbē, erb-	erbē-t-um/n, erbe-tt-um	erbē-t	rebûm < *rebū-um	rebū-t-um
5	𒐊	–	ḫamiš	–	ḫamš-at, ḫamš-et, ḫamiš-t-	ḫamš-um	ḫamuš-t-um
6	𒐋	–	sediš	–	šešš-et	šešš-um < *šedš-um	šeduš-t-um
7	𒐌	–	sebē	sebē-t-um, sebe-tt-um	sebē-t	sebûm < *sebū-um	sebū-t-um
8	𒐍	–	samānē	–	–	samn-um	samun-t-um
9	𒐎	–	tešē	tišī-t-um	tišī-t	te/išûm < *te/išu-um	te/išū-t-um
10	𒌋	–	ešer	ušūr-t-um	ešer-et	ešr-um	ešur-t-um

100	𒁹𒈨	Status absolutus Sg. meʾ-at, mât, Mari mêt. Status rectus Sg. meʾ-at-um, Mari mê-t-um
1000	𒇷	Status absolutus Sg.: līm, līmi. Status rectus Pl. līmī

Vgl. allgemein Goetze 1946. – Für *šinā/šittā* „2“ als Status absolutus des Duals s. von Soden 1983, 88. – Für *erbētum/sebētum* „Vierer-/Siebenergruppe“ als Status rectus fem. s. Streck 1995, 22 Anm. 69.; nach Edzard 1985, 127f. dagegen Nominalform *PaRiSt*. – Für „6“ *sediš* und den Anlaut von „7“ und „8“ s. Streck 2008. – Für *tešē* „9“ s. Streck 1995, 44 Anm. 104; nach von Soden 1977 dagegen „90“. – Für *ušūrtum* „Zehnergruppe“ s. von Soden 1987, 409. – Zu *me'at* „100“ s. anders Edzard 1979, 298: halb-logographische Schreibung. Zu *me'atum* usw. s. anders GAG § 69g, AHw. und CAD: Status rectus des Pl.

§ 86 a) Die Kardinalzahlen stehen meist attributiv im Status absolutus, selten (besonders literarisch) im Status rectus vor oder nach dem Gezählten. Status absolutus: *ištēn taklam* AbB 6, 57: 5 „einen Zuverlässigen“, *qû erbēt* YOS 10, 42 iii 23 „vier Fäden“. Status rectus: *ištē'ānum šadû ilī* CT 15 i 8 „der eine Berg der Götter“. *šar kibrātim arba'im* RIME 4, 348: 4 „König der vier Weltufer“. Bisweilen gehen Zahl und Gezähltes eine Genitivkonstruktion ein: *ištī'am* 7 *assammim* Gilg. OB II 101 „Er trank 7 Krüge.“ 4 *naplasātim* ... *izzazzā* YOS 10, 11 i 23f. „4 Scheuklappen ... stehen“.

b) Bei den Kardinalzahlen 1 und 2 kongruieren Zahl und Gezähltes im Genus: *ištēn awīlam* AbB 14, 66: 8 „einen Mann“. *ištē'at iltum* VS 10, 214 vi 21 „eine Göttin“. *alpī šenā* AbB 11, 144: 8 „zwei Rinder“. *marrātum šittā* YOS 10, 31 i 47 „zwei Gallenblasen“. Bei den Kardinalzahlen 3–10 besteht zwischen Zahl und Gezähltem Genuspolarität: mask. Zahl bei fem. Gezählten und umgekehrt: *ḫamiš ubānātim* AbB 14, 116: 28 „fünf Finger“. *ḫamšet qanî* TCL 10, 3: 1 „fünf Rohre“. Die Kardinalzahlen „100“ und „1000“ kennen nur ein einziges Genus.

c) Während sonst das Gezählte im syntaktisch erforderlichen Kasus steht, stehen Hunderter ab „300“, Tausender ab „3000“ und „n Maßeinheiten“ mit n ab 3 meistens im Status rectus des Obliquus: 3 *mêtim ṣāb awīl Babili* ARM 2, 22: 22 „3 Hundert sind Soldaten des Mannes von Babylon”. 1 *līm* 2 *līm* 5 *līmī* 10 *līmī* ... *illikānimma* BagM 2, 58 iii 32–34 „1 Tausend, 2 Tausend, 5 Tausend, 10 Tausend ... kamen her.“ 2 GI 4 *ana ammatim* 8 *ubānātim gamrū* ARM 13, 7: 16 „2 Rohr 4 Ellen 8 Finger sind es zusammen.“

d) Die Ordinalzahlen sind Adjektive; sie kongruieren im Genus mit ihrem Bezugswort und stehen vor oder nach diesem: *[š]anī'am marri werîm* AbB 10, 20: 26 „einen [z]weiten kupfernern Spaten“, *ina nērebtim šanītim* YOS 14, 135: 7 „beim zweiten Eintreten(?)“.

4.6 Verben

4.6.1 Wurzeltypen

§ 87 Nach dem Bau und dem dadurch bedingten unterschiedlichen Verhalten in Derivation und Flexion lassen sich im Altbab. (d. h. ohne Rücksicht auf historisch verschiedene Ausgangswurzeln) die folgenden Verbalwurzeln unterscheiden:

Wurzeltyp	lateinische Terminologie	Beispiel
Dreiradikalig		*PRS*
dreiradikalig, wobei 2. und 3. Radikal gleich sind	secundae (II) geminatae	*DNN*

Wurzeltyp	lateinische Terminologie	Beispiel
dreiradikalig, wobei der 1. Radikal N ist	primae (I) nun	*NQR*
Dreiradikalig, wobei einer der Radikale ᾿ ist	primae (I)/secundae oder mediae (II)/tertiae (III) aleph	*ʾKL, Šʾ L, PRʾ*
Dreiradikalig, wobei der 1. Radikal W ist	primae (I) waw	*WBL*
dreiradikalig, wobei der 2. Radikal W oder J ist; sekundär mit ū oder ī zwischen 1. und 3. Radikal	secundae (II) waw/jod, sekundär secundae vocalis	*KWN, QJŠ* (*KūN, QīŠ*)
dreiradikalig, wobei der 3. Radikal W oder J ist; sekundär mit ū oder ī nach dem 2. Radikal	tertiae (III) waw/jod, sekundär tertiae vocalis	*ḪDW, BNJ* (*ḪDū, BNī*)
Vierradikalig		*BLKT*

Die dreiradikaligen Verben des Typs *PRS* werden hier als „stark", die anderen als „schwach" bezeichnet.

Die Terminologie schwankt; nach GAG (besonders § 100a) hätte es ursprünglich zweikonsonantige, schwache Wurzeln gegeben, die sekundär den dreiradikaligen angeglichen worden seien.

§ 88 Nach der Valenz ist zwischen dynamisch-transitiven (z. B. *ṢBT* „packen"), dynamisch-intransitiven (z. B. *ʾLK* „gehen") und stativischen Wurzeln (z. B. *DMQ* „gut sein") zu differenzieren. Je nach Semantik ergibt sich ein unterschiedlicher Gebrauch der Verbalformen: z. B. bilden dynamisch-intransitive Wurzeln kein Verbaladjektiv, stativische kein Part.; der Stativ dynamisch-transitiver Verben ist meist passiv (*ṣabit* „ist gepackt"), der von stativischen Wurzeln bezeichnet stets Zustände (*damiq* „ist gut") etc.

4.6.2 Übersicht über die Flexion

§ 89 Die Flexion des Verbums differenziert:

a) 3 Tempora: Präsens, Präteritum, Perfekt.
b) 7 Modi: Imperativ, Prohibitiv, Prekativ, Kohortativ, Vetitiv, Affirmativ, Irrealis.
c) 4 Verbalnomina: Stativ, Partizip, Infinitiv, Verbaladjektiv.
d) 2 Formen der syntaktischen Über-/Unterordnung: Nicht-Subordinativ, Subordinativ.
e) 2 Formen des Richtungsbezuges: Nicht-Ventiv, Ventiv.

4.6.3 Personalaffixe

§ 90 a) Die Tempora und der Imperativ differenzieren Person, Genus und Numerus durch Personalprä- und -suffixe. Bei den Präfixen gibt es zwei Reihen, die sich auf die verschiedenen Verbalstämme (s. § 106) verteilen.

Verbalstämme	Tempora		Imperativ
	G, Gt, Gtn, N, Nt, Ntn	D, Dt, Dtn, Š, Št, Štn	(alle Verbalstämme)
3. Sg. c.	*i-*	*u-*	
2. Sg. m.	*ta-*	*tu-*	
2. Sg. f.	*ta-* ... *-ī*	*tu-* ... *–ī*	*-ī*
1. Sg. c.	*a-*	*u-*	
3. Pl. m.	*i-* ... *-ū*	*u-* ... *–ū*	
3. Pl. f.	*i-* ... *-ā*	*u-* ... *–ā*	
2. Pl. c.	*ta-* ... *-ā*	*tu-* ... *–ā*	*-ā*
1. Pl. c.	*ni-*	*nu-*	

Zur Präfixreihe von D- und Š-Stamm s. anders Izre'el 1991.

b) Die Präfixe *a-* und *ta-* lauten vor *e*-haltigem Stamm nach § 26b zu *e-* und *te-* um.

c) Die 3. Person Pl. wird auch für ein unpersönliches Subjekt, deutsch „man", verwendet.

4.6.4 Tempora

§ 91 Stark verkürzt lassen sich die Funktionen der drei Tempora wie folgt zusammenfassen:

	Hauptsatz	Konditionalsatz	Subordinierter Satz
Präs.	Gegenwart („Er tut.") Zukunft („Er wird tun.") Pluralität in der Vergangenheit („Er tat wiederholt.")	Pluralität („falls er immer wieder tut") Modalität („falls er tun will")	Gleichzeitigkeit zum Hauptsatz („während er tut/tat") Nachzeitigkeit zum Hauptsatz („damit er tue")
Prät.	Vergangenheit („Er tat.") Vergangenheit, (deutsches) Perf. („Er hat getan.") Vorvergangenheit („Er hatte getan.") Zeitlicher Progress („(Er tat) und (dann) tat er.")	Vorzeitigkeit zum Hauptsatz in der Vergangenheit („falls er (gestern) getan hat") Vorzeitigkeit zum Hauptsatz in der Zukunft („falls er (morgen) getan hat" = „falls er tut")	Vorzeitigkeit zum Hauptsatz in der Vergangenheit („nachdem er getan hatte") Vorzeitigkeit zum Hauptsatz in der Zukunft („sobald er getan hat")
Perf.	Zeitlicher Progress („(er tat) und dann tat er") Zeitliches isoliertes Perf. (Vergangenheit, Vorvergangenheit, (deutsches) Perf., „er tat, hat getan, hatte getan")	Vorzeitigkeit zum Hauptsatz in der Zukunft („falls er (morgen) getan haben wird" = „falls er tut")	Vorzeitigkeit zum Hauptsatz in der Zukunft („sobald er getan haben wird")

Zu den Tempora in aB literarischen Texten s. mit viel Belegen, aber teilweise anderer Analyse Metzler 2002. Schwierig m. E. Cohen 2006 mit der Annahme unterschiedlicher Funktionen der Tempora in Narrativ und Dialog aB epischer Texte und einer „present perfect"-Funktion des Perfekts.

§ 92 a) Das Präs. bezeichnet in seiner Hauptfunktion Sachverhalte, die gleich- oder nachzeitig, d. h. nicht vorzeitig zu einem vom Kontext bereitgestellten Zeitwert (= Relationswert) sind. Ist der Gegenwartspunkt des Sprechers der Relationswert, drückt das Präs. die Gegenwart (Gleichzeitigkeit zum Gegenwartspunkt) oder Zukunft (Nachzeitigkeit zum Gegenwartspunkt) aus. Ist ein vergangener Zeitwert Relationswert, drückt das Präs. gleich- oder nachzeitige Sachverhalte in der Vergangenheit aus. Eine Nebenfunktion des Präs. ist die Markierung der Irrealität vergangener Sachverhalte.

b) Gleichzeitigkeit zum Gegenwartspunkt. In Hauptsätzen: *inanna* PN *mār* PN_2 *eqlī ibtaqranni u šê inaṣṣar* AbB 4, 40: 18–20 „Jetzt hat PN, Sohn des PN_2, mein Feld von mir vindiziert und hat (nun) die Kontrolle über meine Gerste." In realen Konditionalsätzen: *šumma ina kīnātim tarammanni erištī annītam lā takallā* ARM 28, 43: 11–14 „Wenn du mich in Wahrheit liebst, schlage mir diesen meinen Wunsch nicht ab!" In irrealen Konditionalsätzen: *šumman šīr bēlija ir*[*â*]*m* [*u*] *jâtiman amatka* [*ir*]*â*[*m*]*anni* ARM 10, 74: 36f. „Wenn er die Person meines Herrn lieben würde, würde er [auch] mich, deine Dienerin, lieben." In subordinierten Sätzen: *ana maturrim ša rēš bēlija ina* ON *ukallu* ... *ištanapparūnim* ARM 2, 80: 12–17 „Wegen des kleinen Schiffes, das meinem Herrn in ON zur Verfügung steht, schreiben sie mir immer wieder."

c) Gleichzeitigkeit in der Vergangenheit. Analog dem imperfektiven Aspekt anderer Sprachen drückt das Präs. in Haupt- und Nebensätzen, oft in Kombination mit dem *-tan*-Infix (§ 118), pluralische und generelle Sachverhalte der Vergangenheit aus. Relationswert ist der Gegenwartspunkt des Sachverhaltssubjektes: *awīlum ša īdēʾanni šumšu ittazkar* [*ṣ*]*abīʾātīja ippuš pānānūm awīlū ša lā īdûninni ašapparšunūšimma ṣabīʾātīja ippušū* AbB 10, 1: 10–16 „Ein Mann, der mich kennt, ist berufen worden. Er wird meine Wünsche erfüllen. Früher haben mir (selbst) Männer, die mich nicht kannten, wenn ich ihnen schrieb, meine Wünsche stets erfüllt." Im Hauptsatz bildet das Präs. die Basis im Inzidenzschema: *a*[*lp*]*um ipṭurma šammī ikkal* [*im*]*qutma imtūt* AbB 11, 7: 13f. „Der Ochse hatte sich abgesondert und fraß gerade Gras. (Da) [fi]el er um und verendete." Bei Verben der sinnlich-geistigen Wahrnehmung dient das Präs. zum Ausdruck des Wahrgenommenen: *ana* ON *illakūma nīmur* AbB 10, 150: 12 „Wir sahen, wie sie nach ON zogen." Nach *adīni* + Negation „bis jetzt noch nicht" drückt das Präs. die Gleichzeitigkeit zu der vom Sprecher angegebenen Zeitspanne in der Vergangenheit aus: *adīni šeʾam annīʾam ul akammisamma ṭēmī ul ašpurakkum* AbB 10, 167: 12–14 „Bis jetzt habe ich diese Gerste noch nicht zusammengebracht und habe dir deshalb meinen Bericht nicht geschrieben." Bisweilen dient das Präs. zum Ausdruck individuell-kontinuierender Sachverhalte der Vergangenheit. Voraussetzung ist die durative Aktionsart des Verbums: 10 *imērī u* 1 *sīsâm ša ireddû itbalū* ARM 2, 123: 22–24 „Die 10 Esel und das 1 Pferd (einer Karawane), an deren Spitze sie waren, nahm man weg."

In literarischen Texten finden sich asyndetische oder durch *-ma* angeschlossene Umstandssätze der Gleichzeitigkeit mit Präs. für vergangene Sachverhalte: *Uruk mātum paḫir elīšu eṭlūtum unaššaqū šēpīšu* Gilg. OB II 10f. „Uruk-Land war um ihn versammelt, indes ihm die jungen Männer die Füße küssten.“ Häufig ist in literarischen Texten die Einleitung der direkten Rede in der Vergangenheit im Präs. Relationswert sind im Hintergrund der Rede ablaufende, gleichzeitige Vorgänge oder Handlungen: *Enlil pâšu īpušamma izzakkar ana labbatim Ištar* CT 15, 6 vii 5'f. „Da hub Enlil an und sprach zur Löwin Ištar: ...“ In Temporalsätzen bezeichnet das Präs. die Gleichzeitigkeit zum übergeordneten Satz in der Vergangenheit: *šaddaqdimma inūma ana awātim annītim qātī ašakkanu* PN *bītam šâti īrišanni* ARM 1, 41: 21–25 „Schon letztes Jahr, als ich mit dieser Angelegenheit beschäftigt war, forderte PN von mir dieses Haus.“

Weitere aB und jB Belege für das Präs. zum Ausdruck genereller und pluralischer Sachverhalte der Vergangenheit aus literarischen Texten s. Streck 1995a, 37–50. Für weitere Belege aus Mari s. Finet 1956, 253 § 88d. – Für das Inzidenzschema s. Pollak 1960, 132; Nebes 2001 (Klassisch-Arabisch); Streck 1995a, 63f. – Zum „noch“-Sachverhalt s. Denz 1971, 24f. – Zu individuell-kontinuierenden Sachverhalten s. Nebes 1982, 96 und Streck 1995a, 50f. (jB Belege). – Für Umstandssätze s. Streck 1995a, 53–63 mit zahlreichen aB und jB Belegen. Teilweise anders Mayer 2007, der auch im Typ *ittašab ibakkī* Nachzeitigkeit in der Vergangenheit sieht (dazu § 92e).

d) Nachzeitigkeit zum Gegenwartspunkt. In Hauptsätzen: *eqlam makram ana* PN *ul tanaddin ... ḫiṭīt biltišu ina muḫḫika iššakkan* AbB 4, 18: 20–25 „Gibst du dem PN kein bewässertes Feld, so wird das Defizit seiner Pachtabgabe dir auferlegt werden.“ Besonders in Mari und Rimāḥ, seltener in Babylonien findet sich das Präs. öfter anstelle von Perf. oder Prät. in realen und irrealen Konditionalsätzen zum Ausdruck der Zukunft, ohne dass eine weitere modale oder pluralische Nuance erkennbar wäre. *šumma bēlī ulappat ṣābam ... liṭrudamma* ARM 28, 55: 8'–10' „Falls sich mein Herr verspätet, möge er mir die Truppe ... senden.“ Irreal: *šummaman bēlī ištanapparakkum awât bēlija ul teleqqē u bēlī ina libbika waṣī lū tīdē ina urrukimma bēlī tammar u ina dummuqātimma bēlī ile*ʾʾ*īka* ARM 26/2, 449: 41–44 „Wenn mein Herr dir immer wieder schreiben würde, du (aber) die Worte meines Herrn nicht akzeptieren würdest und mein Herr aus deinem Herzen verbannt wäre, sollst du wissen: du würdest (dennoch) später meinen Herrn anerkennen und mein Herr würde dich mit Wohltaten besiegen.“ In Relativsätzen: *ittī tuppim ša tušabbalašš*[*u*]*m zikir šumimma šūbilaššum* AbB 7, 4: 19–21 „Mit der Tafel, die du ihm bringen lassen wirst, lasse ihm auch ein Andenken bringen!“ In Temporalsätzen bleibt wie in Konditionalsätzen die Vorzeitigkeit zum Hauptsatz unberücksichtigt: *ištū šêm igammarū urbatam u apam ...* [*uḫal*]*laqū* ARM 2, 99: 11–13 „Nachdem sie die Gerste aufgebraucht haben, werden sie das Schilfrohr und das Röhricht [vern]ichten.“

Da zukünftige Sachverhalte nicht denselben Wahrheitsgehalt beanspruchen können wie gegenwärtige oder vergangene, sind sie oft von der Absicht, der Meinung oder dem Wunsch des Sprechenden abhängig. Daher dient das Präs. analog zum Futur zahlreicher Sprachen auch zum Ausdruck modaler Nuancen, z. B. in Hauptsätzen: *ana* PN *kīʾam taqabbī umma attama* ARM 26/1, 233: 33 „Zu PN sollst du so sprechen. Folgendermaßen du:“. In Konditionalsätzen: *šumma awīlum ḫīrtašu ša mārī lā uldušum izzib kaspam mala terḫatiša inaddiššim u šeriktam ša ištū bīt abīša ublam ušallamšimma izzibši* KH § 138 „Wenn sich ein Mann von seiner bevorzugten Gattin, die ihm keine Söhne geboren hat, scheiden lassen will, soll er ihr Silber entsprechend ihrer Brautgabe geben und die Mitgift, die sie aus ihrem Vaterhaus mitbrachte, voll erstatten; dann soll er sich von ihr scheiden.“

In subordinierten Sätzen: *kīma ukas[s]ûšunūtima ana ṣēr* PN *utarrûšunūti*! *īmurūma ana libbi mā[t]im ul iturrūnim* ARM 1, 13: 14–18 „Sie haben gemerkt, dass man sie binden und zu PN zurückbringen will, daher kehren sie nicht ins Land zurück." Auch die Verwendung des Präs. im Prohibitiv (§ 96b) ist durch seine modale Nuancierung bedingt.

Für das Präs. zum Ausdruck modaler Nuancen s. Streck 1995, 94–98 II § 8.

e) Nachzeitigkeit in der Vergangenheit. In Hauptsätzen ohne modale Modifikation: *inūma ištū* ON *ana* ON_2 *allikam kišama ina Tašrīt ana* ON *aturram ṭēmī gamram ul aškunka* AbB 10, 148: 8–12 „Nachdem ich von ON nach ON_2 gegangen war, legte ich dir meinen ganzen Bericht nicht vor in der Meinung, ich würde (schon) im Monat Tašrīt nach ON zurückkehren." Mit *-man* zum Ausdruck des Potentialis: *urrī u mūšī elīšu abkī ul addiššu ana qebērim ibrīman itabbēʾam ana rigmija sebēt ūmim u sebē mušīʾātim adī tūltum imqutam ina appišu* Gilg. OB VA + BM ii 5'–9' „Tag und Nacht weinte ich über ihm. Nicht ließ ich ihn begraben – mein Freund hätte (ja) aufstehen können auf mein Geschrei hin! – sieben Tage und sieben Nächte, bis ihm ein Wurm aus der Nase fiel." In literarischen Texten bezeichnen asyndetische oder durch *-ma* angeschlossene Finalsätze mit Präs. die Nachzeitigkeit in der Vergangenheit: *[k]upru babil ipeḫḫī bābšu* Atr. III ii 51 „Bitumen war gebracht, damit er ihr (der Arche) Tor abdichte."

Für das Präs. in Finalsätzen s. Streck 1995a, 68–71 mit aB und jB Belegen sowie (teilweise anders) Mayer 2007.

f) In irrealen Bedingungssätzen kann das Präs. neben gegenwärtigen und zukünftigen auch vergangene Sachverhalte ausdrücken. Dies erklärt sich wohl aus dem Bedürfnis, die Irrealität der Bedingung außer durch *-man* auch durch das Tempus zu markieren: *šupur mār* PN *iššiʾakkim šū kanīk šarrim ša innadnušu[m] lilqēʾamma awātam pānam lušaršī šumma kīma aqbûkum amšalī ittīja illakam mimman ūmam jâti iklânni* AbB 10, 5: 18–22 „Schreib, dass besagter Sohn des Lehensbauern PN die gesiegelte Urkunde des Königs, die ihm gegeben wurde, herbringe, und ich will die Angelegenheit aufklären. Wenn er, wie ich dir gesagt hatte, (schon) gestern mit mir gekommen wäre, hätte mich (dann) heute irgendetwas aufgehalten?"

Krebernik/Streck 2001, 66 mit weiteren Beispielen S. 54–57.

§ 93 a) Das Prät. bezeichnet Sachverhalte, die vorzeitig zu einem vom Kontext bereitgestellten Relationswert sind. Ist der Gegenwartspunkt des Sprechers der Relationswert, drückt das Prät. die Vergangenheit aus. Bei einem vergangenen Relationswert drückt das Prät. die Vorzeitigkeit in der Vergangenheit aus. Liegt der Relationswert in der Zukunft, steht das Prät. für die Vorzeitigkeit in der Zukunft.

b) Vorzeitigkeit zum Gegenwartspunkt. In Hauptsätzen: *[a]mšalī inūma ištū maḫar bēlija [a]kšudam qātam ana qātimma ana paqād ṣābim [qāta]m ašku[n]* ARM 6, 32: 5–8 „[G]estern, als ich von meinem Herrn angekommen war, machte ich mich sogleich [dara]n, die Truppe zu mustern." Das Perf. zum Ausdruck des zeitlichen Progresses (§ 94d) ist fakultativ. Stattdessen kann das Prät. eintreten: PN *šuʾāti ana maḫrija ušēribūnimma aššum*

PN_2 *ulammidanni* AbB 2, 2: 6–9 „Man hat diesen PN vor mich geführt und er hat mich wegen PN_2 informiert." In realen Konditionalsätzen: *warkatam pursāma šumma inūma* PN *eqlam ittī* PN_2 *išāmu* n (Fläche) *eqlam ana* PN_2 *īzimma* n_2 (Fläche) *eqlam* PN *išām eqlam ša* PN *a*[*n*]*a* PN *terrā* AbB 4, 38: 15–24 „Untersucht die Angelegenheit und, falls PN, als er das Feld von PN_2 kaufte, dem PN_2 (tatsächlich) ein (anderes) Feld von n (Fläche) überlassen hat und PN ein Feld von n_2 (Fläche) gekauft hat, gebt das Feld des PN an PN zurück!" In irrealen Konditionalsätzen: *šū ittī* 10 *wardīšu it*[*tābit*] *šumman lā nārum ušēzibaššu awīlum šū ina qātini u*[*l*]*āman ūṣī* ARM 28, 159: 10'–13' „Er ist zusammen mit 10 seiner Diener ge[flohen]. Wenn ihn nicht der Fluss gerettet hätte, wäre dieser Mann uns nie entkommen." In subordinierten Sätzen: *ittī awīlī ša ana buqūmim ēsiḫu izīzma buqūmam šubqim* AbB 4, 86: 11–15 „Tritt zu den Leuten, die ich für die Schur zugewiesen habe, und lasse die Schur vornehmen!" Das Akkad. kennt keine eigene Form zum Ausdruck eines aus einem vergangenen Sachverhalt resultierenden gegenwärtigen Zustands, d. h. eine Form, die dem englischen present perfect oder dem schriftdeutschen Perf. entspricht. Vielmehr werden Formen, die nicht-perfektische Vergangenheit bezeichnen, zum Ausdruck des Perf. mitverwendet. Ein kontextuell unabhängiges Beispiel ist das akkad. Verbum für „erfahren/gelernt haben" = „wissen", welches wie in vielen Sprachen ein lexikalisches Perf. darstellt: PN *kīma kâti mannum īdēšu* AbB 4, 139: 34f. „Wer kennt (wörtlich: hat kennengelernt) PN wie du?" Im Koinzidenzfall oder Performativ wird das Prät. verwendet, weil mit dem Aussprechen des Satzes die durch das Verbum bezeichnete Handlung auch schon vollzogen, d. h. zeitlich abgelaufen ist: *Marduk atmā inūma ašāluka kīma ana* ON *uwaššerūka lā īdûma* AbB 1, 122: 4–8 „Ich schwöre hiermit bei Marduk: ‚Als ich dich fragte, wusste ich nicht, dass man dich nach ON gelassen hatte …'."

Zur Definition des Koinzidenzfalles s. Koschmieder 1965, 26f.; Denz 1982, 71. Den Koinzidenzfall im Akkad. behandeln: Heimpel–Guidi 1969; Mayer 1976, 183–209; Pardee–Whiting 1987, 23–31; Mayer 1992, 397f.; Streck 1995, 91–93 II § 6; 157–159; 191 mit Anm. 441; Buccellati 1996, 427f. (dazu Streck 1998a, 323 5.41).

c) Vorzeitigkeit in der Vergangenheit. In Hauptsätzen: *ina pāni šūšurika kīʾam aqbīku*[*m*] AbB 10, 51: 7 „Vor deiner Reise hatte ich dir Folgendes gesagt:". In subordinierten Sätzen: [*a*]*mšalī inūma ištū maḫar bēlija* [*a*]*kšudam … ana paqād ṣābim* [*qāta*]*m ašku*[*n*] ARM 6, 32: 5–8 „[G]estern, als ich von meinem Herrn (hier) [a]ngekommen war, … machte ich mich [dara]n, die Truppe zu mustern."

d) Vorzeitigkeit in der Zukunft: In durch *-ma* koordinierten Hauptsätzen mit konditionaler Implikation bezeichnet das Prät. die Vorzeitigkeit zum Zeitwert des Folgesatzes: *ul tallikamma n*[*ā*]*q mê ina bītika ul izzibūni* AbB 7, 67: 15–18 „Bist du nicht hergekommen, so wird man keinen Wasserspender in deinem Haus übrig lassen." In Hauptsätzen begegnet manchmal anstelle des Briefperf. (§ 94c) ein Briefprät., das die Vorzeitigkeit des Sendens zum Zeitwert des Briefempfängers, im Unterschied zum markierten Perf. dagegen nicht die Nachzeitigkeit zum Zeitwert des Briefsenders (d. h. die Zukunft) ausdrückt: *tuppī annīʾam libbī gamra ašpurakki* AbB 5, 210: 16f. „Diese meine Tafel habe ich dir in voller Aufrichtigkeit gesandt." In realen Konditionalsätzen drückt das Prät. die Vorzeitigkeit zur Apodosis aus: *šumma awīlum namkūr ilim ū ekallim išriq awīlum šū iddâk* KH § 6 „Wenn ein

Mann Tempel- oder Palasteigentum gestohlen hat, wird dieser Mann getötet werden.“ So auch in irrealen Konditionalsätzen: PN *iḫbul[a]nn[i]ma tārītī ilqē u ina[nn]a ina bītišu wašba[t] šumman inanna bēlī [ilq]ēši u ina bīt bēlija wašba[t] libbīman ṭāb* ARM 10, 92: 9–14 „PN hat mich beraubt und meine Amme weggenommen, und jetzt wohnt sie in seinem Haus. Wenn nun mein Herr sie [zu sich nehmen] würde und sie im Haus meines Herrn wohnen könnte, wäre ich froh.“ Die Vorzeitigkeit zum Zeitwert des übergeordneten Satzes bezeichnet das Prät. auch in subordinierten Sätzen. Die Zeitlage Zukunft bleibt im Gegensatz zum markierten Perf. dabei unberücksichtigt: *ana tamkārim ša illikakki ana šēpīšu muqtīma lipṭurakkimma* AbB 10, 144: 12–16 „Vor dem Kaufmann, der zu dir gekommen sein wird – vor seine Füße falle, dass er dich auslöse!“

Weitere Belege zum Briefprät. aus Mari finden sich bei Finet 1956, 255 § 88h.

§ 94 a) Das Perf. ist formal durch ein Infix *-ta-* gekennzeichnet: G-Stamm *iPtaRaS*, D-Stamm *uPtaRRiS*, Š-Stamm *uštaPRiS*, N-Stamm *ittaPRaS*. Zur Assimilation des *-t-* an einen vorangehenden Konsonanten s. § 34, zum Umlaut *-ta-* > *-te-* bei *e*-haltigem Stamm § 26b. Das Perf. ist formal und etymologisch, nicht aber funktional mit dem Prät. der Verbalstämme Gt, Dt, Št (und Nt) identisch. Diese Identität hat – entgegen bisheriger Annahme – die Bildung eines Perf. Gt vollständig verhindert; an seine Stelle tritt das Prät. G oder das Perf. N. Perf. Dt und Št sind bildbar, aber sehr selten. Ungeachtet dieser Identität empfiehlt es sich aufgrund der unterschiedlichen Funktionen, der traditionellen Terminologie der Akkadistik zu folgen und von Perf. G/D/Š/N zu sprechen, wenn die temporale Funktion des *ta*-Infixes gemeint ist. Die Lexika führen Perf. entsprechend unter G, D, Š und N. Auch ein Perf. der *tan*-Stämme kommt nur ganz vereinzelt vor, weil außerhalb des Präs. zu ihrer Bildung das *ta*-Infix verwendet wird (§ 117a).

Zum Zusammenhang zwischen Perf. und *ta*-Stämmen s. Streck 1995, 222–234; Buccellati 1996, 86f.; Streck 2003, 13–16.

b) Die Verwendungsweisen des Perf. lassen sich in drei Kategorien einteilen: Ausdruck der Vorzeitigkeit in der Zukunft, Wiedergabe des zeitlichen Progresses der Vorzeitigkeit, zeitlich isoliertes Perf. Aus den ersten beiden Verwendungsweisen lässt sich die folgende Grundfunktion abstrahieren: das Perf. ist stets an zwei Relationswerten zugleich orientiert. Der durch das Perf. ausgedrückte Sachverhalt liegt immer nachzeitig zu dem einen und zugleich vorzeitig zu dem anderen Relationswert. Damit ist das Perf. gegenüber dem Prät., das lediglich die Vorzeitigkeit ausdrückt, markiert; Funktionsüberschneidungen erklären sich aus markierter (Perf.) gegenüber unmarkierter (Prät.) Verwendung. Die dritte Verwendungsweise ist eine Weiterentwicklung der zweiten; sie tritt zuerst im gesprochenen Altbab. auf, was ihre Verwendung vor allem in Zitaten direkter Rede und bestimmten Typen von Personennamen erklärt, und wird erst später, in vollem Umfang erst ab dem Mittelbab., vom geschriebenen Akkad. übernommen. Das Perf. steht nie mit Vergangenheitsbezug in subordinierten Sätzen, in *šumma*-Sätzen, in negierten Hauptsätzen und in Wortfragen; hier kann nur das Prät. verwendet werden. Trotz seiner Bezeichnung und entgegen vielfacher Übersetzungen in Lehrbüchern und anderen wissenschaftlichen Arbeiten ist das Perf. nie eine Form, die spezifisch dem standarddeutschen Perfekt („er hat getan“, „er ist gegangen“)

entspricht; letzteres kann vielmehr durch akkad. Prät. ebenso wie akkad. Perf. wiedergegeben werden.

Für eine funktionale Analyse des Perf. im Altbab. der Hammurapi-Briefe s. Streck 1999a mit früherer Literatur. Hirsch 1969 behandelt das Perf. in den Gesetzestexten; zu einer grundsätzlichen Kritik an seinen Ausführungen s. Streck 1995, 201 Anm. 458.

c) Vorzeitigkeit in der Zukunft. In Hauptsätzen ist das Perf. ein charakteristisches Stilmittel von Briefen. Der Absender schreibt dem Adressaten, er habe ihm (selten einer anderen Person) vorliegendes Schreiben, einen Gegenstand oder eine Person gesandt, und stellt diesen Sachverhalt, der von seinem eigenen Zeitwert, dem Gegenwartspunkt nachzeitig, d. h. zukünftig liegt, vom Zeitwert des Adressaten als bereits geschehen, d. h. vorzeitig dar (sogenanntes „Briefperf." oder „epistolary perfect"); alternativ kann aber auch das unmarkierte Prät. gebraucht werden (s. § 93d). Stilistisch gute Übersetzung durch deutsches Perf.: *annûmma* n *kaspam ... uštābilak⌜kim⌝* AbB 7, 15: 6–13 „Nun habe ich dir n Silber bringen lassen." Nur selten findet sich das Perf. außerhalb dieser Situation in Hauptsätzen zum Ausdruck der Vorzeitigkeit in der Zukunft. Gute Übersetzung mit dem deutschen Futur II: *lišmītūšuma addinān mātišu u aḫḫīšu ittalak* ARM 28, 14: 25–27 „Man soll ihn sterben lassen. Dann wird er sich für sein Land und seine Brüder hingegeben haben." In Konditionalsätzen hat die Bedingung den Zeitwert Zukunft, liegt aber logischerweise vorzeitig zu dem in der Apodosis wiedergegebenen Bedingten. Nach der Negation *lā* kann anstelle des Perf. fakultativ das unmarkierte Prät. stehen. Übersetzung mit einem deutschen Futur II oder, stilistisch eleganter, mit einem deutschen Präs.: *šumma awīlum īn mār awīlim uḫtappid īnšu uḫappadū* KH § 196 „Wenn ein Mann das Auge des Sohnes eines Bürgers (geblendet haben wird =) blendet, wird man sein Auge blenden." In subordinierten Nebensätzen liegt der durch das Perf. ausgedrückte Sachverhalt vorzeitig zum Zeitwert des Hauptsatzes, aber nachzeitig zum Gegenwartspunkt. Übersetzung durch deutsches Futur II oder, stilistisch eleganter, durch deutsches Perf.: *inūma issanqūnikkum ittīšunu alikma* AbB 2, 15: 11f. „Wenn sie bei dir eingetroffen (sein werden =) sind, gehe mit ihnen!" Auch hier kann das unmarkierte Prät. gebraucht werden (§ 93d).

Zum Briefperf. s. Pardee–Whiting 1987, zum Altbab. besonders S. 17–22; Streck 1995, 155–159 II § 35.

d) Zeitlicher Progress der Vorzeitigkeit. Der zeitliche Progress der Vorzeitigkeit ist durch die Folge Prät. + Progressweiser + Perf. gekennzeichnet, wobei die Zahl der Prät. wie auch die Zahl der Perf. variabel ist. Die durch Prät. und Perf. wiedergegebenen Sachverhalte lösen einander zeitlich ab: das Perf. folgt zeitlich auf und liegt somit nachzeitig zum Prät. Der Progress ist weder an eine bestimmte Zeitstufe noch an einen syntaktischen Satztyp gebunden: bezeugt sind die Zeitstufen Vergangenheit oder Zukunft; an syntaktischen Satztypen finden sich Hauptsätze, durch *šumma* eingeleitete Konditionalsätze und subordinierte Nebensätze. Als Progressweiser fungiert vor allem *-ma* „und, aber", aber auch andere Partikeln und Adverbien. In allen Fällen ist die Verwendung des Perf. fakultativ. In Hauptsätzen der Vergangenheit: PN *eqel bīt abīja īkimannima ana rēdîm ittadin* AbB 4, 16: 8–11 „PN hat mir das Feld meines Vaterhauses weggenommen und dann einem Soldaten gegeben." In Hauptsätzen der Zukunft; es handelt sich um Gegenstücke zum Briefperf. (§ 94c), jedoch ist isoliertes Perf. hier durch den Progress Prät.–Perf. ersetzt: *annûmma kanīk ... aknukamma uštābilam* AbB 13, 23: 4–10 „Nun habe ich eine gesiegelte Tafel ... ausgefertigt und dann bringen lassen." In Konditionalsätzen der Zukunft: *šumma dajjānum dīnam idīn purussâm iprus kunukkam ušēzib warkānūmma dīnšu ītenī dajjānam šuʾāti ina dīn idīnu enêm ukannūšuma* KH § 5 „Wenn ein Richter ein Urteil gefällt, eine Entscheidung getroffen, eine gesiegelte Tafel ausgestellt, dann aber sein Urteil geändert (haben wird =) hat, soll man diesem Richter die Änderung des Urteils, welches er gefällt hat, nachweisen und ..." In subordinierten Sätzen der Vergangenheit: *šū kīma pānīšu ana ṣērija isḫuramma ana bītim īterbam ana īnīšu tuššama ṣallāku ana dâkija pānīšu* [*i*]*škunam* ARM 2, 129: 20–24 „Er, nachdem er sein Augenmerk auf mich gerichtet hatte und in (mein) Zimmer getreten war – seinen Augen schien es, als würde ich schlafen – machte Anstalten, mich zu töten."

Zur Definition des zeitlichen Progresses s. Nebes 1995, 191.

e) Die Folge Prät. –*ma*–Perf. wird auf asyndetisch oder durch -*ma* angeschlossene Komplementsätze übertragen, obwohl hier kein zeitlicher Progress vorliegt: *ešmēma* 2 *alpū ina āl* ON *imtūtū* AbB 10, 15: 38f. „Ich hörte, dass zwei Rinder in der Stadt ON verendet sind."

f) Zeitlich isoliertes Perf. Das Perf. bezeichnet schließlich fakultativ vor allem in Zitaten direkter Rede in Briefen und Rechtsurkunden sowie vereinzelt in Personennamen zeitlich isolierte, d. h. nicht in zeitlichem Progress stehende Sachverhalte der Vergangenheit. Der Text außerhalb der direkten Rede verwendet das Prät.: PN *nârum rakbûm kīʾam ulammidanni umma šūma* PN_2 *u* PN_3 *aḫḫī abīja eqlī ibtaqrūninni kīʾam ulammidanni* AbB 4, 12: 4–11 „PN, der Sänger, ein Berittener, hat mir Folgendes mitgeteilt: ‚PN_2 und PN_3, die Brüder meines Vaters, haben mein Feld von mir vindiziert.' Das hat er mir mitgeteilt." Bisweilen findet sich das zeitlich isolierte Perf. wie später im Mittelbab. auch außerhalb von Zitaten anstelle des Prät.: *aššum mê* n *eqlam mê aštaqī* AbB 7, 9: 9 „Was das Wasser betrifft: Ich habe n (Fläche) Feld mit Wasser bewässert."

4.6.5 Modi

§ 95 Übersicht:

Funktion	Bezeichnung	Bildungsmittel
Reale Aussagen	Indikativ	Unmarkiert
Befehle, positiv	Imperativ	Vgl. § 108a
Befehle, negativ	Prohibitiv	*lā* + Präs.
Wünsche, positiv	Prekativ	Präfix *l-* + Prät. bzw. *lū* + Stativ oder nichtverbales Prädikat
	Kohortativ	Partikel *i* + Prät. 1. Pl.
Wünsche, negativ	Vetitiv	*aj*/*ē* + Prät.
Beteuerungen	Affirmativ	
positiv, Vergangenheit		*lū* + Prät. oder Perf.
positiv, Zukunft		*lū* + Präs. oder Präs. + Suffix *-u*
negativ, Vergangenheit		*lā* + Prät. + Suffix *-u*
negativ, Zukunft		*lā* + Präs. + Suffix *-u*
Unwirklichkeit	Irrealis	Suffix *-man*

Eine umfassende Analyse der Modi gibt Edzard 1973. Auf ihr beruht die folgende Darstellung.

§ 96 a) Positive Befehle werden durch den Imperativ bezeichnet. Er wird auf der Basis des Prät. und nur von der 2. Person gebildet. Die silbenöffnende Doppelkonsonanz wird durch Einfügung eines Vokals, der gewöhnlich dem Wurzelvokal entspricht, aufgesprengt: **prus* > *purus* „Entscheide!"; die *a*-Klasse hat statt *a* in der ersten Silbe oft *i*: *limad* AbB 14, 29: 29 „Lerne!". Für die Personalaffixe s. § 90, für das Paradigma § 108a. Imperativ mit Dativendung: *piqdam* < **piqid-am* ARM 1, 27: 17 „Vertraue mir an!".

Nach Testen 1994, 431f. mit Anm. 12, ist die Vokalisation *i-a* die ältere und *a-a* Analogie zu *purus* und *piqid*.

b) Negative Befehle werden nie durch den Imperativ, sondern durch den Prohibitiv bezeichnet. Er wird von allen Personen gebildet, indem *lā* vor das Präs. tritt: *libbakama lā imarraṣ* AbB 14, 64: 39 „Dein Herz werde nicht krank." = „Sorge dich nicht!", *lā tapallaḫī* AbB 11, 17: 21 „Fürchte dich nicht!" Vgl. dagegen: *libbaka ul imarraṣ* „Dein Herz wird nicht krank werden.", *ul tapallaḫ* „Du wirst dich nicht fürchten." In der ersten Person bedeutet der Prohibitiv „ich will nicht": *[l]ā eberrī* AbB 13, 4: 20' „Ich will nicht hungern!" Vgl. § 152b, d zur unterschiedlichen Verwendung der Negationen.

§ 97 a) Positive Wünsche werden durch den Prekativ und Kohortativ bezeichnet. Der Kohortativ wird nur von der 1. Person Pl. gebildet, indem *i* vor das Prät. *niPRuS* tritt. Der Prekativ wird nur von der 3. Person Sg. und Pl. sowie der 1. Person Sg. gebildet. In der 3.

Person Sg. und Pl. tritt *l-* vor das Prät.: *liPRuS*, *liPRuSū*, *liPRuSā*. Die 1. Person Sg. heißt *luPRuS*. Wunschformen der 1. Person Sg. und Pl. haben stets voluntative Bedeutung: Beispiele: 3. Sg. c. *likīl* AbB 9, 62: 7 „Er möge halten.“, 1. Sg. c. *luqbī* ARM 1, 128: 11 „Ich will sprechen.“, 3. Pl. m. *liballiṭūki* AbB 9, 63: 4 „Sie mögen dich am Leben erhalten.“, 1. Pl. c. *i nillik* MSL 4, 92: 115 „Wir wollen gehen, lasst uns gehen.“ Beim Stativ und im nichtverbalen Satz tritt *lū* vor das Prädikat: *lū šalmāta* AbB 9, 62: 5 „Du mögest gesund sein.“, *lū mārūki* VAB 5, 78: 11 „Er sei dein Kind.“

Zu *i niprus* s. Testen 1993, 10. Zu *liprus* und *luprus* s. Testen 1993, 6–8; Streck 1995 Anm. 480; Streck 1998a, 319f. 5.21. Zur Morphologie s. anders Izre'el 1991; Gai 2000, 24. Zur Verbindung von Wunsch- und Vergangenheitsformen im Semitischen s. Streck 1995, 146f.; Gai 2000. Zur Semantik des Prekativs s. Cohen 2005a, 73–137.

b) Negative Wünsche werden durch den Vetitiv bezeichnet. Er wird von allen Personen gebildet, indem *aj*/*ē* vor das Prät. tritt: *aj* vor die Präfixe (ʾ)*a-*, (ʾ)*i-* oder (ʾ)*u-* und *ē* vor die Präfixe *t-* und *n-*: 3. Sg. c. *aj imḫur* Syr. 32, 17: 22 „Er möge nicht empfangen.“ 2. Sg. m. *ē tādur* Gilg. OB III 147 „Du mögest dich nicht fürchten.“ 1. Sg. c. *aj āmur* Gilg. OB VA + BM ii 13' „Ich will nicht sehen.“

§ 98 a) Beteuerungen, die dazu dienen, Zweifel des Zuhörers auszuschalten und besonders häufig in Eidaussagen sind, werden durch den Affirmativ bezeichnet. Wir unterscheiden zwischen Affirmativen der Vergangenheit und der Gegenwart/Zukunft. Alle Affirmative werden von allen Personen gebildet.

Zum Affirmativ s. Cohen 2005a, 17–72, zum Teil mit kritisch zu benutzender Analyse.

b) Der positive Affirmativ der Vergangenheit wird gebildet, indem *lū* vor das Prät. oder Perf. tritt: *mā kīma awīlum šū bēl nikurtika u ana ūmi annîm lā tapaṭṭarušum ana mīnim lā taqbī ... ina zumurma PN šalāssu lū taqbī ... annītamma lū taqbī* ARM 26/2, 391: 28–39 „Was! Dass dieser Mann dein Feind ist und du ihm bis auf diesen Tag nicht verzeihen kannst, warum hast du (das) nicht gesagt? ... Du hast wirklich gesagt, ihn nur von der Seite des PN wegzubringen ... Das hast du wirklich gesagt.“ *lū tattaṣâm* ZA 71, 62 r. 2 „Du bist doch herausgekommen!“

c) Der positive Affirmativ der Gegenwart/Zukunft kennt zwei verschiedene Bildungsweisen: entweder tritt *lū* vor das Präs. oder *-u* wird an das Präs. angefügt: *lū aqabbīkim* ZA 49, 170 iv 7 „Ich sage dir wahrlich.“, *nillakuma* VAB 5, 313: 20 „Wir werden gewiss gehen.“ Das Affirmativ *-u* und das Subordinativ *-u* (§ 100) sind synchron zu unterscheiden; historische Identität ist dagegen wahrscheinlich. Beim Stativ und im nichtverbalen Satz tritt *lū* vor das Prädikat: *puluḫtam lū labšāti* VS 10, 214 r. vi 35 „Du bist in der Tat mit Furchtbarkeit bekleidet.“ Vgl. das *lū* des Prekativs: *lū labšāti* „Du mögest bekleidet sein.“

d) Der negative Affirmativ der Vergangenheit wird gebildet, indem *lā* vor und *-u* hinter das Prät. tritt: *lā iḫḫepûma* VAB 5, 259: 12 „Es wurde bestimmt nicht zerbrochen.“ Der negative Affirmativ der Gegenwart/Zukunft wird gebildet, indem *lā* vor und *-u* hinter das Präs. tritt: *lā ibaqqaru* VAB 5, 259: 31 „Er wird gewiss nicht Anspruch erheben.“

§ 99 Beim Irrealis wird ein Sachverhalt als nicht wirklich gegeben, sondern als nur gedacht und nicht realisierbar vorgestellt. Der häufigste Fall sind irreale Bedingungssätze, bei welchen *-man* an *šumma* (oft zu *šumman* verkürzt) und an einen beliebigen, oft den ersten Satzteil des Nachsatzes, angefügt wird: *šumman šārum išširam še᾽am kalâšuman uzzakkī* AbB 14, 58: 8–10 „Wenn der Wind günstig gewesen wäre, hätte ich das ganze Getreide geworfelt." Zur Tempusverwendung in irrealen Bedingungssätzen s. §§ 92b, d, f, 93b, d. Zu irrealen Vergleichssätzen s. § 148b.

Zum Irrealis s. Krebernik/Streck 2001.

4.6.6 Subordinativ

§ 100 a) Der Subordinativ kennzeichnet die Unterordnung von Sätzen. Diese Sätze können syndetisch sein, d. h. durch eine Subjunktion eingeleitet werden (§§ 136–148), oder asyndetisch, d. h. an ein Substantiv im St. cstr. angeschlossen sein (§ 160). Der Subordinativ ist durch das an das verbale Prädikat (Präs., Prät., Perf., Stativ) tretende Suffix *-u* markiert. Beim Stativ und Perf. G/Prät. Gt sowie beim Prät. N treten beim Antritt von *-u* nach dem Lautgesetz § 27 Vokalelisionen auf: Stativ G: *awīlum ša mimmûšu ḫalqu* (< **ḫaliq-u*) KH § 9 „ein Mann, dessen Besitz verloren ist". Perf. G: *warka abum ana šīmtim ittalku* (< **ittalik-u*) *mārū ana ummātim ul izuzzū* KH § 167 „Nachdem der Vater gestorben ist, werden die Söhne nicht nach Müttern teilen." Prät. N: *ālum u rabī᾽ānum ša ina erṣetišunu u pāṭišunu ḫubtum iḫḫabtu* (< **iḫḫabit-u*) KH § 23 „die Stadt und der Bürgermeister, auf deren Gebiet und in deren Bezirk der Raub verübt worden ist". Nach § 28a wird *-u* mit dem auslautenden Stammvokal von Verben III-infirmae kontrahiert: *šumma awīlum ana mārī ša iršû* (< **iršī-u*) *aššātim īḫuz* KH § 166 „wenn ein Mann für die Söhne, die er bekommen hat, Ehefrauen genommen hat".

b) Beispiele für den Subordinativ bei syndetischen untergeordneten Sätzen: Relativsatz nach *ša*: *šībī ša ina maḫrišunu išāmu* KH § 10 „die Zeugen, vor denen er gekauft hat". Kausalsatz: *aššum ina šattim maḫrītim mānaḫātīšu lā ilqû* KH § 47 „weil er im vergangenen Jahr seinen Aufwand nicht genommen hat". Temporalsatz: *tuppam šâti adī* ON *iṣṣabbatu kīl* ARM 1, 27: 8f. „Behalte die Tafel, bis ON eingenommen wird!" Merke: Durch *šumma* „wenn, falls" eingeleitete Konditionalsätze (§ 151) sind nie durch den Subordinativ markiert.

c) Beispiele für den Subordinativ bei asyndetischen untergeordneten Sätzen: Relativsatz: *dajjānam šu᾽āti ina dīn idīnu enêm ukannūšuma* KH § 5 „Diesem Richter weist man die Änderung des Urteils, welches er gefällt hat, nach." Lokalsatz: *imtašī ašar iwwaldu* Gilg. OB II 47 „Er vergaß, wo er geboren worden war."

d) Prädikate, die schon ein Personalsuffix (*-ī*, *-ū*, *-ā* bei Präs., Prät. und Perf., s. § 90; *-at*, *-āta*, *-āti*, *-āku*, *-ū*, *-ā*, *-ātunu*, *-ātina*, *-ānu* beim Stativ, s. § 108b) oder eine Ventivendung (*-am*, *-nim*, *-m*, s. § 101) besitzen, bleiben trotz Unterordnung unmarkiert. Beispiele: Ventivendung: *ša nāram išlī᾽am* KH § 2 „der in den Fluss getaucht ist". 3. Pl. mask. *-ū*: *šumma ... ištū innemdū bītam īpušū* KH § 176 „falls sie, nachdem sie sich zusammengetan haben, ein Haus gebaut haben". 3. Pl. fem. *-ā*: *immerātūšunu ša ina* ON *ikkalā* ARM 2, 102: 11f. „ihre Schafe, die in ON fressen". Stativ 3. Sg. fem. *-at*: *ina sūn rabītišu ša mārī waldat* KH § 158 „im Schoß seiner Ziehmutter, die Söhne geboren hat". Die dativischen und akkusativischen Pronominalsuffixe (§ 57) dagegen sind mit der Subordinativendung kombinierbar: *nādin iddinušum* KH § 10 „der Käufer, der (es) ihm gegeben hat." *kīma eleppam šuʾāti ... tapqiduši iqbīʾam* AbB 2, 98: 4–8 „Dass du besagtes Schiff ... anvertraut hast, hat er mir gesagt."

Für den Terminus „Subordinativ" statt „Subjunktiv" s. von Soden 1973, 56–58. – Vgl. Edzard 1977a, 49 und Pedersén 1989, 432, für den sum. Nominalisator/Subordinativ auf *-a* sowie Streck 1998d, 193 für assyrisch *-ni*, elamisch *-a* und hurritisch *-šše* als funktional teilweise vergleichbare Formen. Zum Verhältnis des Subordinativs zu westsemitischem *yafʿal-u* s. z. B. Kouwenberg 1997a, 37 und Streck 1998c, 527.

4.6.7 Ventiv

§ 101 a) Der Ventiv besitzt drei Allomorphe: *-m* nach dem *-ī* der 2. Sg. fem.: *tallikī-m* „Du (fem.) kamst her." *-nim* nach dem *-ū* und *-ā* von Pl. und Dual: *illikū-nim* „Sie kamen her.", *tallikā-nim* „Ihr kamt her." *-am* in allen anderen Fällen: *illik-am* „Er kam her.", *tallik-am* „Du kamst her.", *allik-am* „Ich kam her.", *nillik-am* „Wir kamen her." Das *-m* von *-am* und *-nim* kann vereinzelt abfallen (§ 30). Bei Verben III-w/j werden Auslautvokal und Ventivsuffix *-am* nach den Regeln von § 28 kontrahiert: *išqâm* < **išqū-am* „Sie ist aufgegangen." Im Stativ gibt es Ventivformen nur in der 3. Sg. mask. und der 3. Pl. mask. und fem. (§ 100d).

b) Der Ventiv bezeichnet eine Bewegung in Richtung auf ein Ziel hin. Bewegung hin zu einem Ort: *ana* ON *ittalkū-nim* AbB 1, 136: 6 „Sie sind nach ON gegangen." Bewegung hin zu einer Person: Hin zur 1. Person: *ana ṣērij[a] alākam epš-am* AbB 9, 68: 11f. „Führe zu mir eine Reise durch!"; hin zur 2. Person: *ana lamādika ašpur-am* AbB 1, 9: 35 „Ich habe (zu dir) gesandt, um dich zu informieren."; hin zur 3. Person: *meḫer tuppi annîm ana ṣērišu šūbilī-m* AbB 10, 174: 31f. „Lasse die Antwort auf dieser Tafel zu ihm bringen!"

Vgl. Kouwenberg 2002, wo zahlreiche weitere Belege genannt sind. Eine ganze Reihe von Ventiven kann noch nicht sicher erklärt werden.

c) Aus der Ventivfunktion hat sich die Funktion eines Dativs der 1. Sg. (§ 57a) entwickelt: *iddin-am* „Er gab mir.", *iddinū-nim* „Sie gaben mir."

Für diese Entwicklung s. Kouwenberg 2002, 235–239. Für sum. Einfluss auf diese Entwicklung vgl. Edzard 2003, 175.

d) Der Ventiv dient ferner dazu, Pronominalsuffixe oder, vorwiegend in literarischen Texten, enklitisches *-ma* mit dem Verb zu verknüpfen. Dabei assimiliert sich das auslautende *-m* des Ventivs an den Anlautkonsonanten dieser Suffixe (§ 29c). In diesen Fällen ist der Ventiv unübersetzbar: *addinakkum* < **addin-am-kum* „Ich gab dir." [*i*]*ttīl-am-ma ītamar šanītam* Gilg. OB II 24 „Er legte sich nieder und sah einen zweiten (Traum)."

e) Hat in einer Satzfolge das zweite Verb einen Ventiv, so kann auch das erste Verb in den – nicht übersetzbaren – Ventiv gesetzt werden: *ītaḫzū-nim illakū-nim bābiš-atmāni qurādi Enlil* Atr. I ii 68f. „Sie fassten einander, während sie zum Tor des Heiligtums des Kriegers Enlil gingen."

Zum Ventiv in literarischen Texten s. (mit teilweise abweichender Analyse) Hirsch 2002.

4.6.8 Verbalnomina

§ **102** a) Die Analyse des Stativs als nominal oder verbal ist umstritten. Einigkeit besteht darüber, dass er historisch aus einem Nominalsatz entstanden ist (*damqāku* „Ich bin gut." < **damqum* (*an*)*āku*), semantisch den Nominalsätzen gleicht (Ausdruck von statischen Sachverhalten, keine Tempusdifferenzierung) und verbal konstruiert werden kann (*eqlam ṣabtāku* „Das Feld habe ich in Besitz."). Diskutiert wird, ob die Endungen des Stativs als nominativische Pronominalsuffixe oder als Personenaffixe zu analysieren und ob *-ā-* bzw. *-ē-* (*lemn-ē-ku* „Ich bin böse.") Teil der Endungen sind oder ein eigenes Morphem darstellen. Der Stativ wird in dieser Grammatik als Verbalnomen klassifiziert.

Vgl. zuletzt Kouwenberg 2000 mit einem Plädoyer für die verbale Analyse. Für frühere Forschungen s. die Zusammenfassung bei Streck 1995, 177–187.

b) Stative sind nicht nur von Adjektiven, sondern auch von Substantiven bildbar. Aus semantischen Gründen handelt es sich dabei ganz überwiegend um Personenbezeichnungen: *išparat* AbB 6, 4: 26 „Sie ist Weberin." Zu beachten ist, dass Fem. vom mask. Stamm aus gebildet werden: *sinnišāku* ARM 10, 31: 7' „Ich bin eine Frau." und nicht **sinništāku*.

Ausführliche Belegsammlung bei Kouwenberg 2000, 43–48.

c) Stative beschreiben immer statische Sachverhalte, d. h. Zustände, im Gegensatz zu den Tempora, die fast immer dynamische Sachverhalte, d. h. Handlungen, Ereignisse, Prozesse usw. wiedergeben: *damqāta* „Du bist gut." gegenüber *tadammiq* „Du wirst gut.", *ṣabtānu* „Wir sind gepackt." gegenüber *niṣabbat* „Wir packen." Wird der Stativ von einem dynamischen Verb abgeleitet, ist er dann meist passiv (§ 88): *šakin* „Er ist gelegt."

d) Der Stativ kann verbal konstruiert werden, d. h. Akkusativobjekte regieren oder Dativ- und Akkusativsuffixe tragen: *ina sūn rabītišu ša mārī waldat* KH § 158 „Im Schoß seiner Ziehmutter, die Söhne geboren hat." *ša eqlam lā ṣabtu* AbB 3, 74: 24 „der kein Feld gepackt hat (= besitzt)", *-āku* der 1. Sg. erscheint vor Suffix verkürzt als *-āk*: *ul damqākkum* AbB 3, 33: 19 „Ich bin dir nicht genehm." *našīʾāk-kunūšim* RA 38, 87: 2 u. ö. „Ich bringe euch." *ana nabrî kašdāk-ka* AbB 8, 90: 11f. „Zum nabrûm-Fest werde ich bei dir (Akkusativ) angekommen sein."

Buccellati 1996, 410 analysiert den Akkusativ dagegen als Accusativus relationis.

e) Stative sind nicht auf eine Zeitstufe festgelegt. Vergangenheit: *paḫrāma nišū* Gilg. OB II 181 „Versammelt waren die Leute." Gegenwart: *ul eṭ*[*l*]*ēt* ARM 1, 108: 6 „Bist du nicht ein Mann?" Zukunft: UD 3^{kam} *ina* ON *wašbāku* OBTR 114: 6f. „3 Tage werde ich mich in ON aufhalten."

§ **103** a) Part. werden nur von dynamischen Verben gebildet und haben stets aktive Bedeutung: *pārisum* „entscheidend". Sie lassen sich oft elegant durch einen Relativsatz übersetzen: *pāqidum* „Kümmernder = der sich kümmert(e)".

b) Part. werden wie Substantive dekliniert (§ 84a). Eine verbale Rektion des Part. begegnet im KH vereinzelt bei Verben, die mit doppeltem Akkusativ konstruiert werden: *mušalbiš warqim gigunê Aja* KH ii 26–28 „der den Hochtempel der Aja mit Grün bekleidete“. *muštasḫir melemmī Emeteursag* KH ii 60–62 „der den Emeteursag-Tempel von allen Seiten mit Aura umgab“.

Für die verbale Rektion des Part. s. Ungnad 1904/5, 47 und GAG § 148c.

§ 104 a) Der Inf. bildet keinen Pl. Er ist heute wie schon in altorientalischer Zeit die Zitierform des Verbums: das Verbum *parāsum* „fernhalten“, das Verbum *damāqum* „gut sein/werden“.

b) Der Inf. ist als Verbalsubstantiv den verbalen Kategorien Person, Numerus, Tempus und Modus gegenüber neutral und wird wie Substantive (§ 84a) dekliniert. Seine verbalen Eigenschaften zeigen sich jedoch darin, dass er ein Subjekt und ein Objekt haben kann. Objekt: *raggam u ṣēnam ana ḫulluqim* KH i 35f. „um den Schlechten und Bösen auszurotten“. Subjekt: *aššum ṣābum ana ṣērika lā alākim* „wegen der Truppen zu dir nicht kommen“ = „was die Sache anlangt, dass keine Truppen zu dir kommen“. Objekt und Subjekt: *dannum enšam ana lā ḫabālim* KH i 37–39 „dass der Starke dem Schwachen kein Unrecht tue“.

c) Tritt das Objekt hinter die Präposition, von der der Inf. abhängt, wird es durch Kasusattraktion in den Genitiv gesetzt, gleich als ob es selbst von der Präposition abhinge: *ana ... mātim nuwwurim* KH i 41–44 „um das Land zu erleuchten“ (statt **ana mātam nuwwurim*). Bei doppelter Akkusativ-Rektion des Verbums treten in diesem Fall beide Objekte in den Genitiv: *ana ... mātim ūsim šūḫuzim* KH v 16–18 „um das Land gute Führung packen zu lassen“ = „um dem Lande gute Führung angedeihen zu lassen“ (statt **ana mātam ūsam šūḫuzim*).

d) Regiert das Verbum dieselbe Präposition mit einem Genitiv, von der es im Inf. abhängt, wird diese Präposition haplologisch nur einmal statt zweimal gesetzt: *šumma almattum ša mārūša ṣeḫḫerū ana bīt šanîm erēbim pānīša ištakan* KH § 177 „wenn eine Witwe, deren Söhne klein sind, beabsichtigt, in das Haus eines anderen (Mannes) einzutreten“ (statt **ana ana bīt šanîm erēbim*).

e) *ina* + Inf. lässt sich elegant durch einen Temporalsatz, *ana* + Inf. durch einen Finalsatz übersetzen: *ina alākika* „bei deinem Kommen = wenn du kommst/als du kamst“, *ana kašādim* „für das Erreichen = um zu erreichen“.

Für die Infinitivkonstruktionen s. GAG § 150.

§ 105 a) Verbaladjektive werden entsprechend dem Paradigma in § 84a dekliniert. Die zu Zustandsverben gehörigen Adjektive bezeichnen Eigenschaften: *damqum* „gut“ zu *damāqum* „gut werden/sein“. Die von dynamischen transitiven Verben abgeleiteten Adjektive haben fast immer passive Bedeutung: *šarqum* „gestohlen“ zu *šarāqum* „stehlen“. Bei den dynamischen intransitiven Verben bezeichnet das Verbaladjektiv einen Zustand, der sich aus dem Vorgang ergibt: *tebûm* „aufgestanden“ zu *tebûm* „aufstehen“.

b) Werden Verbaladjektive – das gleiche gilt für die wenigen sonstigen Adjektive – attributiv zu einem Substantiv gebraucht, stehen sie hinter diesem und kongruieren mit dem Substantiv in Genus, Numerus und Kasus: *šarrum dannum* KH v 3 „der starke König“, *eṭlam dannam* AbB 2, 27: 5' „einen starken Mann“, *eleppam dannatam* KH § 235 „ein solides Boot“, *mūtānū dannūtum* YOS 10, 56 iii 3f. „schwere Todesfälle (= Seuche)“. Besitzt der Regens einer Genitivverbindung ein Adjektivattribut, tritt dieses nach das Rectum: *mār awīlim ṣeḫram* KH § 14 „den kleinen Sohn des Mannes“ statt **mār ṣeḫram awīlim*. Wird die Genitivverbindung durch *ša* aufgelöst (§ 60b), steht das Attribut dagegen nach seinem Beziehungswort: *mārum rēštûm ša Ekur* KH 1 83f. „der erstgeborene Sohn des Ekur“.

c) Adjektive können bisweilen im St. cstr. stehen. Der folgende Genitiv bezeichnet den Geltungsbereich der Eigenschaft (§ 77k) oder – bei passiven Verbaladjektiven – den Agens (§ 77l). In literarischen und lexikalischen Texten weist der St. cstr. des Adjektivs eine unflektierbare, etymologisch unklare Endung *-am* auf: *aṣbat ... barmam īnīn ... ulluḫam šārāt⌜tim pal⌝ḫam zīm[ī]* Sumer 13, 95 A 1–11 „Ich habe ergriffen die an Augen Bunte, an Haaren Buschige, an Aussehen Furchtbare.“ In Personennamen ist der St. cstr. dagegen wie der von Substantiven endungslos: *Damiq-ilišu* YOS 14, 329: 28 „Der in Bezug auf seinen Gott Angenehme“, „Der seinem Gott Angenehme“.

Für Adjektive mit St. cstr.-Endung *-am* s. von Soden 1960; GAG § 64a*; Reiner 1984; Buccellati 1996, 161; Tropper 2000a, 208f.; Wasserman 2003, 45–60; Streck 2005a, 147f.

4.6.9 Übersicht über die Derivation (Stammbildung)

§ 106 Als „Stammbildung“ bezeichnet man in den semitischen Sprachen die Modifikation einer Verbalwurzel durch verschiedene Bildungselemente, im Akkad. durch Längung des zweiten Radikals, Prä- oder Infigierung eines Morphems und Art der Besetzung der vokalischen Positionen innerhalb der Wurzel, wobei die verschiedenen Bildungselemente miteinander kombiniert werden können. Die so entstehenden „Verbalstämme“ können Bedeutungsklassen zugeordnet werden. Die Bildungsmittel und Bedeutungsklassen der wichtigsten Verbalstämme sind:

Bezeichnung	*Markierung*	*Bedeutungsklasse*
G(rundstamm)	Unmarkiert	(lexikalische Grundbedeutung)
D(opplungsstamm)	Länge des 2. Radikals	kausativ, pluralisch
Š(-Stamm)	Präfix *š*(*a*)/*šu*	kausativ
N(-Stamm)	Präfix *n*(*a*)	passiv
Gt/Dt/Št(-Stamm)	Infix *t*(*a*) zusätzlich zur Markierung	reziprok, reflexiv, passiv und intensiv zum jeweiligen Hauptstamm
Gtn-Stamm	Infix *tan* im Präs., in den anderen Formen Infix *ta* und Länge des 2. Radikals	pluralisch
Dtn/Štn/Ntn-Stamm	Infix *tan* im Präs., Infix *ta* in den anderen Formen	pluralisch

Außerdem unterscheiden sich die Stämme auch durch die Art der Vokalisierung. Nach dem Vokal vor dem letzten Radikal in den Tempora differenziert man im Grundstamm 5 Vokalklassen (*a*/*u*, *a*, *i*, *u*, *a*/*i* (letztere nur bei *alākum* und bei den Verben primae waw, §§ 122h und 125c)), z. B. *a*/*u* = Präs. *iPaRRaS*, Prät. *iPRuS*, *a* = Präs. *iṢaBBaT*, Prät. *iṢBaT*), in Gt und Gtn 3 (*a*, *i*, *u*), in N und Ntn 3 (*a*/*i*, *i*, *u*), in D, Dt, Dtn, Š, Št und Štn 1 (*a*/*i*). Für die nach Stämmen unterschiedlichen Personalpräfixe s. § 90.

Edzard (1965) untersucht die morphologischen Oppositionen der Verbalstämme und stellt das Stammsystem in einem Schaubild dar. – Zu den seltenen R(eduplikations)-Stämmen des Akkad. s. Whiting 1981.

4.6.10 Starkes dreiradikaliges Verbum im Grundstamm

§ 107 a) Nach dem Vokal vor dem letzten Radikal im Präs., Prät., Perf. und Imperativ werden vier Wurzelvokalklassen unterschieden: *a*/*u*-Klasse (auch Ablautklasse), *a*-, *i*- und *u*-Klasse. In den anderen Flexionsformen spielen diese Wurzelvokale keine Rolle.

b) Für die Personalaffixe im Präs., Prät., Perf. und Imperativ vgl. § 90.

c) Das Präs. ist durch Längung des 2. Radikals markiert. Das Perf. besitzt ein Infix *-ta-* (§ 94a), dessen *-t-* sich nach den Regeln von § 34 an den vorangehenden Konsonanten assimiliert.

d) Im Perf., Imperativ, Verbaladjektiv und Stativ treten bei Antritt vokalischer Affixe nach § 27 Vokalelisionen auf: *ta-PtaRS-ī* < **taPtaRaS-ī*, *PuRS-ā* < **PuRuSā*, *PaRS-um* < **PaRiS-um*, *DaMQ-at* < **DaMiQ-at*.

e) Der Inf. hat einheitlich die Form *PaRāSum*, das Part. die Form *PāRiS-um*, das Verbaladjektiv die Form *PaRS-um*.

f) Für die Endungen des Stativs vgl. die selbständigen Personalpronomina Nominativ § 57a. Der Stativ hat meistens die Form *PaRiS*; bei Stativen von adjektivischen Verben kommen jedoch auch die Form *PaRaS* und *PaRuS* vor. Für den Umlaut *a* > *e* (Typ *ṢeḪeR*) vgl. § 26b.

§ 108 a) Paradigma für die finiten Verbalformen und die Verbalnomina:

Inf.	*a*/*u*-Klasse: *PaRāS-um* „entscheiden“	*a*-Klasse: *ṢaBāT-um* „packen“ *RaKāBum* „reiten“	*i*-Klasse: *PaQāD-um* „sich kümmern“	*u*-Klasse: *RaGāM-um* „rufen“
Präs.				
3. Sg. c	*i-PaRRaS*	*i-ṢaBBaT*	*i-PaQQiD*	*i-RaGGuM*
2. Sg. m.	*ta-PaRRaS*	*ta-ṢaBBaT*	*ta-PaQQiD*	*ta-RaGGuM*
2. Sg. f	*ta-PaRRaS-ī*	*ta-ṢaBBaT-ī*	*ta-PaQQiD-ī*	*ta-RaGGuM-ī*
1. Sg. c.	*a-PaRRaS*	*a-ṢaBBaT*	*a-PaQQiD*	*a-RaGGuM*
3. Pl. m.	*i-PaRRaS-ū*	*i-ṢaBBaT-ū*	*i-PaQQiD-ū*	*i-RaGGuM-ū*
3. Pl. f.	*i-PaRRaS-ā*	*i-ṢaBBaT-ā*	*i-PaQQiD-ā*	*i-RaGGuM-ā*
2. Pl. c.	*ta-PaRRaS-ā*	*ta-ṢaBBaT-ā*	*ta-PaQQiD-ā*	*ta-RaGGuM-ā*
1. Pl. c.	*ni-PaRRaS*	*ni-ṢaBBat*	*ni-PaQQiD*	*ni-RaGGuM*
Prät.				
3. Sg. c.	*i-PRuS*	*i-ṢBaT*	*i-PQiD*	*i-RGuM*
2. Sg. m.	*ta-PRuS*	*ta-ṢBaT*	*ta-PQiD*	*ta-RGuM*
2. Sg. f.	*ta-PRuS-ī*	*ta-ṢBaT-ī*	*ta-PQiD-ī*	*ta-RGuM-ī*
1. Sg. c.	*a-PRuS*	*a-ṢBaT*	*a-PQiD*	*a-RGuM*
3. Pl. m.	*i-PRuS-ū*	*i-ṢBaT-ū*	*i-PQiD-ū*	*i-RGuM-ū*
3. Pl. f.	*i-PRuS-ā*	*i-ṢBaT-ā*	*i-PQiD-ā*	*i-RGuM-ā*
2. Pl. c.	*ta-PRuS-ā*	*ta-ṢBaT-ā*	*ta-PQiD-ā*	*ta-RGuM-ā*
1. Pl. c.	*ni-PRuS*	*ni-ṢBaT*	*ni-PQiD*	*ni-RGuM*
Perf.				
3. Sg. c.	*i-PtaRaS*	*i-ṢṣaBaT* < **iṢtaBaT*	*i-PtaQiD*	*i-RtaGuM*
2. Sg. m.	*ta-PtaRaS*	*ta-ṢṣaBaT*	*ta-PtaQiD*	*ta-RtaGuM*
2. Sg. f.	*ta-PtaRS-ī*	*ta-ṢṣaBT-ī*	*ta-PtaQD-ī*	*ta-RtaGM-ī*
1. Sg. c.	*a-PtaRaS*	*a-ṢṣaBaT*	*a-PtaQiD*	*a-RtaGuM*
3. Pl. m.	*i-PtaRS-ū*	*i-ṢṣaBT-ū*	*i-PtaQD-ū*	*i-RtaGM-ū*
3. Pl. f.	*i-PtaRS-ā*	*i-ṢṣaBT-ā*	*i-PtaQD-ā*	*i-RtaGM-ā*
2. Pl. c.	*ta-PtaRS-ā*	*ta-ṢṣaBT-ā*	*ta-PtaQD-ā*	*ta-RtaGM-ā*
1. Pl. c.	*ni-PtaRaS*	*ni-ṢṣaBaT*	*ni-PtaQiD*	*ni-RtaGuM*
Imperativ				
2. Sg. m.	*PuRuS*	*ṢaBaT* *RiKaB*	*PiQiD*	*RuGuM*
2. Sg. f.	*PuRS-ī*	*ṢaBT-ī* *RiKB-ī*	*PiQD-ī*	*RuGM-ī*
2. Pl. c.	*PuRS-ā*	*ṢaBT-ā* *RiKB-ā*	*PiQD-ā*	*RuGM-ā*
Part.	*PāRiS-um*	*ṢāBiT-um*	*PāQiD-um*	*RāGiM-um*
Verbaladjektiv	*PaRS-um*	*ṢaBT-um*	*PaQD-um*	*RaGM-um*
Stativ	*PaRiS*	*ṢaBiT*	*PaQiD*	*RaGiM*

b) Paradigma für den Stativ:

	i-Stativ	*a*-Stativ	*a* > *e*-Stativ	*u*-Stativ	Stativ eines Subst.
3.Sg. m.	*PaRiS* „Er ist entschieden."	*RaPaŠ* „Er ist breit."	*ṢeḪeR* „Er ist klein."	*MaRuṢ* „Er ist krank."	*šar* „Er ist König."
3.Sg. f.	*PaRS-at* „Sie ist entschieden."	*RaPŠ-at* „Sie ist breit."	*ṢeḪR-et* „Sie ist klein."	*MaRṢ-at* „Sie ist krank."	*šarr-at* „Sie ist Königin."
2.Sg. m.	*PaRS-āta* „Du bist entschieden."	*RaPŠ-āta* „Du bist breit."	*ṢeḪR-ēta* „Du bist klein."	*MaRṢ-āta* „Du bist krank."	*šarr-āta* „Du bist König."
2.Sg. f.	*PaRS-āti* „Du bist entschieden."	*RaPŠ-āti* „Du bist breit."	*ṢeḪR-ēti* „Du bist klein."	*MaRṢ-āti* „Du bist krank."	*šarr-āti* „Du bist Königin."
1.Sg. c.	*PaRS-āku* „Ich bin entschieden."	*RaPŠ-āku* „Ich bin breit."	*ṢeḪR-ēku* „Ich bin klein."	*MaRṢ-āku* „Ich bin krank."	*šarr-āku* „Ich bin König/ Königin."
3.Pl. m.	*PaRS-ū* „Sie sind entschieden."	*RaPŠ-ū* „Sie sind breit."	*ṢeḪR-ū* „Sie sind klein."	*MaRṢ-ū* „Sie sind krank."	*šarr-ū* „Sie sind Könige."
3.Pl. f.	*PaRS-ā* „Sie sind entschieden."	*RaPŠ-ā* „Sie sind breit."	*ṢeḪR-ā* „Sie sind klein."	*MaRṢ-ā* „Sie sind krank."	*šarr-ā* „Sie sind Königinnen."
2.Pl. m.	*PaRS-ātunu* „Ihr seid entschieden."	*RaPŠ-ātunu* „Ihr seid breit."	*ṢeḪR-ētunu* „Ihr seid klein."	*MaRṢ-ātunu* „Ihr seid krank."	*šarr-ātunu* „Ihr seid Könige."
2.Pl. f.	*PaRS-ātina* „Ihr seid entschieden."	*RaPŠ-ātina* „Ihr seid breit"	*ṢeḪR-ētina* „Ihr seid klein"	*MaRṢ-ātina* „Ihr seid krank."	*šarr-ātina* „Ihr seid Königinnen."
1.Pl. c.	*PaRS-ānu* „Wir sind entschieden."	*RaPŠ-ānu* „Wir sind breit."	*ṢeḪR-ēnu* „Wir sind klein."	*MaRṢ-ānu* „Wir sind krank."	*šarr-ānu* „Wir sind Könige/ Königinnen."

4.6.11 Gt-Stamm

§ 109 a) Der Gt-Stamm ist durch das Infix *-ta-* bzw. *-t-* nach dem ersten Radikal charakterisiert. Zur Assimilation des *-t-* an einen vorangehenden Konsonanten s. § 34. Zu den Assimilationen **-gt-* > *-gd-* und **-mt-* > *-nd-* s. § 35. Enthält der Wortstamm *e*, wird *-ta-* zu *-te-* (§ 26b): *ī-te-nû* „sie lösten einander ab" zu *enûm* „wechseln". Ein Perf. Gt wird aufgrund der formalen und etymologischen Identität des stamm- und tempusbildenden *-ta-* nicht gebildet (s. § 94a). Das Prät. Gt ist mit dem Perf. G formal identisch.

b) Beim Präs., Prät. und Imperativ ist der Vokal vor dem letzten Radikal mit dem entsprechenden Vokal des Präs. G identisch: *-a-* bei der *a/u-* und *a*-Klasse, *-i-* bei der *i*-Klasse und *-u-* bei der *u*-Klasse. Vgl. die Wurzelvokalklassen im G-Stamm (§ 107a).

c) Im Prät., Prekativ, Part., Imperativ, Inf., Verbaladjektiv und Stativ treten nach § 27 Vokalelisionen auf.

d) Paradigma:

	a/u- und *a*-Klasse	*i*-Klasse
Präs.		
3. Sg. c.	*i-PtaRRaS*	*i-MtaLLiK*
2. Sg. m.	*ta-PtaRRaS*	*ta-MtaLLiK*
2. Sg. f.	*ta-PtaRRaS-ī*	*ta-MtaLLiK-ī*
1. Sg. c.	*a-PtaRRaS*	*a-MtaLLiK*
3. Pl. m.	*i-PtaRRaS-ū*	*i-MtaLLiK-ū*
3. Pl. f.	*i-PtaRRaS-ā*	*i-MtaLLiK-ā*
2. Pl. c.	*ta-PtaRRaS-ā*	*ta-MtaLLiK-ā*
1. Pl. c.	*ni-PtaRRaS*	*ni-MtaLLiK*
Prät.		
3. Sg. c.	*i-PtaRaS*	*i-MtaLiK*
2. Sg. m.	*ta-PtaRaS*	*ta-MtaLiK*
2. Sg. f.	*ta-PtaRS-ī* < **ta-PtaRaS-ī*	*ta-MtaLK-ī* < **ta-MtaLiK-ī*
1. Sg. c.	*aPtaRaS*	*a-MtaLiK*
3. Pl. m.	*i-PtaRS-ū* < * *i-PtaRaS-ū*	*i-MtaLK-ū* < **i-MtaLiK-ū*
3. Pl. f.	*i-PtaRS-ā* < * *i-PtaRaS-ā*	*i-MtaLK-ā* < **i-MtaLiK-ā*
2. Pl. c.	*ta-PtaRS-ā* < * *ta-PtaRaS-ā*	*ta-MtaLK-ā* < **ta-MtaLiK-ā*
1. Pl. c.	*ni-PtaRaS*	*ni-MtaLiK*
Prekativ		
3. Sg. c.	*li-PtaRaS*	*li-MtaLiK*
1. Sg. c.	*lu-PtaRaS*	*lu-MtaLiK*
Imperativ		
2. Sg. m.	*PitRaS* < * *PitaRaS*	*MitLiK* < * *MitaLiK*
2. Sg. f.	*PitRaS-ī* < * *PitaRaS-ī*	*MitLiK-ī* < * *MitaLiK-ī*
2. Pl. c.	*PitRaS-ā* < * *PitaRaS-ā*	*MitLiK-ā* < * *MitaLiK-ā*
Part.	*mu-PtaRS-um* < * *mu-PtaRiS-um*	*mu-MtaLK-um* < * *mu-MtaLiK-um*
Inf.	*PitRuS-um* < **PitaRuS-um*	*MitLuK-um* < **MitaLuK-um*
Verbaladjektiv	*PitRuS-um* < **PitaRuS-um*	*MitLuK-um* < **MitaLuK-um*
Stativ		
3. Sg. m.	*PitRuS* < **PitaRuS*	*MitLuK* < **MitaLuK*
3. Sg. f.	*PitRuS-at* < **PitaRuS-at*	*MitLuK-at* < **MitaLuK-at*

§ 110 Die wichtigsten Funktionen des Gt-Stamms sind:

a) Bezeichnung eines Reziproks zu G: *mitḫuṣum* „sich schlagen, kämpfen“ zu *maḫāṣum* „schlagen“.

b) Bezeichnung eines Reflexivs zu G: *mitlukum* „sich beraten, überlegen“ zu *malākum* „beraten“.

c) Bezeichnung eines Mediopassivs zu G: *ḫitlupum* „bedeckt sein“ zu *ḫalāpum* „hineinschlüpfen in“, (Stativ) „bekleidet sein“.

d) Bezeichnung eines Separativs zu G (teilweise verstärkend zu einer schon in G vorhandenen separativen Nuance): *atlukum* „weg-, davon-, fortgehen“ zu *alākum* „gehen“.

e) Bezeichnung eines Intensivs(?) zu G (besonders in literarischen Texten): *kitmurum* „auftürmen(?)“ zu *kamārum* „schichten, häufen“.

Für eine ausführliche Funktionsanalyse des Gt-Stamms s. Streck 2003; Hirsch 2003/4. Zur separativen Funktion anders Kouwenberg 2005 (wie Kouwenberg bereits Poebel 1939, 48 Anm. 1, s. dazu Streck 2003, 109 mit Anm. 58). Vgl. auch Woods 2008, 180 (Zusammenhang zwischen separativer und reflexiv-reziproker Funktion). Kouwenbergs Beobachtungen zur intensiven(?) Funktion decken sich dagegen weitgehend mit Streck 2003.

4.6.12 D- und Dt-Stamm

§ 111 a) Im D- und Dt-Stamm ist der 2. Radikal nicht nur im Präs., sondern in allen Formen gelängt.

b) Die Personalpräfixe im Präs., Prät. und Perf. enthalten ein *u* (§ 90).

c) Wurzelvokalklassen werden nicht differenziert; stattdessen gibt es für alle Verben eine einheitliche Vokalisierung.

d) Der Dt-Stamm fügt das Infix *-ta-* (§ 94a) nach dem ersten Radikal in den Wortstamm ein. Zur Assimilation des *-t-* an einen vorangehenden Konsonanten s. § 34. Das Perf. D ist mit dem Prät. Dt identisch. Ein Perf. Dt ist selten (§ 94a).

e) Paradigma:

	D-Stamm	Dt-Stamm
Präs.		
3. Sg. c.	*u-PaRRaS*	*u-PtaRRaS*
2. Sg. m.	*tu-PaRRaS*	*tu-PtaRRaS*
2. Sg. f.	*tu-PaRRaS-ī*	*tu-PtaRRaS-ī*
1. Sg. c.	*u-PaRRaS*	*u-PtaRRaS*
3. Pl. m.	*u-PaRRaS-ū*	*u-PtaRRaS-ū*
3. Pl. f.	*u-PaRRaS-ā*	*u-PtaRRaS-ā*
2. Pl. c.	*tu-PaRRaS-ā*	*tu-PtaRRaS-ā*
1. Pl. c.	*nu-PaRRaS*	*nu-PtaRRaS*
Prät.		
3. Sg. c.	*u-PaRRiS*	*u-PtaRRiS*
2. Sg. m.	*tu-PaRRiS*	*tu-PtaRRiS*
2. Sg. f.	*tu-PaRRiS-ī*	*tu-PtaRRiS-ī*
1. Sg. c.	*u-PaRRiS*	*u-PtaRRiS*

	D-Stamm	Dt-Stamm
Prät.		
3. Pl. m.	*u-PaRRiS-ū*	*u-PtaRRiS-ū*
3. Pl. f.	*u-PaRRiS-ā*	*u-PtaRRiS-ā*
2. Pl. c.	*tu-PaRRiS-ā*	*tu-PtaRRiS-ā*
1. Pl. c.	*nu-PaRRiS*	*nu-PtaRRiS*
Perf.		
3. Sg. c.	*u-PtaRRiS*	*u-PtataRRiS*
2. Sg. m.	*tu-PtaRRiS*	*tu-PtataRRiS*
Prekativ		
3. Sg. c.	*li-PaRRiS*	*li-PtaRRiS*
1. Sg. c.	*lu-PaRRiS*	*lu-PtaRRiS*
Imperativ	*PuRRiS*	*PutaRRiS*
Part.	*mu-PaRRiS-um*	*mu-PtaRRiS-um*
Inf.	*PuRRuS-um*	*PutaRRuS-um*
Verbaladjektiv	*PuRRuS-um*	–
Stativ		
3. Sg. m.	*PuRRuS*	–
3. Sg. f.	*PuRRuS-at*	–

§ **112** a) Hinsichtlich der Funktionen gibt es vier Typen von D-Stämmen: I: transitive D-Stämme zu transitiven G-Stämmen: *petûm* „öffnen" : *puttûm* „öffnen". II: intransitive D-Stämme zu intransitiven G-Stämmen: *sa'ālum* „husten" : *su''ulum* „husten". III: transitive D-Stämme zu intransitiven G-Stämmen: *damāqum* „gut werden" : *dummuqum* „gut machen". IV: doppelt transitive D-Stämme zu einfach transitiven G-Stämmen: *lamādum* „lernen" : *lummudum* „lehren".

b) Für D-Stämme des Typs I sind vor allem die folgenden Funktionen feststellbar: Bezeichnung des Pl. des direkten Objekts, z. B. *nakāsum* „abschneiden" : *nukkusum* „(mehrere Objekte) abschneiden". Bezeichnung des Pl. des Sachverhaltes: *nuššukum* „immer wieder beißen". Bezeichnung eines Intensivs, z. B. *naṭālum* „schauen" : *nuṭṭulum* „gründlich betrachten".

c) D-Stämme des Typs II bezeichnen offenbar den Pl. des Sachverhaltes: *su''ulum* „immer wieder husten".

d) D-Stämme des Typs III und IV haben kausative Funktion. Sie werden vor allem von Zustandsverben gebildet. Hier lässt sich der D-Stamm im Deutschen gut durch „machen" paraphrasieren: *damāqum* „gut werden": *dummuqum* „gut machen".

e) Der D-Stamm dient auch der Bildung denominierter Verba, z. B. *ruggubum* „mit einem Oberstock versehen", denominiert von *rugbum* „Dachgeschoss".

f) Der Dt-Stamm besitzt passive, reziproke oder reflexive Funktion zu D. Passiv: D *nukkurum* „ändern" : Dt *nutakkurum* „geändert werden". Reziprok: D *kuṣṣurum* „versammeln" : Dt *kutaṣṣurum* „sich sammeln". Reflexiv: D *šurruḫum* „verherrlichen" : Dt *šutarruḫum* „sich rühmen".

Für eine umfassende Analyse der D- und Dt-Stämme s. Kouwenberg 1997a. Ein Resümee dieser Studie bietet Streck 1998c. Ergänzungen zu Dt bei Streck 2003, 110–115.

4.6.13 Š- und Št-Stamm

§ 113 a) Im Š- und Št-Stamm findet sich ein Präfix *-š(a)-/-šu-* vor dem ersten Radikal bzw. vor infigiertem *-ta-* und nach den Personalpräfixen der Tempora und *mu-* des Part.

b) Die Personalpräfixe im Präs., Prät. und Perf. enthalten ein *u* (§ 90).

c) Wurzelvokalklassen werden nicht differenziert; stattdessen gibt es für alle Verben eine einheitliche Vokalisierung.

d) Der Št-Stamm fügt *-ta-* vor dem ersten Radikal nach *-š-* ein. Das Perf. Š ist mit dem Prät. Št identisch. Ein Perf. Št ist selten (s. § 94a).

e) Št-Stämme mit Präs. *uštapras* werden als $Št_1$, mit Präs. *uštaparras* als $Št_2$ bezeichnet. $Št_1$-Stämme sind passiv zu Š, $Št_2$-Stämme besitzen die anderen in § 114c genannten Funktionen. Abgesehen vom Präs. sind $Št_1$ und $Št_2$ identisch.

f) Paradigma:

	Š-Stamm	Št-Stamm
Präs.		
3. Sg. c.	*u-šaPRaS*	*u-štaPRaS* ($Št_1$), *u-šta-PaRRaS* ($Št_2$)
2. Sg. m.	*tu-šaPRaS*	*tu-štaPRaS* ($Št_1$), *tu-šta-PaRRaS* ($Št_2$)
2. Sg. f.	*tu-šaPRaS-ī*	*tu-štaPRaS-ī* ($Št_1$), *tu-šta-PaRRaS-ī* ($Št_2$)
1. Sg. c.	*u-šaPRaS*	*u-štaPRaS* ($Št_1$), *u-šta-PaRRaS* ($Št_2$)
3. Pl. m.	*u-šaPRaS-ū*	*u-štaPRaS-ū* ($Št_1$), *u-šta-PaRRaS-ū* ($Št_2$)
3. Pl. f.	*u-šaPRaS-ā*	*u-štaPRaS-ā* ($Št_1$), *u-šta-PaRRaS-ā* ($Št_2$)
2. Pl. c.	*tu-šaPRaS-ā*	*tu-štaPRaS-ā* ($Št_1$), *tu-šta-PaRRaS-ā* ($Št_2$)
1. Pl. c.	*nu-šaPRaS*	*nu-štaPRaS* ($Št_1$), *nu-šta-PaRRaS* ($Št_2$)
Prät.		
3. Sg. c.	*u-šaPRiS*	*u-štaPRiS* ($Št_1$ und $Št_2$)
2. Sg. m.	*tu-šaPRiS*	*tu-štaPRiS*
2. Sg. f.	*tu-šaPRiS-ī*	*tu-štaPRiS-ī*
1. Sg. c.	*u-šaPRiS*	*u-štaPRiS*
3. Pl. m.	*u-šaPRiS-ū*	*u-štaPRiS-ū*
3. Pl. f.	*u-šaPRiS-ā*	*u-štaPRiS-ā*
2. Pl. c.	*tu-šaPRiS-ā*	*tu-štaPRiS-ā*
1. Pl. c.	*nu-šaPRiS*	*nu-štaPRiS*
Perf.		
3. Sg. c.	*u-štaPRiS*	*u-štataPRiS*
2. Sg. m.	*tu-štaPRiS*	*tu-štataPRiS*
Prekativ		
3. Sg. c.	*li-šaPRiS*	*li-štaPRiS*
1. Sg. c.	*lu-šaPRiS*	*lu-štaPRiS*
Imperativ	*šuPRiS*	*šutaPRiS*
Part.	*mu-šaPRiS-um*	*Mu-štaPRiS-um*
Inf.	*šuPRuS-um*	*šutaPRuS-um*

	Š-Stamm	Št-Stamm
Verbaladjektiv	*šuPRuS-um*	*šutaPRuS-um*
Stativ		
3. Sg. m.	*šuPRuS*	*šutaPRuS*
3. Sg. f.	*šuPRuS-at*	*šutaPRuS-at*

Zum Präs. *ušaPRaS* s. den Herleitungsversuch von Tropper 1997, 189f. (schwierig).

§ **114** a) Der Š-Stamm bezeichnet ein Kausativ zu G. G ist meist ein transitives dynamisches Verb. Hier lässt sich Š im Deutschen gut durch „lassen" paraphrasieren: *ikaššad* „Er kommt an." : *ušakšad* „Er lässt ankommen.", *išaṭṭar* „Er schreibt." : *ušašṭar* „Er lässt schreiben." Nur selten bezeichnet Š ein Kausativ zu einem Zustandsverbum: *imarruṣ* „Er wird krank." : *ušamraṣ* „Er macht krank." Das normale Kausativ bei Zustandsverben ist der D-Stamm (§ 112d).

b) Št$_1$ ist das Passiv zu Š: Š *šuddunum* „geben lassen" : Št$_1$ *šutaddunum* „eingetrieben werden".

c) Št$_2$ hat mehrere Funktionen. Kausativ zu reziprokem Gt: Gt *tiṣbutum* „einander packen" : Št$_2$ *šutaṣbutum* „einander packen lassen". Kausativ zu reziprokem N: N *nenmudum* „sich aneinanderlegen" : Št$_2$ *šutēmudum* „sich aneinanderlegen lassen". Kausativ zu passivem N: N *nalputum* „angefasst werden" : *šutalputum* Št$_2$ „zulassen, dass angefasst wird". Reflexiv zu Š: Š *šumruṣum* „krank machen" : Št$_2$ *šutamruṣum* „sich sorgen" (wörtlich: sich selbst krank machen). Intensiv(?) zu Š: Š *šūšurum* „in Ordnung bringen" : Št$_2$ *šutēšurum* „in Ordnung halten(?)". Reziprok zu D: D *lummunum* „böse machen" : Št$_2$ *šutalmunum* „einander Böses tun". Reflexiv zu D: D *ubbubum* „reinigen" : Št$_2$ *šutēbubum* „sich reinigen". Intensiv(?) zu D: D *šummum* „sich ausdenken" : Št$_2$ *šutašūmum* „sich genau(?) ausdenken". Kausativ zu passivem Dt: Dt *kutunnum* „überprüft werden" : Št$_2$ *šutakūnum* „zulassen, dass überprüft wird". Reziprok zu G: G *ḫarāṣum* „abziehen (math.) : Št *šutaḫruṣum* „voneinander abziehen, verrechnen". Denominierung: von *aḫum* „Bruder" : *šutāḫûm* „sich zusammentun".

Zu Št$_1$ s. Streck 2003, 115–118. Zu Št$_2$ s. Streck 1994 mit Ergänzungen in Streck 2003, 118–129.

4.6.14 N-Stamm

§ **115** a) Im N-Stamm tritt beim Präs., Prät. und Part. das Präfix *-n-* zwischen die Personalpräfixe der Tempora und *mu-* des Part. vor den ersten Radikal. Im Perf. tritt *-n-* zwischen die Personalpräfixe und infigiertes *-ta-*. *-n-* assimiliert sich stets an den folgenden Konsonanten (§ 38a). Beim Imperativ und den Verbalnomina tritt das Präfix *-na-* vor den ersten Radikal: *naPRiS*, *naPRuSum.*

b) Die Personalpräfixe sind dieselben wie im G-Stamm (§ 90).

c) Der Imperativ(?) und die Verbalnomina haben für alle Wurzeln denselben Vokal vor dem letzten Radikal, *i* beim Imperativ und *u* bei den Verbalnomina. Bei den Tempora finden sich die Wurzelvokalklassen des G-Stamms teilweise wieder. Die *a*/*u*- und die *a*-Klasse haben im Präs. und Perf. *a*, im Prät. *i*. Die *i*-Klasse hat durchgehend *i*. Die *u*-Klasse hat entweder durchgehend *u* oder verhält sich analog zur *a*/*u*- und *a*-Klasse mit *a* im Präs. und Perf. sowie *i* im Prät.

Zur Vokalisation des N-Stammes s. anders Testen 1998, 134f. (Zusammenhang zwischen Prät. N und Verbaladjektiv G) und 144 (Unterschied zwischen dynamischen Verben und Zustandsverben).

d) Zur Vokalelison im Prät. und Part. s. § 27h.

e) Paradigma:

	a/*u*- und *a*-Klasse	*i*-Klasse
Präs.		
3. Sg. c.	*i-pPaRRaS* < **i-nPaRRaS*	*i-pPaQQiD* < **i-nPaQQiD*
2. Sg. m.	*ta-pPaRRaS*	*ta-pPaQQiD*
2. Sg. f.	*ta-pPaRRaS-ī*	*ta-pPaQQiD-ī*
1. Sg. c.	*a-pPaRRaS*	*a-pPaQQiD*
3. Pl. m.	*i-pPaRRaS-ū*	*i-pPaQQiD-ū*
3. Pl. f.	*i-pPaRRaS-ā*	*i-pPaQQiD-ā*
2. Pl. c.	*ta-pPaRRaS-ā*	*ta-pPaQQiD-ā*
1. Pl. c.	*ni-pPaRRaS*	*ni-pPaQQiD*
Prät.		
3. Sg. c.	*i-pPaRiS* < **i-nPaRiS*	*i-pPaQiD* < **i-nPaQiD*
2. Sg. m.	*ta-pPaRiS*	*ta-pPaQiD*
2. Sg. f.	*ta-pPaRS-ī* < **ta-nPaRiS-ī*	*ta-pPaQD-ī* < **ta-nPaQiD-ī*
1. Sg. c.	*a-pPaRiS*	*a-pPaQiD*
3. Pl. m.	*i-pPaRS-ū* < **i-nPaRiS-ū*	*i-pPaQD-ū* < **i-nPaQiD-ū*
3. Pl. f.	*i-pPaRS-ā* < *i-nPaRiS-ā*	*i-pPaQD-ā* < **i-nPaQiD-ā*
2. Pl. c.	*ta-pPaRS-ā* < **ta-nPaRiS-ā*	*ta-pPaQD-ā* < **ta-nPaQiD-ā*
1. Pl. c.	*ni-pPaRiS*	*ni-pPaQiD*
Perf.		
3. Sg. c.	*i-ttaPRaS* < **i-nta-PraS*	*i-ttaPQiD* < **i-nta-PqiD*
2. Sg. m.	*ta-ttaPRaS* < **ta-nta-PraS*	*ta-ttaPQiD* < **ta-nta-PqiD*
Prekativ		
3. Sg. c.	*li-pPaRiS* < **li-nPaRiS*	*li-pPaQiD* < **li-nPaQiD*
1. Sg. c.	*lu-pPaRiS* < **lu-nPaRiS*	*lu-pPaQiD* < **lu-nPaQiD*
Imperativ	*naPRiS*	*naPQiD*
Part.	*mu-pPaRS-um* < **mu-nPaRiS-um*	*mu-pPaQD-um* < **mu-nPaQiD-um*
Inf.	*naPRuS-um*	*naPQuD-um*
Verbaladjektiv	*naPRuS-um*	*naPQuD-um*
Stativ		
3. Sg. m.	*naPRuS*	*naPQuD*
3. Sg. f.	*naPRuS-at*	*naPQuD-at*

§ 116 a) Die Grundfunktion des N-Stamms ist passiv-reziprok-reflexiv, also dieselbe wie die des Gt-Stamms. Daraus erklärt sich, dass das Perf. des N-Stamms öfter anstelle des nicht gebildeten Perf. Gt auftritt (§ 94a). Bewahrt hat der N-Stamm vor allem die passive Funktion, während die reziproke, reflexive und intransitive überwiegend dem Gt-Stamm zugeordnet sind.

Zur Grundfunktion des N-Stammes s. anders Lieberman 1986, 596; Testen 1998, 137f.; 141 Anm. 21. Vgl. Streck 2003, 92–96 für reziproke, reflexive und intransitive N-Stämme und ihr Verhältnis zum Gt-Stamm.

b) Passiv zu G: N *nankulum* „gegessen werden" : G *akālum* „essen". Reziprok zu G: N *nabūrum* „sich gegeneinander empören" : G *bârum* „sich empören gegen (Akkusativ)". Reflexiv zu G: N *nalbušum* „sich etwas anziehen" : G *labāšum* „bekleiden". Intransitiv zu G: N *nanṭulum* „sichtbar werden, auftauchen" : G *naṭālum* „schauen". Bisweilen vertritt der N-Stamm aus noch unbekannten Gründen den G-Stamm oder steht anscheinend gleichbedeutend neben G: *nābutum* „fliehen" (kein G-Stamm belegt); N *nasḫurum* „sich wenden" neben *saḫārum* „sich wenden". Nur bei *bašûm* hat der N-Stamm ingressive Funktion: G *ibaššī* „Er ist.", aber N *ibbaššī* „Er entsteht."

Anders GAG § 90g, wo von einer „ingressiven" Funktion bei Zustandsverben in Opposition zu G die Rede ist.

4.6.15 Die -tan-Stämme

§ 117 a) Zu jedem der vier Hauptstämme (G, D, Š, N) existiert ein Stamm mit infigiertem *-tan-*: Gtn, Dtn, Štn und Ntn. Das Infix *-tan-* tritt allerdings nur in den Präsentia auf. Gtn-Präs. und Dtn-Präs. infigieren *-tan-* nach dem ersten Radikal, Štn-Präs. und Ntn-Präs. nach dem stammbildenden *š* bzw. *n*. Die anderen Formen des Gtn-Stammes sind durch ein Infix *-ta-* + Länge des vorletzten Radikals gekennzeichnet. Damit hängt zusammen, dass ein Perf. der *-tan*-Stämme nur ganz vereinzelt vorkommt. Bei *e*-haltigem Stamm lauten *-tan-* und *-ta-* zu *-ten-* und *-te-* um (§ 26b). Für die anderen Formen von Dtn, Štn und Ntn treten die entsprechenden Formen der *-ta*-Stämme Dt, Št und Nt (letzterer ist sonst nicht produktiv) ein.

Eine umfassende Materialsammlung zur Morphologie aller *-tan*-Stämme mit früherer Literatur ist Edzard 1996. – Die traditionelle Analyse der *-tan*-Stämme (von Soden 1995; Voigt 1987) nimmt Infix *-tan-* in allen Formen von Gtn, Dtn, Štn und Ntn an. Die hier vorgeschlagene morphologische Analyse von Gtn folgt Renger 1972, 230, Steiner 1981, 17, Kouwenberg 1997a, 69–79 und Streck 1998c, 527–529 2.2, die von Dtn, Štn und Ntn Renger 1972, 230, Edzard 1996, 17 und Kouwenberg 1997a, 78. – Zu einem aB Perf. Gtn s. Streck 2003, 75f. Nr. 197.

b) Im Gtn und Ntn ist der Vokal nach dem zweiten Radikal mit dem entsprechenden Vokal von Präs. G bzw. N identisch: *iPtanaRRaS* wie *iPaRRaS*, *iṢṣanaBBaT* wie *iṢabbaT*, *iPtanaQQiD* wie *iPaQQiD*, *iRtanaGGuM* wie *iRaGGuM*.

c) Für den Anlaut (ʾ)*it-* statt **nit-* im Imperativ, Inf., Verbaladjektiv und Stativ Ntn s. § 39b.

d) Paradigma (nur für die *a*/*u*-Klasse):

	Gtn	Dtn	Štn	Ntn
Präs.				
3. Sg. c.	i-PtanaRRaS	u-PtanaRRaS	u-štanaPRaS	i-ttanaPRaS < *i-ntanaPRaS
2. Sg. m.	ta-PtanaRRaS	tu-PtanaRRaS	tu-štanaPRaS	ta-ttanaPRaS
2. Sg. f.	ta-PtanaRRaS-ī	tu-PtanaRRaS-ī	tu-štanaPRaS-ī	ta-ttanaPRaS-ī
1. Sg. c.	a-PtanaRRaS	u-PtanaRRaS	u-štanaPRaS	a-ttanaPRaS
3. Pl. m.	i-PtanaRRaS-ū	u-PtanaRRaS-ū	u-štanaPRaS-ū	i-ttanaPRaS-ū
3. Pl. f.	i-PtanaRRaS-ā	u-PtanaRRaS-ā	u-štanaPRaS-ā	i-ttanaPRaS-ā
2. Pl. c.	ta-PtanaRRaS-ā	tu-PtanaRRaS-ā	Tu-štanaPRaS-ā	ta-ttanaPRaS-ā
1. Pl. c.	ni-PtanaRRaS	nu-PtanaRRaS	Nu-štanaPRaS	ni-ttanaPRaS
Prät.				
3. Sg. c.	i-PtaRRaS	u-PtaRRiS	u-štaPRiS	i-ttaPRaS < *i-ntaPRaS
2. Sg. m.	ta-PtaRRaS	tu-PtaRRiS	tu-štaPRiS	ta-ttaPRaS
2. Sg. f.	ta-PtaRRaS-ī	tu-PtaRRiS-ī	tu-štaPRiS-ī	ta-ttaPRaS-ī
1. Sg. c.	a-PtaRRaS	u-PtaRRiS	u-štaPRiS	a-ttaPRaS
3. Pl. m.	i-PtaRRaS-ū	u-PtaRRiS-ū	u-štaPRiS-ū	i-ttaPRaS-ū
3. Pl. f.	i-PtaRRaS-ā	u-PtaRRiS-ā	u-štaPRiS-ā	i-ttaPRaS-ā
2. Pl. c.	ta-PtaRRaS-ā	tu-PtaRRiS-ā	tu-štaPRiS-ā	ta-ttaPRaS-ā
1. Pl. c.	ni-PtaRRaS	nu-PtaRRiS	nu-štaPRiS	ni-ttaPRaS
Perf.	i-PtataRRaS	–	–	–
Prekativ				
3. Sg. c.	li-PtaRRaS	li-PtaRRiS	li-štaPRiS	li-ttaPRaS < *li-nta-PRaS
1. Sg. c.	lu-PtaRRaS	lu-PtaRRiS	lu-štaPRiS	lu-ttaPRaS
Imperativ	PitaRRaS	PutaRRiS	šutaPRiS	itaPRaS
Part.	mu-PtaRRiS-um	mu-PtaRRiS-um	mu-štaPRiS-um	mu-ttaPRiS-um < *mu-ntaPRiS- um
Inf.	PitaRRuS-um	PutaRRuS-um	šutaPRuS-um	itaPRuS-um < *nitaPRuS-um
Verbaladjektiv	PitaRRuS-um	PutaRRuS-um	šutaPRuS-um	itaPRuS-um < *nitaPRuS-um
Stativ				
3. Sg. m.	PitaRRuS	PutaRRuS	šutaPRuS	itaPRuS < *nitaPRuS
3. Sg. f.	PitaRRuS-at	PutaRRuS-at	šutaPRuS-at	itaPRuS-at < *nitaPRuS-at

§ 118 Die *-tan*-Stämme besitzen pluralische Funktion. Diese Pluralität kann sich in verschiedener Weise äußern, z. B. als zeitliche Pluralität (pluralische und generelle Sachverhalte): *pānī Dagan ša* ON *attanaplas* ARM 10, 143: 13f. „Das Antlitz des Dagan von ON will ich immer wieder anblicken." Das Präs. bezeichnet dabei in der Regel auch pluralische und generelle Sachverhalte der Vergangenheit (§ 82c): *ṣamiʾā šaptāšunu ... ina bubūti ītanarrarū* Atr. III iv 21f. „Durstig waren ihre Lippen ...Vor Hunger zitterten sie ständig." Örtliche Pluralität: *išātum ina mātim ittananpaḫ* YOS 10, 31 ix 51–53 „Feuer wird im Lande überall entzündet werden." Verlauf eines Sachverhaltes in verschiedene Richtungen: *ina eqlim šuʾāti ... imtanaššarūšu* KH § 256 „Sie werden ihn auf diesem Feld hin- und herschleifen." Distributivität des Sachverhaltes: *u malā amtaḫḫaru awīlam ana ramānišu tuppam uštābilam* RA 53, 181 D 51: 8–10 „Soviel ich jeweils empfangen habe, ich habe jedesmal einen Mann separat (diesbezüglich) eine Tafel bringen lassen."

*4.6.16 Übersicht über die Flexion des starken Verbums (**§ 119** Paradigma s. S. 73)*

4.6.17 Verben secundae geminatae

§ 120 Die Flexion der Verben secundae geminatae (*DNN*) unterscheidet sich nur bei Zustandsverben im Stativ G 3. Sg. mask. von der des starken Verbs: *DaN* „Er ist stark." Dynamische Verben secundae geminatae bilden den Stativ 3. Sg. mask. dagegen wie die starken Verben: *MaDiD* „ist gemessen" wie *PaRiS*. Auch sonst ist die Flexion der Verben secundae geminatae ganz dem starken Verb angeglichen: Stativ 3. Sg. fem. *DaNNat* „sie ist stark", Inf. *DaNāNum* wie *PaRāSum*, Präs. *iDaNNiN* wie *iPaQQiD* usw.

4.6.18 Verben primae nun

§ 121 a) Bei den Verben primae nun (*NQR*) assimiliert sich der erste Radikal *N* an einen unmittelbar folgenden Konsonanten (§ 38b). Nur im N(tn)-Stamm bleibt *N* in dieser Position erhalten. Nach § 39a fehlt im Imperativ des G-Stammes sowie im Imperativ, Inf., Verbaladjektiv und Stativ des Gt-, Gtn-, Dt- und Dtn-Stammes wortanlautendes *N*.

b) Paradigma s. S. 74.

4.6.19 Verben primae aleph

§ 122 a) Je nach Etymologie des ʾ fallen die Verben primae Aleph in eine *a*- und eine *e*-Gruppe: Verben mit ʾ < *ʾ, **h*: *a*-Gruppe; Verben mit ʾ < **h*, **ḥ*, *ʿ, **ġ*, **j*: *e*-Gruppe (§ 26a).

b) Silbenschließendes ʾ wird unter Ersatzdehnung des vorangehenden Vokals elidiert, z. B. G Prät. *īKuL* < **iʾKuL*, *tāKuL* < **taʾKuL*.

c) Anstelle der Silbenfolge *ʾvʾvK findet sich ʾvK, z. B. Präs. G *ʾiKKaL* statt **ʾiʾaKKaL*, *ʾiPPeŠ* statt **ʾiʾePPeŠ*.

Anders Knudsen 1984–86, Kouwenberg 2004 und A. Westenholz 2006, 254f., die aufgrund der häufigen Schreibung des Typs *i-ik-ka-al* die Form *îkkal* < **iʾakkal* ansetzen. Zu einer schrifthistorischen Erklärung dieser Schreibung s. Streck 1998, 311f., zu § 23b*.

4.6.16 Übersicht über die Flexion des starken Verbums (zu S. 72)

§ 119

Verbal-stamm	Präs.	Prät.	Perf.	Imperativ	Part.	Inf.	Verbal-adjektiv	Stativ
G	*iPaRRaS*	*iPRuS*	*iPtaRaS*	*PuRuS*	*PāRiSum*	*PaRāSum*	*PaRSum*	*PaRiS*
D	*uPaRRaS*	*uPaRRiS*	*uPtaRRiS*	*PuRRiS*	*muPaRRiSum*	*PuRRuSum*	*PuRRuSum*	*PuRRuS*
Š	*ušaPRaS*	*ušaPRiS*	*uštaPRiS*	*šuPRiS*	*mušaPRiSum*	*šuPRuSum*	*šuPRuSum*	*šuPRuS*
N	*ipPaRRaS*	*ipPaRiS*	*ittaPRaS*	*naPRiS*	*mupPaRSum*	*naPRuSum*	*naPRuSum*	*naPRuS*
Gt	*iPtaRRaS*	*iPtaRaS*	–	*PitRaS*	*muPtaRSum*	*PitRuSum*	*PitRuSum*	*PitRuS*
Dt	*uPtaRRaS*	*uPtaRRiS*	*uPtataRRiS*	*PutaRRiS*	*muPtaRRiSum*	*PutaRRuSum*	–	–
Št	*uštaP(aR)RaS*	*uštaPRiS*	*uštataPRiS*	*šutaPRiS*	*muštaPRiSum*	*šutaPRuSum*	*šutaPRuSum*	*šutaPRuS*
Gtn	*iPtanaRRaS*	*iPtaRRaS*	*iPtataRRaS*	*PitaRRaS*	*muPtaRRiSum*	*PitaRRuSum*	*PitaRRuSum*	*PitaRRuS*
Dtn	*uPtanaRRaS*	*uPtaRRiS*	–	*PutaRRiS*	*muPtaRRiSum*	*PutaRRuSum*	*PutaRRuSum*	*PutaRRuS*
Štn	*uštanaPRaS*	*uštaPRiS*	–	*šutaPRiS*	*muštaPRiSum*	*šutaPRuSum*	*šutaPRuSum*	*šutaPRuS*
Ntn	*ittanaPRaS*	*ittaPRaS*	–	*itaPRaS*	*muttaPRiSum*	*itaPRuSum*	*itaPRuSum*	*itaPRuS*

§ 121 b) Paradigma der Verben primae nun (zu S. 72)

	G	Gt	Gtn	D	Dt(n)	Š	Št(n)	N	Ntn
Präs.	*iNaQQaR*	*iTtaQQaR* < **iNtaQQaR*	*iTtanaQQaR* < **iNtanaQQaR*	*uNaQQaR*	*uTta(na)QQaR* < ** uNta(na)QQaR*	*ušaQQaR* < **ušaNQaR*	*ušta(na)QQaR* < **ušta(na)NQaR*	*inNaQQaR*	*ittanaNQaR* < **intanaNQAR*
Prät.	*iQQuR* < **iNQuR*	*iTtaQaR* < **iNtaQaR*	*iTtaQQaR* < **iNtaQQaR*	*uNaQQiR*	*uTtaQQiR* < ** uNtaQQiR*	*ušaQQiR* < **ušaNQiR*	*uštaQQiR* < ** uštaNQiR*	*inNaQiR*	*ittaNQaR* < **intaNQaR*
Perf.	*iTtaQaR* < **iNtaQaR*	–	–	*uTtaQQiR* < **uNtaQQiR*	*uTtataQQiR* < **uNtataQQiR*	*uštaQQiR* < **uštaNQiR*	*uštataQQiR* < ** uštataNQiR*	*ittaNQaR*	–
Imperativ	*uQuR* < **NuQuR*	*itQaR* < **NitQaR*	*itaQQaR* < **NitaQQaR*	*NuQQiR*	*utaQQiR* < **NutaQQiR*	*šuQQiR* < **šuNQiR*	*šutaQQiR* < ** šutaNQiR*	*naNQiR*	*itaNQaR* < **nitaNQaR*
Part.	*NāQiRum*	*muTtaQRum* < **muNtaQRum*	*muTtaQQiRum* < **muNtaQQiRum*	*muNaQQiRum*	*muTtaQQiRum* < **muNtaQQiRum*	*mušaQQiRum* < **mušaNQiRum*	*muštaQQiRum* < * *muštaNQiRum*	*munNaQRum*	*muttaNQiRum* < **muntaNQiRum*
Inf.	*NaQāRum*	*itQuRum* < **NitQuRum*	*itaQQuRum* < **NitaQQuRum*	*NuQQuRum*	*utaQQuRum* < **NutaQQuRum*	*šuQQuRum* < **šuNQuRum*	*šutaQQuRum* <* *šutaNQuRum*	*naNQuRum*	*itaNQuRum* < **nitaNQuRum*
Verbaladjektiv	*NaQRum*	*itQuRum* < **NitQuRum*	*itaQQuRum* < **NitaQQuRum*	*NuQQuRum*	*utaQQuRum* < **NutaQQuRum*	*šuQQuRum* < **šuNQuRum*	*šutaQQuRum* <* [illegible]	*naNQuRum*	*itaNQuRum* < **nitaNQuRum*
Stativ	*NaQiR*	*itQuR* < **NitQuR*	*itaQQuR* < **NitaQQuR*	*NuQQuR*	*utaQQuR* < **NutaQQuR*	*šuQQuR* < **šuNQuR*	*šutaQQuR* < ** šutaNQuR*	*naNQuR*	*itaNQuR* < **nitaNQuR*

d) Der Imperativ G und die präfixlosen Formen von Gt und Gtn haben *a*/*e*-Anlaut: Imperativ G *aKuL*/*ePuŠ*, Imperativ Gt *atKaL*/*etPuŠ* usw.

Für eine Erklärung dieser Formen s. Tropper 1997, 198, und 1998, 12f. Anm. 17.

e) Im Präs. D/Dt/Dtn der *e*-Gruppe wird *a*-Vokal oft wiederhergestellt, um die Opposition zum Prät. deutlicher hervortreten zu lassen: *uPPeŠ* (Präs.) : *uPPiŠ* (Prät.) > *uPPaŠ* : *uPPiŠ*; allerdings werden *e*-Formen nicht völlig verdrängt. In Analogie dazu findet sich *a*-Vokalismus sporadisch auch in den anderen Formen von D/Dt/Dtn.

Kouwenberg 2001, 227–232.

f) Der N-Stamm wird den Verben primae nun (§ 121) analog gebildet: Präs. *inNaKKaL* wie *inNaQQaR* (*NQR*).

g) Nicht überzeugend erklärt ist bisher das Präs. Š: *ušaKKaL* statt lautgesetzlich zu erwartendem **ušāKaL*.

S. die Erklärungsversuche in GAG § 97d und bei Edzard 1996, 24 Anm. 43 sowie Tropper 1997, 191.

h) Das Paradigma von *alākum* „gehen" weicht von dem der Verben primae Aleph teilweise ab: einige Formen werden wie von einem Verbum primae nun gebildet, z. B. Prät. G *iLLiK* wie *iDDiN*, Perf. G *ittaLaK* wie *ittaDiN*. Präs. und Prät. haben Ablaut *a*/*i*.

i) Paradigma s. S. 76–78.

4.6.20 Verben secundae aleph

§ 123 Die Verben secundae aleph (*Šʾ L*) werden entweder stark flektiert oder in die Gruppe der Verben secundae *ā* oder *ē* (§ 126b) überführt: G Präs. *iŠaʾʾaL* wie *iPaRRaS* oder *išâL*/*iBêL*, Prät. *iŠʾaL* wie *iPRuS* oder *iŠāL*/*iBēL* usw.

Zu *iŠaLLū* s. anders Tropper 1998, 23.

4.6.21 Verben tertiae aleph

§ 124 Die Verben tertiae aleph (*PRʾ*) werden entweder stark flektiert oder in die Gruppe der Verben tertiae *ā* oder *ē* (§ 127b) überführt: Präs. *iPaRRaʾ* wie *iPaRRaS* oder *iKaLLā*/*iŠeMMē*, Prät. *iPRuʾ* wie *iPRuS* oder *iKLā*/*iŠMē* usw.

4.6.22 Verben primae waw

§ 125 a) Die Flexion der Verben primae waw (*WBL*) ist stark in D/Dt/Dtn und N/Nt/Ntn: z. B. Präs. D *uWaBBaL*.

b) Š/Št/Štn sind analog zu den primae aleph *a*- oder *e*-Klasse (§ 122) gebildet: Präs. Š *ušaBBaL* wie *ušaKKaL*, *ušeŠŠeB* wie *ušePPeŠ*. Eine Gruppe von Verben primae waw – überwiegend stativische Verben (§ 88) – werden teilweise auch im G-Stamm analog zu den

§ 122 i) Paradigma der Verben primae aleph (zu S. 75)

	G	Gt	Gtn	D	Dt(n)	Š	Št(n)	N	Ntn
Präs. 3. Sg. c.	*iKKaL* *iPPeŠ* *iLLaK*	*ītaKKaL* *ītePPeŠ* *iTtaLLaK*	*ītanaKKaL* *ītenePPeŠ* *iTtanaLLaK*	*uKKaL* *uPPe/aŠ*	*ūta(na)KKaL* *ūte/a(ne/a)PPe/aŠ*	*ušaKKaL* *ušePPeŠ* *ušaLLaK*	*ušta(na)KKaL* *ušte(ne)PPeŠ*	*inNaKKaL* *inNePPeŠ*	*ittanaKKaL* *ittenePPeŠ*
Präs. 2. Sg. m.	*taKKaL* *tePPeŠ* *taLLaK*	*tātaKKaL* *tētePPeŠ* *taTtaLLaK*	*tātanaKKaL* *tētenePPeŠ* *taTtanaLLaK*	*tuKKaL* *tuPPe/aŠ*	*tūta(na)KKaL* *tūte/a(ne/a)PPe/aŠ*	*tušaKKaL* *tušePPeŠ* *tušaLLaK*	*tušta(na)KKaL* *tušte(ne)PPeŠ*	*tanNaKKaL* *tenNePPeŠ*	*tattanaKKaL* *tettenePPeŠ*
Präs. 2. Sg. f.	*taKKaLī* *tePPeŠī* *taLLaKī*	*tātaKKaLī* *tētePPeŠī* *taTtaLLaKī*	*tātanaKKaLī* *tētenePPeŠī* *taTtanaLLaKī*	*tuKKaLī* *tuPPe/aŠī*	*tūta(na)KKaLī* *tūte/a(ne/a)PPe/aŠī*	*tušaKKaLī* *tušePPeŠī* *tušaLLaKī*	*tušta(na)KKaLī* *tušte(ne)PPeŠī*	*tanNaKKaLī* *tenNePPeŠī*	*tattanaKKaLī* *tettenePPeŠī*
Präs. 1. Sg. c	*aKKaL* *ePPeŠ* *aLLaK*	*ātaKKaL* *ētePPeŠ* *aTtaLLaK*	*ātanaKKaL* *ētenePPeŠ* *aTtanaLLaK*	*uKKaL* *uPPe/aŠ*	*ūta(na)KKaL* *ūte/a(ne/a)PPe/aŠ*	*ušaKKaL* *ušePPeŠ* *ušaLLaK*	*ušta(na)KKaL* *ušte(ne)PPeŠ*	*anNaKKaL* *enNePPeŠ*	*attanaKKaL* *ettenePPeŠ*
Präs. 3. Pl. m.	*iKKaLū* *iPPeŠū* *iLLaKū*	*ītaKKaLū* *ītePPeŠū* *iTtaLLaKū*	*ītanaKKaLū* *ītenePPeŠū* *iTtanaLLaKū*	*uKKaLū* *uPPe/aŠū*	*ūta(na)KKaLū* *ūte/a(ne/a)PPe/aŠū*	*ušaKKaLū* *ušePPeŠū* *ušaLLaKū*	*ušta(na)KKaLū* *ušte(ne)PPeŠū*	*inNaKKaLū* *inNePPeŠū*	*ittanaKKaLū* *ittenePPeŠū*
Präs. 3. Pl. f.	*iKKaLā* *iPPeŠā* *iLLaKā*	*ītaKKaLā* *ītePPeŠā* *iTtaLLaKā*	*ītanaKKaLā* *ītenePPeŠā* *iTtanaLLaKā*	*uKKaLā* *uPPe/aŠā*	*ūta(na)KKaLā* *ūte/a(ne/a)PPe/aŠā*	*ušaKKaLā* *ušePPeŠā* *ušaLLaKā*	*ušta(na)KKaLā* *ušte(ne)PPeŠā*	*inNaKKaLā* *inNePPeŠā*	*ittanaKKaLā* *ittenePPeŠā*
Präs. 2. Pl. c.	*taKKaLā* *tePPeŠā* *taLLaKā*	*tātaKKaLā* *tētePPeŠā* *taTtaLLaKā*	*tātanaKKaLā* *tētenePPeŠā* *taTtanaLLaKā*	*tuKKaLā* *tuPPe/aŠā*	*tūta(na)KKaLā* *tūte/a(ne/a)PPe/aŠā*	*tušaKKaLā* *tušePPeŠā* *tušaLLaKā*	*tušta(na)KKaLā* *tušte(ne)PPeŠā*	*tanNaKKaLā* *tenNePPeŠā*	*tattanaKKaLā* *tettenePPeŠā*
Präs. 1. Pl. c.	*niKKaL* *niPPeŠ* *niLLaK*	*nītaKKaL* *nītePPeŠ* *niTtaLLaK*	*nītanaKKaL* *nītenePPeŠ* *niTtanaLLaK*	*nuKKaL* *nuPPe/aŠ*	*nūta(na)KKaL* *nūte/a(ne/a)PPe/aŠ*	*nušaKKaL* *nušePPeŠ* *nušaLLaK*	*nušta(na)KKaL* *nušte(ne)PPeŠ*	*ninNaKKaL* *ninNePPeŠ*	*nittanaKKaL* *nittenePPeŠ*

§ 122 i) Paradigma der Verben primae aleph (zu S. 75)

	G	Gt	Gtn	D	Dt(n)	Š	Št(n)	N	Ntn
Prät. 3. Sg. c.	*īKuL* *īPuŠ* *iLLiK*	*ītaKaL* *ītePeŠ* *iTtaLaK*	*ītaKKaL* *ītePPeŠ* *iTtaLLaK*	*uKKiL* *uPPiŠ*	*ūtaKKiL* *ūtePPiŠ*	*ušāKiL* *ušēPiŠ* *ušāLiK*	*uštāKiL* *uštēPiŠ*	*inNaKiL* *inNePiŠ*	–
Prät. 2. Sg. m.	*tāKuL* *tēPuŠ* *taLLiK*	*tātaKaL* *tētePeŠ* *taTtaLaK*	*tātaKKaL* *tētePPeŠ* *taTtaLLaK*	*tuKKiL* *tuPPiŠ*	*tūtaKKiL* *tūtePPiŠ*	*tušāKiL* *tušēPiŠ* *tušāLiK*	*tuštāKiL* *tuštēPiŠ*	*tanNaKiL* *tenNePiŠ*	–
Prät. 2. Sg. f.	*tāKuLī* *tēPuŠī* *taLLiKī*	*tātaKLī* *tētePŠī* *taTtaLKī*	*tātaKKaLī* *tētePPeŠī* *taTtaLLaKī*	*tuKKiLī* *tuPPiŠī*	*tūtaKKiLī* *tūtePPiŠī*	*tušāKiLī* *tušēPiŠī* *tušāLiKī*	*tuštāKiLī* *tuštēPiŠī*	*tanNaKLī* *tenNePŠī*	–
Prät. 1. Sg. c	*āKuL* *ēPuŠ* *aLLiK*	*ātaKaL* *ētePeŠ* *aTtaLaK*	*ātaKKaL* *ētePPeŠ* *aTtaLLaK*	*uKKiL* *uPPiŠ*	*ūtaKKiL* *ūtePPiŠ*	*ušāKiL* *ušēPiŠ* *ušāLiK*	*uštāKiL* *uštēPiŠ*	*anNaKiL* *enNePiŠ*	–
Prät. 3. Pl. m.	*īKuLū* *īPuŠū* *iLLiKū*	*ītaKLū* *ītePŠū* *iTtaLKū*	*ītaKKaLū* *ītePPeŠū* *iTtaLLaKū*	*uKKiLū* *uPPiŠū*	*ūtaKKiLū* *ūtePPiŠū*	*ušāKiLū* *ušēPiŠū* *ušāLiKū*	*uštāKiLū* *uštēPiŠū*	*inNaKLū* *inNePŠū*	–
Prät. 3. Pl. f.	*īKuLā* *īPuŠā* *iLLiKā*	*ītaKLā* *ītePŠā* *iTtaLKā*	*ītaKKaLā* *ītePPeŠā* *iTtaLLaKā*	*uKKiLā* *uPPiŠā*	*ūtaKKiLā* *ūtePPiŠā*	*ušāKiLā* *ušēPiŠā* *ušāLiKā*	*uštāKiLā* *uštēPiŠā*	*inNaKLā* *inNePŠā*	–
Prät. 2. Pl. c.	*tāKuLā* *tēPuŠā* *taLLiKā*	*tātaKLā* *tētePŠā* *taTtaLKā*	*tātaKKaLā* *tētePPeŠā* *taTtaLLaKā*	*tuKKiLā* *tuPPiŠā*	*tūtaKKiLā* *tūtePPiŠā*	*tušāKiLā* *tušēPiŠā* *tušāLiKā*	*tuštāKiLā* *tuštēPiŠā*	*tanNaKLā* *tenNePŠā*	–
Prät. 1. Pl. c.	*nīKuL* *nīPuŠ* *niLLiK*	*nītaKaL* *nītePeŠ* *niTtaLaK*	*nītaKKaL* *nītePPeŠ* *niTtaLLaK*	*nuKKiL* *nuPPiŠ*	*nūtaKKiL* *nūtePPiŠ*	*nušāKiL* *nušēPiŠ* *nušāLiK*	*nuštāKiL* *nuštēPiŠ*	*ninNaKiL* *ninNePiŠ*	–

§ 122 i) Paradigma der Verben primae aleph (zu S. 75)

	G	Gt	Gtn	D	Dt(n)	Š	Št(n)	N	Ntn
Perf. 3. Sg. m.	*ītaKaL* *ītePeŠ* *iTtaLaK*	–	–	*ūtaKKiL* *ūtePPiš*	*ūtataKKiL* *ūtetePPiŠ*	*uštāKiL* *uštēPiŠ* *uštāLiK*	*uštatāKiL* *uštetēPiŠ*	*ittaNKaL* *itteNPeŠ*	–
Perf. 2. Sg. m.	*tātaKaL* *tētePeŠ* *taTtaLaK*	–	–	*tūtaKKiL* *tūtePPiŠ*	*tūtataKKiL* *tūtetePPiŠ*	*tuštāKiL* *tuštēPiŠ* *tuštāLiK*	*tuštatāKiL* *tuštetēPiŠ*	*tattaNKaL* *tetteNPeŠ*	–
Imperativ	*aKuL* *ePuŠ* *aLiK*	*atKaL* *etPuŠ* *atLaK*	*ataKKaL* *etePPeŠ* –	*uKKiL* *uPPiŠ*	*utaKKiL* *utePPiŠ*	*šūKiL* *šūPiŠ* –	*šutāKiL* *šutēPiŠ*	*naNKiL* *neNPiŠ*	–
Part.	*āKiLum* *ēPiŠum* *āLiKum*	*mūtaKLum* *mūtePŠum* *muTtaLKum*	*mūtaKKiLum* *mūtePPiŠum* *muTtaLLiKum*	*muKKiLum* *muPPiŠum*	*mūtaKKiLum* *mūtePPiŠum*	*mušāKiLum* *mušēPiŠum* –	*muštāKiLum* *muštēPiŠum*	*munNaKLum* *munNePŠum*	–
Inf.	*aKāLum* *ePēŠum* *aLāKum*	*atKuLum* *etPuŠum* *atLuKum*	*ataKKuLum* *etePPuŠum* *ataLLuKum*	*uKKuLum* *uPPuŠum*	*utaKKuLum* *utePPuŠum*	*šūKuLum* *šūPuŠum* *šūLuKum*	*šutāKuLum* *šutēPuŠum*	*naNKuLum* *neNPuŠum*	–
Verbal- adjektiv	*aKLum* *ePŠum* *aLKum*	*atKuLum* *etPuŠum* –	*ataKKuLum* *etePPuŠum* –	*uKKuLum* *uPPuŠum*	*utaKKuLum* *utePPuŠum*	*šūKuLum* *šūPuŠum* –	*šutāKuLum* *šutēPuŠum*	*naNKuLum* *neNPuŠum*	–
Stativ	*aKiL* *ePiŠ* *aLiK*	*atKuL* *etPuŠ* –	*ataKKuL* *etePPuŠ* –	*uKKuL* *uPPuŠ*	*utaKKuL* *utePPuŠ*	*šūKuL* *šūPuŠ* –	*šutāKuL* *šutēPuŠ*	*naNKuL* *neNPuŠ*	–

Verben primae aleph *e*-Klasse (§ 122), aber stets mit Wurzelvokal *i*, gebildet: z. B. Präs. G *iTTiR* (*WTR*) und Prät. G *īTiR* wie *iKKaL* und *īKuL*. Das Perfekt G ist analog den Verben primae aleph *a*-Klasse gebildet: *ītaTiR*.

Eine andere Erklärung für *ušaBBaL* bei Tropper 1997, 191.

c) Stark abweichend vom Paradigma des starken Verbs sind Präs., Prät. und Imperativ des G-Stammes der dynamischen (§ 88) Verben primae waw. Das Präs. lautet *uBBaL* analog zum Präs. der primae aleph (§ 122) *iKKaL*, jedoch mit *u*- als Reflex des ersten Radikals *W*. Das Prät. besitzt Kurz- neben Langformen: entweder *uBiL*, Pl. *uBLū*, oder in Analogie zu den primae aleph *ūBiL*, Pl. *ūBiLū* (vgl. *īKuL*, Pl. *īKuLū*). Der Imperativ ist analog zum starken Verb direkt vom Prät. abgeleitet: *BiL* von *uBiL* wie *P*(*u*)*RuS* von *iPRuS*.

Zum Präs. s. anders Knudsen 1984–1986 und Tropper 1998, 10 mit Anm. 8. Zu *ubil* s. Testen 1994, 429f. Andere Erklärung für die beiden Formen des Prät. bei Huehnergard 1987, 192. Zum Imperativ s. abweichend Tropper 1998, 12.

d) Das Perf. G, der gesamte Gtn-Stamm und das Präs./Prät. Gt der dynamischen Verben primae waw werden analog den Verben primae nun (§ 121) gebildet: *iTtaBaL* wie *iTtaQaR* < **iNtaQaR* usw. Für das Perf. G/Prät. Gt gibt es daneben eine Kurzform *itBaL*. Aus *iTtaBaL* wird ein sekundäres Verb *TaBāLum* abgeleitet.

Zu den sekundären Verben s. Kouwenberg 1997, 86 Anm. 7; Streck 2003, 102f.; Kouwenberg 2005, 89–93.

e) Zu *BaBāLum* < *WaBāLum* usw. s. § 32.

f) Paradigma zur Flexion der Tempora im G-Stamm der dynamischen Verben primae waw (*WBL*) (für die stativischen Verben primae waw (Typ *WTR*) s. § 122):

	Präs. G	Prät. G	Perf. G
3. Sg. c.	*uBBaL*	*uBiL*/*ūBiL*	*iTtaBaL*/*itBaL*
2. Sg. m.	*tuBBaL*	*tuBiL*/*tūBiL*	*taTtaBaL*/*tatBaL*
2. Sg. f.	*tuBBaLī*	*tuBLī*/*tūBiLī*	*taTtaBLī*/*tatBaLī*
1. Sg. c.	*uBBaL*	*uBiL*/*ūBiL*	*aTtaBaL*/*atBaL*
3. Pl. m.	*uBBaLū*	*uBLū*/*ūBiLū*	*iTtaBLū*/*itBaLū*
3. Pl. f.	*uBBaLā*	*uBLā*/*ūBiLā*	*iTtaBLā*/*itBaLā*
2. Pl. c.	*tuBBaLā*	*tuBLā*/*tūBiLā*	*taTtaBLā*/*tatBaLā*
1. Pl. c.	*nuBBaL*	*nuBiL*/*nūBiL*	*niTtaBaL*/*nitBaL*

g) Paradigma der Stammformen:

	G	Gt	Gtn	D
Präs.	*uBBaL* *iTTiR*	*iTtaBBaL*	*iTtanaBBaL*	*uWaBBaL* *uWaTTaR*
Prät.	*ūBiL* */uBiL* *īTiR*	*iTtaBaL* *itBaL*	*iTtaBBaL*	*uWaBBiL* *uWaTTiR*
Prekativ 3. Sg.	*līBiL* *liBiL* *līTiR*	*liTtaBaL* *litBaL*	*liTtaBBaL*	*liWaBBiL* *liWaTTiR*
Prekativ 1. Sg.	*lūBiL* *luBiL* *lūTiR*	*luTtaBaL* *lutBaL*	*luTtaBBal*	*luWaBBiL* *luWaTTiR*
Perf.	*iTtaBaL* *itBaL* *ītaTiR*	–	–	*ūtaBBiL* *ūtaTTiR*
Imperativ	*BiL*	–	–	*WuBBiL* *WuTTiR*
Part.	*BāBiLum* *WāŠiBum*	–	*muTtaBBiLum*	*muWaBBiLum* *muWaTTiRum*
Inf.	*BaBāLum* *WaŠāBum* *WaTāRum*	–	*itaBBuLum*	*WuBBuLum* *WuTTuRum*
Verbaladjektiv	*BaBLum* *WaŠBum* *WaTRuM*	–	–	*WuBBuLum* *uTTuRuM*
Stativ	*BaBiL* *WaŠiB* *WaTaR*	–	–	*WuBBuL* *WuTTuR*

	Dt	Š	Št	N
Präs.	*ūtaBBaL*	*ušaBBaL* *ušeŠŠeB* *ušaTTaR*	*uštaBBaL* *ušteŠŠeB*	*ibBaBBaL* *iwWaŠŠaB*
Prät.	*ūtaBBiL*	*ušāBiL* *ušēŠiB* *ušāTiR*	*uštāBiL* *uštēŠiB*	*ibBaBiL* *iwWaŠiB*
Prekativ 3. Sg.	–	*lišāBiL* *lišēŠiB* *lišāTiR*	–	–
Prekativ 1. Sg.	–	*lušāBiL* *lušēŠiB* *lušāTiR*	–	–
Perf.	–	*uštāBiL* *uštēŠiB* *uštāTiR*	–	–
Imperativ	–	*šūBiL* *šūŠiB* *šūTiR*	–	–
Part.	–	*mušāBiLum* *mušēŠiBum* *mušāTiRum*	–	–
Inf.	–	*šūBuLum* *šūŠuBum* *šūTuRum*	–	–
Verbaladjektiv	–	*šūBuLum* *šūŠuBum* *šūTuRum*	–	–
Stativ	–	*šūBuL* *šūŠuB* *šūTuR*	–	–

4.6.23 Verben secundae waw/jod (Verben secundae vocalis)

§ 126 a) Die Formen der Verben mediae waw/jod (*KWN* und *QJŠ*) sind teilweise lautgesetzlich durch Monophthongierung und Vokalkontraktion erklärbar wie Präs. G **iKaWWan* > **iKūWan* > *iKâN*, Imperativ **KuWuN* > *kūn*. Die entstehenden Formen werden sekundär als von einer Wurzel mediae vocalis (mediae *W* als mediae *ū*, mediae *J* als mediae *ī*) gebildet aufgefasst und analog dazu viele weitere Formen des Paradigmas neu geschaffen, z. B. Präs. G im Pl. *iKuNNū* (oder *iKūNNū*) mit Längung des dritten Radikals vor vokalisch anlautendem Suffix direkt vom Präs. **iKūWaN* und nicht lautgesetzlich aus **iKaWWaNū* (ebenso die Längung des 3. Radikals im D-Stamm zu erklären; die Längung des 3. Radikals im Š-Stamm ist wahrscheinlich Analogie zu D), Präs. Š *ušKāN* (nicht lautgesetzlich aus **ušaKWaN*).

GAG §§ 100a, 104 geht dagegen von ursprünglich zweikonsonantigen Wurzeln mit einem langen Vokal aus. Tropper 1998, 18–28 erklärt die Bildung der Verben mediae waw/jod vollständig auf der Basis dreikonsonantiger Wurzeln.

b) Die Verben secundae aleph (§ 123) werden teilweise als secundae *ā* oder *ē* flektiert. Die Wahl des Vokals ist historisch bedingt: geht ʾ auf semitisch ʾ und **h* zurück, als secundae *ā*, geht ʾ auf semitisch *ʿ oder **ḥ* zurück, als secundae *ē* (§ 26a): *iŠâL* < **iŠaʾʾaL*, *iBêL* < **iBaʿʿaL*. Bei den secundae *ē* bewirkt der Vokal nach § 26b den Umlaut *a* > *e* in den benachbarten Silben.

c) Für die unkontrahierte Form *iQīʾaŠ* s. § 28b.

d) Paradigma der Tempora im Grundstamm s. S. 83.

e) Paradigma der Stammformen s. S. 84–86.

4.6.24 Verben tertiae waw/jod (Verben tertiae vocalis)

§ 127 a) Die Formen der Verben tertiae waw/jod (*ḪDW*, *BNJ*) sind teilweise lautgesetzlich durch Monophthongierung und Vokalkontraktion (§ 28) erklärbar wie Präs. G 3. Sg. c. **iBaNNiJ* > **iBaNNī*, Präs. G 3. Pl. mask. **iBaNNī-ū* > *iBaNNû*. Die entstehenden Formen werden sekundär als von einer Wurzel tertiae vocalis (tertiae *W* als tertiae *ū*, tertiae *J* als tertiae *ī*) gebildet aufgefasst und analog dazu weitere Formen des Paradigmas neu geschaffen, z. B. Präs. D *uBaNNā* direkt vom Präs. G *iBaNNī* und nicht lautgesetzlich aus **uBaNNaJ*.

b) Die Verben tertiae aleph (§ 124) werden größtenteils als tertiae *ā* oder *ē* flektiert. Die Wahl des Vokals ist wie bei den secundae vocalis (§ 126b) historisch bedingt: geht ʾ auf semitisch ʾ und **h* zurück, als tertiae *ā*, geht ʾ auf semitisch *ʿ, oder **ḥ* zurück, als tertiae *ē* (§ 26a): *iKaLLā* < **iKaLLaʾ*, *iŠeMMē* < **iŠaMMaʿ*. Bei den tertiae *ē* bewirkt der Vokal nach § 26b den Umlaut *a* > *e* in den benachbarten Silben. Dieser Umlaut tritt jedoch im G/Gt/Gtn-Stamm bei Formen mit -*a*-haltiger Endung (z. B. Präsens 2. Pl. c. *taŠaMMēʾā*, Stativ 3. Sg. f. *ŠaMīʾat*, Formen mit Ventivendung wie *iŠaMMēʾam*) sowie im Präsens des D/Dt/Dtn/Š-Stamms (z. B. *uŠaMMā*) oft nicht ein.

§ 126 d (zu S. 82)	*ū*-Klasse			*ī*-Klasse			*ā*-Klasse			*ē*-Klasse		
II-w/j	Präs. G	Prät. G	Perf. G	Präs. G	Prät. G	Perf. G	Präs. G	Prät. G	Perf. G	Präs. G	Prät. G	Perf. G
3. Sg. c.	*iKâN*	*iKūN*	*iKtūN*	*iQīʾaŠ*	*iQīŠ*	*iQtīŠ*	*iŠâL*	*iŠāL*	*iŠtāL*	*iBêL*	*iBēL*	*iBtēL*
2. Sg. m.	*taKâN*	*taKūN*	*taKtūN*	*taQīʾaŠ*	*taQīŠ*	*taQtīŠ*	*taŠâL*	*taŠāL*	*taŠtāL*	*teBêL*	*teBēL*	*teBtēL*
2. Sg. f.	*taKuNNī*	*taKūNī*	*taKtūNī*	*taQiŠŠī*	*taQīŠī*	*taQtīŠī*	*taŠaLLī*	*taŠāLī*	*taŠtāLī*	*teBeLLī*	*teBēLī*	*teBtēLī*
1. Sg. c.	*aKâN*	*aKūN*	*aKtūN*	*aQīʾaŠ*	*aQīŠ*	*aQtīŠ*	*aŠâL*	*aŠāL*	*aŠtāL*	*eBêL*	*eBēL*	*eBtēL*
3. Pl. m.	*iKuNNū*	*iKūNū*	*iKtūNū*	*iQiŠŠū*	*iQīŠū*	*iQtīŠū*	*iŠaLLū*	*iŠāLū*	*iŠtāLū*	*iBeLLū*	*iBēLū*	*iBtēLū*
3. Pl. f.	*iKuNNā*	*iKūNā*	*iKtūNā*	*iQiŠŠā*	*iQīŠā*	*iQtīŠā*	*iŠaLLā*	*iŠāLā*	*iŠtāLā*	*iBeLLā*	*iBēLā*	*iBtēLā*
2. Pl. c.	*taKuNNā*	*taKūNā*	*taKtūNā*	*taQiŠŠā*	*taQīŠā*	*taQtīŠā*	*taŠaLLā*	*taŠāLā*	*taŠtāLā*	*teBeLLā*	*teBēLā*	*teBtēLā*
1. Pl. c.	*niKâN*	*niKūN*	*niKtūN*	*niQīʾaŠ*	*niQīŠ*	*niQtīŠ*	*niŠâL*	*niŠāL*	*niŠtāL*	*niBêL*	*niBēL*	*niBtēL*

§ **126** e) Paradigma der Stammformen der Verben secundae waw/jod (zu S. 82):

II-w/j	G	Gt	Gtn	D
Präs. 3. Sg. c.	*iKâN* *iQ̣īʾaŠ* *iŠâL* *iBêL*	 *iŠtâL*	*iKtanâN* *iQ̣tanīŠ*	*uKāN* *uŠāL* *uBēL*
Präs. 3. Pl. m.	*iKuNNū* *iQ̣iŠŠū* *iŠaLLū* *iBeLLū*	 *iŠtaLLū*	*iKtanuNNū*	*uKaNNū*
Präs. 3. Sg. c. Subordinativ	*iKuNNu* *iQ̣iŠŠu* *iŠaLLu* *iBeLLu*	–	–	*uKaNNu*
Prät. 3. Sg. c.	*iKūN* *iQ̣īŠ* *iŠāL* *iBēL*	–	*iKtūN*	*uKīN* *uBīL*
Prät. 3. Pl. m.	*iKūNū* *iQ̣īŠū* *iŠāLū* *iBēLū*	–	*iKtuNNū*	*uKiNNū*
Prekativ 3. Sg.	*liKūN* *liQ̣īŠ* *liŠāL* *liBēL*	–	–	*liKīN*
Prekativ 1. Sg.	*luKūN* *luQ̣īŠ* *luŠāL* *luBēL*	–	–	*luKīN*
Perf.	*iKtūN* *iQ̣tīŠ* *iŠtāL* *iBtēL*	–	–	*uKtīN*

	Dt	Š	Št	N
Präs. 3. Sg. c.	*uKtāN*	*ušKāN*	*uštaQāŠ*	*ikKâN* *iqQīʾaŠ* *išŠâL* *ibBêL*
Präs. 3. Pl. m.	*uKtaNNū*	*ušKaNNū*	–	*ikKuNNū* *iqQiŠŠū*
Präs. 3. Sg. c. Subordinativ	*uKtaNNu*	*ušKaNNu*	–	*ikKuNNu*
Prät. 3. Sg. c.	–	*ušKīN*	–	*ikKīN* *iqQīŠ* *išŠāL*
Prät. 3. Pl. m.	–	*ušKiNNū*	–	–
Prekativ 3. Sg.	–	–	–	–
Prekativ 1. Sg.	–	–	–	–
Perf.	–	*uštaKīN*	–	–

II-w/j (zu S. 82)	G	Gt	Gtn	D	Dt	Š	Št	N
Imperativ	*KūN* *Q̣īŠ* *ŠāL* *BēL*	 *ŠitāL*	–	*KīN*	–	–	–	–
Part.	*Kāʾ iNum* *Q̣āʾ iŠum* *Šāʾ iLum* *Bēʾ iLum*	*muKtīNum* *muŠtāLum*	–	*muKiNNum* *muBeLLum*	–	–	–	–
Inf.	*KâNum* *Q̣īʾ āŠum* *ŠâLum* *BêLum*	*KitūNum* *ŠitūLum*	–	*KuNNum* *BuLLum*	*KutuNNum*	*šuKūNum* *šuBūLum*	–	–
Verbaladjektiv	*KīNum* *Q̣īŠum* *ŠāLum* *BēLum*	–	–	*KuNNum*	–	–	–	–
Stativ	*KīN* *Q̣īŠ* *ŠāL* *BēL*	*KitūN*	–	*KūN* *BūL*	*KutūN*	*šuKūN*	–	–

Für Details zum Umlaut und seiner Unterlassung bei den Verben tertiae *ē* s. Kouwenberg 2001. Das von Kogan 2001, 266 als einziges Beispiel für ein Verb mit ursprünglich drittem Radikal *ġ ohne Umlaut *a* > *e* genannte „*ṣabûm*" gehört mit AHw. 1082 aufgrund der Orthographie zu einer anderen Wurzel mit *p* als zweitem Radikal.

c) Die *ī*-Klasse ist die häufigste aller vier Klassen. Es besteht deshalb eine Tendenz, die anderen Klassen an die *ī*-Klasse anzugleichen. Der Stativ des G-Stammes Sg. mask. besitzt mit Ausnahme der *ū*-Klasse meistens den Auslautvokal -*ī*: *KaLī* analog zu *BaNī*, aber *MaNū*. Selten greift das *ī* auch auf die *ū*-Klasse über: *ḪaDī* „ist erfreut".

d) Im St. cstr. des Part. G wird das auslautende -*ī* bisweilen abgestoßen: *BāNī* > *BāN*.

e) Paradigma der Tempora im Grundstamm s. S. 89.

f) Paradigma des Stativs im Grundstamm s. S. 90.

g) Paradigma der Stammformen s. S. 90–93.

4.6.25 Vierradikalige Verben

§ 128 a) Die bedeutendste Gruppe der vierradikaligen Verben (*BLKT*) kennt nur einen N- und einen Š-Stamm. Im Präs. N längen sie den dritten Radikal: *ibBalaKKaT* < **inBaLaKKaT*. Auch im Präs. Š wird der dritte Radikal gelängt: *ušBaLaKKaT*.

b) Paradigma:

	N	Ntn	Š	Štn
Präs.	*ibBaLaKKaT*	*ittanaBLaKKat*	*ušBaLaKKaT*	*uštanaBLaKKat*
Prät.	*ibBaLKiT*	*ittaBaLaKKaT*	*ušBaLKiT*	*uštaBLaKKiT*
Perf.	*ittaBaLKaT*	*ittataBLaKKaT*	*uštaBaLKiT*	–
Imperativ	–	–	*šuBaLKiT*	–
Part.	*mubBaLKiTum*	*muttaBLaKKiTum*	*mušBaLKiTum*	–
Inf.	*naBaLKuTum*	*itaBLaKKuTum*	*šuBaLKuTum*	*šutaBLaKKuTum*
Verbal-adjektiv	*naBaLKuTum*	–	–	–
Stativ	*naBaLKuT*	–	*šuBaLKuT*	–

4.6.26 Das Verb izuzzum „stehen"

§ 129 a) *izuzzum* „stehen" bildet die meisten Formen vom N-Stamm einer Wurzel secundae vocalis *ZāZ* oder *ZīZ*. Daneben zeugen einige Formen wohl von einer vierradikaligen Wurzelvariante *NZāZ* oder *NZīZ*, andere von einer Wurzelvariante *NZZ*.

Zur Analyse und Etymologie dieses Verbs s. Poebel 1939; GAG § 107a–h (anders); Gelb 1957, 304; Lambert 1987, 196; Buccellati 1996, 272–274 (anders); Tropper 1997, 204–208 (anders); Streck 1998a, 321f. § 5.28; Huehnergard 2002 (im Detail anders). Zum Substantiv *nazzāzum* s. Streck 2002, 228; 231; 233; 249. – Zum ugaritischen Pendant s. auch Tropper/Verreet 1988, 346f. und 349; del Olmo Lete/Sanmartín 2000, 318; Tropper 2000, 674; 677. Zu weiteren in die Diskussion eingebrachten Kognaten s. Leslau 1938, 262; Tropper 1997, 205; 2000, 674; Mankowski 2000, 85; Huehnergard 2002, 177.

b) Paradigma:

	N	Ntn	Š
Präs. 3. Sg. c.	*izZâz*	*ittanaZZâZ*	*ušZāZ*
Präs. 3. Pl. m.	*izZaZZū*	–	–
Präs. Subordinativ	*izZaZZu*	–	*ušZāZu*
Prät. 3. Sg. c.	*izZīZ*	–	*ušZīZ*
Prät. 3. Pl. m.	*izZiZZū*	–	–
Perf.	*ittaZīZ*	–	–
Imperativ 2. Sg. m.	*iZīZ*	–	*šuZīZ*
Imperativ 2. Pl. c.	*iZiZZā*	*ittaZZaZZā*	–
Part.	*muZZā/īZum*	*muttaZ(Z)i/īZ(Z)um,*	–
Inf.	*i/uZuZZum,* *naZZuZZum*	*itaZZuZZum*	*šuZūZum*
Verbaladjektiv	–	–	–
Stativ	*nazZūZ*	–	–

4.6.27 Das Verb nīʾālum „liegen"

§ 130 a) *nīʾālum* „liegen" gehört zu den Verben primae nun und gleichzeitig secundae jod (*ī*). Es ist insofern unregelmäßig, als die Opposition G : D durch die Opposition Gt : Dt weitgehend ersetzt wird.

Streck 1998a, 321 5.28. mit Belegstellen, und Tropper 1997, 201–204. Anders GAG § 107i–m und Buccellati 1996, 272f.

b) Paradigma:

	G	Gt	Gtn	Dt	Š
Präs.	*iNâL <* **iNīʾaL*	*iTtêL <* **iNtīʾaL* (Mari)	*iDdenīL*(?)	–	–
Prät.	–	*iTtīL <* **iNtīL*	–	*uTtīL <* **uNtīL*	–
Prekativ 1.Sg.c.	–	–	–	–	*lušNīL*
Perf.	–	*iTtatīL*	–	–	–
Imperativ	–	–	–	–	*šuNīL*
Inf.	–	*i/utūLum*	–	–	–
Stativ	*NīL*		––	–	–

§ 127 e	*ū*-Klasse			*ī*-Klasse			*ā*-Klasse			*ē*-Klasse		
III-w/j (zu S. 87)	Präs. G	Prät. G	Perf. G	Präs. G	Prät. G	Perf. G	Präs. G	Prät. G	Perf. G	Präs. G	Prät. G	Perf. G
3. Sg. c.	*iMaNNū*	*iMNū*	*iMtaNū*	*iBaNNī*	*iBNī*	*iBtaNī*	*iKaLLā*	*iKLā*	*iKtaLā*	*iŠeMMē*	*iŠMē*	*iŠteMē*
2. Sg. m.	*taMaNNū*	*taMNū*	*taMtaNū*	*taBaNNī*	*taBNī*	*taBtaNī*	*taKaLLā*	*taKLā*	*taKtaLā*	*teŠeMMē*	*teŠMē*	*teŠteMē*
2. Sg. f.	*taMaNNî*	*taMNî*	*taMtaNî*	*taBaNNî*	*taBNî*	*taBtaNî*	*taKaLLî*	*taKLî*	*taKtaLî*	*teŠeMMî*	*teŠMî*	*teŠteMî*
1. Sg. c.	*aMaNNū*	*aMNū*	*aMtaNū*	*aBaNNī*	*aBNī*	*aBtaNī*	*aKaLLā*	*aKLā*	*aKtaLā*	*eŠeMMē*	*eŠMē*	*eŠteMē*
3. Pl. m.	*iMaNNû*	*iMNû*	*iMtaNû*	*iBaNNû*	*iBNû*	*iBtaNû*	*iKaLLû*	*iKLû*	*iKtaLû*	*iŠeMMû*	*iŠMû*	*iŠteMû*
3. Pl. f.	*iMaNNâ*	*iMNâ*	*iMtaNâ*	*iBaNNīʾā*	*iBNīʾā*	*iBtaNīʾā*	*iKaLLâ*	*iKLâ*	*iKtaLâ*	*iŠe/aMMēʾā*	*iŠMēʾā*	*iŠte/aMēʾā*
2. Pl. c.	*taMaNNâ*	*taMNâ*	*taMtaNâ*	*taBaNNīʾā*	*taBNīʾā*	*taBtaNīʾā*	*taKaLLâ*	*taKLâ*	*taKtaLâ*	*teŠe/aMMēʾā*	*te/aŠMēʾā*	*teŠteMēʾā* *taŠtaMēʾā*
1. Pl. c.	*niMaNNū*	*niMNū*	*niMtaNū*	*niBaNNī*	*niBNī*	*niBtaNī*	*niKaLLā*	*niKLā*	*niKtaLā*	*niŠeMMē*	*niŠMē*	*niŠteMē*

§ 127 f) Paradigma des Stativs der Verben III-w/j im Grundstamm (zu S. 87):

Stativ G	3. Sg. m.	3. Sg. f.	2. Sg. m.	2. Sg. f.	1. Sg. c.
	MaNī *ḪaDū* *BaNī* *KaLī* *ŠeMī*	*MaNīʾat* *ḪaDât* *BaNīʾat* *KaLīʾat* *Še/aMīʾat*	*MaNīʾāta* *ḪaDâta* *BaNīʾāta* *KaLīʾāta* *Še/aMīʾāta*	*MaNīʾāti* *ḪaDâti* *BaNīʾāti* *KaLīʾāti* *Še/aMīʾāti*	*MaNīʾāku* *ḪaDâku* *BaNīʾāku* *KaLīʾāku* *Še/aMīʾāku*

§ 127 g) Paradigma der Stammformen der Verben III-w/j (zu S. 87):

	G	Gt	Gtn	D
		Präs.		
3. Sg. c.	*iMaNNū* *iBaNNī* *iKaLLā* *iŠeMMē*	*iMtaNNū* *iBtaNNī* *iKtaLLā* *iŠteMMē*	*iMtanaNNū* *iBtanaNNī* *iKtanaLLā* *iŠteneMMē*	*uMaNNā* *uBaNNā* *uKaLLā* *uŠaMMā/uŠeMMē*
2. Sg. f.	*taMaNNî* *taBaNNî* *taKaLLî* *teŠeMMî*	*taMtaNNî* *taBtaNNî* *taKtaLLî* *teŠteMMî*	*taMtanaNNî* *taBtanaNNî* *taKtanaLLî* *teŠteneMMî*	*tuMaNNî* *tuBaNNî* *tuKaLLî* *tuŠa/eMMî*
3. Pl. m.	*iMaNNû* *iBaNNû* *iKaLLû* *iŠeMMû*	*iMtaNNû* *iBtaNNû* *iKtaLLû* *iŠteMMû*	*iMtanaNNû* *iBtanaNNû* *iKtanaLLû* *iŠteneMMû*	*uMaNNû* *uBaNNû* *uKaLLû* *uŠa/eMMû*
3. Pl. f.	*iMaNNâ* *iBaNNīʾā* *iKaLLâ* *iŠe/aMMēʾā*	*iMtaNNâ* *iBtaNNīʾā* *iKtaLLâ* *iŠte/aMMēʾā*	*iMtanaNNâ* *iBtanaNNīʾā* *iKtanaLLâ* *iŠteneMMēʾā,* *iŠtanaMMēʾā*	*uMaNNâ* *uBaNNâ* *uKaLLâ* *uŠa/eMMâ*
Präs. Subordinativ 3. Sg. c.	*iMaNNû* *iBaNNû* *iKaLLû* *iŠeMMû*	*iMtaNNû* *iBtaNNû* *iKtaLLû* *iŠteMMû*	*iMtanaNNû* *iBtanaNNû* *iKtanaLLû* *iŠteneMMû*	*uMaNNû* *uBaNNû* *uKaLLû* *uŠa/eMMû*
		Prät.		
3. Sg. c.	*iMNū* *iBNī* *iKLā* *iŠMē*	*iMtaNū* *iBtaNī* *iKtaLā* *iŠteMē*	*iMtaNNū* *iBtaNNī* *iKtaLLā* *iŠteMMē*	*uMaNNī* *uBaNNī* *uKaLLī* *uŠeMMī*
2. Sg. f.	*taMNî* *taBNî* *taKLî* *teŠMî*	*taMtaNî* *taBtaNî* *taKtaLî* *teŠteMî*	*taMtaNNî* *taBtaNNî* *taKtaLLî* *teŠteMMî*	*tuMaNNî* *tuBaNNî* *tuKaLLî* *tuŠeMMî*

Stativ G	3. Pl. m.	3. Pl. f.	2. Pl. m.	2. Pl. f.	1. Pl. c.
	MaNû *Ḫ̮aDû* *BaNû* *KaLû* *ŠeMû*	*MaNâ* *Ḫ̮aDâ* *BaNīʾā* *KaLâ* *Še/aMīʾā*	*MaNâtunu* *Ḫ̮aDâtunu* *BaNīʾātunu* *KaLâtunu* *Še/a Mīʾātunu*	*MaNâtina* *Ḫ̮aDâtina* *BaNīʾātina* *KaLâtina* *Še/aMīʾātina*	*MaNânu* *Ḫ̮aDânu* *BaNīʾānu* *KaLânu* *Še/aMīʾānu*

III-w/j	Dt	Š	Št$_1$, Št$_2$	N
Präs.				
3. Sg. c.	*uMtaNNā* *uBtaNNā* *uKtaLLā* *uŠtaMMā/* *uŠteMMē*	*ušaMNā* *ušaBNā* *ušaKLā* *ušaŠMā/ušeŠMē*	*uštaM(aN)Nā* *uštaB(aN)Nā* *uštaK(aL)Lā* *ušteŠ(eM)Mē*	*imMaNNū* *ibBaNNī* *ikKaLLā* *išŠeMMē*
2. Sg. f.	*tuMtaNNî* *tuBtaNNî* *tuKtaLLî* *tuŠta/eMMî*	*ušaMNî* *ušaBNî* *ušaKLî* *uša/eŠMî*	*uštaM(aN)Nî* *uštaB(aN)Nî* *uštaK(aL)Lî* *ušteŠ(eM)Mî*	*tamMaNNî* *tabBaNNî* *takKaLLî* *tešŠeMMî*
3. Pl. m.	*uMtaNNû* *uBtaNNû* *uKtaLLû* *uŠta/eMMû*	*ušaMNû* *ušaBNû* *ušaKLû* *uša/eŠMû*	*uštaM(aN)Nû* *uštaB(aN)Nû* *uštaK(aL)Lû* *ušteŠ(eM)Mû*	*imMaNNû* *ibBaNNû* *ikKaLLû* *išŠeMMû*
3. Pl. f.	*uMtaNNâ* *uBtaNNâ* *uKtaLLâ* *uŠta/eMMâ*	*ušaMNâ* *ušaBNâ* *ušaKLâ* *uša/eŠMâ*	*uštaM(aN)Nâ* *uštaB(aN)Nâ* *uštaK(aL)Lâ* *ušteŠ(eM)Mâ*	*imMaNNâ* *ibBaNNīʾā* *ikKaLLâ* *išŠeMMēʾā*
Präs. Subordinativ 3. Sg. c.	*uMtaNNû* *uBtaNNû* *uKtaLLû* *uŠta/eMMû*	*ušaMNû* *ušaBNû* *ušaKLû* *uša/eŠMû*	*uštaM(aN)Nû* *uštaB(aN)Nû* *uštaK(aL)Lû* *ušteŠ(eM)Mû*	*imMaNNû* *ibBaNNû* *ikKaLLû* *išŠeMMû*
Prät.				
3. Sg. c.	*uMtaNNī* *uBtaNNī* *uKtaLLī* *uŠteMMī*	*ušaMNī* *ušaBNī* *ušaKLī* *ušeŠMī*	*uštaMNī* *uštaBNī* *uštaKLī* *ušteŠMī*	*imMaNī* *ibBaNī* *ikKaLī* *išŠeMī*
2. Sg. f.	*tuMtaNNî* *tuBtaNNî* *tuKtaLLî* *tuŠteMMî*	*ušaMNî* *ušaBNî* *ušaKLî* *ušeŠMî*	*uštaMNî* *uštaBNî* *uštaKLî* *ušteŠMî*	*tamMaNî* *tabBaNî* *takKaLî* *tešŠeMî*

III-w/j	G	Gt	Gtn	D
		Prät.		
3. Pl. m.	*iMNû* *iBNû* *iKLû* *iŠMû*	*iMtaNû* *iBtaNû* *iKtaLû* *iŠteMû*	*iMtaNNû* *iBtaNNû* *iKtaLLû* *iŠteMMû*	*uMaNNû* *uBaNNû* *uKaLLû* *uŠeMMû*
3. Pl. f.	*iMNâ* *iBNīʾā* *iKLâ* *iŠMēʾā*	*iMtaNâ* *iBtaNīʾā* *iKtaLâ* *iŠte/aMēʾā*	*iMtaNNâ* *iBtaNNīʾā* *iKtaLLâ* *iŠte/aMMēʾā*	*uMaNNīʾā* *uBaNNīʾā* *uKaLLīʾā* *uŠeMMīʾā*
Prekativ 3. Sg. c.	*liMNū* *liBNī* *liKLā* *liŠMē*	*liMtaNū* *liBtaNī* *liKtaLā* *liŠteMē*	*liMtaNNū* *liBtaNNī* *liKtaLLā* *liŠteMMē*	*liMaNNī* *liBaNNī* *liKaLLī* *liŠeMMī*
Perf.	*iMtaNū* *iBtaNī* *iKtaLā* *iŠteMē*	–	–	*uMtaNNī* *uBtaNNī* *uKtaLLī* *uŠteMMī*
		Imp.		
2. Sg. m.	*MuNū* *BiNī* *KiLā* *ŠiMē*	*MitNū* *BitNī* *KitLā* *ŠitMē*	*MitaNNū* *BitaNNī* *KitaLLā* *ŠiteMMē*	*MuNNī* *BuNNī* *KuLLī* *ŠuMMī*
2. Sg. f.	*MuNî* *BiNî* *KiLî* *ŠiMî*	*MitNî* *BitNî* *KitLî* *ŠitMî*	*MitaNNî* *BitaNNî* *KitaLLî* *ŠiteMMî*	*MuNNî* *BuNNî* *KuLLî* *ŠuMMî*
2. Pl. c.	*MuNâ* *BiNīʾā* *KiLâ* *ŠiMēʾā*	*MitNâ* *BitNīʾā* *KitLâ* *ŠitMēʾā*	*MitaNNâ* *BitaNNīʾā* *KitaLLâ* *Šite/aMMēʾā*	*MuNNīʾā* *BuNNīʾā* *KuLLīʾā* *ŠuMMīʾā*
Part.	*MāNûm* *BāNûm* *KāLûm* *ŠēMûm*	*muMtaNûm* *muBtaNûm* *muKtaLûm* *muŠteMûm*	*muMtaNNûm* *muBtaNNûm* *muKtaLLûm* *muŠteMMûm*	*muMaNNûm* *muBaNNûm* *muKaLLûm* *muŠeMMûm*
Inf.	*MaNûm* *BaNûm* *KaLûm* *ŠeMûm*	*MitNûm* *BitNûm* *KitLûm* *ŠitMûm*	*MitaNNûm* *BitaNNûm* *KitaLLûm* *ŠiteMMûm*	*MuNNûm* *BuNNûm* *KuLLûm* *ŠuMMûm*
Verbaladjektiv	*MaNûm* *BaNûm* *KaLûm* *ŠeMûm*	*MitNûm* *BitNûm* *KitLûm* *ŠitMûm*	*MitaNNûm* *BitaNNûm* *KitaLLûm* *ŠiteMMûm*	*MuNNûm* *BuNNûm* *KuLLûm* *ŠuMMûm*
Stativ	*MaNī, ḪaDū* *BaNī* *KaLī* *ŠeMī*	*MitNū* *BitNū* *KitLū* *ŠitMū*	*MitaNNū* *BitaNNū* *KitaLLū* *ŠiteMMū*	*MuNNū* *BuNNū* *KuLLū* *ŠuMMū*

III-w/j	Dt	Š	Št$_1$, Št$_2$	N
Prät.				
3. Pl. m.	*uMtaNNû* *uBtaNNû* *uKtaLLû* *uŠteMMû*	*ušaMNû* *ušaBNû* *ušaKLû* *ušeŠMû*	*uštaMNû* *uštaBNû* *uštaKLû* *ušteŠMû*	*imMaNû* *ibBaNû* *ikKaLû* *išŠeMû*
3. Pl. f.	*uMtaNNīʾā* *uBtaNNīʾā* *uKtaLLīʾā* *uŠteMMīʾā*	*ušaMNīʾā* *ušaBNīʾā* *ušaKLīʾā* *ušeŠMīʾā*	*uštaMNīʾā* *uštaBNīʾā* *uštaKLīʾā* *ušteŠMīʾā*	*imMaNâ* *ibBaNīʾā* *ikKaLâ* *išŠeMēʾā*
Prekativ 3. Sg. c.	*liMtaNNī* *liBtaNNī* *liKtaLLī* *liŠteMMī*	*lišaMNī* *lišaBNī* *lišaKLī* *lišeŠMī*	*lištaMNī* *lištaBNī* *lištaKLī* *lišteŠMī*	*limMaNī* *libBaNī* *likKaLī* *lišŠeMī*
Perf.	*uMtataNNī* *uBtataNNī* *uKtataLLī* *uŠteteMMī*	*uštaMNī* *uštaBNī* *uštaKLī* *ušteŠMī*	*uštataMNī* *uštataBNī* *uštataKLī* *ušteteŠMī*	*ittaMNū* *ittaBNī* *ittaKLā* *itteŠMē*
		Imp.		
2. Sg. m.	*MutaNNī* *ButaNNī* *KutaLLī* *ŠuteMMī*	*šuMNī* *šuBNī* *šuKLī* *šuŠMī*	*šutaMNī* *šutaBNī* *šutaKLī* *šuteŠMī*	*naBNī*
2. Sg. f.	*MutaNNî* *ButaNNî* *KutaLLî* *ŠuteMMî*	*šuMNî* *šuBNî* *šuKLî* *šuŠMî*	*šutaMNî* *šutaBNî* *šutaKLî* *šuteŠMî*	*naBNî*
2. Pl. c.	*MutaNNīʾā* *ButaNNīʾā* *KutaLLīʾā* *ŠuteMMīʾā*	*šuMNīʾā* *šuBNīʾā* *šuKLīʾā* *šuŠMīʾā*	*šutaMNīʾā* *šutaBNīʾā* *šutaKLīʾā* *šuteŠMīʾā*	*naBNīʾā*
Part.	*muMtaNNûm* *muBtaNNûm* *muKtaLLûm* *muŠteMMûm*	*mušaMNûm* *mušaBNûm* *mušaKLûm* *mušeŠMûm*	*muštaMNûm* *muštaBNûm* *muštaKLûm* *mušteŠMûm*	–
Inf.	*MutaNNûm* *ButaNNûm* *KutaLLûm* *ŠuteMMûm*	*šuMNûm* *šuBNûm* *šuKLûm* *šuŠMûm*	*šutaMNûm* *šutaBNûm* *šutaKLûm* *šuteŠMûm*	*naMNûm* *naBNûm* *naKLûm* *neŠMûm*
Verbaladjektiv	*MutaNNûm* *ButaNNûm* *KutaLLûm* *ŠuteMMûm*	*šuMNûm* *šuBNûm* *šuKLûm* *šuŠMûm*	*šutaMNûm* *šutaBNûm* *šutaKLûm* *šuteŠMûm*	–
Stativ	–	*šuMNū* *šuBNū* *šuKLū* *šuŠMū*	*šutaMNū* *šutaBNū* *šutaKLū* *šuteŠMū*	*naBNī*

4.6.28 Das Verb edûm „wissen"

§ **131** a) *edûm* „wissen" ist zugleich primae aleph *e*-Klasse (ursprünglich primae jod) und tertiae *ē*. Es handelt sich wie bedeutungsverwandte Verben anderer Sprachen (s. arabisch *ʿalimtu*, griechisch *oida*, lateinisch *cognovi*) um ein lexikalisches Perf. „erfahren haben". Daher erklärt sich, dass in G finit nur Prät. bezeugt sind und andere, nicht-perfektische Formen fehlen. Der D-Stamm „kenntlich machen" und der Š-Stamm „kundtun" werden von einer Wurzelvariante primae waw gebildet.

Zur Interpretation als lexikalisches Perf. s. Gelb 1955, 109 zu § 78b, und Streck 1995 II § 28b.

b) Paradigma des Prät. im G-Stamm:

	3. Sg. c.	2. Sg. m.	2. Sg. f.	1. Sg. c.	3. Pl. m.	3. Pl. f.	2. Pl. c.	1. Pl. c.
Prät.	*īDē*	*tīDē*	*tīDî*	*īDē*	*īDû*	*īDâ*	*tīDâ*	*nīDē*

c) Paradigma der Stammformen:

	G	D	Š
Präs.	–	*uWaDDā/uWeDDē*	–
Prät.	*īDē*	*uWeDDī*	*ušēDī*
Perf.	–	*ūteDDī*	*uštēDī*
Imperativ	–	*WuDDī*	*šūDī*
Part.	*mūDûm*	–	–
Inf.	*eDûm*	*WuDDûm*	*šūDûm*

4.6.29 Das Verb išûm „haben"

§ **132** *išûm* „haben" bildet wie *edûm* „wissen" (§ 131) nur ein Prät. Es wird wie primae aleph *a*-Klasse und zugleich tertiae *ū* flektiert:

	3. Sg. c.	2. Sg. m.	2. Sg. f.	1. Sg. c.	3. Pl. m.	3. Pl. f.	2. Pl. c.	1. Pl. c.
Prät.	*īŠū*	*tīŠū*	*tīŠî*	*īŠū*	*īŠû*	*īŠâ*	*tīŠâ*	*nīŠū*

4.6.30 Das Verb nābutum „fliehen"

§ **133** a) *nāBuTum* „fliehen" (*ʾBT*) kommt nur im N-Stamm vor und weist zwei Unregelmäßigkeiten auf: Zum einen wird silbenschließendes ʾ meist nicht wie sonst bei den primae aleph durch *N* ersetzt, sondern unter Ersatzdehnung des vorhergehenden Vokals elidiert, also statt Perf. **ittaNBiT* vielmehr *ittāBiT*, statt Inf. **naNBuTum* vielmehr *nāBuTum*. Das Part. wird aber analog den primae nun gebildet: *munNaBTum* wie *munNaQRum*. Zum anderen weist das Prät. mit Suffixen Formen ohne Elision des Wurzelvokals *i* auf, was auf langes *ā* in der vorangehenden Silbe schließen lässt, wahrscheinlich eine Analogiebildung zum Inf. und Perf.

Zu *nābutum* s. Kouwenberg 2004a, 336–339 und 343 mit anderer Erklärung der Formen *inNāBiTū/u* (Analogie zu vierradikaligen Formen wie *ibbalkit*).

b) Paradigma:

N	Präs.	Prät. 3. Sg. c.	Prät. 3. Pl. m.	Prät. Sub-ordinativ	Perf.	Part.	Inf.
	inNaBBiT	*inNāBiT*	*inNāBiTū*	*inNāBiTu*	*ittāBiT*	*munNaBTum*	*nāBuTum*

4.7 Präpositionen

§ 134 a) Anders als die in § 135 behandelten Präpositionalphrasen sind die Präpositionen erstarrte Ausdrücke, die nicht von einem gleichzeitig belegten Nomen abgeleitet werden können, auch wenn einige etymologisch auf ein Nomen zurückgehen. Häufige Bildungsmittel sind: die adverbiale Endung *-ī*, die Kasusendungen des Akkusativs *-a* (immer ohne Mimation) oder des Lokativs *-ūm* und die enklitische Partikel *-ma*.

b) Übersicht über die wichtigsten aB Präpositionen:

Präposition	Morphologie	Mit genitiv. Pronominalsuffix verbindbar	Bedeutung
ad(*ī*)	*ad* +*ī* (adverbiale Endung)	–	bis
ana, *an-* (proklitisch, mit Assimilation des -*n*- an den folgenden Kons.)	*an* +*a* (Akk.)	–	zu, nach, für; sehr oft mit dem Dativ übersetzbar
aššu(*m*), *aššumi*-Suffix	*an* „zu“ + *šum*(*i*) (St. cstr. von *šumum* „Name“)	+	wegen, was anlangt, was betrifft
balūm, vor Suffix *balū-*	**bal* + *ū*(*m*) (Lok.)	+	ohne
ela	*el* „Spitze“? +*a* (Akk.)	–	abgesehen von, außer
elī, *el* (lit.), *elū*(*m*) (lit.)	*el* „Spitze“? (+ *ī* (adverbiale Endung) oder + *ū*(*m*) (Lok.))	+	auf, gegen, mehr als
ezib, *ezub*	Imperativ von *ezēbum* „verlassen“	–	außer
ina, *in-* (proklitisch, mit Assimilation des -*n*- an den folgenden Kons.)	*in* +*a* (Akk.)	–	in, an, durch, aus

Präposition	Morphologie	Mit genitiv. Pronominalsuffix verbindbar	Bedeutung
ištū	*išt* +*ū* (Lok.)	–	aus, von, seit
ittī	**itt* „Seite"? +*ī* (adverbiale Endung)	+	mit
kīma	*kī* + *ma* (enklitische Partikel)	–	wie, entsprechend, gemäß, anstatt, sobald als
qadūm	*qad* +*ūm* (Lok.)	–	(zusammen) mit
ša lā	*ša* (Determinativpronomen + *lā* (Negation))	–	abgesehen von, ohne
warkī	**warkum* „Rückseite" + *ī* (adverbiale Endung)	+	hinter, nach

adī: S. Sima 1999/2000. – *ana*: Zur Verwendung bei Verben der semantischen Felder Wahrnehmung, Aufmerksamkeit, Vertrauen und Furcht („schauen auf, achten auf") s. Hess 2010. – *ištū*: Für eine mögliche Etymologie s. Brockelmann 1913, 419; GAG § 114k; Leslau 1991, 620. – *ittī*: Zur Ableitung s. GAG § 114q. Anders Edzard 1978, 72. Vgl. auch AHw. 405, HAL I 97 und Leslau 1991, 33. – *qadūm*: Für unterschiedlichen Gebrauch von *ittī* und *qadūm* s. Edzard 1978.

c) Nomina nach Präpositionen stehen fast immer im Genitiv: *ina lamassija* KH XXIV r. 53 „unter meinem göttlichen Schutz". Nur nach *an*(*a*) werden die Dativformen des selbständigen Personalpronomens (§ 57a) gebraucht: *ana kâšim* ARM 1, 41: 19 „zu dir".

d) Hängen zwei oder mehr Nomina von einer Präposition ab, muss die Präposition nicht wiederholt werden: *ana eqlišu kirîšu ū bītišu itâr* KH § 41 „Er soll nicht zu seinem Feld, Obstgarten oder Haus zurückkehren."

e) An einige Präpositionen können Pronominalsuffixe angehängt werden (vgl. § 134b): *aššumišu* AbB 6, 69: 16 „seinetwegen". *balūšu* AbB 6, 109: 18 „ohne ihn".

f) Präpositionen können in der Regel nicht kombiniert werden. Ausnahmen sind u. a.: Durch *kīma* verstärktes *ana*/*ina*: *ana kīma kurummati* UET 5, 95: 8 „anstelle einer Verpflegungsration". *ina kīma inanna ebūrum* AbB 2, 33: 14 „Jetzt ist Erntezeit." *ana warkī*-Suffix: *ana warkīšu balāṭu* UVB 18 pl. 28 W 19900,1: 5 „Hinter ihm ist Leben."

g) Präpositionen mit abhängigem Nomen dienen meist dazu, das verbale oder nicht-verbale Prädikat zu ergänzen. Verbal: *mannum ša ina qāti bēlija ušezzebanni* ARM 26, 326: 10'f. „Wer ist es, der mich aus der Hand meines Herrn erretten würde?" Nicht-verbal: [*Nisab*]*a ina tarbaṣim* ⸢*lū*⸣ *šamnum atti* CRRA 17, 128: 52 „[Nisab]a, in der Hürde bist du das Fett." Sie können auch selber Prädikat sein: *kaspum ina qātišu* AbB 2, 110: 12 „Das Silber ist/befindet sich in seiner Hand." Schließlich können auch andere nominale Satzteile durch meist nachgestellte Präpositionen mit abhängigem Nomen erweitert werden: *lā mupparkûm ana Ezida* KH iii 14f. „der unaufhörlich für Ezida (Sorgende)". *ina* im Sinne von „aus, unter (einer Gruppe oder Menge)" geht jedoch des Öfteren seinem Bezugswort voran: *šumma ina atḫî ištēn zittašu ana kaspim inaddin* Kodex Ešnunna § 38 „wenn einer unter den Partnern seinen Anteil gegen Silber geben will".

Für nominale Erweiterung durch Präpositionen mit abhängigem Nomen s. Aro 1963.

4.8 Präpositionalphrasen

§ 135 a) Präpositionalphrasen sind Nomina oder Kombinationen von Präpositionen und Nomina oder Adverbien. Sie stellen keine besondere Klasse von Partikeln dar und können nicht strikt von anderen Nomina oder Adverbien differenziert werden. Sie werden hier dennoch angeführt, da sie ins Deutsche oft mit einer Präposition übersetzt werden können.

b) Die wichtigsten Bildungsweisen:

Bildungsweise	Beispiele
Nomina im St. cstr. des adverbialen Akk.	*maḫar*(-Suffix) „vor" (von *maḫrum* „Vorderseite"), *šapal* (lit.) „unter" (von *šaplum* „Unterseite")
Adverbien mit der adverbialen Endung *-ān*(*-ūm*) oder *-ēn-ūm* (*-ān-* + Lok.)	*elēnūm* „über", *ullânūm* „außer"
Nomina im Lok., bisweilen in Kombination mit den Präpositionen *ina* oder *ana*	*libbū*, *ina libbū* „in" (von *libbum* „Herz"), *qerbū*(*m*) (-Suffix), *ina qerbū* „in" (von *qerbum* „Inneres")
ana oder *ina* + Nomen im St. cstr. (häufig Körperteilbezeichnung)	*ina birīt* „zwischen" (von *birītum* „Zwischenraum"), *ana libbi* „in ... hinein" (von *libbum* „Herz"), *ina muḫḫi* „auf" (von *muḫḫum* „Schädel", *ana ṣēr* „zu ... hin" (von *ṣērum* „Rücken").

Für Nomina mit der adverbialen Endung *-ān*(*-ūm*) oder *-ēn-ūm* sowie Nomina im Lok. s. Groneberg 1978/9, 27. – Zu *ana* oder *ina* + Nomen s. die Liste mit allen gängigen aB Fällen bei Huehnergard 1997, 99–101.

c) Die Gebrauchsweisen der Präpositionalphrasen entsprechen denen der Präpositionen (§ 134g).

4.9 Subjunktionen

4.9.1 Übersicht

§ 136 a) Subjunktionen sind Partikeln, die einen mit dem Subordinativ markierten syndetischen Satz einleiten (§ 100a–b). Die meisten Subjunktionen sind morphologisch mit Präpositionen (§ 134) identisch.

b) Alphabetische Übersicht über die wichtigsten Subjunktionen:

Subjunktion	Morphologie	Bedeutung	Satztyp
adī	= Präposition	bis, solange	temporal
adī lā	*adī* + *lā* (Negation)	(solange noch nicht =) bevor	temporal
ana kīma/*akkīma* < **an-kīma*	Präposition *ana* + Präposition *kīma*	damit	final
appiš	*app* „?" + *-iš* (Term.)	weil	Kausal
aššum	= Präposition	weil	Kausal
ēma	*aj*/*ē* „wo" + *-ma* (enklitische Partikel)	wo auch immer	Relativ
inū(*ma*)	Präposition *in*(*a*) + *-ū* (Lok.) (+ *-ma* (enklitische Partikel))	sobald, wenn; während	Temporal
ištū	= Präposition	als, nachdem; sobald, wenn; seit	Temporal
kīma	= Präposition	als, nachdem; sobald, wenn; weil; so dass; wie; dass	temporal, kausal, konsekutiv, komparativ, substantivisch
kīma ša	Präposition *kīma* + Determinativpronomen	wie; gleich als ob	Komparativ
lāma	*lā* (Negation) + *-ma* (enklitische Partikel)	(solange noch nicht =) bevor	Temporal
malā (*ša*)	Nomen *malûm* „Fülle" im St. cstr. des adverbialen Akk. (+ Determinativpronomen)	soviel (wie)	Relativ
mamma(*n*)	= Indefinitpronomen	wer auch immer	
matīma	Frageadverb *matī* + *-ma* (enklitische Partikel)	immer wenn; wann auch immer	temporal
mimma	= Indefinitpronomen	was auch immer	relativ
mimma ša/*mimma malā*/*mimma šumšu malā*	Indefinitpronomen *mimma* + Determinativpronomen/+ *malā*/+*šumšu* „sein Name" + *malā*	alles was	relativ
ša	Determinativpronomen	der/die/das, welcher/welche(s); wer, was	relativ
warkī	= Präposition	als, nachdem; sobald, wenn	temporal

Zur unsicheren Etymologie von *appiš* vgl. AHw. 60.

4.9.2 Relativsätze

§ 137 a) Syntaktisch besitzen die durch *ša* eingeleiteten Relativsätze, sofern sie nicht frei sind (§ 137c), im Hauptsatz die Funktion eines Attributes zu einem beliebigen Satzglied. Zum Subjekt: *Ninlil ummum rabītum ša qibīssa ina Ekur kabtat ... awāssu lilemmin* KH xlix 81–90 „Ninlil, die große Mutter, deren Befehl in Ekur Gewicht hat, möge ... seine Sache schlecht machen."; zum Akkusativobjekt: *simmam marṣam ša lā ipaššeḫu ... lišāṣīaššumma* KH li 57–65 „Eine schmerzhafte Wunde, die nicht abheilt, möge sie ihm hervorbringen."; zum Genitiv nach St. cstr.: *ilik eqlim kirîm ū bītim ša išammu* KH § 40 „den Lehensdienst für Feld, Garten oder Haus, die er kauft"; zum Genitiv nach Präposition: *ana mārīša ša irammu* KH § 150 „ihrem Sohn, den sie liebt"; zum Prädikat: *šarrum ša in šarrī šūturu anāku* KH xlvii 79f. „Ich bin der König, der unter den (anderen) Königen gewaltig hervorragt."

b) Im Relativsatz kann *ša* jegliche Funktion mit Ausnahme des Prädikates übernehmen. Da *ša* nicht flektiert wird, muss bisweilen zur Verdeutlichung der syntaktischen Funktion im Relativsatz *ša* durch ein Pronominalsuffix im entsprechenden Kasus wiederaufgenommen werden: obligatorisch, wenn *ša* die Funktion eines Genitivs oder Dativs, fakultativ, wenn es die Funktion eines Akkusativobjektes besitzt. Nur das Subjekt bleibt stets unaufgenommen. Als Subjekt: *simmam marṣam ša lā ipaššeḫu* KH li 57f. „eine schmerzhafte Wunde, die nicht abheilt"; als Genitiv: *almattum ša mārūša ṣeḫḫerū* KH § 177 „eine Witwe, deren Kinder klein sind"; als Dativ: *rēʾûm ša alpū ... innadnūšum* KH § 265 „ein Hirte, dem Rinder gegeben worden sind"; als wiederaufgenommenes Akkusativobjekt: *ana awīlim ša Marduk uballaṭušu* AbB 6, 149: 1 „dem Mann, den Marduk am Leben erhalten wird"; als nicht wiederaufgenommenes Akkusativobjekt: *ana mārīša ša irammu inaddin* KH § 150 „Ihrem Sohn, den sie liebt, wird sie (es) geben." Hängen von einem Bezugswort mehrere Relativsätze ab, so wird *ša* in der Regel nur einmal gesetzt, auch wenn es in den Relativsätzen verschiedene syntaktische Funktionen wahrnimmt: *simmam marṣam ša lā ipaššeḫu asûm qerebšu lā ilammadu ina ṣimdī lā unaḫḫušu kīma nišik mūtim lā innassaḫu* KH li 57–63 „eine schmerzhafte Wunde, die nicht abheilt, deren Wesen ein Arzt nicht erkennen kann, die er durch Verbände nicht zur Ruhe bringen kann, die wie ein Todesbiss nicht beseitigt werden kann"; hier ist *ša* nacheinander Subjekt, Genitiv, Akkusativobjekt und wieder Subjekt.

c) Freie oder substantivierte Relativsätze besitzen kein Beziehungswort. Sie können jegliche syntaktische Funktion im übergeordneten Satz übernehmen. Subjekt: *ša nāram išlīʾam bīt mubbirišu itabbal* KH § 2 „Der in den Fluss getaucht ist, wird das Haus dessen, der ihn bezichtigt hat, für sich nehmen."; Objekt: *ša išriqu alpī ū ṣenī ana bēlišunu irīʾab* KH § 265 „Was er gestohlen hat, (seien es) Rinder oder Schafe, soll er ihrem Eigentümer ersetzen."; Prädikat: es liegt ein Spaltsatz vor, in dem das Subjekt des übergeordneten Satzes besonders betont ist: *mannum ša ina qāti bēlija ušezzebanni* ARM 26, 326: 10'f. „Wer ist es, der mich aus der Hand meines Herrn erretten würde?"; präpositionale Ergänzung: *ištēt amtam u ummi amtim šuʾāti ana ša aṭrudušu iddinma* AbB 7, 86: 29f. „Eine Sklavin und die Mutter dieser Sklavin hat er dem, den ich gesandt hatte, übergeben."

Zum Spaltsatz s. Cohen 2001, 94–96.

d) Verallgemeinernde Relativsätze: *mamman iraggamu* PN n *kaspam išaqqal* JCS 9, 59: 5–8 „Wer auch immer Klage erhebt (eigentlich: wenn einer Klage erhebt), PN wird n Silber abwiegen.“ *ṭēm mimma ša ēzibakku ... šupram* AbB 10, 163: 22–24 „Schreibe mir einen Bericht über alles, was ich dir zurückgelassen habe.“ *malā ša ippaluka ṭēmam šupram* AbB 2, 92: 32f. „Soviel, wie er dir antwortet, (darüber) schreibe mir einen Bericht.“ *ēma ašakkanuka ul atkalakku* VAB 6, 187: 10f. „Wo immer ich dich einsetzte, konnte ich dir nicht vertrauen.“ Von diesen Einleitungen kann nur *malā* (*ša*) auch attributiv verwendet werden: *gimrī malā tagammarī ... anāku appalki* AbB 11, 154: 15–17 „Ausgaben, so viele du (für mich) tätigst, werde ich selbst dir bezahlen.“ In den anderen Fällen handelt es sich um freie Relativsätze.

Für *mamman* s. AHw. 600 *mamman* 3a. Für „asyndetische Relativsätze“, in dieser Grammatik als Attributsätze bezeichnet, s. § 160.

4.9.3 Substantiv-Sätze

§ 138 Durch *kīma* eingeleitete Substantivsätze können prinzipiell jede nominale Position im Satz einnehmen, z. B. die des Attributs: *ṭēmam*! *kīma* PN *bītam iddinakkum* AbB 3, 49: 7f. „die Nachricht, dass PN dir das Haus gegeben hat“; des Akkusativobjekts: *bēlī īdē kīma sugāgū u Ḫanû ittīja ina* ON *wašbū* Fs. Perrot 104: 28–30 „Mein Herr weiß, dass die Scheichs und die Ḫanäer sich mit mir in ON aufhalten.“ Für durch *-ma* koordinierte Substantivsätze s. § 154f, für gleichgeordnete asyndetische Sätze § 159b.

Zu Substantivsätzen mit Einleitung *kīma* s. Deutscher 2000. Für die Entwicklung *kīma* „wie“ > „dass“ s. Streck 2002a.

4.9.4 Temporalsätze

§ 139 a) Temporalsätze der Vorzeitigkeit werden durch die Subjunktionen *inūma* (lit. auch *inū*), *ištū*, *kīma* oder *warka/ī* eingeleitet. Für eine asyndetische Konstruktion s. § 160c.

b) Bei Zeitstufe Vergangenheit verwendet der Temporalsatz das Prät.: PN *ana* PN_2 *warkī* PN_3 *abūšu u* PNf *ummašu imūtū aššum* n *bītim* ... PN *ana* PN_2 *irgumma kīʾam iqbī* VAB 5, 279: 1–10 „PN gegen PN_2 – nachdem PN_2, sein Vater, und PNf, seine Mutter, gestorben waren, klagte PN gegen PN_2 wegen n (Fläche) Grundstück und sagte wie folgt:“.

c) Bei Zeitstufe Zukunft gibt es drei Möglichkeiten. Der Temporalsatz berücksichtigt zwei Relationswerte, den Zeitwert des übergeordneten Satzes, zu dem er vorzeitig, und den Gegenwartspunkt, zu dem er nachzeitig liegt; er verwendet das Perf. (Deutsch Futur II): *mimm*[*a*] *ša ina qātišu ibaššû lipq*[*i*]*d ištū iptaqdu literrū*[*š*]*u* AbB 7, 6: 16–19 „Alle[s], was in seinem Besitz ist, soll er ablie[f]ern. Nachdem er es abgeliefert (haben wird =) hat, soll man [i]hn zurückschicken.“ Oder der Temporalsatz berücksichtigt nur den Gegenwartspunkt; er verwendet das Präs. (Deutsch Präs.): *inūma illakakkunūšim* n (Fläche) *bītam ittī bītišu šutamlīʾāšu* AbB 6, 126: 18–20 „Sobald er zu euch kommt, weist ihm die n (Fläche) Hausgrund nebst seinem Haus voll zu!“ Oder der Temporalsatz berücksichtigt nur den Zeitwert des übergeordneten Satzes; er verwendet das Prät. (Deutsch Perf.): *šumma warad ekallim ... mārat awīlim īḫuzma inūma īḫuzuši ... ana bīt warad ekallim ... īrub* KH § 176 „falls ein Palastsklave ... eine Bürgerstochter geheiratet hat und sie, wenn er sie geheiratet hat, ... in das Haus des Palastsklaven eingezogen ist“.

§ 140 Die Gleichzeitigkeit zweier Sachverhalte wird durch *inūma* ausgedrückt. In der Zeitstufe Vergangenheit verwendet der Temporalsatz Prät. (Deutsch „während, als“ + Imperfekt), in der Zukunft Präs. (Deutsch „während, sobald, wenn“ + Präs. oder Futur), d. h. er berücksichtigt in jedem Falle als Relationswert nur den Gegenwartspunkt. Gleichzeitigkeit in der Vergangenheit: *inūma anāk*[*u u*] *atta ina* ON *ninnamru kīʾam ta*[*qb*]*īʾam* AbB 10, 84: 4'–6' „Als ich [und] du uns in ON trafen, sagtest du mir Folgendes:“. Gleichzeitigkeit in der Zukunft: *inūma ina purrusātim immerātīšunu išaqqû inūmīšu šiḫṭam rabîm iššaḫḫiṭū* ARM 1, 83: 36–39 „Während sie ihre Schafe in der Hürde tränken (werden), werden sie mit einer großen Razzia angegriffen werden.“

§ 141 Die Einleitung für pluralische Temporalsätze lautet *matīma*: *matīma ištēn awīlum ina libbi mātim maḫrīja wašbuma anāku akallā* ARM 5, 35: 20–23 „Wann immer sich (auch nur) ein einziger Mann im Inneren des Landes in meiner Reichweite aufhält, halte ich ihn fest.“

§ 142 „Seit“-Sachverhalte werden durch *ištū* ausgedrückt: *ištū anāku u kâta ninnamru matīma ṭēmka ul tašpuram* AbB 14, 125: 5–7 „Seit ich und du uns getroffen haben, hast du mir niemals eine Nachricht von dir gesandt.“

§ 143 „Bis“ und „solange“ werden durch *adī* ausgedrückt, wobei als Relationswert nie der Zeitwert des übergeordneten Satzes, sondern stets nur der Gegenwartspunkt berücksichtigt wird. Daraus folgt für *adī* mit der Bedeutung „bis“ die Verwendung von Prät. in der Zeitstufe Vergangenheit (Deutsch Imperfekt), von Präs. in der Zeitstufe Zukunft (Deutsch Präs. oder Futur). Vergangenheit: *adī ṣuḫārum ša šeʾam ublam iqbīʾam mašīʾāku* AbB 2, 93: 8–10 „Bis der Junge, der mir die Gerste brachte, (davon) zu mir sprach, hatte ich (es) vergessen.“ Zukunft: *adī ašapparakkim lā tallakīm* AbB 10, 169: 26f. „Bis ich dir schreibe, komme nicht her!“ *adī* mit der Bedeutung „solange“ wird jedoch anscheinend immer mit einem Stativ oder nichtverbalen Satz konstruiert: *adī balṭat ittanaššīši* KH § 148 „Solange sie lebt, soll er sie unterhalten.“

§ 144 „Solange noch nicht“ wird durch *adī lā* oder *lāma* ausgedrückt und entspricht deutschem „bevor, ehe“. Es steht für gleichzeitige Sachverhalte. Dem trägt der Gebrauch des Präs. in allen Zeitstufen Rechnung, auch für die Vergangenheit: *lāma tašapparamma ina puḫrim maḫar awīlē addabub* AbB 13, 64: 6–8 „(Solange noch nicht =) Bevor du mir schriebst, hatte ich in der Versammlung zu den Männern gesprochen.“ Zukunft: *adī pān ṭēmim lā nimmaru mimm<ma> ṣāba*[*m*] *ul aṭarrad* ARM 2, 23: 23'f. „(Solange noch nicht =) Bevor wir nicht Information über die Angelegenheit haben (wörtlich: das Gesicht der Angelegenheit sehen), werde ich überhaupt keine Truppe schicken.“ In der Funktion eines echten Perf. (d. h. etwa des englischen present perfects) gebrauchen *adī lā* und *lāma* häufig aber auch das Prät. in allen Zeitstufen (Deutsch Perf.): *adī abī lā illikam ul adân* AbB 11, 55: 24f. „(Solange noch nicht =) Bevor mein Vater nicht gekommen ist (= da ist), werde ich nicht prozessieren.“

4.9.5 Kausalsätze

§ **145** Die häufigste subjunktionale Einleitung ist *aššum*: *tamkārum aššum šamallâšu ikkiru mimma ša ilqû adī šeššīšu ana šamallêm inaddin* KH § 107 „Der Kaufmann wird, weil er (das Geld) seinem Agenten abgeleugnet hat, alles, was er genommen hat, sechsfach dem Agenten geben." *kīma*: *aṣbassima kīma mamman lā īšû iḫtalqanni* AbB 11, 55: 19–21 „Ich ergriff sie, aber weil ich niemanden (als Zeugen) hatte, entkam sie mir (wieder)." In Mari wird seltener auch *appiš* gebraucht: *appiš* PN *ina maḫar bēlija wašbu bēlī ana ṣēr* PN_2 *liṭrussuma* ARM 1, 62: 7–9 „Weil sich PN vor meinem Herrn aufhält, möge mein Herr ihn zu PN_2 senden."

Für *appiš* s. Finet 1956, 238.

4.9.6 Konsekutivsätze

§ **146** Einleitung *kīma* „so dass": *kīma lā aturruma ina puḫur aḫḫīja šumi bīt abi lā azakkaru tētepšanni* AbB 14, 18: 9–12 „Du hast mich so behandelt, dass ich den Namen (meines) Vaterhauses in der Versammlung meiner Kollegen nicht wieder aussprechen kann."

4.9.7 Finalsätze

§ **147** Finalsätze werden selten, besonders in Mari, subjunktional durch *ana kīma*/*akkīma* „damit, dass" eingeleitet: PN ... *littalkam akkīma ṣābāšu itarrûma* ARM 2, 46: 16–18 „PN ... möge weggehen, damit er seine Truppe holt." Für asyndetische Finalsätze s. § 159a.

4.9.8 Komparativsätze

§ **148** a) Reale Komparativsätze werden durch *kīma* (*ša*) eingeleitet: *kīm*[*a*] *udammiqakkunūši du*[*m*]*miqānim* AbB 9, 53: 5f. „So, wie ich euch freundlich behandelt habe, so sollt ihr (auch) mich freundlich behandeln!" *ša tēpušāninni kīma ša awīlum awīlam matīma lā īmuru* AbB 2, 133: 16–18 „Was ihr mir angetan habt, ist derart, wie noch nie Einer von einem Anderen erfahren hat."

b) Die gleichen Einleitungen werden für irreale Komparativsätze gebraucht: *kīma lā amat Šamaš anāku lemniš idūkanni* AbB 1, 34: 14f. „Als wäre ich nicht eine Dienerin des Šamaš, hat er mich übel misshandelt." *kīma ša anāku allikam ḫudūšu* AbB 1, 46: 8f. „Als wäre ich selbst gekommen, freue dich über ihn!"

Weitere Belege für irreale Komparativsätze mit *kīma ša* bei Krebernik/Streck 2001, 73.

4.10 Konjunktionen

§ **149** a) *u* „und, aber" verbindet Nominalphrasen: *balūm šībī u riksātim* KH § 7 „ohne Zeugen und Vertrag". Werden mehr als zwei Nominalphrasen miteinander verbunden, wird *u* nur vor der letzten gebraucht: *muttat eqlim kirîm u bīšim inaddinūšimma* KH § 137 „Man soll ihr die Hälfte des Feldes, Obstgartens und beweglichen Besitzes geben." Selten sind durch *u* verbundene Nominalphrasen nicht in direktem Kontakt, sondern durch eine Satzgrenze voneinander getrennt; *u* hat dann die Bedeutung „auch": *kīma aḫūka šumam rabîjim ištaknu u atta ina ḫarrān* ON *šumam rabīji*[*m*] *šit*[*k*]*an* ARM 1, 69+: 14'–16' „So wie sich dein Bruder einen großen Namen gemacht hat, mache auch du dir auf dem Feldzug nach ON einen großen Namen!“

Patterson 1971, 185. Für Mari s. Finet 1956, 202 und 240 (teilweise anders).

b) *u* verbindet auch gleichgeordnete Sätze und ist semantisch unmarkiert: PN *awīl* ON *ana* ON_2 *šūrī*ʾ*am u maṣṣārū liṣṣurūniššu* AbB 13, 40: 6–10 „Lasse den PN, einen Mann aus ON, nach ON_2 führen, und Wachen sollen ihn beaufsichtigen.“

§ 150 a) „Oder“ ist *ū*, das in der Schrift nicht von *u* „und“ (§ 149) unterschieden wird, *lū*, *ūlū* (*ū* + *lū*), oder *ūlūma* (*ūlū* + enklitische Partikel *-ma*). *ū* verbindet Nominalphrasen oder gleichgeordnete Sätze: *ṭēm alākišu ū lā alākišu* ARM 2, 39: 60 „die Entscheidung über sein Kommen oder sein Nicht-Kommen“. Werden mehr als zwei Nominalphrasen miteinander verbunden, wird *ū* nur vor der letzten gebraucht: *eqelšu kirâš*[*u*] *ū bīssu* KH § 30 „sein Feld, sein Obstgarten oder sein Haus“.

Beispiele für satzverbindendes *ū* bei Patterson 1971, 122, in Mari bei Finet 1956, 202f.

b) „Entweder“ ... „oder“ ist *lū* ... *lū*, *ūlū* ... *ūlū*, *ūlūma* ... *ūlūma*, *šumma* ... *ūlūma*, *lū* ... *ūlū*, oder *ūlū* ... *ūlūma*. In den drei letzten Fällen wird durch die Verwendung einer längeren Partikel vor der letzten Nominalphrase eine Klimax erreicht: *lū kaspam lū ḫurāṣam lū wardam lū amtam lū alpam lū immeram lū imēram ūlū mimma šumšu* KH § 7 „entweder Silber oder Gold oder einen Sklaven oder eine Sklavin oder ein Rind, oder ein Schaf oder einen Esel oder sonst irgendetwas“.

§ 151 a) *šumma* „wenn, falls“ leitet Konditionalsätze ein. Haupt- und Konditionalsatz sind gleichgeordnet; das Prädikat des Konditionalsatzes steht daher nie im Subordinativ (§ 100): *šumma mārum abāšu imtaḫaṣ rittašu inakkisū* KH § 195 „Wenn ein Sohn seinen Vater geschlagen hat, wird man seine Hand abschneiden.“ In der Wahl der Negation verhalten sich *šumma*-Sätze jedoch meist wie die subordinierten Sätze, indem sie *lā* (§ 152d) verwenden: *šumma awīlum aššatam īḫuzma mārī lā ušaršīšu* KH § 163 „wenn ein Mann eine Ehefrau geheiratet hat und sie ihn keine Söhne hat bekommen lassen“. In Mari begegnet aber bisweilen die Negation *ul* im *šumma*-Satz: *šumma ṣābam bēlī ul iṭarrad ālum*(sic) *ezzibma* ARM 28, 57: 30f. „Falls mein Herr keine Truppe schickt, werde ich die Stadt verlassen.“

Zur Etymologie von *šumma* s. Voigt 1995.

b) Für die Tempuswahl gelten dieselben Regeln wie für Temporalsätze der Vorzeitigkeit. Liegt der bedingende Sachverhalt in der Vergangenheit, gebraucht der *šumma*-Satz das Prät. (§ 93b): *warkatam purusma šumma* PN PN_2 *kaṣṣidakkim iḫbu*[*l*] *ḫibiltašu tērš*[*um*] AbB 2, 6: 17–20 „Untersuche die Angelegenheit und, wenn PN dem Müller PN_2 Unrecht getan hat, ersetze i[hm] seinen Schaden.“ Liegt der bedingende Sachverhalt in der Gegenwart, gebraucht der *šumma*-Satz das Präs. (§ 92b): *šumma kīma* PN *šū iqbû* n (Fläche) *eqlam ša ina ekallim kankušum* PN_2 *ištū* MU 4^{kam} *ilqēma ikkal elīša awātum maruštum ul ibaššī* AbB 4, 79: 14–21 „Wenn, wie dieser PN gesagt hat, PN_2 ein Feld von n (Fläche), das ihm im Palast verbrieft (wörtlich: gesiegelt) ist, seit 4 Jahren weggenommen hat und davon (jetzt) lebt (wörtlich: isst), gibt es keine ärgerlichere Sache als diese." Liegt der bedingende Sachverhalt in der Zukunft (wie dies etwa in den Gesetzeswerken stets der Fall ist), steht im *šumma*-Satz das Perf., sofern zwei Relationswerte berücksichtigt werden: der Zeitwert des bedingten Sachverhaltes, zu dem der bedingende vorzeitig, und der Gegenwartspunkt, zu dem er nachzeitig liegt (§ 94c): *šumma īterbakki ša iqabbûki epšī šumma lā īterbakki ša pī tuppi annîm epšī* AbB 9, 16: 11–14 „Wenn er zu dir (eingetreten sein wird =) eintritt, tue, was er dir sagt! Wenn er nicht zu dir eintritt, handele nach dem Wortlaut dieser Tafel!" Das Beispiel zeigt, dass das Perf. in diesem Fall auch negiert werden kann. Bisweilen steht jedoch neben einem positiven Perf. ein negiertes Prät.: *šumma mû ana* ON *u* ON_2 *ittabšû ina bāb nārātimša aqbûkum šiknam lā tašakkan šumma mû ana* ON *u* ON_2 *lā ibšû* [*i*]*na bāb nārātim ša aqbûkum* [*š*]*iknī šukunma* AbB 4, 80: 4–13 „Falls für ON und ON_2 Wasser (entstanden sein =) da sein wird, triff an der Mündung der Kanäle, die ich dir gesagt habe, keinerlei Vorkehrung! Falls für ON und ON_2 kein Wasser da sein wird, triff an der Mündung der Kanäle, die ich dir gesagt habe, Vorkehrungen!" Der zeitliche Progress wird wie in Hauptsätzen oft durch die Folge Prät.–Perf. ausgedrückt (§ 94d): *šumma awīlum mārat awīlim imḫaṣma ša libbiša uštaddīši* KH § 209 „wenn ein Mann die Tochter eines Mannes geschlagen hat und sie (dadurch) das ihres Inneren hat werfen lassen (= sie eine Fehlgeburt erlitten hat)". Wird nur der Zeitwert des bedingten Sachverhaltes berücksichtigt, steht auch im positiven *šumma*-Satz das Prät. (§ 93d): *šumma awīlum bītam ipluš* KH § 21 „wenn ein Mann in ein Haus eingebrochen ist". In Mari und Rimāḫ wird bisweilen nur der Gegenwartspunkt berücksichtigt, so dass das Präs. gebraucht wird (§ 92d): *šumma bēlī ṣābam mādam ul iṭarradam* 300 *ṣāba*[*m*] ... *liṭrud*[*amm*]*a* ARM 28, 57: 19–21 „Falls mein Herr mir keine umfangreiche Truppe senden kann, möge er [mir] (wenigstens) 300 Soldaten ... senden." Ansonsten steht das Präs. im *šumma*-Satz bei zukünftigen Sachverhalten mit modalen Konnotationen (§ 92d): *šumma ana maḫ<ri>k*[*a* .].. *lā all*[*a*]*k ina aḫītim šulumk*[*a aš*]*âl* AbB 7, 80: 9f. „Wenn ich nicht zu dir ... gehen kann, werde ich mich in der Umgebung nach deinem Befinden [er]kundigen." Andere Präs. im *šumma*-Satz haben, bei Zeitlage Zukunft, pluralische Bedeutung: *šumma awīlum ṣeḫram ana mārūtim ilqē inūma ilqûšu abāšu u ummašu iḫīʾaṭ tarbītum šī ana bīt abīšu itâr* KH § 186 „Wenn ein Mann ein Kind adoptiert (wörtlich: zur Sohnschaft genommen) hat (und), sobald er es adoptiert hat, (dies)es ständig seinen Vater und seine Mutter sucht, soll dieses Ziehkind in sein Vaterhaus zurückkehren."

Zur Tempuswahl in den Bedingungssätzen s. Streck 1998b, 304–307 und 1999a, 106–108; 119; 121.

c) Eidaussagen können durch Konditionalsätze ohne Nachsatz ausgedrückt werden. Dabei handelt es sich um verkürzte Selbstverfluchungen für den Fall der Eidesverletzung: *šumma ... lā! attalkakkimma u ṣibûtki lā ētepuš* AbB 3, 68: 16–18 „Wenn ich nicht zu dir gekommen sein werde und deinen Wunsch nicht erfüllt haben werde (, will ich verflucht sein.)" = „Ganz bestimmt werde ich zu dir kommen ...!"

d) Irreale Konditionalsätze werden meist durch *šummaman* (verkürzt *šumman*) eingeleitet. Vgl. § 99 sowie für die Tempusverwendung in irrealen Konditionalsätzen §§ 92b, d, f, 93b, d.

Für irreale Konditionalsätze s. Krebernik/Streck 2001.

4.11 Negationen

§ 152 a) Abgesehen von *aj*/*ē*, das im Vetitiv-Modus gebraucht wird (§ 87b), sind die beiden wichtigsten Negationen *ul* (immer *ú-ul* geschrieben, z. T. auch *ulā*, *ú-la* geschrieben) und *lā* (*la* oder *la-a* geschrieben). Beide werden in der Regel unterschiedlich gebraucht.

b) *ul* wird vor allem in den folgenden Fällen verwendet: Zur Negierung von Hauptsätzen: *ul iddinūnim* AbB 13, 14: 21 „Sie haben mir nicht gegeben." Zur Negierung von Satzfragen, d. h. Fragen ohne Fragepronomen oder -adverb: *ul šārtúm ina lētika* ARM 1, 61: 10f. „Ist denn kein Haar auf deiner Wange?" Besonders in Mari manchmal in subordinierten Sätzen, vor allem im zweiten zweier gleichgeordneter subordinierter Sätze: *ajjum ṣābum ša maḫrī*[*ja*] *wašbuma u ana ṣēr* [*bē*]*li*[*ja*] *ul* [*a*]*ṭ*[*arr*]*adam* ARM 5, 62: 5–7 „Welche sind die Soldaten, die hier bei [mir] stationiert sind und die ich nicht an [meinen] Herrn sende?"

c) Normalerweise steht einfaches *ul* direkt vor dem Prädikat. In Ausdrücken wie „nicht ich, sondern er" steht *ul* direkt vor dem Subjekt und ist besonders betont: *anāku apqid*[*akkum*] *ul ṣuḫārī ipqidakkum* AbB 3, 76: 7–9 „Ich war es, der [dir] (die Schafe) übergeben hat. Es war nicht mein Diener, der sie dir übergeben hat."

AHw. 1407 s. v. *ul* 2; Cohen 2001, 91f.

d) *lā* wird vor allem in den folgenden Fällen verwendet: Zur Negation von Bedingungssätzen mit *šumma*: *šumma aššat awīlim ... ittī zikarim šanîm ina utūlim lā ittaṣbat* KH § 132 „wenn die Ehefrau eines Mannes nicht beim Liegen mit einem anderen Mann erwischt worden ist". Zur Negierung von Fragesätzen mit Fragepronomen oder -adverb: *ana mīnim adī inanna puḫādī nēmettaka ana ekallim lā tublam* AbB 2, 64: 8–10 „Warum hast du mir die Lämmer, deine Abgabe, bis jetzt nicht in den Palast gebracht?" Zur Negation subordinierter Sätze: PN *kīma puḫādī nēmettaka ana ekallim lā tublam iqbīʾam* AbB 2, 64: 4–7 „PN hat mir gesagt, dass er die Lämmer, deine Abgabe, mir nicht in den Palast gebracht hat." Zum Ausdruck negativer Befehle im Prohibitiv (§ 86b): *alkam lā tulappatam* AbB 13, 39: 10f. „Komm! Verspäte dich nicht!" Zur Negation einzelner Wörter: *ina lā mê* KH § 48 „aus Mangel an Wasser" (wörtlich „durch Nicht-Wasser").

e) „Weder" ... „noch" ist *ul* ... *ul*. In diesen Fällen steht *ul* nie unmittelbar vor dem Prädikat: *ištū* 3 *šanātim ... aštanapparakkumma ul šeʾam ul kaspam tušabbalam* AbB 7, 155: 1–6 „Seit 3 Jahren schreibe ich dir immer wieder, doch du schickst mir weder Gerste noch Silber."

Anders Cohen 2001, 92.

4.12 Partikeln der zitierten direkten Rede

§ 153 a) *umma* wird in der Einleitungsformel von Briefen gebraucht, um die Rede des Absenders einzuleiten: *ana awīlim ša Marduk uballaṭušu qibīma umma* PN-*ma* AbB 1, 11: 1–

3 „Zum Herrn, den Marduk am Leben erhält, sprich! Folgendermaßen PN:“. In Briefen und Rechtsurkunden zur Einleitung der zitierten Rede anderer Personen: PN *bītam ibqur umma šūma* VAB 5, 317: 13f. „PN beanspruchte das Haus. Forgendermaßen (sagte) er:“.

Zu *umma* s. Deutscher 2000.

b) Enklitisches *-mi* wird manchmal innerhalb der zitierten direkten Rede gebraucht, normalerweise an ein Wort am oder nahe dem Beginn der Rede angehängt: *aššum ṭēm! ummānātim ša Amnān-Jaḫrur ša ana ṣērija isniqānimma ana mīnimmi ana libbi ālim lā īrubā libbaka imraṣuma* BagM 2, 56: 2–5 „Wegen der Nachricht über die Truppen der Amnān-Jaḫrur, die zu mir gelangten und wegen der du dich sorgtest (mit den Worten) ‚Warum sind sie nicht in die Stadt hineingegangen?‘“ In Mari wird *-mi* an *umma* zur Einleitung einer zitierten Rede angehängt: *ṭēmam ištū* ON *kīʾam ublūnim ummami* ARM 5, 59: 5f. „Sie brachten mir so eine Nachricht aus ON. Folgendermaßen:“.

4.13 Enklitisches *-ma*

§ 154 a) Das Enklitikon *-ma* hat mehrere unterschiedliche Funktionen, die bisher nicht von einer einzigen Grundfunktion abgeleitet werden können.

Cohen 2000 leitet dagegen einen Großteil der Funktionen von einem substantivierendem *-ma* ab.

b) Auf der Wortebene bildet *-ma* Indefinitpronomina (§ 59) und verschiedene Partikeln (§§ 134, 136, 151a, 153a).

c) Auf der Ebene des einzelnen Satzes dient *-ma* zur Markierung des nichtverbalen Prädikats (§ 155b): *awâtūšunu sarrātumma* ARM 26, 32: 21 „Ihre Worte sind Lügen.“ Oder *-ma* wird an einen betonten Satzteil angehängt: *šumma atta ul tallakam anākuma lullikamma* ARM 26, 127: 20–22 „Wenn du nicht kommen kannst, will ich selbst kommen.“

Für das betonende *-ma* s. Cohen 2000, 214–217; 2001, 89–91.

d) Auf der Ebene der Satzfolgen dient *-ma* als Koordinator und Progressweiser in der Erzählung, d. h. drückt – oft zusammen mit der Tempusfolge Prät.–Perf. (§ 94d) – das zeitliche Nacheinander von Sachverhalten aus: *atta alkamma ittīja nanmer* AbB 13, 53: 14f. „Du komme her und triff dich mit mir!“ Bisweilen empfiehlt sich eine nuanciertere Übersetzung als „und (dann)“, etwa eine konditionale: *urram rabīʾān u šībūt ālim ul tubbalamma ul uballaṭka* AbB 1, 52: 28–31 „Solltest du mir morgen den Vorsteher und die Ältesten der Stadt nicht bringen, werde ich dich nicht leben lassen.“ Dabei handelt es sich aber nur um einen Übersetzungsbehelf; akkad. ausgedrückt ist lediglich der zeitliche Progress.

GAG § 158 nennt dies „grammatische Koordination als Ausdruck logischer Subordination“. S. auch Cohen 2005a, 161–179 mit Beispielen für konditional übersetzbares *-ma*.

e) Ebenfalls auf der Ebene der Satzfolgen wird *-ma* in Koppelungen als Koordinator gebraucht. Dabei handelt es sich um zwei miteinander verbundene, in Person, Numerus, Genus und Tempus kongruierende Verben, von denen das erste das zweite bedeutungsmäßig spezifiziert. Subjekt und/oder Objekt können vor dem ersten oder zwischen den beiden Verben stehen. Da die genannten formalen Merkmale auch auf andere Verbpaare zutreffen, ist eine Abgrenzung zwischen Koppelungen und einfacher Koordinierung von Sätzen teilweise schwierig. Einige wenige Beispiele: *šanîm ūmam itūrma šuttam iṭṭul* ARM 13, 112: 7'f. „Am anderen Tag sah er den Traum nochmal." *isaddarūma ištēn manā kaspam ana* PN *inaddinū* YOS 13, 499:14'–17' „Sie werden eine Mine Silber dem PN in Raten bezahlen." *ṭuppi lā ragāmim išnûma ana* PN *īzibū* VAB 5, 283: 21–23 „Eine Tafel (des Inhalts), dass er nicht klagen wird, haben sie dem PN zum zweiten Mal ausgestellt." Für die seltene asyndetische Konstruktion in Koppelungen s. § 159e.

Für zahlreiche weitere Beispiele für Koppelungen s. Kraus 1987.

f) Schließlich dient *-ma* auf der Ebene der Satzfolgen auch zum Anschluss von Substantivsätzen: *ešmēma* PNf *simmam marṣat* ARM 10, 129: 4f. „Ich hörte, dass PNf an einer Krankheit leidet." *inanna naṭûmá* ⸢*mārī*⸣ *awīlim akassûma anaddinakkum* ARM 2, 94: 22–24 „Ist es jetzt zweckmäßig, dass ich Angehörige der Bürgerklasse binde und dir überliefere?" Für durch *kīma* eingeleitete Substantivsätze s. § 138, für gleichgeordnete asyndetische Substantivsätze § 159b.

Vgl. Cohen 2000, 209–211; Deutscher 2000.

5 Satzsyntax

5.1 Nichtverbale Sätze

§ 155 a) Im Gegensatz zu Verbalsätzen haben nichtverbale Sätze kein Verbum finitum als Prädikat. Als Prädikate treten vielmehr auf: Eine Präposition mit abhängigem Nomen (§ 134g): *kaspum ina qātišu* AbB 2, 110: 12 „Das Silber ist/befindet sich in seiner Hand." Ein Adverb: *ṣibûtum mā[d]iš* AbB 6, 11: 11 „Das Bedürfnis (danach) ist groß." Ein Pronomen: *ṣēnū šina kâttun* AbB 10, 159: 23 „Besagtes Kleinvieh ist Deines." Ein Nomen im Status rectus Nominativ: *ḫarrān illikam ul kušīrum* AbB 1, 46: 23f. „Die Geschäftsreise, von der er kam, war kein Erfolg." Ist das Nomen unerweitert, wird jedoch statt des nichtverbalen Satzes meist der Stativ verwendet (§ 102): *awīlum šū šarrāq* KH § 7 „Dieser Mann ist ein Dieb." Der nichtverbale Satz ist dagegen obligatorisch, wenn das nominale Prädikat durch ein Adjektivattribut, einen Relativsatz, *ša* + Genitiv oder enklitisches *-ma* erweitert ist: *šarrum gitmālum anāku* KH xlvii 10 „Ich bin der vollkommene König." *šarrum ša in šarrī šūturu anāku* KH xlvii 79–81 „Ich bin der König, der unter den Königen übergroß ist." PN_1 *errēšum ša* PN_2 AbB 6, 113: 4–6 „PN_1 ist der Pächter des PN_2." *eqlum mādumma* AbB 3, 58: 14 „Das Feld ist viel." Ein Nomen im St. cstr.: *maruṣtī ulā maruṣtaká* AbB 10, 207: 4f. „Was schlimm für mich ist, ist das nicht auch schlimm für dich?"

b) Enklitisches *-ma* kann das nicht-verbale Prädikat markieren (§ 154c): *awâtūšunu sarrātumma* ARM 26, 32: 21 „Ihre Worte sind Lügen."
c) Nichtverbale Sätze beschreiben immer Zustände: *eqlum mādumma* AbB 3, 58: 14 „Das Feld ist viel."

d) Nichtverbale Sätze sind nicht auf eine Zeitstufe festgelegt. Vergangenheit: PN *ṣuḫārī ištū pāna mimmá ina qātika* AbB 6, 41: 4–6 „Ist mein Bursche PN seit irgendwann je unter deinem Befehl gewesen?" Gegenwart: [*Nisab*]*a ina tarbaṣim lū šamnum atti* CRRA 17, 128: 52 „[Nisab]a, in der Hürde bist du das Fett." Zukunft: *urram maḫrīkunu anāku* AbB 10, 10: 16 „Morgen werde ich bei euch sein."

e) Wortstellung: normalerweise Subjekt–Prädikat (Beispiele oben), aber Prädikat–Subjekt, wenn das Subjekt ein Personalpronomen ist: *šumma ina kīttim aḫī atta* AbB 1, 79: 23f. „wenn du wirklich mein Bruder bist".

Zu nichtverbalen Sätzen s. Kraus 1984; Cohen 2005.

5.2 Verbalsätze

§ 156 a) Verbalsätze besitzen als Prädikat ein finites Verb. Die Hauptsatzteile haben meistens die Stellung Subjekt–direktes Objekt–Adverb oder Präpositionalphrase–Prädikat: *Šamaš u Marduk šāpirni dārîš ūmī liballiṭū* AbB 13, 44: 5f. „Šamaš und Marduk mögen unseren Vorgesetzten auf ewig am Leben erhalten." Eine abweichende Wortstellung dient bisweilen dazu, einen bestimmten Satzteil zu betonen. Vgl. etwa das folgende Beispiel mit der Satzteilfolge Objekt–Subjekt–Prädikat, bei der die Betonung auf dem Subjekt liegt: *ša bīt Kittum ... kaspam š*[*uʾāti*] *lā ušaddan kasap ālim r*[*a*]*bīʾānum lišaddin* AbB 13, 109: 4–10 „Der (Mann) vom Kittum-Tempel ... möge d[ieses] Silber nicht sammeln. Der Bürgermeister ist es, der das Silber der Stadt sammeln möge." In vielen literarischen Texten ist die Wortstellung dagegen recht frei: *Uruk mātum paḫir elīšu eṭlūtum unaššaqū šēpīšu* Gilg. OB II 10f. „Das Land Uruk war um ihn versammelt, indes die jungen Männer seine Füße küssten." (Subjekt–Prädikat–Präpositionalphrase, Subjekt–Prädikat–direktes Objekt).

Für die Satzteilfolge Objekt–Subjekt–Prädikat Cohen 2001, 92–94.

b) Subjekt und Prädikat kongruieren in Numerus und Genus: *aḫḫātūša amātim damqātim īšâ* AbB 1, 51: 8f. „Ihre Schwestern haben gute Sklavinnen." Bei Subjekten verschiedenen Geschlechts setzt sich das Mask. durch: *Sîn u Ištar ... liballiṭūki* AbB 1, 51: 3f. „Sîn und Ištar ... mögen dich am Leben erhalten." Ein Subjekt im Dual kongruiert mit einem Prädikat im fem. Pl.: *qātāšu u šēpāšu kaṣīʾā* TLB 2, 21: 4 „Seine Hände und seine Füße sind kalt." Ein Kollektivnomen im Sg. kann einem Prädikat im Pl. entsprechen: *ṣābum ... eqlētim ul šutamlû* AbB 4, 25: 5f. „Die Truppe ... ist nicht mit Feldern versehen worden." Die 3. Person Pl. mask. wird auch für ein unpersönliches Subjekt, deutsch „man", verwendet: *šumma aššat awīlim ittī zikarim šanîm ina itūlim ittaṣbat ikassûšunūtima ana mê inaddûšunūti* KH § 129 „Wenn die Ehefrau eines Mannes beim Beischlaf mit einem anderen Mann ergriffen worden ist, wird man sie binden und ins Wasser werfen."

5.3 Fragen

§ 157 a) Wortfragen und Satzfragen unterscheiden sich durch die Wahl der Negation: Wortfragen, die durch ein Fragepronomen oder Frageadverb eingeleitet werden, verwenden *lā* (§ 152d), Satzfragen, auf die die Antwort „ja" oder „nein" lautet, *ul* (§ 152b).
b) Satzfragen unterscheiden sich von Aussagesätzen durch eine besondere Betonung der letzten Silbe des im Zentrum der Frage stehenden Wortes, keilschriftlich fakultativ durch Pleneschreibung des Vokals bezeichnet (§ 21b): *mīnam ēpuš ana bēlija ana āl na-ak-ri-i-im ašpurma* ARM 28, 103: 10f. „Was habe ich meinem Herrn getan? Habe ich denn an eine Stadt *des Feindes* gesandt?" Die Pleneschreibung kann jedoch auch fehlen: *inūma awīlum šū ana* ON *ikaššada*[*m an*]*a libbi ālim e-re-ba-am a-na-ad-di-in-šu ú-ul a-na-ad-di-in-*[*š*]*u* ARM 3, 58: 13–16 „Wenn dieser Mann nach ON gelangt, soll ich ihn [i]n die Stadt hinein eintreten lassen oder nicht?"

5.4 Syndetische und asyndetische Satzfolgen

§ 158 Nach Art der Ordnung lassen sich gleich- und untergeordnete Sätze, nach Art des Anschlusses asyndetische (unverbundene) und syndetische (verbundene) Satzfolgen differenzieren. Unterordnung wird durch den Subordinativ (§ 100) markiert. In gleichgeordneten Sätzen erfolgt Syndese durch die Konjunktionen *u* „und" (§ 149), *ū* usw. „oder" (§ 150), durch *šumma* „wenn, falls" (§ 151) oder durch enklitisches *-ma* (§ 154d–f), in untergeordneten durch Subjunktionen (§§ 136–148).

§ 159 Gleichgeordnete asyndetische Satzfolgen:

a) Nur in der Epik kommen asyndetische Umstands-, Modal- und Finalsätze vor. Sicher erkennbar sind sie nur, wenn in ihnen das Präs. für die Gleich- oder Nachzeitigkeit in der Vergangenheit (§ 92c, e) verwendet wird. Umstandssatz der Gleichzeitigkeit: *Enki*[*du*] [*w*]*ašib maḫar ḫarimtim ur*[*ta*ʾʾ]*amū kilallūn* Gilg. OB II 45f. „Enkidu saß vor der Dirne, wobei sie beide einander liebkosten." Modalsatz: *mūšab Enunnaki puzzu*⌜*ra*⌝*m iptē Gilgameš iṣṣī ubattaq Enkidu uḫarra urbazillī* Gilg. OB Ishchali 38'f. „Die verborgene Wohnstatt der Enunnaki öffnete er, indem er, Gilgameš, die Bäume fällte (und) Enkidu die Stümpfe ausgrub." Finalsatz: *wašbū uštaddanū ummiʾānū* Gilg. OB III 164 „Die Meister hielten eine Sitzung ab, um sich zu beraten." Für Finalsätze mit Subjunktion *kīma* s. § 147.

Zu allen Satztypen s. Streck 1995a.

b) Substantivsätze: [*n*]*aṭú eqel ekallim ana kaspim anaddinma* ARM 14, 17: 12' „Ist es zweckmäßig, dass ich ein Feld des Palastes verkaufe?" Für Substantivsätze mit subjunktionaler Einleitung *kīma* s. § 138, für solche mit Koordination durch *-ma* § 154f.

c) Adversative Sätze: *pīqat bāšma ul irriški aplīšu* AbB 10, 56: 23–25 „Vielleicht wird er sich schämen und (es) nicht von dir fordern. Bezahle ihn (dann) dennoch!"

d) Bei demselben Subjekt in beiden Sätzen: *mātum annītum* [*š*]*a ana ṣērišunu uzunša turrat iddanin ittīšunu ittakir* ARM 4, 24: 20–23 „Dieses Land, dessen Ohr ihnen zugewandt war (= das für sie Sympathie hegte), erstarkte, wurde ihnen feindlich."

e) Selten in Koppelungen: *itūrū* [*bīt*]*ī iplušūma* AbB 13, 12: 12f. „Sie sind wieder in mein Haus eingebrochen." Für durch *-ma* koordinierte Koppelungen s. § 154e.

§ 160 Untergeordnete asyndetische Satzfolgen. Der untergeordnete Satz schließt sich stets an ein Substantiv im St. cstr. an.

a) Attributsätze, auch als asyndetische Relativsätze bezeichnet: *ṭēm ina aḫītija almadu ana ṣēr bēlija ašpuram* ARM 2, 40: 16–18 „Die Nachricht, welche ich aus meiner Umgebung erfahren habe, habe ich an meinen Herrn geschickt."

b) Lokalsätze, welche den Ort, die Richtung oder den Erstreckungsbereich des im Hauptsatz bezeichneten Sachverhaltes angeben (Deutsch „wo, wohin, woher"), sind ein Spezialfall des asyndetischen Attributsatzes insofern, als das Beziehungswort stets *ašar* im adverbiellen Akkusativ des Ortes ist: *šumma ašar illiku nēmelam lā ītamar* KH § 101 „wenn er dort, wohin er gegangen ist, keinen Gewinn gemacht (wörtlich: gesehen) hat".

c) Auch asyndetische Temporalsätze sind ein Spezialfall der Attributsätze. Das Beziehungswort ist stets *ūm* „am Tage von". Die Tempusverwendung ist dieselbe wie in subjunktionalen Temporalsätzen (§§ 139–140): *ūm šīpātim uštābilam agasalikki siparrim u šibirti siparrim šūbilīm* AbB 2, 93: 20–23 „Sobald ich die Wolle geschickt haben werde, schicke mir die Bronzeaxt und den Bronzeblock!" *ū[m]* PN *išpuram* n *takkasâm a[n]a* ON *uštābil* AbB 11, 52: 7–9 „Am Tage, da mir PN geschrieben hatte, schickte ich n Qualitätsmehl nach ON."

d) Ein weiterer Spezialfall der Attributsätze sind Ausnahmesätze mit Einleitung *ana ṣēr/aṣṣēr*: PN *aṣṣēr eqlam [i]tb[a]lu u kir[i]'am ša aḫ nārim itbal* AbB 9, 214: 13–18 „PN nahm, außer dass er das Feld wegnahm, auch noch den Obstgarten am Flussufer weg."

Vgl. GAG § 179b, dort als „steigernde Sätze" bezeichnet.

e) Sonstige Genitivsätze: *aran šumni damqam ina ālini umassaku u anāku amaššī* AbB 14, 29: 38–40 „Die Schuld, dass er unseren guten Namen in unserer Stadt ruiniert, werde ich ebenfalls vergessen."

Weitere Beispiele in GAG § 166c.

5.5 Pendenskonstruktionen

§ 161 Als Pendenskonstruktion bezeichnet man die Vorausstellung eines Satzteiles in einem nicht der Syntax entsprechenden Kasus (der Kasus pendens) und seine Wiederaufnahme durch ein Pronominalsuffix oder ein Personalaffix im syntaktisch erforderlichen Kasus. Je nach Kasus pendens lassen sich mehrere Fälle unterscheiden:

a) Als Kasus pendens dient der Nominativ: *awīlum šū kīma jâti šar mīšārim Šamaš ḫaṭṭašu lirrik* KH xlix 11–15 „Dieser Mann – Šamaš möge sein Zepter wie das Meinige, des Königs der Gerechtigkeit, lang machen." Hier wird der Kasus pendens *awīlum šū* durch das Genitivsuffix *-šu* wieder aufgenommen.

b) Pendens im Akkusativ: *amtam ša ana šūbulim ana ṣērika imtūtanni* AbB 2, 87: 10f. „Die Sklavin, die zu dir geschickt werden sollte – sie ist mir gestorben." Der Kasus pendens *amtam* wird durch das Personalaffix *i-* in *imtūtanni* wieder aufgenommen.

c) Pendens im Genitiv nach Präposition: *ana tamkārim ša illikakki ana šēpīšu muqtīma lipṭurakkimma* AbB 10, 144: 12–16 „Vor dem Kaufmann, der zu dir gekommen ist – vor seine Füße falle, dass er dich auslöse!" Der Kasus pendens *tamkārim* wird durch das Genitivsuffix *-šu* wieder aufgenommen.

II Lektionen

In den folgenden 15 Lektionen werden wesentliche Teile der vorangehenden Kurzgrammatik (Kapitel I) eingeübt sowie die Studierenden mit dem akkad. Wortschatz und dem wichtigsten Zeichenbestand vertraut gemacht. Jede Lektion ist wie folgt aufgebaut:

Unter a wird auf die in der jeweiligen Lektion eingeübte Grammatik querverwiesen.

Unter b wird das neue Vokabular der Lektion geboten. Wörter, die bereits in vorangehenden Lektionen eingeführt wurden, werden nicht nochmals wiederholt. Allerdings sind alle Wörter im Glossar (Kapitel IV) zusammengefasst. Bei Substantiven tertiae infirmae (tertiae vocalis) wird in Klammern der Stamm genannt, um den Stammauslaut sichtbar zu machen. Bei Adjektiven werden mask. und fem. Form nebeneinander genannt. Verben werden im Infinitiv zitiert. In Klammern dahinter folgen die Formen für Präsens und Präteritum des G-Stamms, jeweils in der 3. Person Sg. c. Partizipien und Verbaladjektive werden gesondert angeführt und entsprechend gekennzeichnet. Ab Lektion 9 treten bisweilen abgeleitete Stämme zu Verben, deren Grundstamm bereits vorher eingeführt wurde; in diesem Fall wird der Grundstamm nicht nochmals mit seinen Bedeutungen wiederholt.

Unter c wird der neue Zeichenbestand der Lektion geboten. Es wurde grundsätzlich darauf geachtet, dass die häufigsten Silbenzeichen nach „Zeichenfamilien", d. h. ähnliche Zeichen zusammen (dazu die Übersicht in Borger 2004, 31–33), eingeführt werden, um das Erlernen zu erleichtern. Die Lektionen 2–11 bieten einheitlich zehn neue Zeichen pro Lektion; in den Lektionen 12–15 wechselt die Zahl der Zeichen je nach den Erfordernissen der Übungen. Zeichen, die bereits in vorangehenden Lektionen eingeführt wurden, werden nicht nochmals wiederholt. Allerdings sind alle Zeichen im Zeichenindex (Kapitel VI) zusammengefasst. Die Zeichen werden in je einem normierten neuassyrischen und aB-kursiven Duktus geboten. Welcher Duktus im Unterricht zugrundegelegt wird, bleibt Entscheidung des Dozenten und des verfolgten didaktischen Ziels. Für den neuassyrischen Duktus spricht die leichtere Benutzung der wissenschaftlichen Zeichenlisten, die in der Praxis der späteren Textlektüre stärkere Normierung und auch die Tatsache, dass viele literarische Texte, die gewöhnlich im Akkadisch-Unterricht gelesen werden, zu einen Gutteil aus der Assurbanipal-Bibliothek stammen und neuassyrisch geschrieben sind. Für den aB kursiven Duktus spricht die Kohärenz zwischen Schrift und Sprache und die Schriftentwicklung; aber auch da ließ sich Künstlichkeit nicht ganz vermeiden, da Monumentalschrift für Beispiele aus dem Kodex Hammurapi in diesem Lehrbuch nicht gebraucht wird, um das Lehrbuch nicht zu überfrachten. Allerdings wurden in den Übungen vollständige Paragraphen aus dem Kodex Hammurapi mit Belegstelle angegeben, so dass bei Wunsch die wissenschaftlichen Textkopien leicht hinzuziehbar sind. Im Idealfall, sofern die Zeit ausreicht, wird man die Lernenden mit beiden Schriftduktus vertraut machen. Die dritte Spalte der Zeichenlisten enthält den konventionellen Zeichennamen, die vierte die gängigen aB phonographischen Werte (Lautwerte, s. dazu auch die Übersicht Grammatik §§ 16, 19), die letzte Spalte die logographischen Werte (Wortwerte) mit sum. und akkad. Lesung (s. Grammatik § 9).

Alle Übungen sind akkad. Texten entnommen; auf konstruierte Beispiele wurde vollständig verzichtet (s. dazu auch die Einleitung zu Kapitel I). Die Übungen stammen überwiegend aus aB Texten; nur gelegentlich wurden nach-aB Beispiele verwendet, teilweise minimal adaptiert, indem die Mimation in Klammern hinzugefügt wurde. Bei komplexeren Beispielen soll die beigegebene Interpunktion, die nicht im Originaltext steht, die Analyse erleichtern. Belegstellen wurden in der Regel nicht angegeben, mit der oben erwähnten Ausnahme vollständiger Paragraphen aus dem Kodex Hammurapi; der Fachmann wird diese bei Bedarf leicht den Wörterbüchern und Publikationen entnehmen.

Die Übungen sind mit Ausnahme der ersten Lektion dreigeteilt: Übersetzung transkribierter Wörter und Phrasen; Transkription (gebundene Umschrift einschließlich Angabe der Vokallängen, s. Grammatik §§ 9–10) und Übersetzung transliterierter Beispiele; schließlich Transliteration (Zeichen-für-Zeichen-Umschrift, s. Grammatik § 9), Transkription und Übersetzung keilschriftlicher Übungen. Die letzteren werden entsprechend den Zeichenlisten doppelt, einmal im neuassyrischen und einmal im aB-kursiven Duktus, geboten.

Lektion 1

a) Grammatik: §§ 1–5 (Sprachgeschichte), §§ 6–20 (Keilschrift), § 21a (Vokalpleneschreibungen), § 22 (Konsonantenlänge), §§ 24–25 (Phoneminventar).

b) Lesen Sie mit Hilfe der Zeichentabelle § 16 den folgenden Königsnamen:

Lektion 2

a) Grammatik: § 54 (Wortklassen), § 55 (Morphemtypen), § 61 (Übersicht über Nominalflexion), § 62 (Determination/Indetermination), § 84a (Paradigma Status rectus), § 53 (Silbentypen), § 27a–b (Vokalelision), § 28 (Vokalkontraktion), § 63a (Nominalformen allgemein), § 64 (Nominalformen von Primärnomina), § 65a–b (Nominalformen *PiRS* und *PuRS*), § 66a–c (Femininendung), § 67 (Funktion der Femininendung), §§ 69–72b (Dual- und Pluralendungen), § 75a, e, f (Kasusendungen), § 76a (Funktion des Nominativs), § 77a (Genitiv nach Präpositionen), § 78a (Funktion des Akkusativs), § 79a (Funktion des Lokativs), § 80a (Funktion des Terminativs), § 65c–e (Nominalformen der Adjektive), § 105 (Verbaladjektive), § 134a–c (Präpositionen).

b) Vokabular:

ana	zu, nach
anūtum	Anum-Würde, Würde des höchsten Gottes
arkum, fem. *ariktum*	lang
arnum	Sünde, Strafe

ašlum	Seil
ašrum	Ort
aššum	wegen
awātum fem., Pl. *awâtum*	Wort, Angelegenheit
awīlum	Mensch, Mann, Bürger
bītum, Pl. *bītātum*	Haus
damqum, fem. *damiqtum*	gut
dannum, fem. *dannatum*	stark
ekallum	Palast
eperum	Staub
erretum	Fluch
ezzum, fem. *ezzetum*	grimmig, ärgerlich
gitmālum	vollkommen
ilum	Gott
ina	in, aus ... heraus, durch, mittels
išātum fem.	Feuer
ištū	weg ... von
kabtum, fem. *kabittum*	schwer
kadrum, fem. *kadirtum*	wild
kīma	wie, anstelle von
marṣum, *maruštum*	krank, unheilvoll
mû (*mā*-) Plurale tantum	Wasser
nišū fem., Plurale tantum	Leute
puluḫtum	Furcht, Angst
pušqum	Enge, Not
rabûm, fem. *rabītum*	groß
rīmum	Auerochse
rubûm (*rubā*-)	Großer, Fürst
sapḫum, fem. *sapiḫtum*	verstreut
šadûm (*šadū*-)	Berg
šamû (*šamā*-) Plurale tantum	Himmel
šanûm, fem. *šanītum*	zweiter, anderer
šarrum	König
tamḫārum	Schlacht
ummum fem., Pl. *ummātum*	Mutter
ūmum	Tag
wardum	Sklave, Diener
wašṭum	drückend
zikarum	Mann

c) Zeichenliste:

Neuassyrisch	Altbab. kursiv	Zeichenname	Phonogramm	Logogramm
𒀸	𒀸	AŠ	*aš*, *rum*	
𒉡	𒉡	NU	*nu*	NU = *ul*, *lā* „nicht“.
𒌓	𒌓	DU	*ud*, *ut*, *uṭ*, *pir*, *tam*	UD = *ūmum* „Tag“. 𒀭𒌓 ^{d}UTU = *Šamaš*, Sonnengott. 𒌓𒅗𒁇 ZABAR = *siparrum* „Bronze“. 𒀀𒇉𒌓𒄒𒉣 ^{íd}BURANUN = *Purattum* „Euphrat“. 𒌓𒄒𒉣𒆠 ZIMBIR^{ki} = *Sippi/ar*, Stadt in Nordbabylonien.
𒉿	𒉿	PI	*pi/e*, *wa*, *we*, *wi*, *wu*	
𒀀	𒀀	A	*a*	𒀀𒍪 A.ZU = *asûm* „Arzt“. 𒀀𒁕 A.RÁ = *adī* „bis“ (in Multiplikativzahlen).
𒂊	𒂊	E	*e*	
𒈝	𒈝	LUM	*lum*, *núm*	
𒃲	𒃲	GAL	*gal*	GAL = *rabûm* „groß“.
𒂍	𒂍	É		É = *bītum* „Haus“. 𒂍𒃲 É.GAL = *ekallum* „Palast“.
𒈨𒌍	𒈨𒌍	MEŠ		^{meš}, Pluraldeterminativ nach Substantiven.

d) Übersetzung: **1)** *awīlam* **2)** *wardim* **3)** *mû* **4)** *pulḫātim* **5)** *sapḫūtum* **6)** *ariktum* **7)** *arkūtim* **8)** *kabittam* **9)** *ina šarrī* **10)** *ana ilī* **11)** *aššum errētim* **12)** *ana ekallim* **13)** *ištū bītim* **14)** *šanīʾam* **15)** *šanītam* **16)** *ana bītim šanîm* **17)** *rabûtim* **18)** *šarrum dannum* **19)** *nišī sapḫātim* **20)** *ilum rabûm* **21)** *ummum rabītum* **22)** *kīma šadîm rabîm* **23)** *kīma ummātim* **24)** *pušqī waštūtim* **25)** *awīlī damqūtim*

e) Transkription und Übersetzung: **1)** *i-ša-tu-um* **2)** *i-ša-a-tum* **3)** *ka-ab-tu-tim* **4)** *da-mi-iq-tum* **5)** *i-na ì-lí* **6)** *i-na tam-ḫa-ri-im* **7)** *ana a-wi-lim* **8)** *ana šá-ni-im* **9)** *aš-šum zi-ka-ri-im* *ša-ni-im* **10)** *ra-bí-a-tim* **11)** *ru-bu-um* **12)** *ana ru-bé-e* **13)** *ina šá-me-e* **14)** *a-wi-lam da-an-na-am* **15)** *ar-nam kab-tam* **16)** *šar-ru-um gi-it-ma-lum* **17)** *er-re-tam ma-ru-uš-tam* **18)** *ri-mu-um ka-ad-ru-um* **19)** *ki-ma i-ša-tim ez-ze-tim*

f) Transliteration, Transkription und Übersetzung:

Neuassyrischer Duktus: 

Altbabylonisch kursiv: 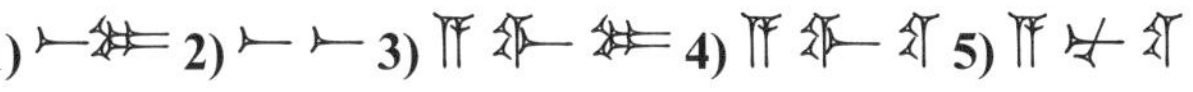

Lektion 3

a) Grammatik: §§ 81, 82 (Status), § 84b (Paradigma des Status constructus), § 66e, f, g (Femininendungen im Status constructus), § 72b, c (Pluralendungen im Status constructus), § 75b, c, d (Kasusendungen im Status constructus), § 77 b–j (Funktionen des Genitivs), § 57a, b (genitivische Pronominalsuffixe), § 43 (/*š*/ nach Dentalen und Affrikaten), § 105b (Stellung des Adjektivs in der Genitivverbindung), § 134e (Präpositionen mit Pronominalsuffix).

b) Vokabular:

abum	Vater
aḫum, Pl. *aḫḫū*	Bruder
Akkadûm (*Akkade-*)	Land Akkad
aplum	Erbsohn
aššatum	Ehefrau
bānûm (*bānī-*)	Schöpfer
Bēl	„Herr“, Beiname des Gottes Marduk
bēltum	Herrin
bēlum	Herr, Besitzer
bīšum	bewegliches Eigentum, Mobilien
dīnum, Pl. *dīnātum*	Prozess, Urteil, Rechtsspruch
ekûm, fem. *ekūtum*	verwaist
elī	auf
elûm, fem. *elītum*	oberer
eqlum	Feld
errēšum	Bauer
erṣetum	Erde
ḫulqum	Verlorenes
idum	Arm
immerum, Pl. *immerātum*	Schaf

īnum	Auge
ittī	mit
kalûm (*kalā/ī-*)	Gesamtheit, alle
Kiš	Stadt in Babylonien
kunukkum	Rollsiegel
libbum	Herz
Lullubum	Region im Zagros
Marduk	Name des Stadtgottes von Babylon
mārum	Sohn
mātum	Land
mīšārum	Gerechtigkeit
nidintum	Gabe
pānum	Vorderseite
qātum	Hand, Verfügung
qūlum	Stille
rē'ûtum	Hirtentum
Sîn	Name des Mondgottes
ṣeḫrum, fem. *ṣeḫertum*	klein
ṣibtum fem.	Zins
ṣīrum, fem. *ṣīrtum*	erhaben
šaluštum	Drittel
šarratum	Königin
šarrūtum	Königtum
šārum	Wind
šiprum	Botschaft, Arbeit
šizbum	Milch
Šumerum	Land Sumer
šumum	Name
ṭuppum	Tontafel, Schreibtafel
ṭābtum	Salz
ṭābum, fem. *ṭābtum*	gut
u	und
ū lū	oder
uznum	Ohr
zittum	Anteil

c) Zeichenliste:

Neuassyrisch	Altbab. kursiv	Zeichenname	Phonogramm	Logogramm
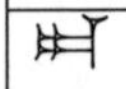		AB	*ab*, *ap*	
	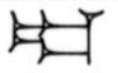	UM	*um*	
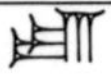		TA	*ta*, *ṭá*	

Neuassyrisch	Altbab. kursiv	Zeichenname	Phonogramm	Logogramm
𒄭	𒄭	ḪI	*ḫi*	DÙG = *ṭābum* „gut“. 𒄭𒀀 ḫi.a, Pluraldeterminativ nach Substantiven.  𒄭 𒃻𒆠 DU₁₀.GAR[ki] = *Damru*, Ortsname (s. Lesestücke Nr. 3.1: 5).
𒅎	𒅎	IM	*im*	IM = *ṭīdum* „Lehm“. IM = *šārum* „Wind“.  𒀭 𒅎 dIŠKUR = *Adad*, Wettergott.
𒄴	𒄴	AḪ	*aḫ, eḫ, iḫ, uḫ, aʾ, eʾ, iʾ, uʾ*	
𒆪	𒆪	KU	*ku, qú*	 𒄑 𒆪 gišTUKUL = *kakkum* „Waffe“.
𒇻	𒇻	LU	*lu*	UDU = *immerum* „Schaf“.
𒅇	𒅇	Ù	*ù*	
𒌈	𒌈	TUM	*tum, ṭum, dum*	

d) Übersetzung: **1)** *bēl ḫulqim* **2)** *aran dīnim* **3)** *aššat awīlim* **4)** *warad ekallim* **5)** *šar mīšārim* **6)** *libbi Marduk* **7)** *Nidinti-Bēl* (Personenname) **8)** *šubat Kiš* **9)** *šalušti eqlim* **10)** *šarrat šarrātim* **11)** *tuppašu* **12)** *eqelšu* **13)** *mārāšu* **14)** *abāšu* **15)** *elīšu* **16)** *aḫḫūša* **17)** *ṣibassu* **18)** *rēʾûssina* **19)** *bēlessa* **20)** *māssu* **21)** *bīssu* **22)** *bīssa* **23)** *bīšāšu* **24)** *issu* **25)** *errēšum* **26)** *errēssu* **27)** *errēssa* **28)** *ana aššatišu* **29)** *šizib ummišu* **30)** *īn warad awīlim* **31)** *Šar-kalī-šarrī (Königsname)* **32)** *ana pāni eqlišu* **33)** *ina qāt mār awīlim* **34)** *šar māt Šumerim u Akkadîm* **35)** *Sîn* (Göttername) ... *ilum bānî* **36)** *mārū mātim šanītim* **37)** *mār awīlim ṣeḫram* **38)** *šarrum dannum šar Lullubim*

e) Transkription und Übersetzung: **1)** *be-el aš-ša-tim* **2)** *di-na-at mi-ša-ri-im* **3)** *a-wa-a-at mi-ša-ri-im* **4)** *ú-zu-un-šu* **5)** *li-ib-ba-ša* **6)** *zi-it-ta-šu* **7)** *di-ni* **8)** *be-el-ni* **9)** *ina ku-nu-uk-ki-šu-nu* **10)** *aš-ša-sú* **11)** *šar-ru-sú* **12)** *i-na li-ib-bi-šu* **13)** *a-na be-lí-šu* **14)** *a-na ni-ši-šu* **15)** *ana a-ḫi-ia* **16)** *it-ti aḫ-ḫi-ša* **17)** *it-ti-šu-nu* **18)** *it-ti be-el-ti-ša* **19)** *bi-iš qá-ti-šu* **20)** *ši-pí-ir-šu* **21)** *ši-pí-ir qá-ti-šu* **22)** *be-el ša-me-e ù er-ṣe-tim* **23)** *šum-šu ṣi-ra-am* **24)** *a-na a-ḫi-šu-nu ṣe-eḫ-ri-im*

f) Transliteration, Transkription und Übersetzung:

Neuassyrischer Duktus: **1)**  **2)** 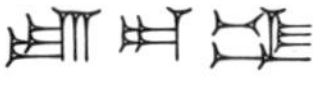 **3)**  **4)** 
5)  **6)**  **7)**  **8)**  **9)** 
10) 

Altbabylonisch kursiv: 

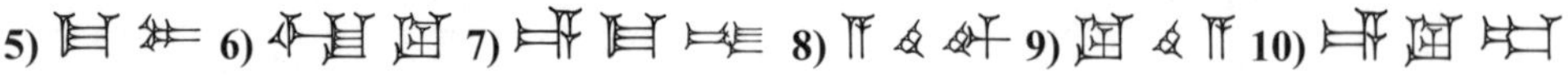

Lektion 4

a) Grammatik: § 89 (Übersicht über Verbalflexion), § 108a (Paradigma: Präsens, Präteritum, Verbalnomina), § 107a–e (Kommentar zum Paradigma), § 90a (Personalaffixe), § 91 (Übersicht über Funktionen von Präsens und Präteritum).

b) Vokabular:

Adad	Name des Wettergottes
amtum	Dienerin, Sklavin
balāṭum (*iballuṭ*/*ibluṭ*)	leben
dajjānum	Richter
ellum, fem. *elletum*	rein
īṣum, fem. *īṣtum*	wenig
kaspum	Silber
kašādum (*ikaššad*/*ikšud*)	ankommen, erreichen
kīdum	offenes Land, Gebiet außerhalb der Stadt
lamādum (*ilammad*/*ilmad*)	lernen, erfahren
maḫāṣum (imaḫḫaṣ/imḫaṣ)	schlagen
mārtum	Tochter
nadānum (inaddin/iddin)	geben
nādinum (Partizip)	Gebender
nadnum, fem. nadittum (Verbaladjektiv)	gegeben
namkūrum	Eigentum
nuḫšum	Überfluss
paqādum (*ipaqqid*/*ipqid*)	übergeben, anvertrauen
paqdum, fem. *paqittum* (Verbaladjektiv)	übergeben, anvertraut
pāqidum (Partizip)	Übergebender, Anvertrauender; der übergibt, anvertraut
parāsum (*iparras*/*iprus*)	trennen, entscheiden
purussûm (*purussā-*)	Entscheidung
ragāmum (*iraggum*/*irgum*)	(ein)klagen
sūqum	Straße
sūtum	Messgefäß von 1 Seah (ca. 10 Liter)
ṣabātum (*iṣabbat*/*iṣbat*)	packen, ergreifen
ṣabtum, fem. *ṣabittum*	(Verbaladjektiv) gepackt, ergriffen
ṣēlum	Rippe
ṣērum	Rücken
šakānum (*išakkan*/*iškun*)	setzen, (bereit)stellen, legen

šākinum (Partizip) — Setzender, (Bereit)Stellender, Legender; der setzt, (bereit)stellt, legt
šarāqum (*išarriq*/*išriq*) — stehlen
šumma — wenn, falls
ū — oder
ul — nicht

c) Zeichenliste:

Neuassyrisch	Altbab. kursiv	Zeichenname	Phonogramm	Logogramm
	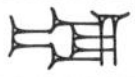	ZÍ	*ṣi*/*e*, *zí*/*é*	
		IA	*ia*	
		I	*i*	
		DI	*di*/*e*, *ṭi*/*e*	SILIM = *šulmum* „Heil“.
		KI	*ki*/*e*, *qí*/*é*	KI = *erṣetum* „Erde“. KI = *ašrum* „Ort“. ki, Determinativ nach Ortsnamen.
		AN	*an*	AN = *Anum*, Himmelsgott. AN = *šamû* „Himmel“. DINGIR = *ilum* „Gott“. d, Determinativ vor Götternamen.
		BA	*ba*	
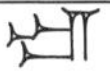		ZU	*zu*, *sú*, *ṣú*	
		SU	*su*	KUŠ = *maškum* „Haut“. kuš, Determinativ vor Ledergegenständen.
		DIM	*dim*, *tim*	

d) Übersetzung: **1)** *išakkanū* **2)** *tašakkan* **3)** *iškunū* **4)** *iškun* **5)** *aškun* **7)** *ikšud* **8)** *akšud* **9)** *takšudī* **10)** *ikaššadā* **11)** *ikšudā* **12)** *ana kašādim* **13)** *nādin kaspim* **14)** *bīšāšu ana kaspim inaddin* **15)** *amtam ana qāt NN apqid* **16)** *ana mārī amtim iraggumū* **17)** *šumma dajjānum purussâm iprus* **18)** *šumma awīlum mārat*/*amat awīlim imḫaṣ* **19)** *šumma awīlum namkūr ilim ū ekallim išriq* **20)** *šumma šanûm eqelšu ū bīssu iṣbat* **21)** *aššassu ul iṣabbatū*

e) Transkription und Übersetzung: **1)** *ta-áp-qi-id* **2)** *ip-qí-id* **3)** *i-pa-qí-id* **4)** *a-pa-qí-id* **5)** *ni-pa-aq-qid* **6)** *pa-qí-id bi-tim* **7)** *pa-qí-dam* **8)** *pa-aq-da-tim* **9)** *i-ma-aḫ-ḫa-aṣ* **10)** *i-na ma-ḫa-ṣí-im* **11)** *ina ma-ḫa-ṣí-šu* **12)** *ana la-ma-di-ka* **13)** *i-šar-ri-qú* **14)** *áš-ri-iq* **15)** *ta-al-ma-da*

16) *a-lam-ma-ad* 17) *i-ra-ag-gu-um* 18) *ṣa-ab-tum* 19) *ṣab-tu-tu(m)* 20) *bi-tum na-ad-nu-um* 21) *ša-ki-in me-e nu-úḫ-ši-im a-na ni-ši-šu*

f) Transliteration, Transkription und Übersetzung:

Neuassyrischer Duktus: 1) … 2) … 3) … 4) … 5) … 6) … 7) … 8) … 9) … 10) …

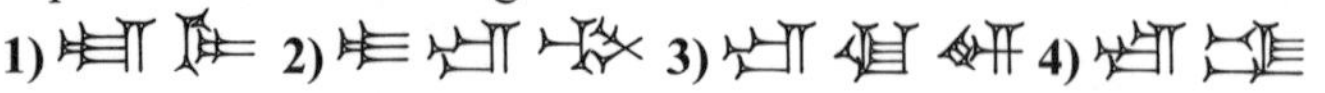

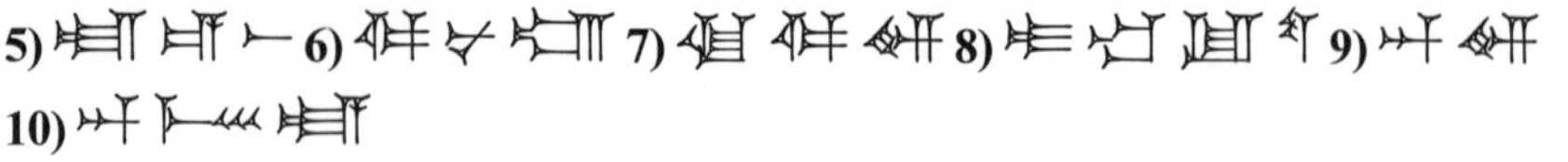

Altbabylonisch kursiv: 1) … 2) … 3) … 4) … 5) … 6) … 7) … 8) … 9) … 10) …

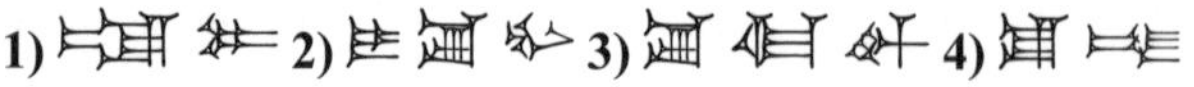

Lektion 5

a) Grammatik: §§ 57–58 (suffigierte Dativ- und Akkusativpronomina), § 29b–c (Assimilation von /m/ an einen folgenden Konsonanten), § 101 (Ventiv).

b) Vokabular:

ana mīnim, ammīnim < an(a)mīnim	warum
ana ṣēri-Suffix	(zum Rücken von =) zu
eṭlum, Pl. *eṭlūtum*	junger Mann, Krieger
kakkum	Waffe
kī'am	so, folgendermaßen
lā	nicht
nēḫtum	Ruhe
qarnum, Pl. *qarnātum*	Horn
šapārum (*išappar/išpur*)	senden, schicken, (jemandem) schreiben
šaṭārum (*išaṭṭar/išṭur*)	(nieder)schreiben
ṭarādum (*iṭarrad/iṭrud*)	senden, schicken

c) Zeichenliste:

Neuassyrisch	Altbab. kursiv	Zeichenname	Phonogramm	Logogramm
		Á	*id, it, iṭ, ed, et, eṭ*	Á = *idum* „Arm".
		DA	*da, ṭa*	
		ŠA	*ša*	

Neuassyrisch	Altbab. kursiv	Zeichenname	Phonogramm	Logogramm
𒅗	𒅗	KA	*ka*	KA = *pûm* „Mund". ZÚ = *šinnum* „Zahn". INIM = *awātum* „Wort".
𒀝	𒀝	AG	*ag, ak, aq*	
𒄠	𒄠	AM	*am*	
𒉈	𒉈	NE	*ne, bil, pil, bí*	
𒋛	𒋛	SI	*si, se*	SI = *qarnum* „Horn".
𒊏	𒊏	RA	*ra*	
𒉏	𒉏	NIM	*nim*	

d) Übersetzung: **1)** *išpuranni* **2)** *tašapparāninni* **3)** *tašapparam* **4)** *tašapparānim* **5)** *ašapparakkum* **6)** *išapparakkum* **7)** *tašapparāšu* **8)** *išapparka* **9)** *ašapparkunūšim* **10)** *išpuram* **11)** *ašpurakkum* **12)** *išpuršunūšim* **13)** *ašpuršu* **14)** *tašpuram* **15)** *ašpurakkunūšim* **16)** *tašpuranni* **17)** *tašpurānim* **18)** *ašpurakkunūti* **19)** *aṭarradakkuššu* **20)** *akaššadam*.

e) Transkription und Übersetzung: **1)** *i-ša-ap-pa-ru-nim* **2)** *iš-pur-šu-nu-ti* **3)** *iš-pu-ur-šu* **4)** *am-mi-ni(m) la iš-pu-ra-am* **5)** *ki-a-am iš-pu-ru-nim* **6)** *šarru(m) iš-pu-ra-aš-šu(m)* **7)** *aš-pu-ra(m)* **8)** *iš-ṭur-šum* **9)** *ta-áš-ṭú-ra-am* **10)** *áš-ṭú-ur-šum* **11)** *áš-ṭú-ra-ak-kum* **12)** *ta-ša-ṭa-ra-am* **13)** *i-šaṭ-ṭa-ru-ši* **14)** *iš-ṭu-ru-šu* **15)** *iš-ṭú-ru-ši-im* **16)** *iš-ṭu-ra-ki-im* **17)** *ta-ša-ṭá-ri-im* **18)** *ta-ša-ṭà-ar-šu*

f) Transliteration, Transkription und Übersetzung:
Neuassyrischer Duktus: **1)**  **2)** 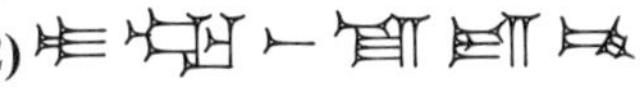
3) 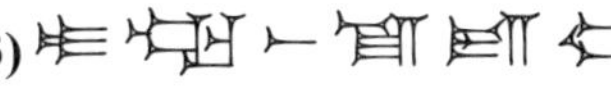 **4)**  **5)** 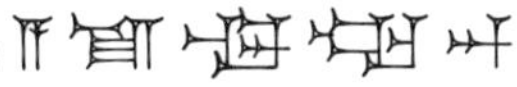
6) 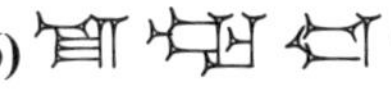 **7)**  **8)**  **9)** 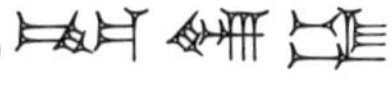
10) 

Altbabylonisch kursiv: **1)**  **2)** 
3)  **4)**  **5)** 
6)  **7)** **8)** **9)**
10)

Lektion 6

a) Grammatik: §§ 108b, 107d, f, 102 (Stativ), § 155 (nichtverbaler Satz), §§ 57–58a (selbständige Personalpronomina), § 152a–d (Negationen), § 157 (Fragen).

b) Vokabular:

adī	bis
ālum	Stadt
anāku	ich
annûm, fem. *annītum*	dieser, diese, dieses
atta	du (mask.)
atti	du (fem.)
Ekur	Name des Tempels von Enlil und Ninlil in Nippur
gerrum	Weg
ḫalāqum (*iḫalliq*/*iḫliq*)	verlieren, zugrundegehen
ḫaṭṭum fem.	Zepter
išarum	gerade, gerecht
kabātum (*ikabbit*/*ikbit*)	schwer/gewichtig werden/sein
lētum	Wange
marāṣum (*imarraṣ*/*imraṣ*)	krank werden/sein
maruṣ/*štum*	Krankheit, Sorge
mimmû (*mimma-*)	Besitz
nasāqum (*inassiq*/*issiq*)	aussuchen, auswählen
pīštum fem.	Beleidigung
qerēbum (*iqerrib*/*iqrib*)	sich nähern
qibītum fem.	Aussage, Spruch
rikistum, Pl. *riksātum*	Bindung, Pl. Vertrag
sinništum	Frau
ṣeḫērum (*iṣeḫḫir*/*iṣḫir*)	klein werden/sein
ṣillum	Schatten
šarrāqum	Dieb
šārtum fem.	Haare
šī	sie, diese
šībum	Zeuge
šū	er, dieser
tarāṣum (*itarraṣ*/*itruṣ*)	ausbreiten
ulā	nicht

c) Zeichenliste:

Neuassyrisch	Altbab. kursiv	Zeichenname	Phonogramm	Logogramm
𒄑	𒄑	GIŠ	*iz, is, iṣ*	GIŠ = *iṣum* „Holz“. [giš], Determinativ vor Bäumen und Holzgegenständen.
𒉺	𒉺	PA	*pa*	UGULA = *waklum* „Aufseher“.
𒈠	𒈠	MA	*ma*	
𒋗	𒋗	ŠU	*šu*	ŠU = *qātum* „Hand“.
𒆷	𒆷	LA	*la*	
𒀜	𒀜	AD	*ad, at, aṭ*	AD = *abum* „Vater“.
𒋡	𒋡	SÌLA	*qa*	SÌLA = *qûm* „Liter“.
𒈾	𒈾	NA	*na*	
𒊒	𒊒	RU	*ru*	
𒋳	𒋳	TAG	*šum*	

d) Übersetzung: **1)** *eqlum nadin* **2)** *ṣillī ṭābum ana ālija tariṣ* **3)** *gerrum paris* **4)** *mimmê ḫaliq* **5)** *adī balṭat* **6)** *ul ṣeḫret* **7)** *ḫaṭṭašu išarat* **8)** *qibīssa ina Ekur kabtat* **9)** *marṣāta* **10)** *balṭāti* **11)** *marṣāku* **12)** *šībūšu lā qerbū* **13)** *awâtū'a nasqā* **14)** *šaknānu* **15)** *awīlum šū šarrāq* **16)** *bītum annûm bītka*

e) Transkription und Übersetzung: **1)** *a-ḫi at-ta* **2)** *ú-ul a-bi at-ta ú-ul um-mi at-ti* **3)** *šar-ru-um gi-it-ma-lum a-na-ku* **4)** *šarrum ra-bu-um at-ta* **5)** *ma-ru-uṣ-ti ú-la ma-ru-uṣ-ta-ka-a ù pi-iš-ti ú-la pi-ša-at-ka-a* **6)** *ú-ul šar-tum i-na le-ti-ka* **7)** *šum-ma a-wi-lum aš-ša-tam īḫuzma* („geheiratet hat und“) *ri-ik-sa-ti-ša la iš-ku-un, sinništum ši-i ú-ul aš-ša-at* KH § 128

f) Transliteration, Transkription und Übersetzung:

Neuassyrischer Duktus:

Altbabylonisch kursiv:

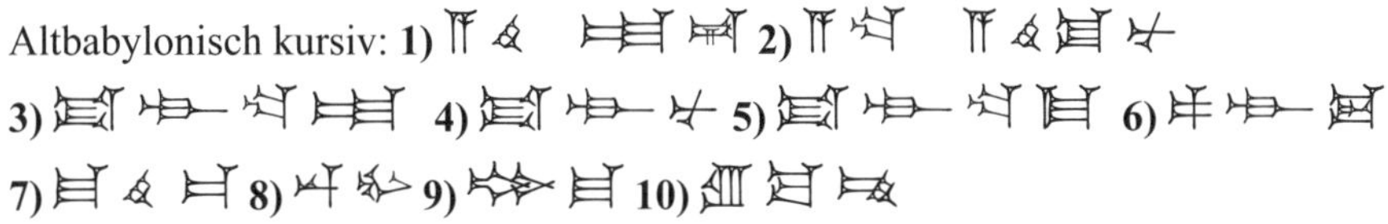

Lektion 7

a) Grammatik: § 100 (Subordinativ), § 136 (Subjunktionen), § 137a–c (Relativsätze), § 140 (Temporalsätze mit *inūma*), § 143 (Temporalsätze mit *adī*), § 145 (Kausalsätze), § 148a (Komparativsätze), § 151a (Konditionalsätze), § 158 (Syndese und Asyndese), § 160 (untergeordnete asyndetische Satzfolgen).

b) Vokabular:

appum	Nase
aššum	wegen, weil
damāqum (*idammiq*/*idmiq*)	gut
ḫalqum, fem. *ḫaliqtum*	flüchtig, verloren
Ḫammurapi	Name eines aB Königs
inūma	als, wenn
kirûm (*kiri-*)	Dattelpalmgarten
kīttum < *_kīntum_, Pl. _kīnātum_	Festigkeit, Wahrheit, Gerechtigkeit (bisweilen im Pl.)
lēʾûm, fem. *lēʾītum*	mächtig
maqātum (*imaqqut*/*imqut*)	fallen
mimma ša	alles was
muškēnum	Höriger, Halbfreier
muštālum	umsichtig
nadītum	Nonne
narûm (*narua-*)	Stele
ša	der, die, das; den usw. (Relativpronomen)
Šamaš	Name des Sonnengottes
šapārum	Sendung
šaqālum (*išaqqal*/*išqul*)	bezahlen
šarākum (*išarrak*/*išruk*)	schenken
šēpum	Fuß
šeʾum	Gerste
ši/eriktum	Geschenk
tûltum	Wurm
ṭēmum	Bericht
zakārum (*izakkar*/*izkur*)	sprechen, sagen

c) Zeichenliste:

Neuassyrisch	Altbab. kursiv	Zeichenname	Phonogramm	Logogramm
		ŠE	*še*	ŠE = *šeʾum* „Gerste“.
		BU	*bu*, *pu*	(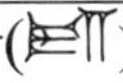) GÍD(.DA) = *arkum* „lang“.
		MU	*mu*	MU = *šattum* „Jahr“. MU = *šumum* „Name“.
		TE	*te*, *ṭe₄*	
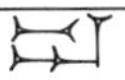		DU	*du*, *ṭù*	
		UŠ	*uš*, *ús*	NITA = *zikarum* „Mann“.
		IŠ	*iš*, *mil*	
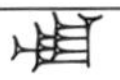	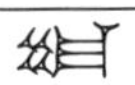	TU	*tu*, *ṭú*	
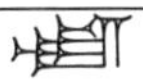	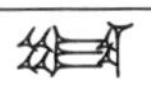	LI	*li*, *le*	
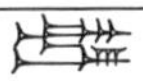		LUGAL		LUGAL = *šarrum* „König“.

d) Übersetzung: **1)** *mimma, ša irgumu* **2)** *awât mīšārim, ša ina narîm ašṭuru* **3)** *nadītum, ša abūša šeriktam išrukušim* **4)** *aššum ṭēm šêm, ša tašpuram* **5)** *inūma ilū awīlum* **6)** (Er begrub die Leiche nicht,) *adī tûltum imqutam ina appišu* **7)** *aššum šarrum mīšāram iškunu* **8)** *kīma ina tuppi ekallim šaṭru* **9)** *kasap, išqulu* **10)** *ūm*, NN *išpuram*

e) Transkription und Übersetzung: **1)** *a-wa-ti-ia, ša i-na narîja aš-ṭú-ru* **2)** *ša-pa-ru-um an-nu-um, ša ta-aš-pu-ra-am, da-mi-iq* **3)** *a-wa-at iz-ku-ru* **4)** *Ḫa-am-mu-ra-pí šar mi-ša-ri-im, ša Šamaš ki-na-tim iš-ru-ku-šum, a-na-ku* **5)** *šum-ma a-wi-lum a-na aš-ša-ti-šu eqlam kiriʾam bītam ù bi-ša-am iš-ru-uk-šim* **6)** *a-wi-lum, ša ḫu-ul-qum i-na qá-ti-šu ṣa-ab-tu* **7)** *šum-ma a-wi-lum, ša mi-im-mu-šu ḫal-qú, mi-im-ma-šu ḫal-qá-am i-na qá-ti a-wi-lim iṣṣabat* („ergriffen hat“)

f) Transliteration, Transkription und Übersetzung:

Neuassyrischer Duktus: 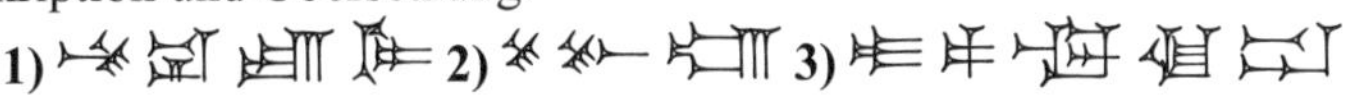

Altbabylonisch kursiv: 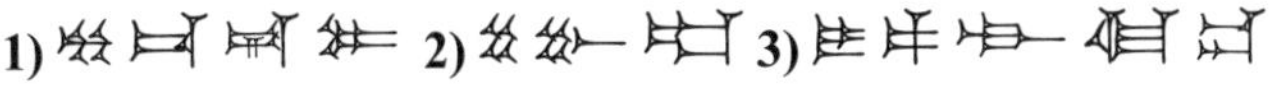

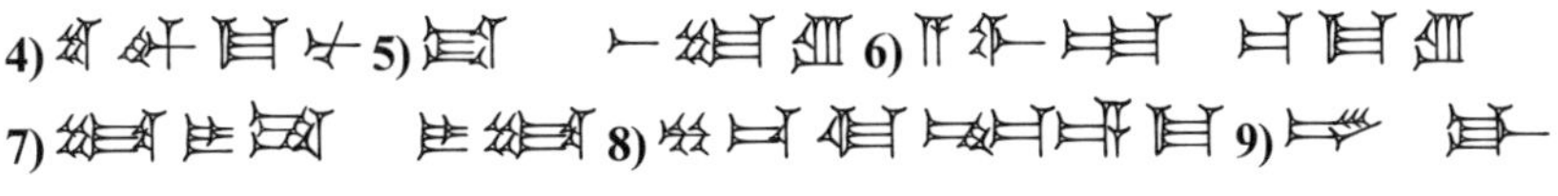

10) 

Lektion 8

a) Grammatik: § 108a (Paradigma des Imperativs), § 90a (Personalaffixe des Imperativs), §§ 95–98 (Modi), § 59 (Fragepronomen *mannum* und Indefinitpronomen *mamman*), § 80g (Terminativ zur Bildung von Adverbien).

b) Vokabular:

arḫiš	schnell (Adverb)
awīlūtum	Menschheit
binīʾātum Pl.	Glieder
gamrum, fem. *gamilertum*	voll, vollständig
ḫabāšum (*iḫabbaš*/*iḫbuš*)	zerschmettern
ina maḫar	an der Vorderseite von, vor
karābum (*ikarrab*/*ikrub*)	beten (für = Dativ)
lapātum (*ilappat*/*ilput*)	anfassen
lemnum, fem. *lemuttum*	böse, schlecht
magārum (*imaggar*/*imgur*)	einwilligen, zustimmen (jemandem = Akkusativ)
maḫar	s. *ina maḫar*
maḫārum (*imaḫḫar*/*imḫur*)	empfangen
mamman	jemand
mannum	wer
naṭālum (*inaṭṭal*/*iṭṭul*)	schauen
Nergal	Name des Unterweltgottes
nūrum	Licht
palāḫum (*ipallaḫ*/*iplaḫ*)	sich fürchten
qaqqadum	Kopf
saḫārum (*isaḫḫur*/*isḫur*)	sich wenden (an = Akkusativ), suchen, herumgehen (um = Akkusativ)
salāmum (*isallim*/*islim*)	freundlich werden/sein, Frieden schließen (mit = *ittī*)
ṣalmum	Bild
Ṣarpanītum	Name einer Göttin, Gattin des Marduk
šalāmum (*išallim*/*išlim*)	gesund/heil werden/sein
šebērum (*išebbir*/*išbir*)	(etwas) zerbrechen
šīrum	Fleisch, Leberomen
šulmum	Heil
takālum (*itakkal*/*itkal*)	vertrauen (jemandem = *ana*)
ṭīdum	Lehm

c) Zeichenliste:

Neuassyrisch	Altbab. kursiv	Zeichenname	Phonogramm	Logogramm
		Ú	*ú*	Ú = *šammum* „Pflanze". ú, Determinativ vor Pflanzennamen.
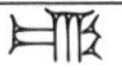		GA	*ga, qá*	
		MI	*mi, mé*	
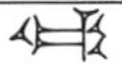		UL	*ul*	
		AL	*al*	
	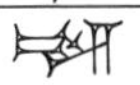	IL	*il*	
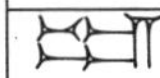	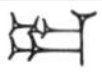	ÚR	*úr*	
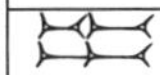	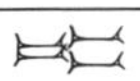	KUM	*kum, qum*	
		IB	*ib, ip*	
		UR	*ur, taš* *lig, lik, liq*	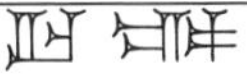 UR.SAG = *qarrādum* „Held". 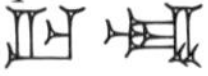 UR.MAḪ = *nēšum* „Löwe".  UR.BAR.RA = *barbarum* „Wolf".

d) Übersetzung: **1)** *šuṭur* **2)** *šuṭrānim* **3)** *ṣabat* **4)** *ṣabit* **5)** *lā iṣabbat* **6)** *ul iṣabbat* **7)** *piqdam* **8)** *piqissu* **9)** *paqid* **10)** *lū apqid* **11)** *lipqidū* **12)** *limad* **13)** *lamid* **14)** *lilmad* **15)** *ē tasḫur* **16)** *silim ittīja* **17)** *lislimū* **18)** *i nislim* **19)** *limḫurū* **20)** *muḫur*

e) Transkription und Übersetzung: **1)** *e ta-ap-la-aḫ* **2)** *lu-ú iš-ru-ka-am* **3)** *lu-ú a-na-ad-di-na-ak-ku-um* **4)** *la al-pu-tu* **5)** *la a-ra-ag-gu-mu* **6)** *ul i-rag-gu-um* **7)** *la i-ra-ag-gum* **8)** *li-il-ma-da nišū* **9)** *ṭe*$_4$*-em kirîm šu-up-ra-am* **10)** *an-ni-tam ar-ḫi-iš šu-up-ra-am* **11)** *a-na ma-an-ni-im a-ša-ap-pa-ar* **12)** *la ta-ma-ag-ga-ar-šu* **13)** *pu-ru-sà-ši-na li-ip-ru-us* **14)** *ḫaṭṭašu li-iš-bi-ir* **15)** *lu-ú ša-al-ma-ta* **16)** *ana mamman lā ta-ta-kà-al* **17)** *ē ta-at-ka-al ana awīlūti(m)* **18)** *Šamaš šīram lem-nam li-iš-ku-un-šum* **19)** *i-na ma-ḫar Marduk be-lí-ia Ṣar-pa-ni-tum be-el-ti-ia i-na li-ib-bi-šu ga-am-ri-im li-ik-ru-ba-am* **20)** *Nergal dan-nu-um i-na ì-lí bi-ni-a-ti-šu ki-ma ṣa-lam ṭi-di-im li-iḫ-bu-uš*

f) Transliteration, Transkription und Übersetzung:

Neuassyrischer Duktus: **1)** **2)**

3) 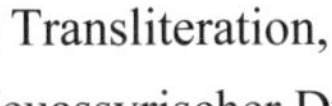 **4)** 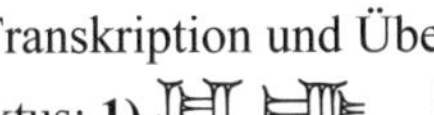 **5)** 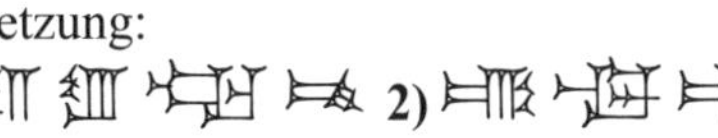

6) 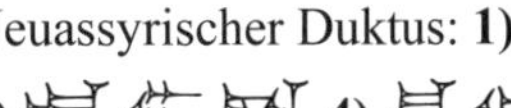 **7)** 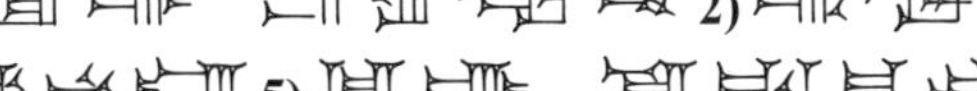

Altbabylonisch kursiv: 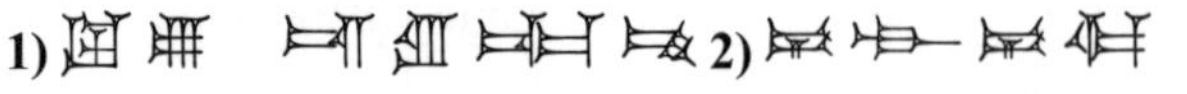

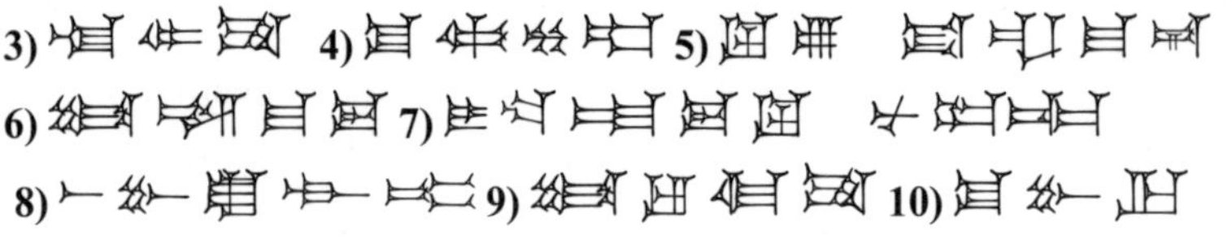

Lektion 9

a) Grammatik: §§ 108a, 107a–d, 26b, 27e, 34, 35 (Flexion des Perfekts), § 91 (Übersicht über Funktion des Perfekts), § 106 (Übersicht über Derivation), §§ 109–110 (Gt-Stamm), § 156b (unpersönliches Subjekt).

b) Vokabular:

bābum	Tor
bēlūtum	Herrschaft
eṣemtum	Knochen
magārum Gt (*imtaggar*/*imtagar*)	einander zustimmen
maḫāṣum Gt (*imtaḫḫaṣ*/*imtaḫaṣ*)	einander schlagen, miteinander kämpfen
malākum (*imallik*/*imlik*)	beraten; Gt einander Rat geben; überlegen
mitgurum	willfährig
nakāsum (*inakkis*/*ikkis*)	abschneiden
nakrum	Feind
pašāšum (*ipaššas*/*ipšaš*)	einreiben, salben; Gt sich einreiben
rittum	Hand
sanāqum (*isanniq*/*isniq*)	ankommen, erreichen
ṣabātum Gt (*iṣṣabbat*/*iṣṣabat*)	einander packen
ummānum	Heer

c) Zeichenliste:

Neuassyrisch	Altbab. kursiv	Zeichenname	Phonogramm	Logogramm
		BAD	*bad*, *bat*, *baṭ*, *be*	
		BI	*bi*, *bé*, *pí*, *pé*	BI = *šu*, *ša* „sein, ihr" (vgl. Lesestücke Nr. 3.2: 14). KAŠ = *šikārum* „Bier".
		TI	*ti*, *ṭì*	

Neuassyrisch	Altbab. kursiv	Zeichenname	Phonogramm	Logogramm
		EN	*en*	EN = *bēlum* „Herr“.  ^{d}EN.ZU = *Sîn*, Mondgott.  ^{d}EN.KI = *Ea*, Gott des unterirdischen Wassers.
		ZA	*za, ṣa, sà*	
		ḪA	*ḫa*	KU_6 = *nūnum* „Fisch“. $^{ku}{}_6$, Determinativ nach Fischnamen.
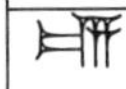		UN	*un*	KALAM = *mātum* „Land“.
		UG	*ug, uk, uq*	
		AZ	*az, aṣ, as*	
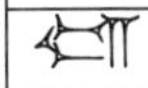		LAM	*lam*	

d) Übersetzung: Perfekt: **1)** *taḫtaliq* **2)** *aštapar* **3)** *ištaprūnikkum* **4)** *iṣṣabat* **5)** *iṣṣabtūšu* **6)** *izzakrā* **7)** *issanqakkum* **8)** *aṭṭarad* – Gt-Stamm: **9)** *imtaḫṣū* **10)** *imtaḫḫaṣū* **11)** *imtallikū* **12)** *limtalkū* **13)** *amtalkamma* **14)** *mitlikā* **15)** *iptaššū* **16)** *nimtaggar* **17)** *mitguram* **18)** *mitgurūti(m)* **19)** *iṣṣabbatū* **20)** *liṣṣabtū*

e) Transkription und Übersetzung: Perfekt: **1)** *šum-ma mārum a-ba-šu im-ta-ḫa-aṣ, ritta-šu i-na-ak-ki-su* KH § 195 **2)** *šum-ma muškēnum le-e-et muškēnim im-ta-ḫa-aṣ,* 10 *šiqil* (10 Schekel) *kaspam i-ša-qal* KH § 204 **3)** *šum-ma warad a-wi-lim le-e-et mār a-wi-lim im-ta-ḫa-aṣ, ú-zu-un-šu i-na-ak-ki-su* KH § 205 **4)** *šum-ma* (*a-wi-lum*) *eṣemti a-wi-lim iš-te-bi-ir, eṣemta-šu i-še-eb-bi-ru* KH § 197 – Gt-Stamm: **5)** *i-na ba-ab Šamaš im-ta-ag-ru* **6)** *a-na-ku am-ta-li-ik* **7)** *at-ta u ši-i, mi-it-li-ka* **8)** *um-ma-ni ù um-ma-an nakrim iṣ-ṣa-ab-ba-tu*

f) Transliteration, Transkription und Übersetzung:

Neuassyrischer Duktus: **1)**  **2)** 
3)  **4)** 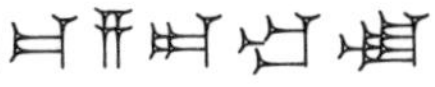 **5)** 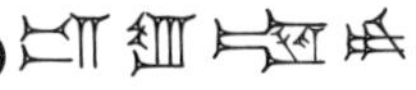 **6)** 
7)  **8)** 
9) 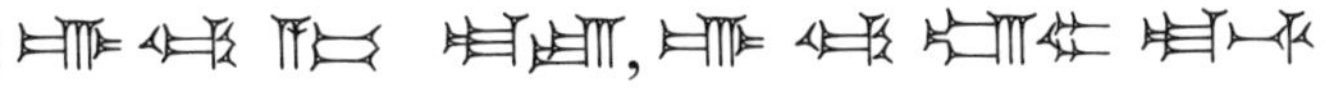
10) 

Altbabylonisch kursiv: **1)**  **2)** 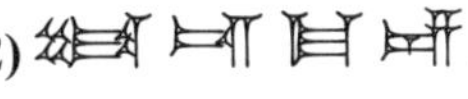 **3)** 

Lektion 10

a) Grammatik: §§ 111–112 (D- und Dt-Stämme), §§ 113–114 (Š- und Št-Stämme), § 78a (doppelter Akkusativ), § 78c (Akkusativ des Ortes), § 60 (Funktionen des Determinativpronomens), § 154d (*-ma* als Progressweiser).

b) Vokabular:

abnum	Stein
aj	möge nicht (Vetitivpartikel)
annûmma	nun
balāṭum D	lebendig machen, am Leben erhalten
batāqum (*ibattaq*/*ibtuq*)	durchschneiden, durchbrechen; D (viele Dinge) durchbrechen; Dt durchbrochen werden
butuqtum, Pl. *but*(*u*)*qātum*	Durchbruch
damāqum D	gut machen
Dilbat	Stadt in Babylonien
e/*igirrûm*	Ruf
Enlil	Name des obersten Gottes des sumerischen Pantheons
erretum	Damm
ḫalāqum D	vernichten
ḫasāsum (*iḫassas*/*iḫsus*)	sich erinnern; D (jemanden) erinnern
ḫurāṣum	Gold
igirrûm	s. *e*/*igirrûm*
kamārum (*ikammar*/*ikmur*)	aufhäufen; D gewaltig aufhäufen
kašādum Š	erreichen lassen
lamādum D	unterrichten, informieren
lapātum Š	zerstören
lemēnum (*ilemmin*/*ilmin*)	böse/schlecht werden/sein; D schlecht machen
-ma (enklitische Partikel)	und (dann)
magārum Š	zustimmen lassen
maqātum Š	fallen lassen, niederstrecken
marāṣum Št	sich sorgen
Mari	Stadt in Nordsyrien
mār šiprim	(Sohn der Botschaft =) Bote
mēreštum	bebautes Feld
Meslam	Nergal-Tempel in Kutha

mimma šumšu	alles Mögliche
nakārum (*inakkir*/*ikkir*)	anders/feindlich werden/sein; D verändern
napištum	Leben
Ninlil	Name einer Göttin
pašāṭum (*ipaššiṭ*/*ipšiṭ*)	ausradieren; Š ausradieren lassen
qarrādum	Krieger
Qatanum	Stadt in Nordsyrien
rapāšum (*irappiš*/*irpiš*)	breit werden/sein; D breit machen, vergrößern; Dt verbreitert werden
sanāqum D	überprüfen; Dt überprüft werden
ṣabātum Š	ergreifen lassen
šadālum (*išaddil*/*išdil*)	weit werden/sein; D erweitern
šakānum Š	setzen/stellen/legen lassen
šaṭārum Š	schreiben lassen
šaṭrum (Verbaladjektiv)	geschrieben
šiprum	s. *mār šiprim*
šipṭum	Gericht
tabākum (*itabbak*/*itbuk*)	ausschütten
Uruk	Stadt in Babylonien

c) Zeichenliste:

Neuassyrisch	Altbab. kursiv	Zeichenname	Phonogramm	Logogramm
		ḪU	*ḫu*	MUŠEN = *iṣṣūrum* „Vogel". mušen, Determinativ nach Vogelnamen.
		ZU	*uz, us, uṣ*	
		IG	*ig, ik, iq*	
		ZI	*zi, ze, sí, sé, ṣí, ṣé*	
		GI	*gi, ge, qì, qè*	GI = *qanûm* „Schilfrohr". gi, Determinativ vor Rohrgegenständen.
		NI	*ni, né, ì, lí* (in *ì-lí* „mein Gott")	Ì = *šamnum* „Öl".
		IR	*ir, er*	
		SA	*sa*	 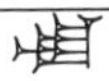 SA.TU = *šadûm* „Berg".
		IN	*in*	

Neuassyrisch	Altbab. kursiv	Zeichenname	Phonogramm	Logogramm
		ÚḪ	úḫ	

d) Übersetzung: **1)** *awīlam ubtalliṭ* **2)** *šarrum warassu uballaṭ* **3)** *muballiṭ Uruk* **4)** *murappiš mimma šumšu ana Meslam* **5)** *kīʾam ulammidanni* **6)** *purussê mātim, ša aprusu, aj unakkir* **7)** *urtappaš* **8)** *māssu liḫalliq* **9)** *Ninlil, ummum rabītum, qarrādīšu lišamqit* **10)** *ḫurāṣam ana Mari ušakšidūnim* **11)** *ālšu uštakšidaššu* **12)** *libbaka lā uštamraṣ*

e) Transkription und Übersetzung: **1)** *a-al-šu ú-ḫa-al-la-aq* **2)** *úḫ-ta-al-li-iq* **3)** *mu-kam-me-er nu-úḫ-ši-im* **4)** *aš-šum šeʾim, ša ús-sà-an-na-qú* **5)** *su-un-ni-iq-šu* **6)** *bītam ú-sa-an-ni-qú* **7)** *mu-ša-ad-di-il me-re-eš-tim ša Dilbat* **8)** *er-re-tam ša ab-nim ab-tu-uq* **9)** *nakrum bu-tu-qá-tim ú-ba-at-ta-qá-ak-kum* **10)** *bu-tu-qá-tum ub-ta-ta-qá* **11)** *a-nu-um-ma mārī ši-ip-ri-im ša Qa-ta-nim ú-uš-ta-aṣ-bi-it-ma aṭ-ṭá-ar-da-šu-nu-ti* **12)** *ša šu-mi ša-aṭ-ra-am i-pa-ši-ṭú ù ú-ša-ap-ša-ṭú, šum-šu la ša-aṭ-ra-am i-ša-ṭá-ru ù ú-ša-áš-ṭá-ru* **13)** *bēltum, mu-dam-mi-qá-at i-gi-ir-re-ia, a-šar ši-ip-ṭi-im ù pu-ru-sé-em i-na ma-ḫar En-líl a-wa-sú li-le-mi-in. šu-ul-pu-ut ma-ti-šu, ḫa-la-aq ni-ši-šu, ta-ba-ak na-piš-ti-šu ki-ma me-e i-na pī En-líl šar-ri-im li-ša-áš-ki-in*

f) Transliteration, Transkription und Übersetzung:

Neuassyrischer Duktus: **1)** **2)** **3)** **4)** **5)** **6)** **7)** **8)** **9)** **10)**

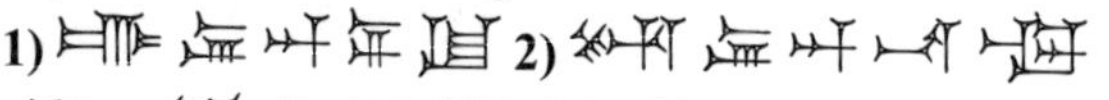

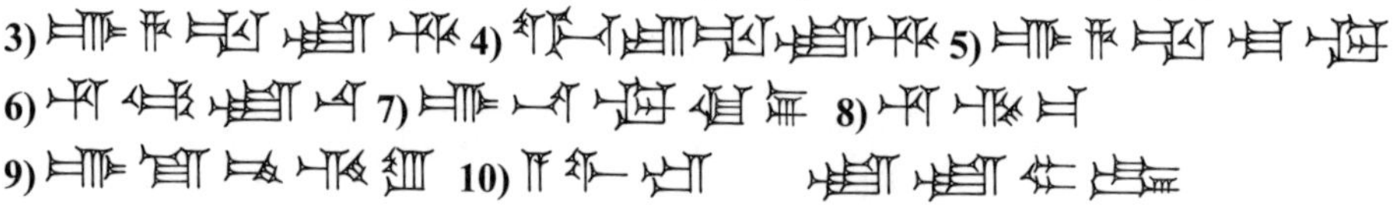

Altbabylonisch kursiv: **1)** **2)** **3)** **4)** **5)** **6)** **7)** **8)** **9)** **10)**

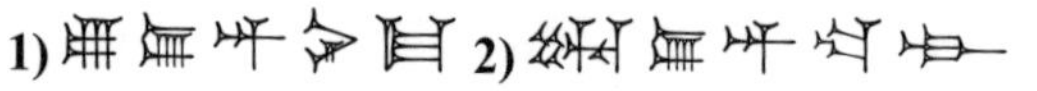

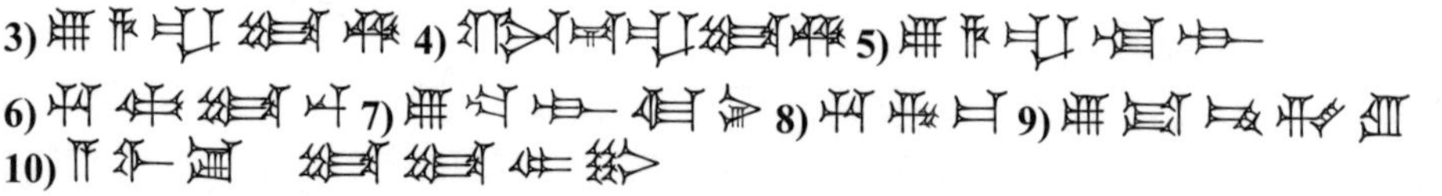

Lektion 11

a) Grammatik: §§ 115–116 (N-Stamm), §§ 117–118 (*-tan*-Stämme), § 119 (Übersicht über die Flexion des starken Verbums), § 78e (Akkusativ der Zeit).

b) Vokabular:

Anum	Name des Himmelsgottes
balāṭum	Leben
ḫabātum (*iḫabbat/iḫbut*)	rauben; Gtn immer wieder rauben
ḫubtum	Raub
kajjāniš	ständig
karābum Gtn (*iktanarrab/iktarrab*)	immer wieder beten

maḫārum Gtn (*imtanaḫḫar*/*imtaḫḫar*)	immer wieder empfangen
malā	soviel wie
marāṣum Gtn (*imtanarraṣ*/*imtarraṣ*)	immer wieder krank werden/sein, sich immer wieder sorgen
murabbītum	Ziehmutter
mūšum	Nacht
nadānum N (*innaddin*/*innadin*)	gegeben werden
nasāḫum (*inassaḫ*/*issuḫ*)	ausreißen; N ausgerissen werden, verstoßen werden
palāsum N (*ippallas*/*ippalis*)	blicken (auf = Dativ oder *ana* + Genitiv)
parāsum N (*ipparras*/*ipparis*)	entschieden werden; Ntn immer wieder entschieden werden
paṭārum (*ipaṭṭar*/*ipṭur*)	lösen; Gtn immer wieder lösen; N gelöst werden
rapādum (*irappud*/*irpud*)	laufen; Gtn umher laufen
sattukkum	regelmäßiges Opfer
sūnum	Schoß
ṣabātum N (*iṣṣabbat*/*iṣṣabit*)	ergriffen werden
šaluštum	Drittel
šapārum Gtn (*ištanappar*/*ištappar*)	immer wieder schicken; N geschickt werden
šebērum N (*iššebbir*/*iššebir*)	zerbrochen werden
šiqlum	Schekel
terḫatum	Brautpreis
urrum	(heller) Tag (im Gegensatz zur Nacht)
warkī	nach, nach dem Tode

c) Zeichenliste:

Neuassyrisch	Altbab. kursiv	Zeichenname	Phonogramm	Logogramm
𒌋	𒌋	U		Zahlzeichen 10. 𒀭 𒌋 ^{d}X = *Adad*, Wettergott.
𒌍	𒌍	EŠ	*eš*	Zahlzeichen 30. 𒀭 𒌍 ^{d}XXX = *Sîn*, Mondgott.
𒅆	𒅆	IGI	*ši*, *še*$_{20}$ *lim*	IGI = *īnum* „Auge“. IGI = *pānum* „Vorderseite“.
𒊑	𒊑	RI	*ri*, *re*	
𒅈	𒅈	AR	*ar*	
𒈨	𒈨	ME	*me*, *mì*	
𒃻	𒃻	NÍG		𒃻 𒂵 NÍG.GA = *namkūrum* „Eigentum“.

Neuassyrisch	Altbab. kursiv	Zeichenname	Phonogramm	Logogramm
𒋰	𒋰	TAB	*tab*, *tap*	
𒂅	𒂅	GÍN		GÍN = *šiqlum* „Schekel“.
𒆬	𒆬	KUG		𒆬 𒌓 KÙ.BABBAR = *kaspum* „Silber“. 𒆬 𒁶 KÙ.DÍM = *kutimmum* „Goldschmied“.

d) Übersetzung: **1)** *ipparras* **2)** *ipparis* **3)** *tattaprasu* **4)** *lipparis* **5)** *tapparrasā* **6)** *itaprusu(m)* **7)** *ša iṣṣabtu* **8)** *ittaṣbat* **9)** *naṣbutum* **10)** *iṣṣabbatā* **11)** *iḫtanabbatū* **12)** *ina ḫitabbutim* **13)** *ippaṭṭar* **14)** *iptanaṭṭar* **15)** *ippaṭir* **16)** *lippaṭir* **17)** *tappaṭṭar* **18)** *artanappud* **19)** *irtappud* **20)** *lirtappud* **21)** *malā innadnu* **22)** *mimma, ša innadnušum* **23)** *sattukkī imtanaḫḫarū* **24)** *limtaḫḫarū* **25)** PN *ana* ON *kajjāniš ištanappar* **26)** *šitappar* **27)** *ṭēmum liššapranniʾāšim*

e) Transkription und Übersetzung: **1)** *ša-lu-uš-ti eqlim u kirîm a-na um-mi-šu in-na-ad-di-in* **2)** 4 *bilat kaspum* („4 Talente Silber“) *a-na te-er-ḫa-at mārat* PN *in-na-ad-di-in* **3)** *Anum ù Enlil a-na Marduk ip-pa-al-su-šum* **4)** *a-na a-ḫi-ia aš-ta-na-ap-pa-ar* **5)** *a-na ba-la-ṭì-ka mu-ša-am ù ur-ra-am ak-ta-na-ra-ab* **6)** *a-na mi-nim li-ib-ba-ki im-ta-na-ar-ra-aṣ* **7)** *šum-ma a-wi-lum wa-ar-ki a-bi-šu i-na sú-un* <*mu?*>*-ra-bi-ti-šu, ša mārī wa-al-da-at* („die Söhne geboren hat“), *it-ta-aṣ-ba-at, a-wi-lum šu-ú i-na bīt abim in-na-as-sà-aḫ* KH § 158 **8)** *šum-ma a-wi-lum ḫu-ub-tam iḫ-bu-ut-ma it-ta-aṣ-ba-at, a-wi-lum šu-ú id-da-ak* („soll getötet werden“) KH § 22

f) Transliteration, Transkription und Übersetzung:

Neuassyrischer Duktus:

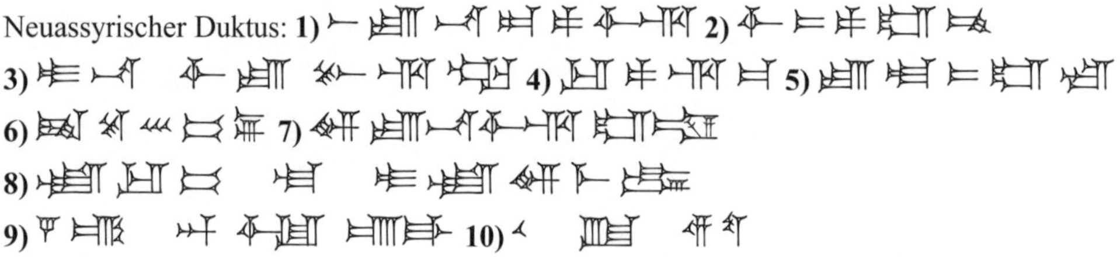

Altbabylonisch kursiv:

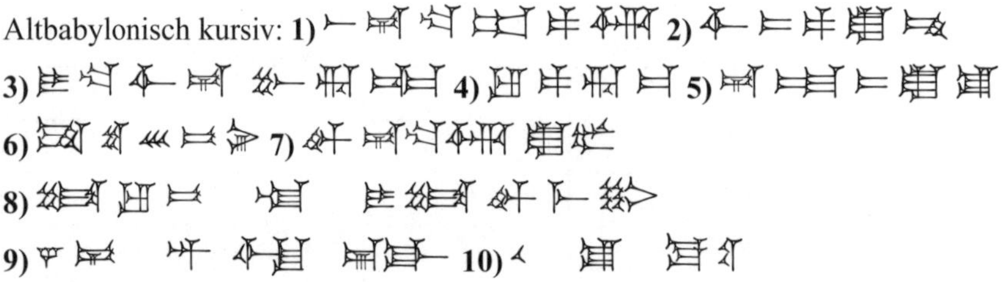

Lektion 12

a) Grammatik: § 38b (Assimilation von *n*), § 121 (Verben primae nun). § 49a (Schwund von aleph), § 122 (Verben primae aleph).

b) Vokabular:

agārum (*iggar*/*īgur*)	mieten
aḫāzum (*iḫḫaz*/*īḫuz*)	nehmen, heiraten; Gtn immer wieder nehmen; D einfassen; Š nehmen lassen; N um sich greifen (Feuer)
alākum (*illak*/*illik*)	gehen, (mit Ventiv) kommen; Gtn umher gehen; Š gehen lassen
alpum	Stier, Rind
balūm	ohne, ohne Erlaubnis von
eleppum fem.	Schiff
elep šūši	Schiff mit 60 Kor Fassungsvermögen
emēdum (*immid*/*īmid*)	sich anlehnen, auferlegen; D anlehnen; N sich aneinander legen
epēšum (*ippeš*/*īpuš*)	tun, machen
**ḫapādum* D	blenden
idū (Pl.)	Lohn
iṣum	Holz, Baum
ištēn	eins
itinnum	Baumeister
**kalālum* Š	vollenden
mišlum	Hälfte
nadānum	Gtn immer wieder geben; Š geben lassen
qīštum	Geschenk, Honorar
šīmum	Kaufpreis
šūši	sechzig (s. auch *elep šūši*)
tupšarratum	Schreiberin
tupšarrum	Schreiber

c) Zeichenliste:

Neuassyrisch	Altbab. kursiv	Zeichenname	Phonogramm	Logogramm
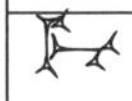		GU	*gu*, *qù*	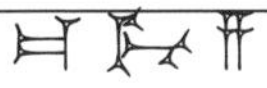 ^{giš}GU.ZA = *kussûm* „Thron“.
		EL	*el*	SIKIL = *ellum* „rein“.
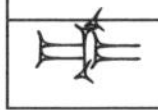		UB	*ub*, *up*	

Neuassyrisch	Altbab. kursiv	Zeichenname	Phonogramm	Logogramm
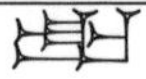	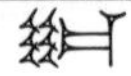	SAR	*šar*	 (giš)kiri₆ = *kirûm* „Dattelpalmgarten“.
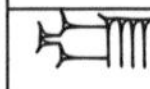	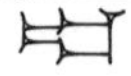	DUB		DUB = *tuppum* „Tontafel“. 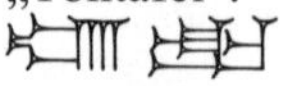 DUB.SAR = *tupšarrum* „Schreiber“.
		GU_4		GU_4 = *alpum* „Stier“.
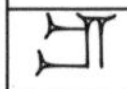		GUR	*gur*	GUR = *kurrum* „Kor“.
		ŠÁM (NÍNDA x ŠE, neuass.), ŠÀM (NÍNDA x AN, altbab. kursiv)		ŠÁM/ŠÀM = *šīmum* „Kaufpreis“.

d) Übersetzung: Verben I-n: **1)** *iddinam* **2)** *attadin* **3)** *attanaddin* **4)** *nittanaddin* **5)** *idnāšum* **6)** *tuštaddin* **7)** *innaddin*. – Verben I-ʾ: **8)** *iḫḫazū* **9)** *īḫuz* **10)** *līḫuz* **11)** *ātanaḫḫaz* **12)** *uḫḫiz* **13)** *ušāḫizki* **14)** *tušaḫḫassu* **15)** *innaḫḫaz* **16)** *innaḫiz* **17)** *immid* **18)** *immidū* **19)** *ēmid* **20)** *ītemid* **21)** *tummad* **22)** *ummid* **23)** *innemdū* **24)** *illakū* **25)** *illak* **26)** *lillikam* **27)** *tattanallakā* **28)** *attallak* **29)** *muttallik mūši(m)* **30)** *ušallak*

e) Transkription und Übersetzung: **1)** *šum-ma a-wi-lum ba-lum be-el kirîm i-na kiri a-wi-lim i-ṣa-am ik-ki-is*, 1/2 *ma-na kaspam* („1/2 Mine Silber“) *i-ša-qal* KH § 59 **2)** *šum-ma a-wi-lum elep šūši i-gur*, *i-na ūmim ištēn* IGI.6.GÁL KÙ.BABBAR („1/6 (Schekel) Silber“) *idī-ša i-na-ad-di-in* KH § 277 **3)** *šum-ma itinnum bītam a-na a-wi-lim i-pu-uš-ma ú-ša-ak-li-il-šum*, *a-na* 1 SAR É („pro 36 qm Hausfläche“) 2 GÍN KÙ.BABBAR („2 Schekel Silber“) *a-na qí-iš-ti-šu i-na-ad-di-iš-šum* KH § 228

f) Transliteration, Transkription und Übersetzung:

Neuassyrischer Duktus: **1)** 

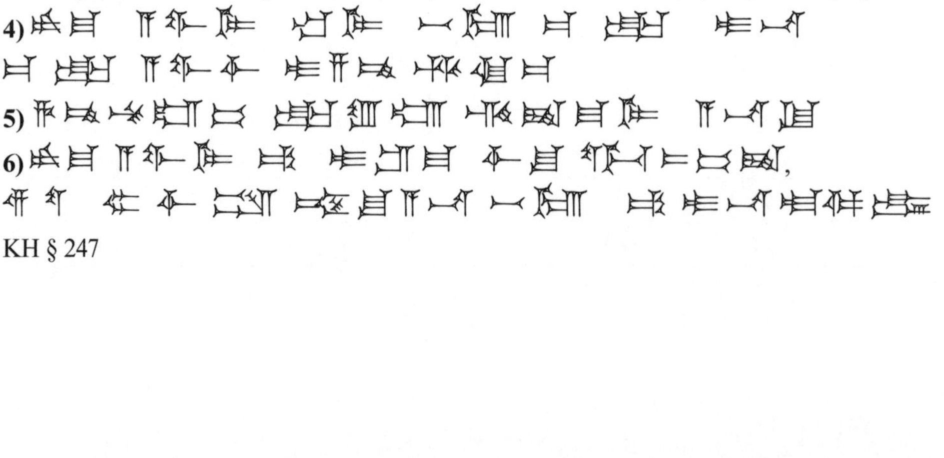

KH § 247

Altbabylonisch kursiv:

KH § 247

Lektion 13

a) Grammatik: § 125 (Verben primae waw), § 32 (*wabālum*), §§ 92d, 151b (Präsens im *šumma*-Satz), § 160b (Lokalsätze).

b) Vokabular:

ašar	wo(hin)
bīš qātim	(bewegliches Eigentum der Hand =) zur Verfügung stehendes bewegliches Eigentum
ezēbum (*izzib*/*īzib*)	verlassen, sich scheiden lassen von (Akkusativ) zurücklassen
ḫarrānum	Weg, Feldzug
ḫīrtum	Gattin, Ehefrau
malā	entsprechend
nīš ilim	Eid beim Leben des Gottes
šalāmum D	voll ersetzen
šībultum	Transportgut
šuʾāti	diesen
wabālum (*ubbal*/*ubil*)	tragen, bringen; Gt wegtragen; Gtn immer wieder bringen; Š bringen lassen; N gebracht werden
walādum (*ullad*/*ulid*)	gebären
wašābum (*uššab*/*ušib*)	sitzen, sich befinden, wohnen
wašārum D	loslassen; Dt freigelassen werden

c) Zeichenliste:

Neuassyrisch	Altbab. kursiv	Zeichenname	Phonogramm	Logogramm
		TUR		DUMU = *mārum* „Sohn“.
	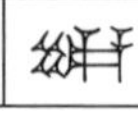	TIR	*tir, ter*	

d) Übersetzung: **1)** *ubbalū* **2)** *nubbal* **3)** *ubbalam* **4)** *ublam* **5)** *liblū* **6)** *lībilūkim* **7)** *itbalūšum* **8)** *bilam* **9)** *babil* **10)** *ittanabbalūšum* **11)** *šūbilam* **12)** *ušābilakkum* **13)** *ibbabbalū*

e) Transkription und Übersetzung: **1)** *šum-ma a-wi-lum alpam i-gur-ma i-lum im-ḫa-sú-ma im-tu-ut* („gestorben ist“), *a-wi-lum, ša alpam i-gu-ru, ni-iš i-lim i-za-kar-ma ú-ta-aš-šar* KH § 249 **2)** *šum-ma a-wi-lum i-na ḫar-ra-nim wa-ši-ib-ma kaspam ḫurāṣam abnam ù bi-iš qá-ti-šu a-na a-wi-lim id-di-in-ma a-na ši-bu-ul-tim ú-ša-bíl-šu, a-wi-lum šu-ú mi-im-ma, ša šu-bu-lu, a-šar šu-bu-lu, la id-di-in-ma it-ba-al, be-el ši-bu-ul-tim a-wi-lam šu-a-ti i-na* („betreffs“) *mi-im-ma, ša šu-bu-lu-ma la id-di-nu, ú-ka-an-šu-ma* („er führt ihm den Nachweis“) *a-wi-lum šu-ú adī ḫamšīšu* („fünffach“) *mi-im-ma, ša in-na-ad-nu-šum, a-na be-el ši-bu-ul-tim i-na-ad-di-in* KH § 112

f) Transliteration, Transkription und Übersetzung:

Neuassyrischer Duktus: **1)** 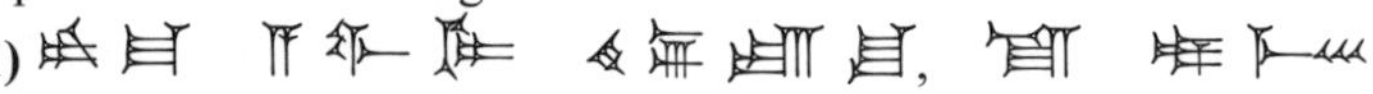
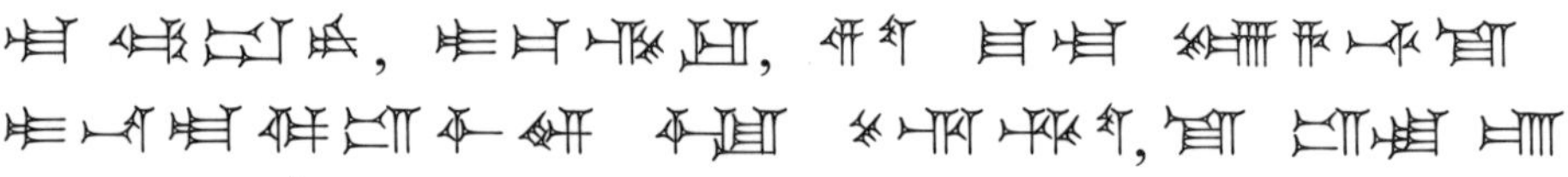
 KH § 138

Altbabylonisch kursiv: **1)** 
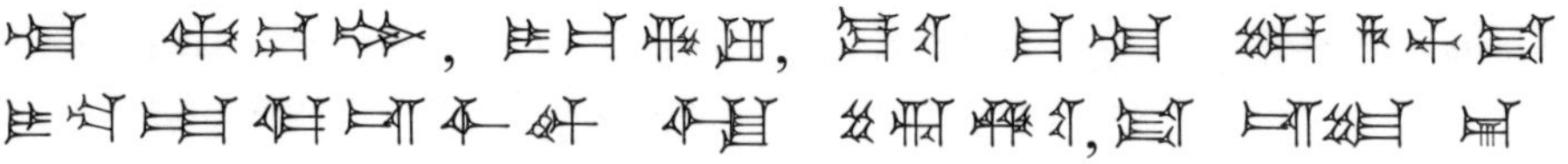
 KH § 138

Lektion 14

a) Grammatik: § 28 (Vokalkontraktionen), § 126 (Verben mediae waw/jod bzw. mediae vocalis), §§ 93d, 94c, 151b (Perfekt und Präteritum im *šumma*-Satz).

b) Vokabular:

asûm (*asu-*)	Arzt
bêlum (*ibêl*/*ibēl*)	herrschen
dâkum (*idâk*/*idūk*)	töten; Š töten lassen; N getötet werden
dārûm, fem. *dārītum*	ewig
gašīšum	Pfahl
ḫīʾāṭum (*iḫīʾaṭ*/*iḫīṭ*)	überwachen
igārum	Wand, Mauer
imērum	Esel
kânum (*ikân*/*ikūn*)	fest sein; D fest machen, bestimmen
karṣillum	Messer
maṣṣārūtum	Aufbewahrung
mâtum (*imât*/*imūt*)	sterben; Š sterben lassen
mutum	Ehemann
qâpum (*iqâp*/*iqūp*)	schief werden/sein
qīʾāpum (*iqīʾap*/*iqīp*)	übergeben, (an)vertrauen
qīʾāšum (*iqīʾaš*/*iqīš*)	schenken
rīʾābum (*irīʾab*/*irīb*)	ersetzen
simmum	Wunde
siparrum	Bronze
šâlum (*išâl*/*išāl*)	fragen
šâmum (*išâm*/*išām*)	kaufen

c) Zeichenliste:

Neuassyrisch	Altbab. kursiv	Zeichenname	Phonogramm	Logogramm
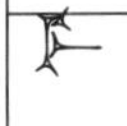		MUNUS		MUNUS = *sinništum* „Frau“. ^{f}, Determinativ vor weiblichen Personennamen, Berufen und Tiernamen.
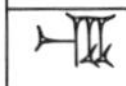		KAB	*kab*, *kap*	
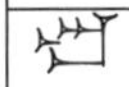		ARAD		ARAD = *wardum* „Sklave“. (s. GÌR).
		MAŠ	*maš*	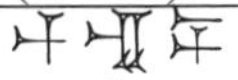 MAŠ.EN.GAG = *muškēnum* „Halbfreier“.
		GAG		(s. MAŠ und GÍR).

Neuassyrisch	Altbab. kursiv	Zeichenname	Phonogramm	Logogramm
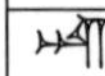		GÍR		 GÍR.GAG = *karṣillum* „Messer“.
		BAR	*bar*, *pár*	

d) Übersetzung: **1)** *ikūn* **2)** *ikūnū* **3)** *kīnat* **4)** *iktūn* **5)** *tukān* **6)** *Šarrum-ukīn* **7)** *uktīn* **8)** *likīn* **9)** *mukīn šarrūti(m)* **10)** *Sîn-iqīšam* **11)** *luqīssim* **12)** *iqīʾap* **13)** *taqīʾap* **14)** *qīpāku* **15)** *igārum iqtūp* **16)** *išâlanni* **17)** *tašâl* **18)** *išallūka* **19)** *išālū* **20)** *šālšu* **21)** *ebēl* **22)** *idukkūšu* **23)** *dūkā* **24)** *aštām* **25)** *inūma bītum iššāmu* **26)** *imuttū* **27)** *amât* **28)** *imât* **29)** *mītāku* **30)** *tuštamīt* **31)** *iḫīʾaṭ* **32)** *iḫâṭ* **33)** *aḫīṭ* **34)** *iḫtīṭū* **35)** *ḫīṭāku*

e) Transkription und Übersetzung: **1)** *di-na-a-at mi-ša-ri-im, ša Ḫa-am-mu-ra-pí ú-ki-in-nu* **2)** *Anum Enlil šar-ru-tam da-rí-tam ú-ki-in-nu-šum* **3)** *šum-ma a-wi-lum lu kaspam lu ḫurāṣam lu wardam lu amtam lu alpam lu immeram lu imēram ù lu mi-im-ma šum-šu i-na qá-at mār a-wi-lim ù lu warad a-wi-lim ba-lum ši-bi ù ri-ik-sa-tim iš-ta-am ù lu a-na ma-ṣa-ru-tim im-ḫu-ur, a-wi-lum šu-ú šar-ra-aq, id-da-ak* KH § 7

f) Transliteration, Transkription und Übersetzung:

Neuassyrischer Duktus: **1)** 

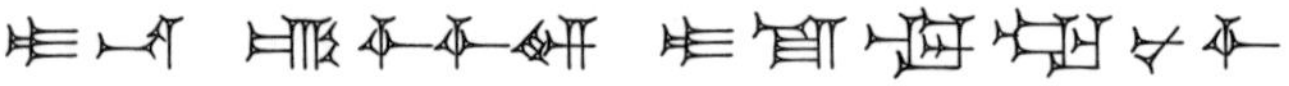 KH § 153

2) 

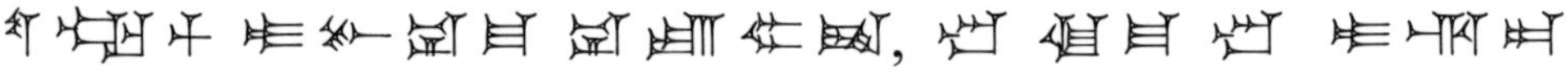

KH § 219

Altbabylonisch kursiv: **1)** 

 KH § 153

2) 

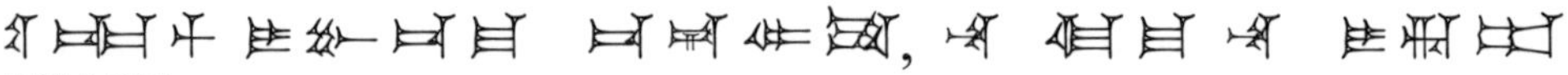

KH § 219

Lektion 15

a) Grammatik: § 28 (Vokalkontraktionen). § 127 (Verben tertiae waw/jod bzw. tertiae vocalis).

b) Vokabular:

Amurrum	Gott der Nomaden
banûm (*ibannī/ibnī*)	bauen, erschaffen, zeugen; Š bauen lassen; N gebaut werden
bānûm (*bānī-*) (Partizip)	Erzeuger
bašûm (*ibaššī/ibšī*)	sein; Š sein lassen; N entstehen
dajjānūtum	Richteramt
daltum, Pl. *dalātum*	Tür
ebēbum (*ibbib/ībib*)	rein werden/sein; D rein machen, für unschuldig erklären
ḫadûm (*iḫaddū/iḫdū*)	sich freuen; D erfreuen
Id	Flussgott
Ištar	Name der Liebes- und Kriegsgöttin
ištū	nachdem
kalûm (*ikallā/iklā*)	festhalten; N festgehalten werden
kânum	D jemandem (Akkusativ) etwas (Akkusativ) nachweisen
kišpum	Zauberei, Hexerei
kussûm (*kussa-*)	Stuhl, Thron
leqûm (*ileqqē/ilqē*)	nehmen; Gtn immer wieder nehmen; Š nehmen lassen; N genommen werden
manûm (*imannū/imnū*)	zählen
mubbirum	Ankläger
nadûm (*inaddī/iddī*)	werfen, vorwerfen (jemandem = *elī*)
nārum	Fluss
pānū (Pl. zu *pānum*)	Gesicht
petûm (*ipettē/iptē*)	öffnen; D öffnen; Š öffnen lassen; N geöffnet werden
rabûm (*irabbī/irbī*)	groß werden/sein; D groß machen, aufziehen; Š groß werden lassen
rašûm (*iraššī/iršī*)	bekommen
redûm (*ireddē/irdē*)	führen
šalûm (*išallī/išlī*)	untergehen, eintauchen (in = Akkusativ)
šemûm (*išemmē/išmē*)	hören; Gtn immer wieder hören
tabālum (*itabbal/itbal*)	wegnehmen
tazzīmtum	Klage
tebûm (*itebbē/itbē*)	aufstehen; Š aufstehen lassen
unnīnum	Gebet

c) Zeichenliste:

Neuassyrisch	Altbab. kursiv	Zeichenname	Phonogramm	Logogramm
		ENGUR		 ÍD = *nārum* „Fluss“. 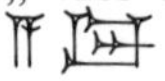 ^{íd}, Determinativ vor Flussnamen.  ^{d}Íd, Flussgott.

d) Übersetzung: **1)** *ibtanī* **2)** *binī* **3)** *bānīšu* **4)** *uštabnī* **5)** *ibbannī* **6)** *ibbanī* **7)** *ittabnī* **8)** *ileqqē* **9)** *ilqē* **10)** *ilqû* **11)** *ilqēʾanni* **12)** *ilteqē* **13)** *telteqē* **14)** *lulqē* **15)** *ilteneqqē* **16)** *lilteqqû* **17)** *šulqī* **18)** *illeqqâ* **19)** *iptē* **20)** *tupattī* **21)** *puttī* **22)** *šuptī* **23)** *ippettē* **24)** *itteptē* **25)** *irtabī* **26)** *lirbī* **27)** *urabbā* **28)** *lišarbû* **29)** *ibaššû* **30)** *uštabšī* **31)** *ibbaššû* **32)** *ittabšī* **33)** *taḫaddū* **34)** *aḫtadū* **35)** *tebī* **36)** *šutbī* **37)** *ikkalû* **38)** *irdēʾam* **39)** *irtedē* **40)** *irtašī* **41)** *imannū* **42)** *munū* **43)** *amnū*

e) Transkription und Übersetzung: **1)** *Enlil-ba-ni* **2)** *Amurrum-ba-ni-awīlim* **3)** *Sîn-le-qí-unnīni(m)* **4)** *pu-ta-a dalātum* **5)** *Ilum-ra-bí* **6)** *iš-tu mārīša úr-ta-ab-bu-ú* **7)** *mu-ḫa-ad-di li-ib-bi Iš₈-tár* **8)** *ḫa-du-ú pānūša* **9)** *nāram i-ša-al-li-am* **9)** *ša nāram iš-li-a-am* **10)** *ina kussê da-ajja-nu-ti-šu ú-še-et-bu-ú-šu* **11)** *te-bu-ú šārū* **12)** *i-na bi-ti-šu ik-ta-la-šu* **13)** *eš-te-ne-em-me ta-zi-im-ta-ka*

f) Transliteration, Transkription und Übersetzung:

Neuassyrischer Duktus: **1)** 

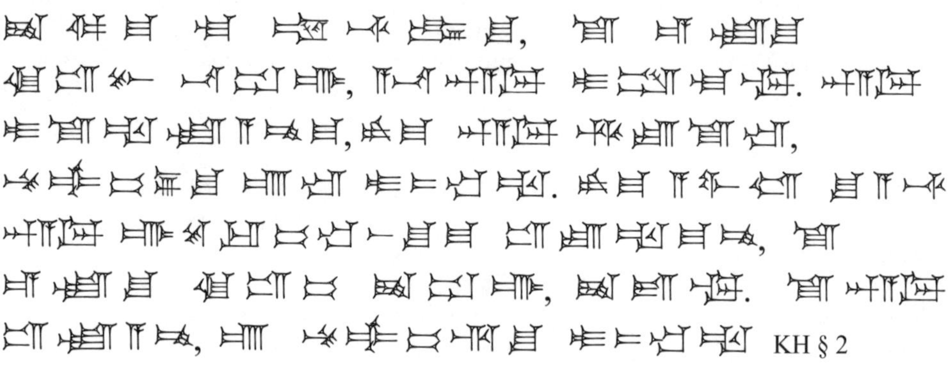 KH § 2

Altbabylonisch kursiv: **1)** 

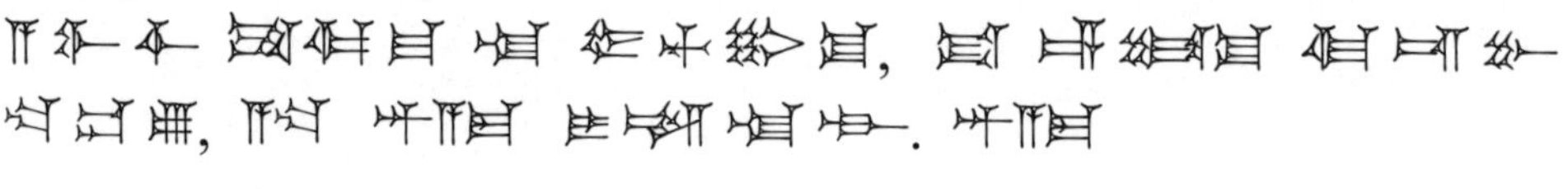

𒄿𒊭𒀠𒇷𒀀𒄠𒈠, 𒋳𒈠 𒀀𒇉 𒅅𒋫𒊭𒋢, 𒈬𒌒𒁉𒅕𒋗
𒂍𒋢 𒄿𒋰𒁀𒀠. 𒋳𒈠 𒀀𒉿𒇴 𒋗𒀀𒋾 𒀀𒇉
𒌑𒋼𒅁𒁉𒁀𒀸𒋗𒈠 𒅖𒋫𒀠𒈠𒄠, 𒊭 𒂊𒇷𒋗
𒆠𒅖𒁉 𒀉𒁺𒌑, 𒀉𒁕𒀝. 𒊭 𒀀𒇉 𒅖𒇷𒀀𒄠,
𒂍 𒈬𒌒𒁉𒊑𒋗 𒄿𒋰𒁀𒀠 KH § 2

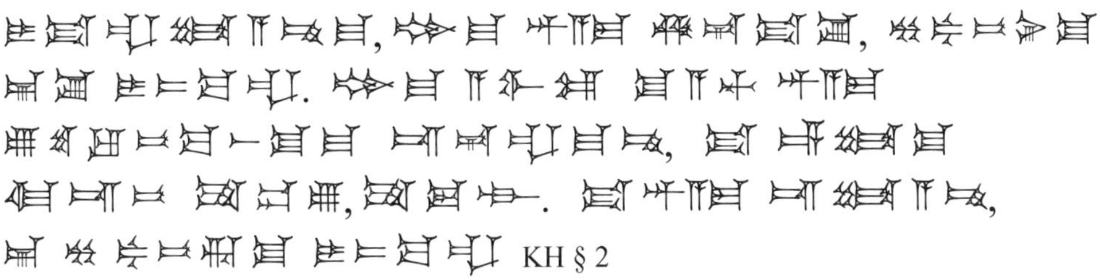

III Altbabylonische Lesestücke

Die folgenden Lesestücke wurden teils nach grammatischen und teils nach inhaltlichen Gesichtspunkten ausgewählt. Alle sind kommentiert, wobei die Ausführlichkeit der Kommentare schrittweise abnimmt; Paragraphenangaben beziehen sich auf die kurzgefasste Grammatik (Kapitel I). Die Interpunktion, die in den Originaltexten nicht enthalten ist, soll die syntaktische Analyse erleichtern. Der Wortschatz ist im Glossar (Kapitel IV) erfasst. Für die Keilschriftzeichen sind die Zeichenlisten der Lektionen 1–15 (Kapitel II) zu vergleichen; zusätzliche Zeichen finden sich in der „Zeichenliste zu den Lesestücken" im Anschluss an die Lesestücke. Alle Zeichen sind im Zeichenindex (Kapitel VI) zusammengefasst. Die Lesestücke werden im neuassyrischen und im aB Duktus (Kursive) geboten; zu den damit verbundenen didaktischen Fragen s. die Einleitung zu den Lektionen (Kapitel II). Da die Herkunft der Lesestücke angegeben ist, können stattdessen oder daneben auch die wissenschaftlichen Textausgaben herangezogen werden.

1 Kodex Hammurapi

1.1 KH § 8

Neuassyrischer Duktus:

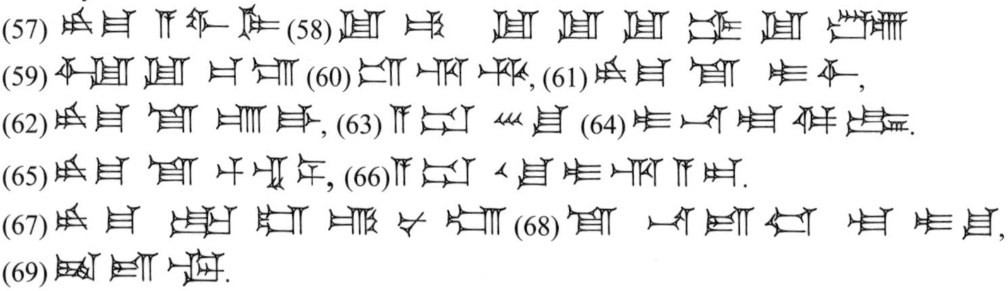

Altbabylonisch kursiv:

Kommentar:

60) *iš-ri-iq*: Präteritum G *šarāqum*, § 108. Das Präteritum im *šumma*-Satz bezeichnet die Vorzeitigkeit der Protasis zur Apodosis: „wenn er gestohlen hat", §§ 93d, 151b.

61, 62, 65, 68) Determinativpronomen *ša* ohne Bezugswort vor Genitiv, § 60a.

63) A.RÁ 30-*šu*: *adī šalāšī*(?)*šu* < *šalāšā-ī-šu* „30fach".

64) *i-na-ad-di-in*: Präsens G *nadānum*, § 108.

66) A.RÁ 10-*šu*: *adī eš*(*e*)*rīšu* „10fach". – *i-ri-a-ab*: Präsens G *rī*ʾ*ābum*, § 126.

68) *i-šu*: Präteritum G *išûm*, § 132.

69) *id-da-ak*: Präsens N *dâkum*, § 126.

1.2 KH § 129

Neuassyrischer Duktus:

Altbabylonisch kursiv:

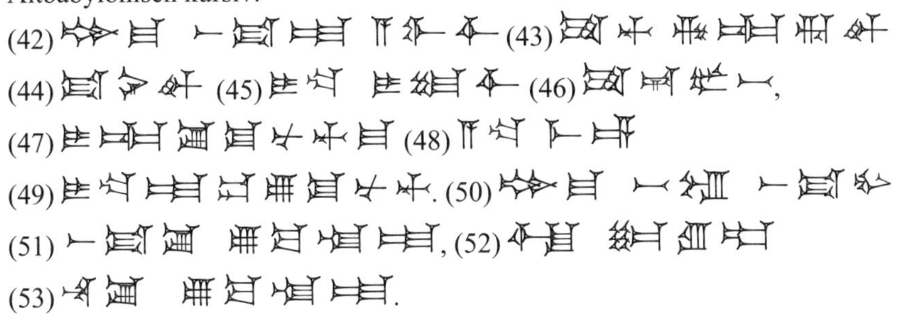

Kommentar:

45) *i-tu-lim*: Infinitiv Gt *nī*ʾ*ālum*, § 130. – Zur Konstruktion *ina* + Infinitiv s. § 104e.

46) *it-ta-aṣ-bat*: Perfekt N *ṣabātum*, § 115e. Das Perfekt im *šumma*-Satz bezeichnet die Vorzeitigkeit in der Zukunft: „wenn sie ergriffen worden (sein wird =) ist", §§ 94c, 151b.

47, 49) *i-ka-sú-šu-nu-ti-ma* und *i-na-ad-du-ú-šu-nu-ti*: Präsens G *kasûm* und *nadûm*, § 127. Beide Formen 3. Person Pl. mask. für unpersönliches Subjekt, § 156b.

51, 53) *ú-ba-la-aṭ*: Präsens D *balāṭum*, §§ 111f. – Das Präsens im *šumma*-Satz hat modale Konnotation: „wenn er am Leben erhalten will", §§ 92d, 151b.

1.3 KH § 130

Neuassyrischer Duktus:

Altbabylonisch kursiv:

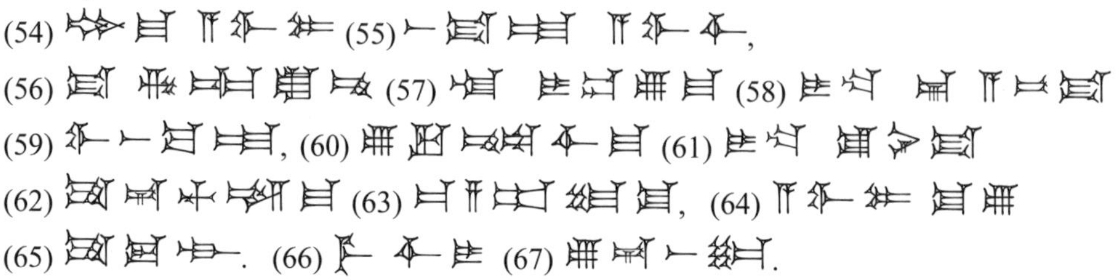

Kommentar:

56–59) Relativsatz mit Einleitung *ša*, § 137.
57) *i-du-ú-ma*: Präteritum G + Subordinativ *edûm*, § 131.
59) *wa-aš-ba-at*: Stativ G *wašābum*, § 125. Zum Fehlen des Subordinativs s. § 100d.
60) *ú-kab-bil-ši-ma*: Präteritum D *kabālum*, § 111f.
60–63) Die Folge Präteritum–Perfekt–Perfekt bezeichnet den zeitlichen Progress der Vorzeitigkeit, hier in der Zukunft: „wenn er geknebelt (haben wird =) hat und dann geschlafen (haben wird =) hat und man ihn dann ergriffen (haben wird =) hat“, § 94d.
62) *it-ta-ti-il-ma*: Perfekt Gt *nīʾālum*, § 130.
63) *iṣ-ṣa-ab-tu-šu*: Perfekt G *ṣabātum*, §§ 94a, 108a.
65) *id-da-ak*: Präsens N *dâkum*, § 126.
67) *ú-ta-aš-šar*: Präsens Dt *wašārum*, § 125.

1.4 KH § 136

Neuassyrischer Duktus:

(68) ... (69) ... (70) ...,
(71) ... (72) ...
(73) ... .

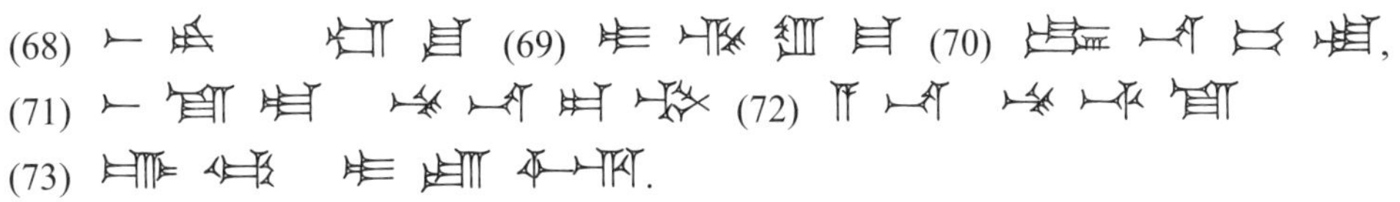

Altbabylonisch kursiv:
(57) ... (58) ... (59) ...
(60) ... (61) ... (62) ...
(63) ..., (64) ... (65) ...
(66) ... (67) ..., (68) ... (69) ...
(70) ..., (71) ... (72) ...
(73) ... .

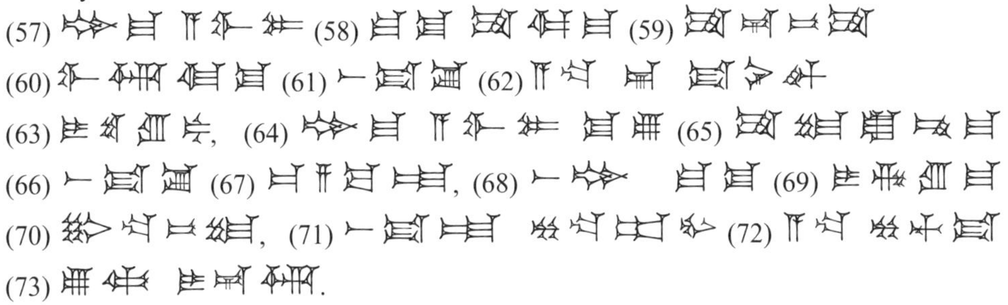

Kommentar:
58)   *id-di-ma*: Präteritum G *nadûm*, §§ 121, 127.
58–63)   Zur Folge Präteritum–Perfekt–Perfekt vgl. Kommentar zu Text 1.3 Z. 60–63.
59)   *it-ta-bi-it*: Perfekt N *abātum, § 133.
60)   *wa-ar-ki-šu*: „nach ihm", d. h. „nach seinem Weggang".
63)   *i-te-ru-ub*: Perfekt G *erēbum*, § 122.
65)   *it-tu-ra-am-ma*: Perfekt G *târum* + Ventiv, § 126.
67)   *iṣ-ṣa-bi-it*: Perfekt G *ṣabātum*, §§ 94a, 108a.
68–70)   Kausalsatz mit Einleitung *aššum*, § 145. Hier beginnt die Apodosis.
69)   *i-ze-ru-ma*: Präteritum G *zêrum* + Subordinativ, § 126.
70)   *in-na-bi-tu*: Präteritum N *abātum + Subordinativ, § 133.
71)   *mu-na-ab-tim*: Partizip N *abātum, § 133.
73)   *i-ta-ar*: Präsens G *târum*, § 126.

2 Omina

2.1 YOS 10, 11 i 23–27

Neuassyrischer Duktus:
(23) ...
(24) ...,
(25) ...
(26) ...

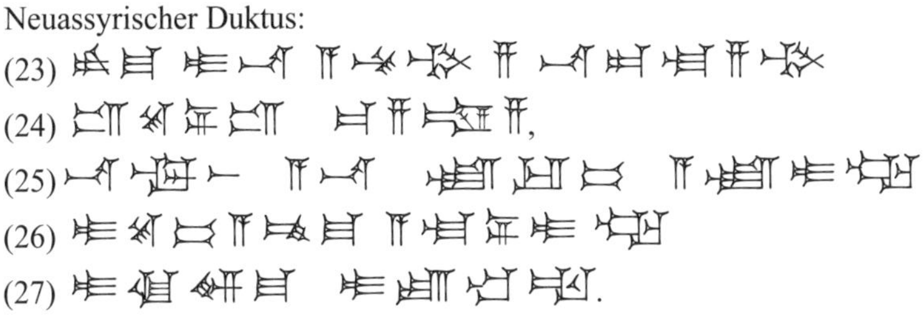

Altbabylonisch kursiv:

(23) [cuneiform]
(24) [cuneiform]
(25) [cuneiform]
(26) [cuneiform]
(27) [cuneiform]

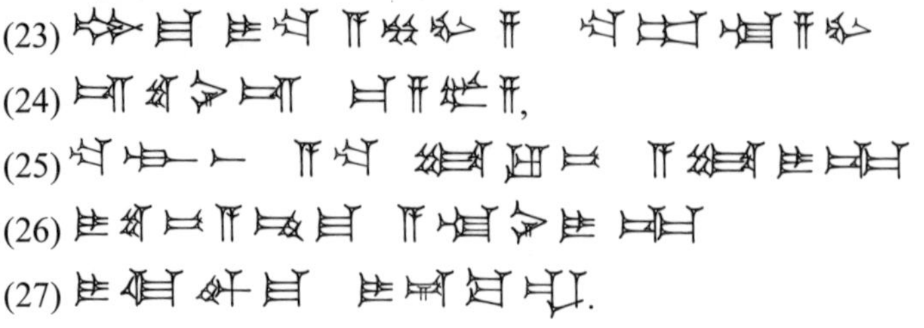

Kommentar:
23)   4 *na-ap-la-sà-tim*: Genitivkonstruktion bei Kardinalzahlen, § 86a.
24)   *iz-za-az-za*: Präsens N *izuzzum*, § 129.
25)   *a-li-i-ka*: akzentbedingte Vokalpleneschreibung, § 21b.
26)   *i-te-bé-a-am-ma*: Präsens G *tebûm* + Ventiv, § 127. – *a-la-ni-i-ka*: *-ān*-Plural, § 73.
27)   *i-ki-im-ma*: Präsens G *ekēmum*, § 122. – *i-ta-ba-al*: Präsens G *tabālum*, §§ 107f.

2.2 YOS 10, 46 i 45–47
Neuassyrischer Duktus:

(45) [cuneiform] (46) [cuneiform] (47) [cuneiform]

Altbabylonisch kursiv:

(45) [cuneiform]
(46) [cuneiform]
(47) [cuneiform]

Kommentar:
45)   DIŠ: logographische Schreibung für *šumma*. – *ša-ki-im-ma*: Stativ G *šakānum* mit Assimilation von /n/ an /m/, §§ 38d, 108b.
46)   *ib-ba-al-ki-it-ma*: Präteritum N *nabalkutum*, § 128. – *iṭ-ṭù-ul*: Präteritum G *naṭālum*, § 121.
47)   *ma-li-ki*: Partizip G *malākum*, § 103. – *i-ra-aš-ši*: Präsens G *rašûm*, § 127.

2.3 YOS 10, 56 i 34f.
Neuassyrischer Duktus:

(34) [cuneiform] (35) [cuneiform]

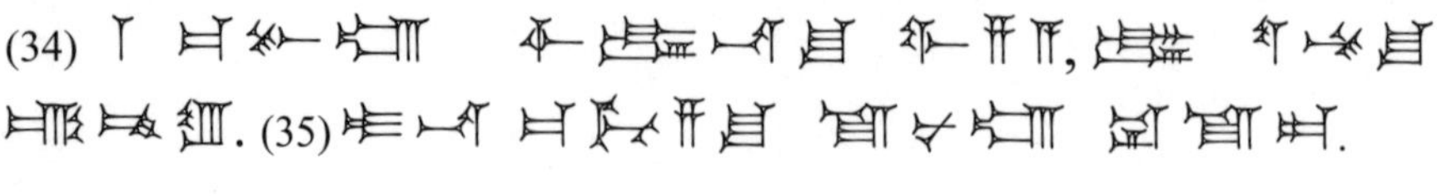

Altbabylonisch kursiv:

(34) 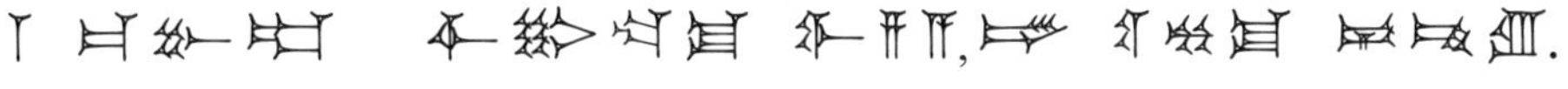

(35) 

Kommentar:

34) *ši-in-na-šu*: Dual, „seine beiden Zahnreihen", §§ 70a, 71a. – *wa-ṣa-a*: Stativ G von *waṣûm*, §§ 125, 127f. Zur Kongruenz zwischen Subjekt im Dual und Prädikat im fem. Pl. s. § 156b. – *iz-bu-um ši-in-na-šu* und LUGAL UD-*mu-šu*: Pendenskonstruktionen, § 161a.

35) *uš-ša-ab*: Präsens G *wašābum*, § 125.

2.4 YOS 10, 56 i 26f.

Neuassyrischer Duktus:

(26) 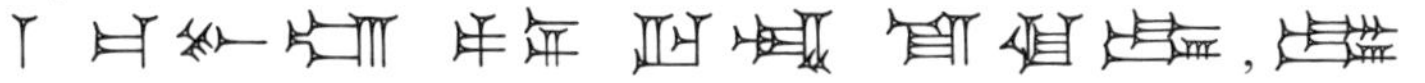

 (27) 

Altbabylonisch kursiv:

(26) 

(27) 

Kommentar:

26) *ša-ki-in*: Stativ G *šakānum*, § 108b. Bedeutung hier „versehen ist mit" und mit dem Akkusativ der Fülle konstruiert, § 78f.

27) *ib-ba-aš-ši-ma*: Präsens N *bašûm*, § 127. – *ša-ti*: Selbständiges Personalpronomen Akkusativ, § 57. Zur demonstrativen Funktion des attributiv gebrauchten Personalpronomens der 3. Person s. § 58f. – *ú-na-aš*: Präsens D *enēšum*, § 122.

2.5 YOS 10, 56 iii 3–5

Neuassyrischer Duktus:

(3) 

(4) 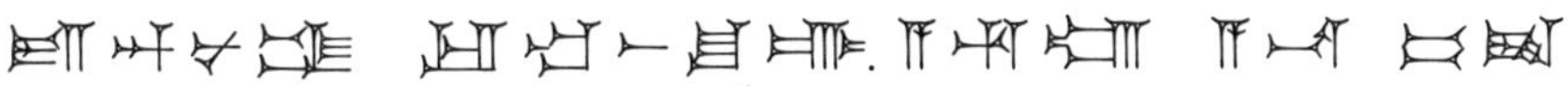

(5) 

Altbabylonisch kursiv:

(3) 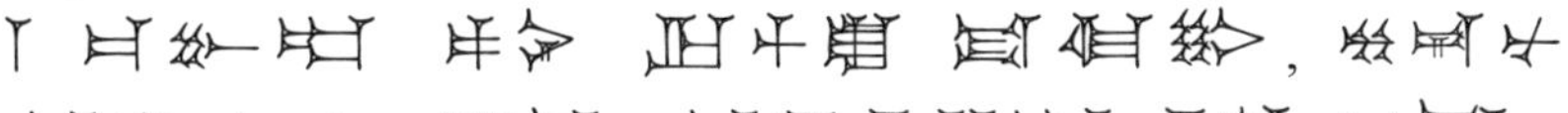

(4) 

(5) 

Kommentar:
4) *ib-ba-aš-šu-ú*: Präsens N *bašûm*, § 127.
5) *i-ru-ub*: Präsens G *erēbum*, § 122.

2.6 YOS 10, 56 iii 8f.

Neuassyrischer Duktus:

(8) [cuneiform]
(9) [cuneiform]

Altbabylonisch kursiv:

(8) [cuneiform]
(9) [cuneiform]

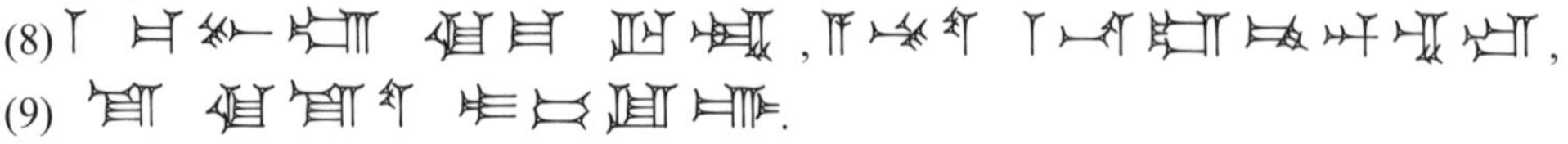

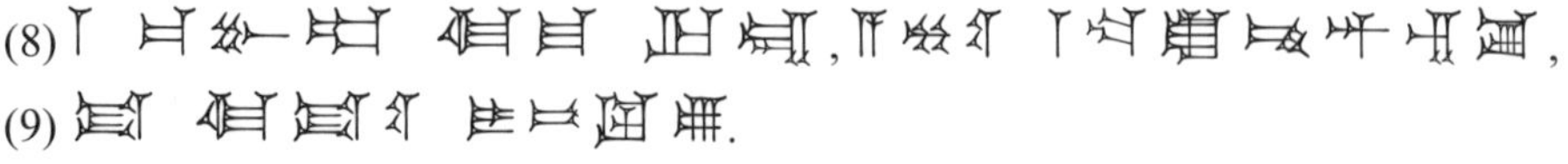

Kommentar:
8) Nichtverbaler Satz mit Präposition und abhängigem Nomen als Prädikat, § 155a. – *a-mu-ut Narām-Sîn*: eingliedrige Nominalphrase nicht satzhaften Charakters, § 76e. – ᵐ*Na-ra-am-*ᵈEN.ZU: *Narām-Sîn* „Liebling des Sîn", Name des vierten Königs der Dynastie von Akkad.
9) Relativsatz mit Einleitung *ša*, § 137. – *i-bé-lu-ú*: Präteritum G von *bêlum*, § 126. Der Subordinativ ist hier plene geschrieben, was gelegentlich vorkommt.

3 Briefe Hammurapis

3.1 AbB 9, 32 = YOS 2, 32

Neuassyrischer Duktus:

(1) [cuneiform] (2) [cuneiform]
(3) [cuneiform]. (4) [cuneiform].
(5) [cuneiform] (6) [cuneiform],
(7) [cuneiform], (8) [cuneiform]
[cuneiform] (9) [cuneiform] (10) [cuneiform].

Altbabylonisch kursiv:

(1) [cuneiform] (2) [cuneiform]
(3) [cuneiform]. (4) [cuneiform].
(5) [cuneiform] (6) [cuneiform],
(7) [cuneiform], (8) [cuneiform]
[cuneiform] (9) [cuneiform] (10) [cuneiform].

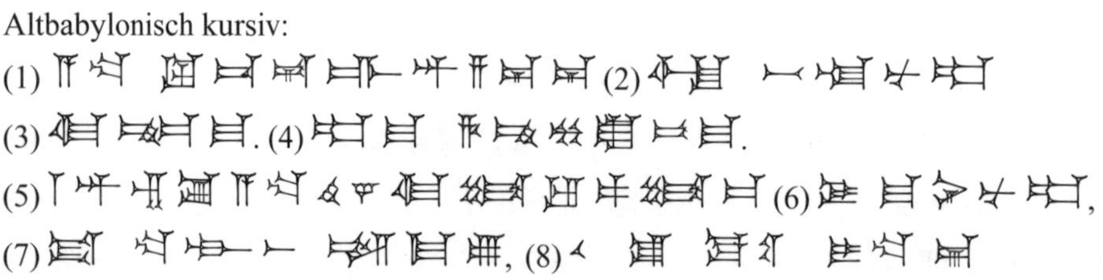

Kommentar:

1) *Lu-uš-ta-mar-^{d}Za-ba$_4$-ba$_4$*: *Luštamar-Zababa* „Den (Gott) Zababa will ich preisen", männlicher Personenname. Prekativ Gt **šamārum*, § 109.

1–4) Die Briefeinleitungsformel lautet: „Zu (*ana*) ADRESSAT(EN) sprich (*qibīma*). Folgendermaßen (*umma*) (sagt) ABSENDER-*ma*. -*ma* ist in beiden Fällen betonend, § 154c. Angesprochen wird der Briefbote.

2) *Be-la-nu-um*: *Bēlānum*, männlicher Personenname, Kurzname mit dem Element *bēlum* „Herr".

3) *qí-bí-ma*: Imperativ G *qabûm*, § 127. Beachte den archaischen Lautwert *bí* in der Briefeinleitungsformel.

5) ^{md}EN.ZU-*a-na*-DU$_{10}$.GAR^{ki}-*li-ip-pa-li-is*: *Sîn-ana-Damru-lippalis* „(Gott) Sîn möge auf (den Ort) Damru blicken", männlicher Personenname. ^{m} ist das Determinativ für männliche Personennamen, das im Text allerdings nicht konsequent gebraucht wird. Prekativ N *palāsum*, § 115.

5–10) Pendenskonstruktion mit Nominativ(?) als Kasus pendens, wiederaufgenommen durch das Akkusativsuffix -*šu*: „PN – gebt Silber... und löst ihn aus!", § 161.

6) *Ma-ni-nu-um*: Amurritischer männlicher Personenname.

7) *il-qú-ú*: Präteritum G + Subordinativ *leqûm*, § 127.

8) 10 GÍN KÙ.BABBAR: *ešeret šiqil kaspam* „10 Schekel Silber".

9) *id-na-a-ma*: Imperativ G *nadānum*, §§ 39a, 121.

3.2 AbB 2, 24 = LIH 1, 24

Neuassyrischer Duktus:

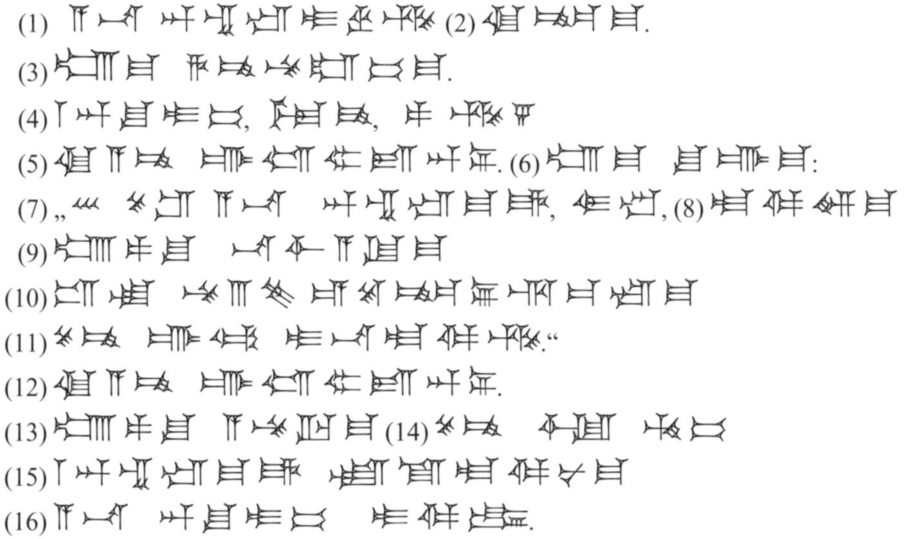

Altbabylonisch kursiv:

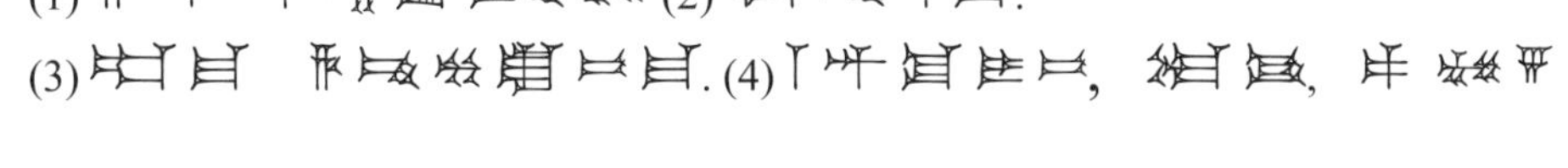

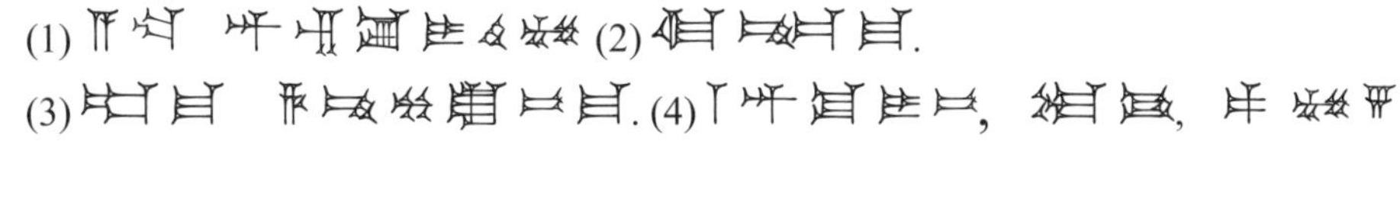

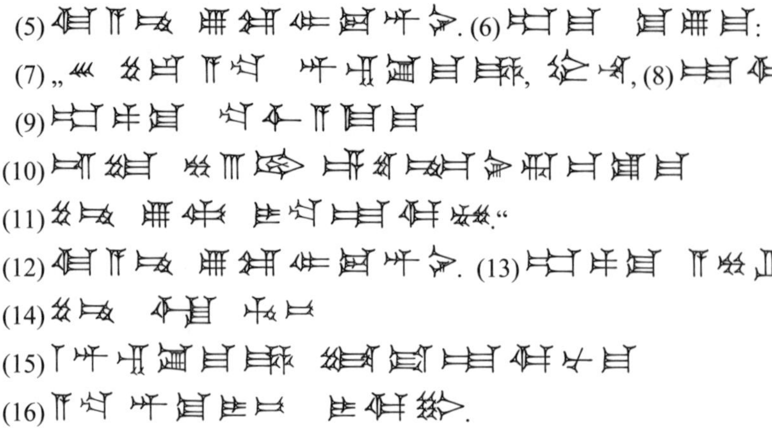

Kommentar:

1) ^{d}EN.ZU-*i-din-nam*: *Sîn-iddinam* „Sîn hat mir (einen Sohn) gegeben“, männlicher Personenname. Die Schreibung *-din-nam* gibt kein langes /*nn*/ wieder; vielmehr handelt es sich um eine Mischung aus erstarrtem *id-din* „er gab“ und silbengerechtem *id-di-nam* „er gab mir“.

4) ^{m}DINGIR-*šu-i-bi*: *Ilšu-ibbī* „Sein Gott hat (das Kind) benannt“, männlicher Personenname. – UGULA NAM.5: *wakil ḫamištim* „Aufseher über (einen Arbeitstrupp von) fünf (Personen)“.

6) *um-ma šu-ú-ma*: leitet eine zitierte direkte Rede ein.

7) 30 ŠE GUR: *šalāšā kur šeʾam* „30 Kor Gerste“ (ca. 9000 l). – ^{d}EN.ZU-*ma-gir*: *Sîn-magir* „Sîn war günstig gestimmt“.

8) *ad-di-im-ma*: *addimma* < *addinma*, § 38d.

9) *na-ši-a-ku-ma*: *našīʾākuma*, Stativ G *našûm*, § 127f.

8–9) Hier ist von einem Gerstendarlehen die Rede, das Ilšu-ibbī dem Sîn-magir gewährt hat und das in einer Tafel bezeugt ist.

10) *iš-tu* MU.3^{kam}: *ištū šalāš šanātim* „seit drei Jahren“. – *e-te-ne-er-ri-is-su-ma*: Präsens Gtn *erēšum* + Suffix *-šu*, §§ 44, 122.

11) ŠE-*am*: *šeʾam*; das Wort für Gerste wird immer logographisch, oft mit phonetischem Komplement, geschrieben.

13) *a-mu-ur-ma*: Imperativ G *amārum*, § 122.

14) MÁŠ.BI: *ṣibassu* „der Zins für sie (die Gerste)“.

15) *li-ša-ad-di-nu-ma*: Prekativ Š *nadānum*, § 121.

16) *i-di-in*: Imperativ G *nadānum*, § 121.

3.3 AbB 13, 12

Neuassyrischer Duktus:

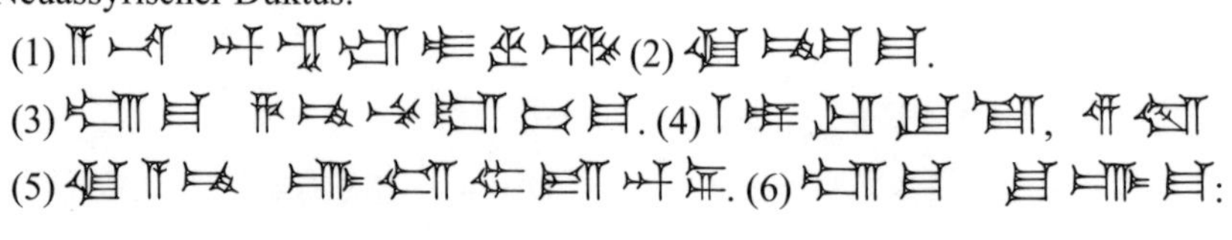

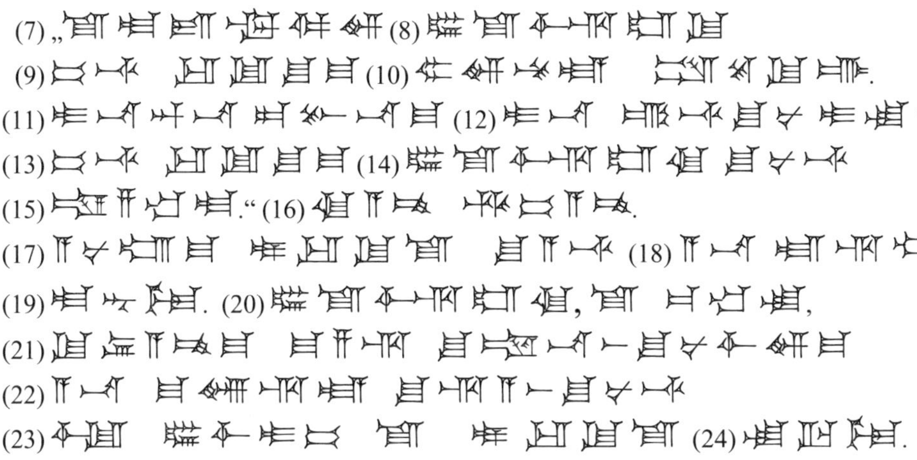

Altbabylonisch kursiv:

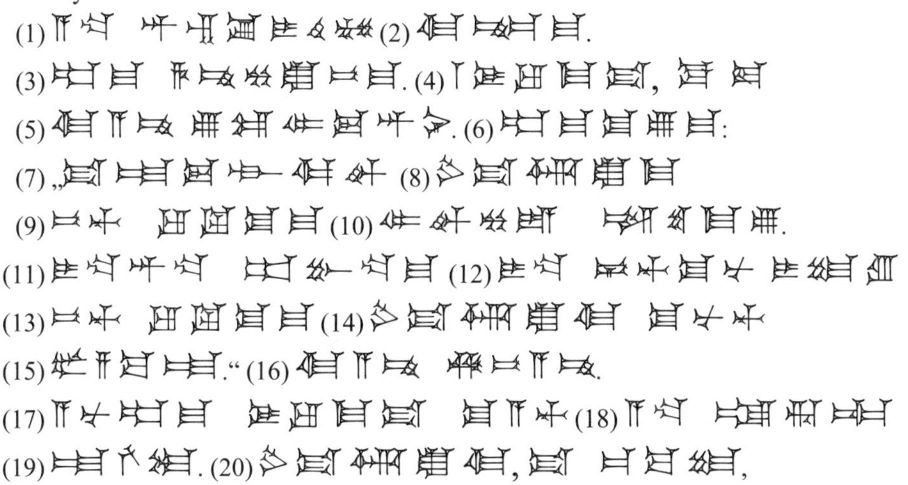

Kommentar:

4) ^{m}DUMU-*Ip-qú-ša*: *Mār-Ipquša* „Sohn des Ipquša“, männlicher Personenname. Der Namenstyp ist ungewöhnlich: Ipquša ist der Name des Vaters; dass *Mār* eher Teil des Namens als selbständiges Wort ist, zeigt das (nur hier gebrauchte) Determinativ ^{m} vor DUMU. *Ipquša* selber bedeutet „(In) ihrer (der Göttin) Umarmung“.

6) *um-ma šu-ú-ma*: *umma šūma* „Folgendermaßen (sagte) er“ mit betonendem *-ma*, § 154c.

8) Das Berufsdeterminativ [lú] findet sich hier ungewöhnlicherweise vor einem syllabisch geschriebenen Wort; vgl. auch Z. 14, 20, 23.

9–10) Die Folge Präteritum–Perfekt bezeichnet den zeitlichen Progress der Vorzeitigkeit, hier in der Vergangenheit, § 94d.

10) *mi-im-mu-ia*: *mimmûja* ist ein erstarrter St. cstr. Nominativ, der hier für den Akkusativ gebraucht wird. – *il-te-qú-ú*: Perfekt G *leqûm*, § 127.

12) *i-na qá-ti-šu-nu*: Die Bedeutung des Ausdrucks „*mit ihrer Hand*" ist nicht ganz klar. – *i-tu-ru*: Präteritum G *târum*, § 126.

12–15) Zur Folge Präteritum–Präteritum–Perfekt vgl. Kommentar zu Z. 9f. – *itūrū* ... *iplušūma* ist eine asyndetisch konstruierte Koppelung, § 159e.

16) *iq-bi-a-am*: Präteritum G *qabûm* + Ventiv, § 127.

19) *aṭ-ṭar-dam*: Das Perfekt bezeichnet hier die Vorzeitigkeit in der Zukunft im Hauptsatz (sogenanntes Briefperfekt), § 94c.

21) *ku-sa-a-am-ma*: Imperativ G *kasûm* + Ventiv, § 127. Der Ventiv verknüpft die Verbalform und die enklitische Partikel *-ma*, § 101d.

22) *šu-ri-a-aš-šu-nu-ti*: Imperativ Š *warûm*, §§ 125, 127.

4 Eine Inschrift Hammurapis: RIME 4, 347–349 Nr. 12, akkadische Version

Neuassyrischer Duktus:

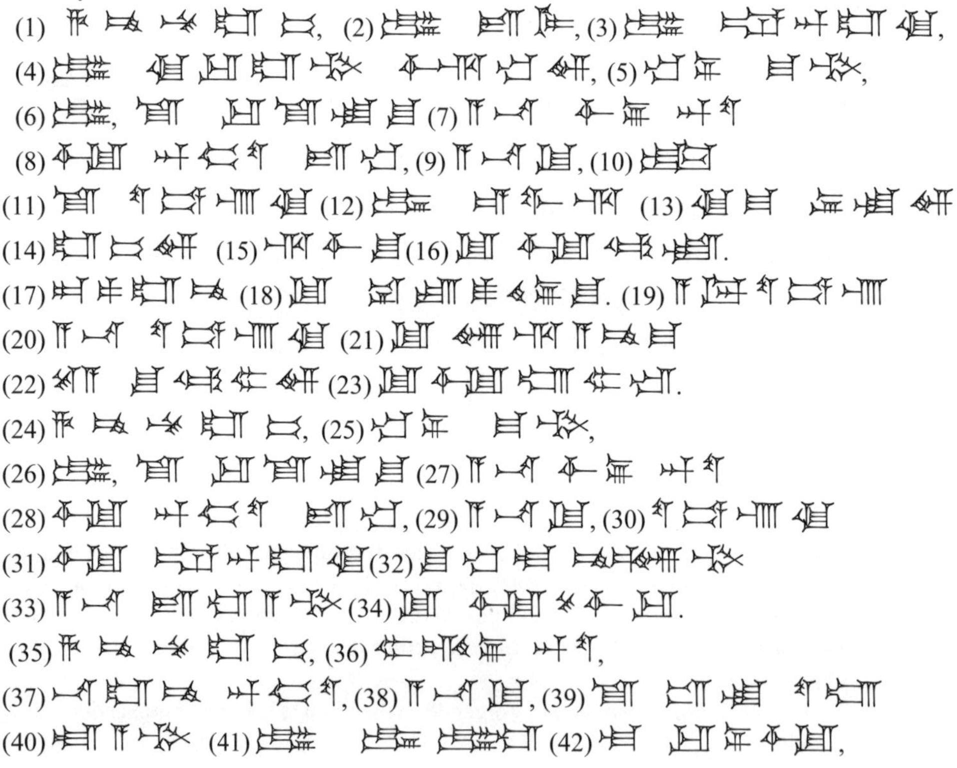

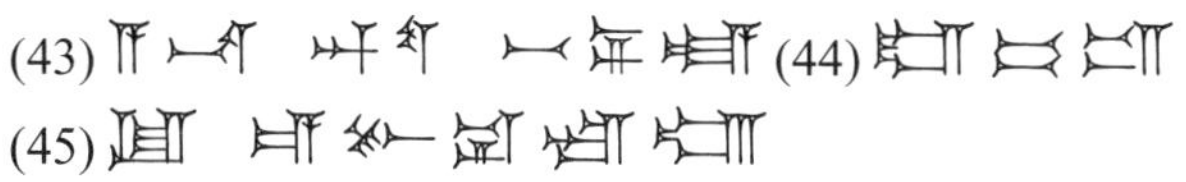

Altbabylonisch kursiv:

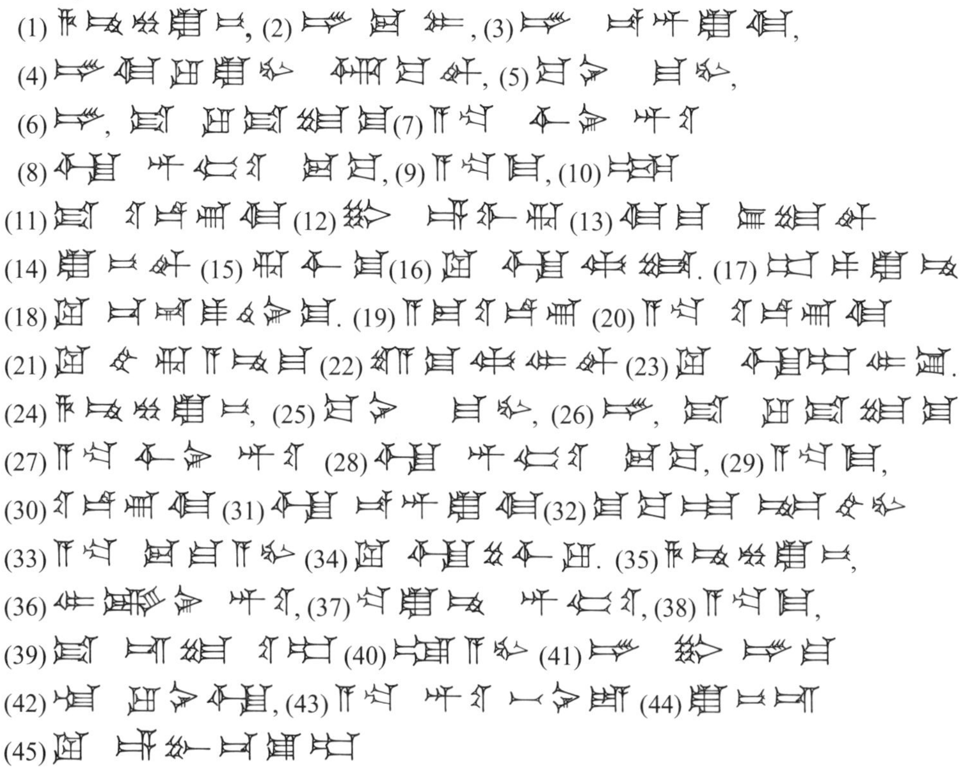

Kommentar:

3) KÁ.DINGIR.RA^{ki}: *Babili*. Die Schreibung beruht auf der gelehrten Etymologie *bāb ili*(*m*) „Tor des Gottes".

4) *ar-ba-im*: Zahlwort „vier", § 85.

6) *ep-ša-tu-šu*: Form mit Unterlassung des Umlauts *a* > *e*, § 26b.

6–8) Relativsatz mit Einleitung *ša*, § 137; vgl. auch Z. 26–28.

12) *in*: verkürzte Form von *ina*; vgl. auch Z. 41.

13) SA.TU-*im*: logographische Schreibung für *šadîm* „des Berges".

16) *lū* mit Präteritum: positiver Affirmativ der Vergangenheit, § 98b; vgl. auch Z. 18, 21, 23, 34, 45. – Beachte den abgesehen von *u* „und" nur selten gebrauchten Lautwert *ù*; vgl. auch Z. 23, 34, 42.

33) *da-rí-a-tim*: Beachte den archaischen Lautwert *rí* (URU); vgl. auch Z. 41.

36) *mi-gi*$_4$*-ir*: Beachte den archaischen Lautwert *gi*$_4$.

39–42) Relativsatz mit Einleitung *ša* ohne Bezugswort: „das, was ...", § 137c.

41) LUGAL-*rí*: Zum Lautwert *rí* s. den Kommentar zu Z. 33.

42) *ib-ni-ù*: archaische Form ohne Vokalkontraktion, § 28a.

43) *be-lí-ia*: Beachte den archaischen Lautwert *lí*, der im Altbab. nur noch in wenigen Wörtern gebräuchlich ist, u. a. im Wort *be-lí* „mein Herr".

44) *ra-bi-iš*: Adverb, mittels der Terminativendung vom Adjektiv *rabûm* „groß" abgeleitet, § 80g.

45) *e-pu-ús-su-um*: Das Dativsuffix nimmt *ana Šamaš* Z. 43 wieder auf, § 58e.

5 Beschwörungen

5.1 Gegen Fliegen: YOS 11, 6: 1–11

Neuassyrischer Duktus:

Altbabylonisch kursiv:

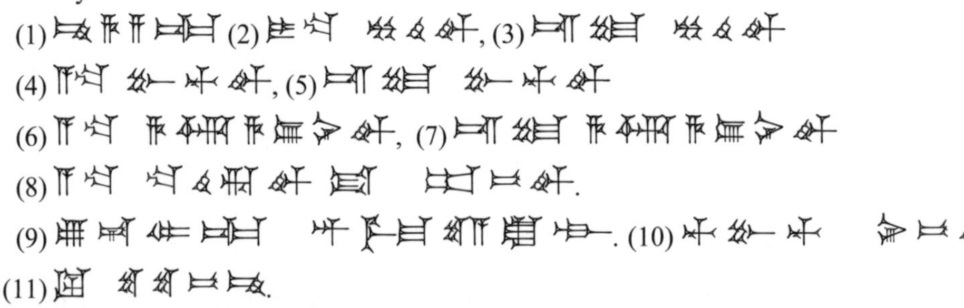

Kommentar:

1) *am-ḫa-ṣa-ka*: Ventiv zur Verknüpfung von Pronominalsuffix und Verb, § 101d.

9) *ú-ta-mi-ka*: Präteritum zum Ausdruck des Koinzidenzfalls, § 93b. Konstruktion mit doppeltem Akkusativ: „Hiermit beschwöre ich dich bei Ninkarrak".

10) *ti-bu-ti*: Literarischer St. cstr. mit Endung *-i*. Zustandsakkusativ, § 78g: „im Zustand/in der Art eines Heuschreckeneinfalls".

10–11) *ti-bu-ti ... te-te-bé-am*: Figura etymologica, d. h. Kombination von Nomen und Verb von derselben Wurzel.

11) *lū* + Präsens: Positiver Affirmativ der Gegenwart/Zukunft, § 98c. – *te-te-bé-am*: Der Ventiv bezeichnet hier die Bewegung der Fliege weg von der belästigten Person hin zu einem nicht näher bezeichneten Ort.

5.2 Gegen Hundebiss: BiOr. 11, 82f. pl. II (LB 2001)

Neuassyrischer Duktus:

(1) [cuneiform] (2) [cuneiform]
(3) [cuneiform] (4) [cuneiform]
(5) [cuneiform] (6) [cuneiform]
(7) [cuneiform], (8) [cuneiform] (9) [cuneiform]
(10) [cuneiform]

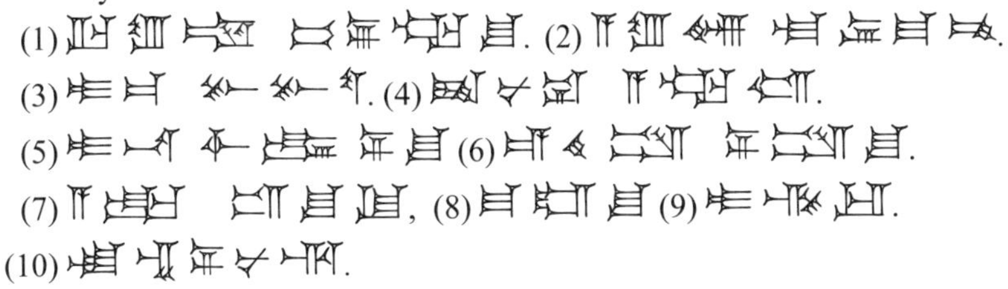

Altbabylonisch kursiv:

(1) [cuneiform] (2) [cuneiform]
(3) [cuneiform] (4) [cuneiform] (5) [cuneiform]
(6) [cuneiform] (7) [cuneiform], (8) [cuneiform]
(9) [cuneiform]. (10) [cuneiform]

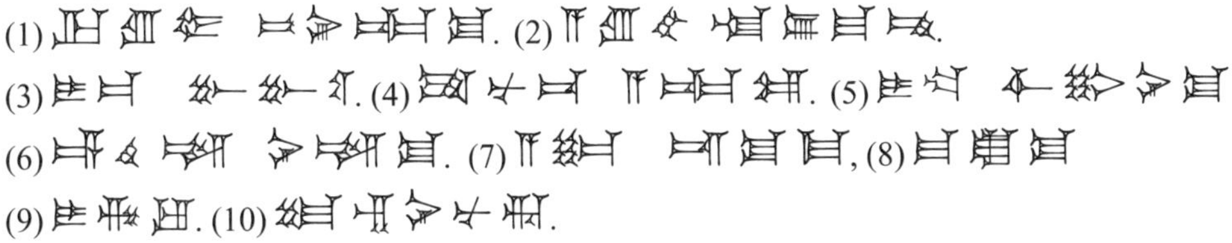

Kommentar:

1–4)   *bi-ir-ka-šu*, *la-sa-ma-am*, *bu-bu-tam*, *a-ka-lam*: Akkusative zur Bezeichnung des Geltungsbereichs einer Eigenschaft, § 78h. *bi-ir-ka-šu* ist vermutlich ein abweichend von § 82c gebildeter literarischer St. cstr. mit Hilfsvokal *a* (vgl. GAG § 65e Anm.; Hinweis A. Jordanova); alternativ müsste man einen Fehler für *birkī-*, St. cstr. des Duals, annehmen.

3)   *i-iṣ*: Stativ von *wīʾāṣum* mit Abfall des anlautenden *w*, § 31e.

6)   *e-ʾi-il*: beachte ḪI mit Lautwert *ʾi*.

9)   *i-zi-ib*: Präsens *izzib* oder Präteritum *īzib*.

10)   tu-en-né-nu-ri: sumerisch, „Beschwörung".

5.3 Um ein Baby zu beruhigen: ZA 71, 62 rev.

Neuassyrischer Duktus:

(1) [cuneiform], [cuneiform],
(2) [cuneiform]. [cuneiform].
(3) [cuneiform]? [cuneiform]?
(4) [cuneiform]?
(5) [cuneiform]. [cuneiform].
(6) „[cuneiform]? (7) [cuneiform]?"
(8) [cuneiform]. [cuneiform]
[cuneiform]. (9) [cuneiform],

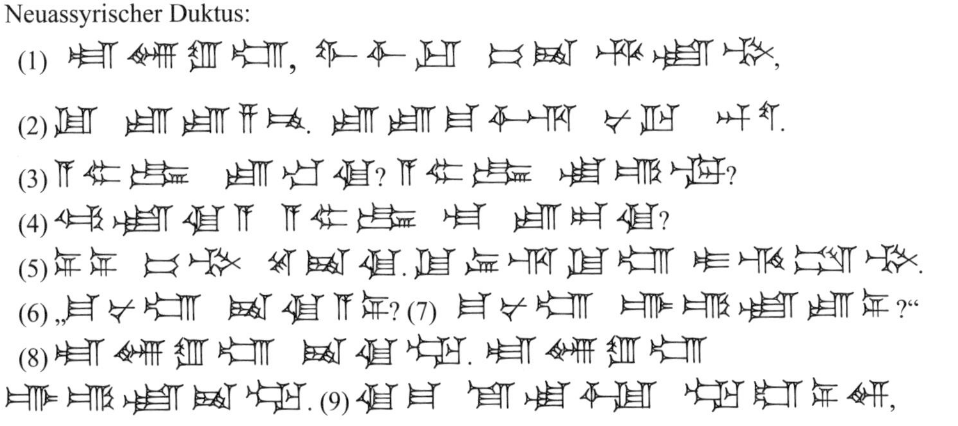

(10) [cuneiform] (11) [cuneiform]
(12) [cuneiform]

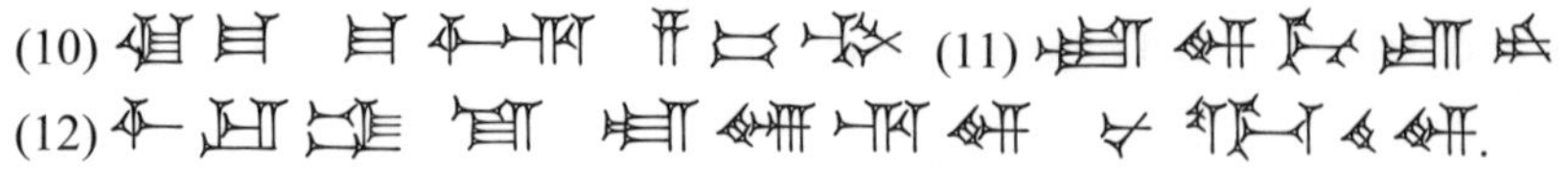

Altbabylonisch kursiv:

(1) [cuneiform]
(2) [cuneiform]
(3) [cuneiform] ? [cuneiform] ?
(4) [cuneiform] ?
(5) [cuneiform]
(6) „[cuneiform] ? (7) [cuneiform] ?"
(8) [cuneiform]
(9) [cuneiform]
(10) [cuneiform] (11) [cuneiform]
(12) [cuneiform]

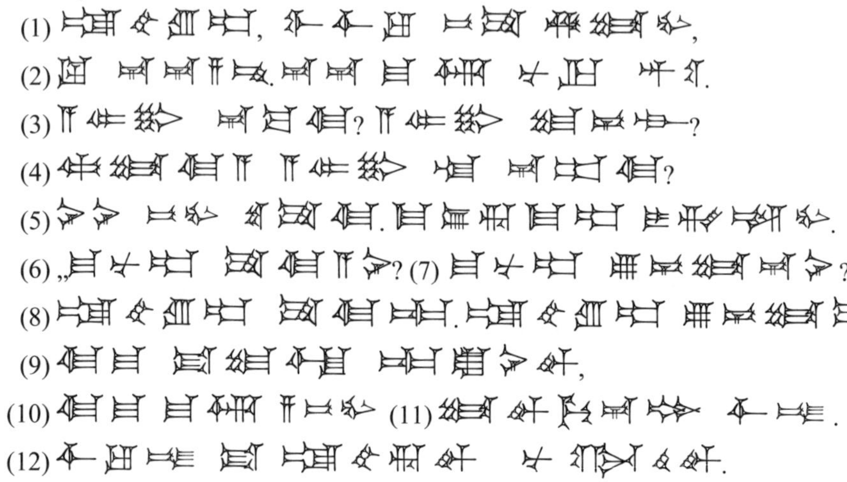

Kommentar:
1) *wa-ši-ib*: Partizip im St. cstr.
2) *lū* + Perfekt zur Bezeichnung eines positiven Affirmativs der Vergangenheit, § 98b.
3, 4) *a-mi-in*: Interrogativpronomen, § 59. – *tu-ga-ag*: Im Original ist das Wort zur Hälfte abgebrochen, die Lesung ist daher unsicher: *tu-g[a?-ag?]*.
5) *i-lí*: Beide Lautwerte sind im Altbab. nicht frei gebrauchbar, sondern auf das Wort *ilum* „Gott" und wenige andere Wörter beschränkt. – *i-ge-él-tim*: iggeltîm, Präteritum von *negeltûm* (vierradikalig, § 128) mit für diesen Text auffälliger Vokalkontraktion /ī-a/ > /î/, § 28b. Beachte /ī-a/ > /â/ in Z. 2 (*tattaṣâm*) und Erhalt von /ē-a/ in Z. 6 (*idkēʾanni*).
6–7) Hier spricht der *kusarikkum*.
9) *ša-tu-ù*: Beachte die seltene Verwendung von *ù* für Vokalpleneschreibungen. Statt des Nominativs *šātû* erwartet man einen Genitiv; angesichts des folgenden Sg. *mār* ist das Wort eher Sg. als Pl.
12) *ša ṣe-eḫ-ri-im nu-úḫ-ḫi-im*: Zur Kasusattraktion in der Infinitivkonstruktion s. § 104c.

6 Zeichenliste zu den Lesestücken

Neuassyrisch	Altbab. kursiv	Zeichenname	Phonogramm	Logogramm
		TAR	*tar*, *ṭar*	
		URU	*rí*, *ré*	URU = *ālum* „Stadt“.
		ŠAḪ		ŠAḪ = *šaḫûm* „Schwein“.
		MÁŠ		MÁŠ = *ṣibtum* „Zins“.
		NAM	*nam*	 NAM.5 = *ḫamištum* „(Arbeitstrupp) von 5 (Personen)“.
		NUN		s. UD.
		MÁ		 ^{giš}MÁ = *eleppum* „Schiff“.
		KÁ		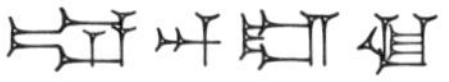 KÁ.DINGIR.RA^{ki} = *Babili* „Babylon“.
		BÀD		BÀD = *dūrum* „Mauer“.
		BÍL	*bíl*, *píl*	
		KIB		s. UD.
Neuassyrisch	Altbab. kursiv	Zeichenname	Phonogramm	Logogramm
		GÁ	ba_4 (im Gottesnamen ^{d}*Za-ba*$_4$-*ba*$_4$)	
		MAR	*mar*	
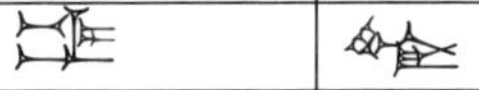		ANŠE		ANŠE = *imērum* „Esel“.
		GI$_4$	*gi*$_4$	
		LÚ		LÚ = *awīlum* „Mann“. ^{lú}, Determinativ vor Berufsbezeichnungen.
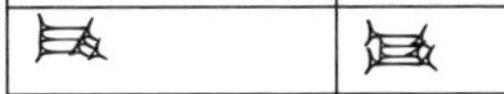		GÀR		s. DAM.
		ÁŠ	*áš*, *ás*, *áṣ*, *áz*	
		GIR	*gir*	
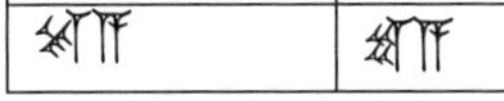		KAR	*kar*	KAR = *kārum* „Hafen“.

		KAM		kam, Determinativ nach Zahlen.
		GIM		s. KUG.
		AMAR		 dAMAR.UTU = *Marduk*, Stadtgott von Babylon.
		GÌR		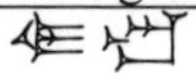 GÌR.NÍTA = *šakkanakkum* „Statthalter“.
		DIN	*din*	
		DIŠ		DIŠ = *šumma* „wenn“. m, Determinativ vor männlichen Personennamen.
	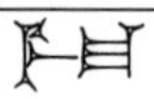	NIN	*nin*	
	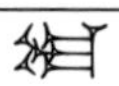	DAM	*dam, ṭam, tám*	DAM = *aššatum* „Ehefrau“. 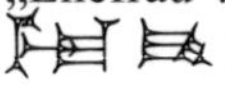 DAM.GÀR = *tamkārum* „Kaufmann“.

IV Glossar

Das folgende Glossar setzt sich aus den Vokabularen der Lektionen 1–15 zusammen und erschließt zusätzlich den Wortschatz der Lesestücke. Bei Verben werden in Klammern die Formen für das Präsens und Präteritum 3. Sg. angegeben. Für die Abkürzungen der Verbalstämme s. § 106. Verben, die nur in abgeleiteten Stämmen vorkommen, werden unter diesen eingeordnet; allerdings wird vom mit „*“ gekennzeichneten Grundstamm querverwiesen. Bei Substantiven tertiae infirmae wird in Klammern der Stamm angegeben, um den Auslautvokal sichtbar zu machen. Auch die in den Lektionen und Lesestücken vorkommenden Götter- und Ortsnamen sind in das Glossar aufgenommen.

**abātum* N	s. *nābutum*
abnum	Stein
abum	Vater
Adad	Name des Wettergottes
adī	bis
agāgum D	zürnen(?)
agārum (*iggar*/*īgur*)	mieten
aḫāzum (*iḫḫaz*/*īḫuz*)	nehmen, heiraten; Gtn immer wieder nehmen; D einfassen; Š nehmen lassen; N um sich grreifen (Feuer)
aḫum, Pl. *aḫḫū*	Bruder
aj	(möge/soll) nicht (Vetitivpartikel)
akālum (*ikkal*/*īkul*)	essen
Akkadûm	Land Akkad
alākum (*illak*/*illik*)	gehen, (mit Ventiv) kommen; Gtn umher gehen; Š gehen lassen
alpum	Stier, Rind
ālum, Pl. *ālānū*	Stadt
amārum (*immar*/*īmur*)	sehen, erblicken
ammīnim, *ammīn*	s. *ana mīnim*
amtum	Dienerin, Sklavin
Amurrum	Gott der Nomaden
amūtum	Leber, Leberomen
ana	zu, nach, gegen
ana dārīʾātim	auf ewig
anāku	ich
ana maḫri- + Suffix	vor
ana mīnim, *ammīn*(*im*) < *an*(*a*)*mīn*(*im*)	warum
ana ṣēri- + Suffix	(zum Rücken von =) zu
annûm, fem. *annītum*	dieser, diese, dieses

annûmma	nun
Anum	Name des Himmelsgottes
anūtum	Anum-Würde, Würde des höchsten Gottes
aplum	Erbsohn
appārum	Sumpf
appum	Nase
appūnama	nochmals
arāḫum (*irraḫ*/*īraḫ*, Stativ *aruḫ*)	schnell sein
arākum (*irrik*/*īrik*)	lang sein; D lang machen
arbaʾum	vier
arḫiš	schnell (Adverb)
arkum, fem. *ariktum*	lang
arnum	Sünde, Strafe
ašar	wo(hin)
ašlum	Seil
ašrum	Ort
aššatum	Ehefrau
aššum	wegen, weil
asûm (*asu-*)	Arzt
atta	du (mask.)
atti	du (fem.)
awātum fem., Pl. *awâtum*	Wort, Angelegenheit
awīlum	Mensch, Mann, Bürger
awīlūtum	Menschheit
bābum	Tor
bakûm (*ibakkī*/*ibkī*)	weinen
balāṭum (*iballuṭ*/*ibluṭ*)	leben; D lebendig machen, am Leben erhalten
balāṭum	Leben
balūm	ohne, ohne Erlaubnis von
banûm (*ibannī*/*ibnī*)	bauen, erschaffen, zeugen; Š bauen lassen; N gebaut werden
bānûm (*bānī-*)	Erzeuger, Schöpfer
barbarum	Wolf
bašûm (*ibaššī*/*ibšī*)	sein; Š sein lassen; N entstehen
batāqum (*ibattaq*/*ibtuq*)	durchschneiden, durchbrechen; D (viele Dinge) durchbrechen; Dt durchbrochen werden
Bēl	„Herr“, Beiname des Gottes Marduk
bēltum	Herrin
bēlum	Herr, Besitzer
bêlum (*ibêl*/*ibēl*)	herrschen
bēlūtum	Herrschaft
binīʾātum (Pl.)	Glieder
birkum	Knie
bīš qātim	(bewegliches Eigentum der Hand =) zur Verfügung stehendes bewegliches Eigentum

bīšum	bewegliches Eigentum, Mobilien
bītum, Pl. *bītātum*	Haus
bubūtum	Hunger
butuqtum, Pl. *but(u)qātum*	Durchbruch
dajjānum	Richter
dajjānūtum	Richteramt
dâkum (*idâk/idūk*)	töten; Š töten lassen; N getötet werden
daltum, Pl. *dalātum*	Tür
damāqum (*idammiq/idmiq*)	gut werden/sein; D gut machen
damqum, fem. *damiqtum*	gut
Damrum	Ortsname
dannum, fem. *dannatum*	stark, schwer
dārûm, fem. *dārītum*	ewig; s. auch *ana dārīʾātim*
dekûm (*idekkē/idkē*)	aufstören
Dilbat	Stadt in Babylonien
dīnum, Pl. *dīnātum*	Prozeß, Urteil, Rechtsspruch
dūrum	Mauer
ē	(möge/soll) nicht (Vetitivpartikel)
ebēbum (*ibbib/ībib*)	rein werden/sein; D rein machen, für unschuldig erklären
edûm (*īdē*)[1]	kennen, wissen (auch sexuell)
eʾēlum (*iʾʾil/īʾil*)	binden
e/igirrûm	Ruf
ekallum	Palast
ekēmum (*ikkim/īkim*)	wegnehmen
ekletum	Finsternis
ekûm, fem. *ekūtum*	verwaist
Ekur	Name des Tempels von Enlil und Ninlil in Nippur
eleppum fem.	Schiff
elep šūši	Schiff mit 60 Kor Fassungsvermögen
elī	auf
ellum, fem. *elletum*	rein
elûm, fem. *elītum*	oberer
elûm (*illī/īlī*)	hoch werden/sein; D erhöhen
emēdum (*immid/īmid*)	sich anlehnen, auferlegen; D anlehnen, versehen mit; N sich aneinander legen
enēšum (*inniš/īniš*)	schwach sein; Gt sehr(?) schwach sein; D schwächen
Enlil	Name des obersten Gottes des sumerischen Pantheons
eperum, auch Pl. *eperū*	Staub
epēšum (*ippeš/īpuš*)	tun, machen

1 Vgl. für dieses Verb § 131.

epištum, Pl. *epšē/ātum*	Tat
eqlum	Feld
erbûm (*erbī-*)	Heuschrecke
erēbum (*irrub/īrub*)	eintreten
erēšum (*irriš/īriš*)	fordern, verlangen
errēšum	Bauer
erretum	Damm
erretum	Fluch
erṣetum	Erde
eṣemtum	Knochen
ešer, fem. *ešeret*	zehn
eṭlum, Pl. *eṭlūtum*	junger Mann, Krieger
ezēbum (*izzib/īzib*)	verlassen, zurücklassen, sich scheiden lassen von (Akkusativ)
ezzum, fem. *ezzetum*	grimmig, ärgerlich
galātum (*igallut/iglut*)	erschrecken (intransitiv); D (jemanden) erschrecken
gamārum (*igammar/igmur*)	beenden
gamrum, fem. *gami/ertum*	voll, vollständig
gašīšum	Pfahl
gerrum	Weg
gitmālum	vollkommen
ḫabāšum (*iḫabbaš/iḫbuš*)	zerschmettern
ḫabātum (*iḫabbat/iḫbut*)	rauben; Gtn immer wieder rauben
ḫadûm (*iḫaddū/iḫdū*)	sich freuen; D erfreuen
ḫalāqum (*iḫalliq/iḫliq*)	verlieren, zugrundegehen; D vernichten
ḫalqum, fem. *ḫaliqtum*	flüchtig, verloren
ḫamištum	(Arbeitstrupp von) fünf (Personen)
Ḫammurāpi[2]	Name eines altbabylonischen Königs
**ḫapādum* D	s. *ḫuppudum*
ḫarḫasannum	Ohrmuschel
ḫarrānum	Weg, Feldzug
ḫasāsum (*iḫassas/iḫsus*)	sich erinnern; D (jemanden) erinnern
ḫaṭṭum fem.	Zepter
ḫerûm (*iḫerrī/iḫrī*)	graben
ḫīʾāṭum (*iḫīʾaṭ/iḫīṭ*)	überwachen
ḫīrtum	Gattin, Ehefrau
ḫubtum	Raub
ḫulqum	Verlorenes
ḫuppudum (*uḫappad/uḫappid*)	D blenden
ḫurāṣum	Gold
Id	Name des Flussgottes

2 Der Name ist nicht akkad., sondern amurritisch und bedeutet „Der Vatersbruder ist heilend“, s. Streck 1999b.

idū (Pl.)	Lohn
idum	Arm
igārum	Wand, Mauer
igirrûm	s. *e/igerrûm*
ilum	Gott
imērum	Esel
imittum	rechte Seite
immerum, Pl. *immerātum*	Schaf
in(*a*)	in, aus ... heraus, durch, mittels
ina maḫar	an der Vorderseite von, vor
inanna	jetzt
īnum	Auge
inūma	als, wenn
ipqum	Umarmung
iṣum	Holz, Baum
īṣum, fem. *īṣtum* < *wīṣ*(*t*)*um*	wenig
išarum	gerade, gerecht
išātum fem.	Feuer
Ištar	Name der Liebes- und Kriegsgöttin
ištēn, fem. *ištēt*	eins
ištēniš	zusammen
ištū	weg... von, seit, nachdem
išûm (*īšū*)[3]	haben
itinnum	Baumeister
ittī	mit
itūlum	s. *nīʾālum*
izbum	Missgeburt
izuzzum (*izzâz*/*izzīz*)[4]	N stehen
kabālum D	knebeln
kabātum (*ikabbit*/*ikbit*)	schwer/gewichtig werden/sein
kabtum, fem. *kabittum*	schwer
kadrum, fem. *kadirtum*	wild
kajjāniš	ständig
kakkum	Waffe (auch als Leberteil)
**kalālum* Š	s. *šuklulum*
kalûm (*ikallā*/*iklā*)	festhalten; N festgehalten werden
kalûm (*kalā*/*ī*-)	Gesamtheit, alle
kamārum (*ikammar*/*ikmur*)	aufhäufen; D gewaltig aufhäufen
kânum (*ikân*/*ikūn*)	fest sein; D fest machen, bestimmen, jemandem (Akk.) etwas (Akk.) nachweisen
karābum (*ikarrab*/*ikrub*)	beten (für = Dativ); Gtn immer wieder beten
karānum	Wein

3 Vgl. für dieses Verb § 132.
4 Vgl. für dieses Verb § 129.

karṣillum	Messer
kārum	Hafen
kaspum	Silber
kasûm (*ikassī/iksī*)	binden
kašādum (*ikaššad/ikšud*)	ankommen, erreichen; Š erreichen lassen
kīʾam	so, folgendermaßen
kibrum, Pl. *kibrātum*	Ufer, Weltregion
kīdum	offenes Land, Gebiet außerhalb der Stadt
kīma	wie, anstelle von
kirûm (*kiri-*)	Dattelpalmgarten
Kiš	Stadt in Babylonien
kišpum	Zauberei, Hexerei
kiššatum	Welt
kīttum < **kīntum*, Pl. *kīnātum*[5]	Festigkeit, Wahrheit, Gerechtigkeit (bisweilen im Pl.)
kunukkum	Rollsiegel
kurrum	Kor (Hohlmaß zu 300 Liter)
kusarikkum	Stiermensch
kussûm (*kussa-*)	Stuhl, Thron
kutimmum	Goldschmied
lā	nicht
lamādum (*ilammad/ilmad*)	lernen, erfahren; D unterrichten, informieren
lapātum (*ilappat/ilput*)	anfassen; Š zerstören
lasāmum (*ilassum/ilsum*)	laufen
lemēnum (*ilemmin/ilmin*)	böse/schlecht werden/sein; D schlecht machen
lemnum, fem. *lemuttum*	böse, schlecht
leqûm (*ileqqē/ilqē*)	nehmen, entführen; Gtn immer wieder nehmen; Š nehmen lassen; N genommen werden
lētum	Wange
lēʾûm, fem. *lēʾītum*	mächtig
libbum	Herz, Inneres
lū	oder
lū	wahrlich (Affirmativpartikel); möge (Wunschpartikel)
lū ... (*ū*) *lū*	entweder ... oder
Lullubum	Region im Zagros
-ma (enklitisch)	und dann
magārum (*imaggar/imgur*)	einwilligen, zustimmen (jemandem = Akk.); Gt einander zustimmen; Š zustimmen lassen
maḫar, *maḫri-*	s. *ana maḫri-* + Suffix; *ina maḫar*
maḫārum (*imaḫḫar/imḫur*)	empfangen; Gtn immer wieder empfangen

5 Nach Lämmerhirt 2010, 391f., hat das Wort die Grundbedeutung „Festigkeit" und deckt das Bedeutungsspektrum „Verläßlichkeit, Aufrichtigkeit, Beständigkeit, Wahrheit, Recht, Gerechtigkeit" ab.

maḫāṣum (*imaḫḫaṣ*/*imḫaṣ*)	schlagen; Gt einander schlagen, miteinander kämpfen
malā	soviel wie, entsprechend
malākum (*imallik*/*imlik*)	beraten; Gt einander Rat geben, überlegen
mālikum	Ratgeber
mamman	jemand
mannum	wer
manûm (*imannū*/*imnū*)	zählen
maqātum (*imaqqut*/*imqut*)	fallen (auf = Dativ); Š fallen lassen, niederstrecken
marāṣum (*imarraṣ*/*imraṣ*)	krank werden/sein; Gtn immer wieder krank werden/sein, sich immer wieder sorgen; Št sich sorgen
Marduk	Name des Stadtgottes von Babylon
Mari	Stadt am mittleren Euphrat
marṣum, fem. *maruštum*	krank, unheilvoll
mār šiprim	(Sohn der Botschaft =) Bote
martum	Gallenblase
mārtum	Tochter
mārum	Sohn
maruṣ/*štum*	Krankheit, Sorge
maṣraḫ martim	Gallengang
maṣṣārum	Wächter
maṣṣārūtum	Aufbewahrung
mātum	Land
mâtum (*imât*/*imūt*)	sterben; Š sterben lassen
mēreštum	bebautes Feld
Meslam	Nergal-Tempel in Kutha
migrum	Günstling
mimma ša	alles was
mimma šumšu	alles Mögliche
mimmû- (*mimma-*)[6]	Besitz
mīšārum[7]	Gerechtigkeit
mišlum	Hälfte
mitgurum	willfährig
mû (Plurale tantum)	Wasser
mubbirum	Ankläger
muḫḫum	Schädel
munnabtum	Flüchtling
murabbītum	Ziehmutter

6 Das Wort kommt fast nur im St. cstr. vor Suffix oder Genitiv vor. Grundbedeutung: „etwas von“.

7 Für langes ā in diesem Wort s. Streck 2002, 242 Anm. 183, und Lämmerhirt 2010, 337; nach letzterem (S. 398) deckt das Wort das Bedeutungsspektrum „Gerechtigkeit, Ordnung, Redlichkeit“ ab.

muškēnum[8]	Bürger (mit niedriger Stellung)
muštālum	umsichtig
mūšum	Nacht
mūtānū (Pl.)	Seuche
mutum	Ehemann
nabalkutum (*ibbalakkat*/*ibbalkit*)	sich umwenden
nabûm (*inabbī*/*ibbī*)	nennen
nābutum (*innabbit*/*innābit*)[9]	N fliehen
nadānum (*inaddin*/*iddin*)	geben; Gtn immer wieder geben; Š geben lassen; N gegeben werden
nādinum	Gebender
nadītum[10]	Nonne
nadnum, fem. *nadittum*	gegeben
nadûm (*inaddī*/*iddī*)	werfen, vorwerfen (jemandem = *elī*), gering achten
naḫīrum	Nasenloch
nâḫum (*inâḫ*/*inūḫ*)	sich beruhigen; D beruhigen
nakārum (*inakkir*/*ikkir*)	anders/feindlich werden/sein; D verändern
nakāsum (*inakkis*/*ikkis*)	abschneiden
nakrum	Feind
namkūrum	Eigentum
napištum	Leben
naplastum	Scheuklappe (ein Leberteil)
narāmum	Liebling
narûm (*narua-*)	Stele
nārum	Fluß
nasāḫum (*inassaḫ*/*issuḫ*)	ausreißen; N ausgerissen werden, verstoßen werden
nasāqum (*inassiq*/*issiq*)	aussuchen, auswählen
našākum (*inaššak*/*iššuk*)	beißen
našûm (*inaššī*/*iššī*)	heben, tragen, (Stativ) halten
naṭālum (*inaṭṭal*/*iṭṭul*)	schauen
negeltûm (*iggelettē*/*iggeltī*)	aufwachen
nēḫtum	Ruhe
Nergal	Name des Unterweltgottes
nēšum	Löwe
nīʾālum (*inīʾal*/*inīl*)[11]	liegen; Gt liegen, schlafen (auch sexuell)
nidintum	Gabe

8 Der *muškēnum* steht im Kodex Hammurapi zwischen dem *awīlum* (dem hochgestellten Bürger) und dem *wardum* „Sklaven". Die einfache Übersetzung „Bürger" ist deshalb etwas ungenau; s. die Zusammenfassung der wissenschaftlichen Diskussion durch Stol 1997.

9 Vgl. für dieses Verb § 133.

10 Wörtlich „die Brachliegende". Die *nadītum* lebt im Kloster *gagûm* und muss kinderlos bleiben. Vgl. Sallaberger 2005, 633 § 5.7.

11 Vgl. für dieses Verb § 130.

nīlum	Sperma
Ninkarrak	Name der Heilgöttin
Ninlil	Name einer Göttin, Gattin des Enlil
nīš ilim	Eid beim Leben des Gottes
nišū (fem., Plurale tantum)	Leute
nuḫšum	Überfluß
nūrum	Licht
palāḫum (*ipallaḫ*/*iplaḫ*)	sich fürchten
palāsum N (*ippallas*/*ippalis*)	blicken (auf = Dativ oder *ana* + Genitiv)
palāšum (*ipallaš*/*ipluš*)	einbrechen (in = Akk.)
pānum, Pl. *pānū*	Vorderseite; Pl. Gesicht
paqādum (*ipaqqid*/*ipqid*)	übergeben, anvertrauen
paqdum, fem. *paqittum*	übergeben, anvertraut
pāqidum	Übergebender, Anvertrauender; der übergibt, anvertraut
parāsum (*iparras*/*iprus*)	trennen, entscheiden; N entschieden werden; Ntn immer wieder entschieden werden
pašāšum (*ipaššas*/*ipšaš*)	einreiben, salben; Gt sich einreiben
pašāṭum (*ipaššiṭ*/*ipšiṭ*)	ausradieren; Š ausradieren lassen
paṭārum (*ipaṭṭar*/*ipṭur*)	(aus)lösen; Gtn immer wieder lösen; N gelöst werden
petûm (*ipettē*/*iptē*)	öffnen; D öffnen; Š öffnen lassen; N geöffnet werden
pīštum fem.	Beleidigung
puluḫtum	Furcht, Angst
Purattum	Euphrat
purussûm (*purussā*-)	Entscheidung
pušqum	Enge, Not
pūtum	Stirn
qabûm (*iqabbī*/*iqbī*)	sagen, sprechen
qâpum (*iqâp*/*iqūp*)	schief werden/sein
qaqqadum	Kopf
qarnum, Pl. *qarnātum*	Horn
qarrādum	Krieger
Qatanum	Stadt in Nordsyrien
qātum	Hand, Verfügung
qerēbum (*iqerrib*/*iqrib*)	sich nähern
qīʾāpum (*iqīʾap*/*iqīp*)	übergeben, (an)vertrauen
qīʾāšum (*iqīʾaš*/*iqīš*)	schenken
qibītum fem.	Aussage, Spruch
qīštum	Geschenk, Honorar
qūlum	Stille
rabîš	großartig (Adverb)
rabûm, fem. *rabītum*	groß

rabûm (*irabbī/irbī*)	groß werden/sein; D groß machen, aufziehen; Š groß werden lassen
ragāmum (*iraggum/irgum*)	(ein)klagen
rapādum (*irappud/irpud*)	laufen; Gtn umher laufen
rapāšum (*irappiš/irpiš*)	breit werden/sein; D breit machen, vergrößern; Dt verbreitert werden
rašûm (*iraššī/iršī*)	bekommen
redûm (*ireddē/irdē*)	führen
rēšum	Kopf
rē᾽ûtum	Hirtentum
rī᾽ābum (*irī᾽ab/irīb*)	ersetzen
rikistum, Pl. *riksātum*	Bindung, Pl. Vertrag
rīmum	Auerochse
rittum	Hand
rubûm (*rubā-*)	Großer, Fürst
sābītum	Schenkin
saḫārum (*isaḫḫur/isḫur*)	sich wenden (an = Akk.), suchen, herumgehen (um = Akk.); Š umgeben
salāmum (*isallim/islim*)	freundlich werden/sein, Frieden schließen (mit = *ittī*)
sanāqum (*isanniq/isniq*)	ankommen, erreichen; D überprüfen; Dt überprüft werden
sapḫum, fem. *sapiḫtum*	verstreut
sattukkum	regelmäßiges Opfer
simmum	Wunde
Sîn	Name des Mondgottes
sinništum	Frau
siparrum	Bronze
Sippa/ir	Stadt in Nordbabylonien
sūnum	Schoß
sūqum	Straße
sūtum	Meßgefäß von 1 Seah (ca. 10 Liter)
ṣabātum (*iṣabbat/iṣbat*)	packen, ergreifen; Gt einander packen; ergreifen; Š ergreifen lassen; N ergriffen werden
ṣabtum, fem. *ṣabittum*	gepackt, ergriffen
ṣalmum	Bild
Ṣarpanītum	Name einer Göttin, Gattin des Marduk
ṣeḫērum (*iṣeḫḫir/iṣḫir*)	klein werden/sein
ṣeḫrum, fem. *ṣeḫertum*	klein, Kind
ṣēlum	Rippe
ṣērum	Rücken
ṣī᾽ātum	s. *ūm ṣī᾽ātim*
ṣibtum fem.	Zins
ṣillum	Schatten
ṣīrum, fem. *ṣīrtum*	erhaben

ša	von (zur Auflösung von Genitivverbindungen); der, die, das, den usw. (Relativpronomen)
šadālum (*išaddil*/*išdil*)	weit werden/sein; Š erweitern
šaddaqdim	letztes Jahr
šadûm (*šadū-*)	Berg
šaḫûm (*šaḫi-*)	Schwein
šakānum (*išakkan*/*iškun*)	setzen, (bereit)stellen, legen, versehen sein mit (Akk.); Š setzen/stellen/legen lassen
šākinum	Setzender, (Bereit)Stellender, Legender; der setzt, (bereit)stellt, legt
šakkanakkum	Statthalter
šalāmum (*išallim*/*išlim*)	gesund/heil werden/sein; D voll ersetzen
šalāšā	dreißig
šalûm (*išallī*/*išlī*)	untergehen, eintauchen (in = Akkusativ)
šâlum (*išâl*/*išāl*)	fragen
šaluštum	Drittel
**šamārum* Gt	s. *šitmurum*
Šamaš	Name des Sonnengottes
šamû (*šamā-*) (Plurale tantum)	Himmel
šâmum (*išâm*/*išām*)	kaufen
šanûm, fem. *šanītum*	zweiter, anderer
šapārum	Sendung
šapārum (*išappar*/*išpur*)	senden, schicken, (jemandem) schreiben; Gtn immer wieder schicken; N geschickt werden
šaqālum (*išaqqal*/*išqul*)	bezahlen
šarākum (*išarrak*/*išruk*)	schenken
šarāqum (*išarriq*/*išriq*)	stehlen
šarrāqānum	Dieb
šarrāqum	Dieb
šarratum	Königin
šarrum	König
šarrūtum	Königtum
šārtum fem.	Haare
šārum	Wind
šâti	dieses (Akk.)
šattum, Pl. *šanātum*	Jahr
šatûm (*išattī*/*ištī*)	trinken
šātûm (*šātī-*)	Trinker
šaṭārum (*išaṭṭar*/*išṭur*)	(nieder)schreiben; Š schreiben lassen
šaṭrum	geschrieben
šebērum (*išebbir*/*išbir*)	(etwas) zerbrechen; N zerbrochen werden
šemûm (*išemmē*/*išmē*)	hören; Gtn immer wieder hören
šēpum	Fuß
šeriktum	s. *širiktum*

šeʾum, šûm?[12]	Gerste
šī	sie, diese
šībultum	Transport
šībum	Zeuge
šīmum	Kaufpreis
šinnum	Zahn
šiprum	Botschaft, Arbeit; s. auch *mār šiprim*
šiptum	Beschwörung
šipṭum	Gericht
šiqlum	Schekel
ši/eriktum	Geschenk
šīrum	Fleisch, Leberomen
šitmurum (*ištammar/ištamar*)	Gt preisen
šittum	Schlaf
šizbum	Milch
šū	er, dieser
šuʾāti	diesen
šubtum	Wohnung, Wohnstätte
šuklulum (*ušaklal/ušaklil*)	Š vollenden
šulmum	Heil
Šumerum	Land Sumer
šumma	wenn, falls
šumum	Name
šunūti	diese (Akk. 3. Pl. mask.)
šūši	sechzig; s. auch *elep šūši*
tabākum (*itabbak/itbuk*)	ausschütten
tabālum (*itabbal/itbal*)	wegnehmen
takālum (*itakkal/itkal*)	vertrauen (jemandem = *ana*)
tamḫārum	Schlacht
tamkārum	Kaufmann
tamûm (*itammā/itmā*)	schwören; D beschwören (jemanden bei jemandem = doppelter Akk.)
tarāṣum (*itarraṣ/itruṣ*)	ausbreiten
târum (*itâr/itūr*)	zurückkehren, (in der Koppelung) nochmals tun
tazzīmtum	Klage
tebûm (*itebbē/itbē*)	aufstehen, angreifen; Š aufstehen lassen
terḫatum	Brautpreis
tibûtum (*tibē-*)	Einfall
tûltum	Wurm

12 Das Wort wird immer mit dem Logogramm ŠE, oft mit phonetischen Komplementen (§ 13), geschrieben. Die konventionelle Lesung ist *šeʾum* (AHw. 1222, CAD Š/II 345–354). Cavigneaux 1989 und Livingstone 1997 schlugen stattdessen eine Lesung *ûm* vor. Streck 1998e argumentiert wieder für *šeʾum*; vgl. auch Mayer in Beaulieu/Mayer 1997, 172 mit der Beobachtung, dass der Wurzelvokal *e* sein muss, und den Vorschlag der Lesung *šûm* < **šeʾum*.

tuppum[13]	Tontafel, Schreibtafel
tupšarratum	Schreiberin
tupšarrum	Schreiber
ṭābtum	Salz
ṭābum, fem. *ṭābtum*	gut
ṭarādum (*iṭarrad*/*iṭrud*)	senden, schicken
ṭēmum	Bericht
ṭīʾābum (*iṭīʾab*/*iṭīb*)	gut sein, gefallen (jemandem = *ana šīr* „dem Fleisch" + Genitiv)
ṭīdum	Lehm
u	und, auch
ū (*lū*)	oder
ul(*ā*)	nicht
ullīkīʾa(*m*)	dort
umma	so, folgendermaßen
ummānum	Heer
ummum fem., Pl. *ummātum*	Mutter
ūm ṣīʾātim	ferne Zeit
ūmum	Tag
unnīnum	Gebet
urrum	(heller) Tag (im Gegensatz zur Nacht)
Uruk	Stadt in Babylonien
uznum	Ohr
wabālum (*ubbal*/*ubil*)	tragen, bringen; Gt wegtragen; Gtn immer wieder bringen; Š bringen lassen; N gebracht werden
waklum	Aufseher
walādum (*ullad*/*ulid*)	gebären
wardum	Sklave, Diener
warkī	nach, nach dem Tode
warûm (*urrū*/*urū*)	führen; Š führen lassen
waṣûm (*uṣṣī*/*uṣī*)	herausgehen
wašābum (*uššab*/*ušib*)	sitzen, sich befinden, wohnen; Š (be)wohnen lassen
wašārum (*uwaššar*/*uwaššir*)	D loslassen; Dt freigelassen werden
waštum	drückend
wīʾāṣum (*iwīʾaṣ*/*iwīṣ*)	klein/gering werden/sein
Zababa	Name eines Gottes
zakārum (*izakkar*/*izkur*)	sprechen, sagen
zêrum (*izêr*/*izēr*)	hassen
zikarum	Mann
zittum	Anteil

13 Das Wort wird konventionell *ṭuppum* gelesen; für den Anlaut *t* statt *ṭ* s. Streck 2009, 136–140.

V Grundwortschatz

Der Grundwortschatz enthält die häufigen Wörter des Akkad. Es sind nur Wörter aufgenommen, die auch im Altbab. vorkommen und deren Eintrag im AHw. mindestens eine halbe Spalte lang ist: insgesamt 850 Wörter (510 Substantive, 58 Adjektive, 282 Verben); dies entspricht ca. 4 % des akkad. Gesamtwortschatzes. Viele dieser Wörter sind auch im Assyrischen oder späteren Babylonischen belegt, so dass der Grundwortschatz auch für die Erlernung dieser Sprachperioden/Dialekte nützlich ist. Verzichtet wird auf die zum Teil sehr häufigen Partikeln, weil diese bereits in der Grammatik (§§ 134b, 135b, 136b, 152–154) übersichtlich dargeboten sind. Die Bedeutungsangaben werden auf die aB häufigen und wesentlichen reduziert und bilden nicht das gesamte semantische Spektrum eines Wortes ab; für dieses sind die Lexika zu konsultieren. Da der Grundwortschatz dem didaktischen Zweck des Vokabellernens dient, sind die Wörter nicht alphabetisch, sondern nach Bedeutungsgruppen angeordnet; auf diese Weise prägen sich die Wörter besser ein. In manchen Fällen könnte ein Wort an mehreren Stellen erscheinen; es wird dann nur an einer Stelle, die dem häufigsten Gebrauch entspricht, eingeordnet. Eine wissenschaftlich begründete Lehre von der Struktur des aB Wortschatzes, für die fast keine Vorarbeiten existieren, ist dabei nicht beabsichtigt; im Detail wäre daher vielfach auch eine andere Anordnung möglich gewesen.

1 Substantive[1]

1.1 Natur

1.1.1 Landschaft

erṣetum	Erde, Land, Unterwelt
qaqqarum	Erdboden
ep(e)rum	Staub, Erde
kirbānum	Klumpen
apsûm (apsu-)	unterirdischer Süßwasserozean
nagbum	Grundwasser, Quellgebiet
šamû	Himmel
šamšum	Sonne
usk/qārum	Sichel, Mondsichel
kakkabum	Stern

1 Für Besonderheiten beim Genus von Sg. oder Pl. vgl. im Überblick § 68 und im Detail die Lexika.

nārum	Fluss
īkum	Kanal, Kanaldamm
rāṭum	Rinne
butuqtum	Dammriss, Dammbresche
nēberum	Furt
titūrum	Brücke
kīdum	freies Feld, offenes Land
nawûm	Weidegebiet, Steppe
ṣērum	Steppe
šadûm (šadū-)	Berg, Gebirge
nērebum	Pass

1.1.2 Wetter

ṣētum	Glut, Hitze
kūṣum	Kälte
šurīpum	Eis
meḫûm	Sturm
šārum	Wind
zī/āqīqum	Wind
šamûm (šamū-), šamūtum	Regen
mīlum	Hochwasser
abūbum	Sintflut

1.1.3 Tiere und Viehzucht

būlum	Vieh, Tiere
ṣēnum	Kleinvieh (Schafe und Ziegen)
nammaštûm (nammaštā-)	wilde Tiere
umāmum	Tier
immerum	Schaf
puḫādum	Lamm
rēʾûm (rēʾī-)	Schafhirt
rēʾûtum	Schafhirtenamt, Hirtentum
utullum	Oberhirt
rîtum	Weide
ušallum	Wiese
šīpātum	Wolle
enzum	Ziege
urīṣum	Ziegenbock

alpum	Stier, Rind
littum	Kuh
qarnum	Horn
nīrum	Joch
ṣerretum	Leitseil
imērum	Esel
sīsûm (*sīsa-*)	Pferd
kalbum	Hund
šaḫûm (*šaḫī*)	Schwein
iṣṣūrum	Vogel
kappum	Flügel
qinnum	Nest
lābum	Löwe
nēšum	Löwe
erbûm (*erbī-*)	Heuschrecke
nūnum	Fisch
pīrum	Elefant
rīmum	Auerochse
ṣabītum	Gazelle
ṣerrum	Schlange
zubbum	Fliege
zuqa/iqīpum	Skorpion

1.1.4 Pflanzen und Ackerbau

šammum	Pflanze
eqlum	Feld
ugārum	Feldflur, Ackerland
šeʾum, *šûm*?[2]	Gerste, Getreide
uṭṭatum	Weizen
zērum	Same, Saat
epinnum	Saatpflug
šerʾum	Saatfurche
ebūrum	Ernte
maškanum	Tenne
karûm	Getreidehaufen, Speicher
errēšum	Bauer

2 Vgl. das Glossar zur Lesung des Wortes.

ikkarum	Bauer
gišimmarum	Dattelpalme
kirûm (*kiri-*)	Dattelpalmgarten
suluppum	Dattel
kasû (*kasi-*)	Cassia
šamaššammū[3]	Sesam
karānum	Wein, Weinrebe, Weintrauben
inbum	Frucht
appārum	Röhricht
qanûm (*qanā-*)	Schilfrohr
iṣum	Baum, Holz
qištum	Wald
erēnum	Zeder, Pinie
šurmēnum	Zypresse
taskarinnum	Buchsbaum

1.1.5 Mineralien

abnum	Stein
ḫurāṣum	Gold
kaspum	Silber
siparrum	Bronze
werûm (*weri-*)	Kupfer
sāmtum	Karneol
uqnûm (*uqnu-*)	Lapislazuli
ṭābtum	Salz
ṭīdum	Lehm, Ton

1.2 Mensch

1.2.1 Körper, Krankheit, Tod[4]

lānum	Gestalt
zumrum	Körper
maškum	Haut, Fell
šīrum	Fleisch

3 Für die Bedeutung „Sesam" statt „Leinsamen" (so CAD Š/I 301) s. Stol 2010, 401 § 2 mit einer Zusammenfassung der wissenschaftlichen Diskussion.

4 Zum bei Körperteilbezeichnungen noch gebrauchten Dual s. § 71a–b.

zûm	Kot, Schmutz
zūtum, zuʾtum	Schweiß
rēšum	Kopf
qaqqadum	Kopf
kutallum	Hinterkopf
muḫḫum	Schädel
šārtum	Haar
pūtum	Stirn
lētum	Backe, Wange
appum	Nase
īnum	Auge
uznum	Ohr
pûm (*pī-* oder *pā-*)	Mund
šaptum	Lippe
ziqnum	Bart
šinnum	Zahn
lišānum	Zunge
kišādum	Hals
napištum	Kehle
tikkum	Nacken, Hals
būdum	Schulter
aḫum	Arm
idum	Arm
ammatum	Elle (besonders als Maßeinheit)
qātum	Hand
rittum	Hand
ubānum	Finger, Zehe
ṣuprum	Fingernagel, Kralle, Huf
irtum	Brust
ṣēlum	Rippe
išarum	Penis
sūnum	Schoß
purīdum	Bein
šēpum	Fuß
libbum	Herz
kabattum, kabtatum	Bauch

karšum	Bauch, Magen
amūtum	Leber
errum	Darm, Eingeweide
martum	Gallenblase
eṣemtum	Knochen
damum	Blut
zibbatum	Schwanz
murṣum	Krankheit
asûm (*asu-*)	Arzt
mūtum	Tod
pagrum	Leiche
šalamtum	Leiche
eṭemmum	Totengeist
šuttum	Traum

1.2.2 Ernährung

kurummatum	Verpflegung
naptanum	Mahl
ukultum	Verpflegung
ak(*a*)*lum*	Brot
qēmum	Mehl
šamnum	Öl, Fett
šikārum	Bier
šizbum	Milch

1.2.3 Affekte

erištum	Verlangen
ṣibûtum, ṣabûtum	Wunsch
ikkillum	Geschrei, Wehklage
nissatum	Wehklage
tazzīmtum	Klage
rīštum	Jauchzen
tānēḫum	Mühsal, Leid
mānaḫtum	Ermüdung
narāmum	Liebling
puluḫtum	Furcht
uzzum	Zorn

1.3 Gesellschaft

1.3.1 Familie

kimtum	Familie
abum	Vater
ummum	Mutter
aḫum	Bruder
talīmum	bevorzugter Bruder
tu'āmum	Zwilling
mārum	Sohn
mārtum	Tochter
aplum	Erbsohn
līpum	Spross, Nachkomme
per'um	Spross, Nachkomme
ṣuḫārum	Kind, Diener
šerrum	Säugling, Kind
šumum	Name, (Namensträger =) Nachkomme
tarbītum	Aufziehen (von Kindern), Ziehkind, Gewächs
emum	Schwiegervater
kallatum	Schwiegertochter, Braut
mutum	Ehemann, Gatte, Krieger
terḫatum	Brautpreis

1.3.2 Soziale Schichten

aw/mīlūtum	Menschheit
nišū	Menschen, Leute
tenēšētum	Menschheit
puḫrum	Versammlung
zik(a)rum	Mann
sinništum	Frau
eṭlum	(junger) Mann
awīlum	Mensch, Mann, Bürger, Herr
muškēnum[5]	Bürger
wardum	Sklave
wardūtum	Sklavendienst, Sklavenstand

5 Vgl. das Glossar zur Übersetzung des Wortes.

bēltum	Herrin
bēlum	Herr
bēlūtum	Herrschaft
enum	Herr
šāpirum	Weisungsgebender
tappûm	Genosse, Freund

1.3.3 Berufe

gallābum	Barbier, Friseur
maṣṣārum	Wächter
nāgirum	Herold
nappāḫum	Schmied
nârum	Musiker, Sänger
nuḫatimmum	Koch
paḫārum	Töpfer
sābûm (*sābī-*)	Schankwirt
šāqûm (*šāqī-*)	Mundschenk
waklum	Aufseher

1.3.4 Palast

ekallum	Palast
šarrum	König
šarratum	Königin
šarrūtum	Königtum
etellum	Fürst
mal(*i*)*kum*	Fürst, König
rubûm (*rubā-*)	Fürst
rubātum	Fürstin
kussûm (*kussi-*)	Thron
ḫaṭṭum	Stab, Zepter
šibirrum	Hirtenstab, Zepter
narûm (*narua-*)	Stele
ṣalmum	Statue(tte), Figur, Bild
palûm (*pala-*)	Regierungszeit
mālikum	Ratgeber
milkum	Rat
šakkanakkum	Statthalter

šaknum	Statthalter
šatammum	Verwalter
š/sukkallum	Bote, Minister, Wesir
erbum	Einkommen
ilkum	Lehen(sdienst)
iškarum	Arbeitspensum

1.3.5 Krieg

qablum	Kampf, Schlacht
ṣāltum	Streit
tāḫāzum	Schlacht
tamḫārum	Kampf, Schlacht
tībûm	Erhebung, Angriff
tibûtum	Aufmarsch, Erhebung
tuqumtum	Kampf
qarrādum	Held, Krieger
rēdûm	Soldat
ṣābum	Truppe, Leute
ummānum	Heer, (im Pl.:) Truppen
kakkum	Keule, Waffe (allgemein)
nablum	Brandpfeil
patrum	Schwert
qaštum	Bogen
šētum	Fangnetz
šiltāḫum	Pfeil
tilpānum	ein Wurfholz, eine Art von Bogen
šallatum	Beute

1.3.6 Tempel und Religion

ešertum	Kapelle, Heiligtum
kisallum	Vorhof, Vorraum
kiṣṣum	Heiligtum
kummum	Heiligtum
papāḫum	Cella, Heiligtum
parakkum	Kultsockel, Heiligtum
šurīnum	Gottesemblem
watmānum	Cella, Tempel
ziqqurratum	Zikkurrat

ilum	Gott
ilūtum	Göttlichkeit
ištarum	Göttin
bāštum	Schutzengel
lamassum	Schutzgeist
šēdum	Schutzgott
melemmū	Schreckensglanz
namrīrū	Schreckensglanz
šalummatum	Glanz
šarūrum	Glanz
entum	Hohepriesterin
sekretum	(Abgesperrte =) „Nonne“
šangûm	Oberpriester
parṣum	Kult, göttliche Ordnung
akītum	Neujahrsfest
eššēšum	Festtag am 1., 7., 15. und 25. des Monats
nindabûm	Brotopfer
nīqum, niqûm	Opfer
s/šattukkum	regelmässiges Opfer
ikribum	Gebet
suppûm (*suppū-*)	Gebet
teslītum	Gebet
unnīnum	Flehen, Gebet
bārûm (*bārī-*)	Opferschauer
wāšipum	Beschwörer
šiptum	Beschwörung
têrtum	Omen, Orakel, Opferschau
arnum	Schuld, Sünde, Strafe
ikkibum	Tabu
isqum	Los, Anteil
šīmtum	Schicksal

1.3.7 Haus und Stadt

bītum	Haus
mūšabum	Wohnung
šubtum	Wohnung
bābum	Tor, Tür
daltum	Tür
mūṣûm	Ausgang
sikkūrum	Riegel
sippum	Türpfosten
igārum	Mauer, Wand
dūrum	Mauer
išdum	Fundament
uššum	Fundament
ṣulūlum	Dach
ūrum	Dach
nakkamtum	Vorratshaus
tarbāṣum	Hof
gušūrum	Balken
libittum	Ziegel
temmēnum	Gründungsurkunde, Grundstein
ālum	Stadt
tīlum, tillum	Schutthügel, Tell
dimtum	Turm
kārum	Hafen(mauer), Kai

1.3.8 Hausrat

udûm	Geräte
unūtum	Geräte
eršum	Bett
majjālum	Schlaflager
paššūrum	Tisch
pisannum	Kasten
quppum	Kasten

dipārum	Fackel
išātum	Feuer
kinūnum	Kohlenbecken
tinūrum	Ofen
kannum	Gefäß, Gefäßständer
kāsum	Becher
našpakum	Vorratskrug
lubuštum	Kleidung
ṣubātum	Gewand
naḫlaptum	Gewand, Mantel
sissiktum	Gewandsaum
t/dudittum	Gewandnadel
kubšum	Turban
paršīgum	Kopfbinde
nēbeḫum	Gürtel, Binde
šēnum	Schuh
šewerum	Ring
šukuttum	Schmuck
naglabum	Schermesser
marrum	Spaten
sikkatum	Nagel, Pflock
eleppum	Schiff
ereqqum	Lastwagen
narkabtum	Wagen
rukūbum	Schiff, Wagen

1.3.9 Recht

kīttum[6]	Festigkeit, Wahrheit, Gerechtigkeit
mīšārum[7]	Gerechtigkeit
dīnum	Urteil, Prozess, Gericht, Rechtssatz
dajjānum	Richter
purussûm (*purussā-*)	Entscheidung
šipṭum	Strafgericht
māmītum	Eid
nīšum	Eid

6 Siehe das Glossar für das Bedeutungsspektrum des Wortes.
7 Siehe das Glossar für langes *ā* und das Bedeutungsspektrum des Wortes.

būšum	bewegliches Eigentum
makkūrum	(meist beweglicher) Besitz, Eigentum
mimmû- (*mimma-*)[8]	Besitz
ḫibiltum	Unrecht, Gewalttat
ḫīṭum	Fehler, Verbrechen, Sünde, Strafe
karṣum	Verleumdung
sartum	Verbrechen, Lüge
šagaštum	Mord
šērtum	Strafe, Schuld
šillatum	Frechheit
riksātum	Vertrag
šībūtum	Zeugenschaft, Zeugnis
zittum	Anteil, Teil

1.3.10 Handel

kaspum	Silber, Geld
kīsum	Geldbeutel
tamkārum	Kaufmann, Händler, Gläubiger
tappûtum	Handelsgesellschaft
ḫubullum	verzinsliche Schuld
ṣibtum	Zins
maḫīrum	Gegenwert, Kurs
šīmum	Kaufpreis
pūḫum	Tausch
šupêltum	Tausch
mašrûm	Reichtum
nēmelum	Gewinn
nikkassum	Abrechnung

1.3.11 Sprache und Schrift

awātum	Wort
piqittum	Auftrag
qibītum	Ausspruch, Befehl
rigmum	Ruf, Geschrei, Stimme
wuʾʾurtum	Auftrag, Befehl

8 Vgl. das Glossar zur Verwendung und Grundbedeutung des Wortes.

zikrum	Rede, Befehl
tuppum[9]	Tontafel
tupšarrum	Schreiber
lē'um	Schreibtafel (aus Holz mit Wachs)
kunukkum	Rollsiegel, Siegelabdruck, gesiegelte Urkunde
šipirtum	Nachricht, Brief
šiprum	Botschaft
taḫsistum	Aufzeichnung, Notiz

1.4 Raum

ašrum	Ort, Stelle
mazzāzum, nazzāzum	Standort, Stelle
imittum	rechte Seite
šumēlum	linke Seite
elītum	Oberteil, Oberland
šaplum	Unterseite
maḫrum	Vorderseite
pānum	Vorderseite
warkatum	Rückseite
birītum	Zwischenraum
meḫretum	gegenüberliegende Seite
qerbum	Mitte, Inneres
šaḫātum	Seite, Ecke
šiddum	Seite
tubqum	Ecke
itûm (*itā-*)	Grenze
miṣrum	Grenze, Gebiet
kibrum	Rand, Ufer, Pl.: (die vier) Grenzen (Mesopotamiens)
pāṭum	Gebiet
qerbetum	Flur
itâtum	Umgebung
kippatum	Umfang, Umkreis
liwītum	Umgebung, Umfang

9 Zum Anlaut *t* s. das Glossar.

tamertum	Umgebung
alaktum	Weg
gerrum	Weg, Pfad
ḫarrānum	Weg
kibsum	Tritt, Spur
sūqum	Straße
tallaktum	Weg
bīrum	Doppelstunde (ca. 10,8 km)
mātum	Land
ribītum	Platz

1.5 Zeit

adānum	Termin
simānum	Zeitpunkt
ṣiātum	ferne Zeit
ūmum	Tag
urrum	(heller) Tag (im Gegensatz zu Nacht)
mūšum	Nacht
šērum	Morgen
muṣlālum	Siestazeit
nubattum	Abend
maṣṣartum	Wache (als Tagesabschnitt)
warḫum	Monat
šattum	Jahr

1.6 Quantität

gimrum	Gesamtheit
kiššatum	Gesamtheit
kullatum	Gesamtheit
napḫarum	Gesamtheit, Summe
rēḫtum	Rest
šittum	Rest
bāmtum	Hälfte
mišlum	Hälfte
qablum	Hälfte, Mitte
manûm (*manā-*)	Mine (ca. 500 Gramm)
biltum	Last, Talent (ca. 30 Kilogramm)

qûm (*qā-*)	ein Hohlmaß (ca. 1 Liter)
sūtum	Seah (ca. 10 Liter)
kurrum	Kor (ca. 300 Liter)
minûtum	Zählung, Rechnung

1.7 Eigenschaftsabstrakta und verwandte Wörter

dumqum	Gutes
ṭābtum	Gutes, Güte
ṭūbum	Gutes, Güte
lemuttum	Böses
lumnum	Böses, Schlechtes, Übel
maruštum	Übel
salīmum	Freundschaft, Frieden
nakrum, *nakirum*	fremd, feindlich, Feind
nukurtum	Feindschaft
danānum	Stärke
dunnum	Stärke
emūqum	Kraft, Gewalt
lītum	Macht
pušqum	Enge, Not
šulmum	Wohlergehen, Gesundheit
nēmequm	Weisheit
tašīmtum	Einsicht, Verständnis
ṭēmum	Verstand, Plan
tēšûm (*tēšī-*)	Verwirrung

1.8 Handlungsabstrakta und verwandte Wörter

epištum	Tat, Werk
rēṣum	Helfer
rēṣūtum	Hilfe
tukultum	Zuversicht, Vertrauen, Hilfe
usātum	Hilfe
gimillum	Gefälligkeit, Vergeltung, Schonung
kidinnum	Schutz, Schutzbereich
puzrum	Geborgenheit
ṣillum	Schutz
qīštum	Geschenk

tāmartum	Geschenk, Tribut
nuḫšum	Fülle, Überfluss
ṭuḫdum	Fülle
niṣirtum	Schatz, Geheimnis
pirištum	Geheimnis
egirrûm (*egirra-*)	Reputation, Ruf
tanāttum	Ruhm
lalûm	Attraktivität
ittum	Kennzeichen
zīmū	Aussehen
meḫṣum	Schlag
miqittum	Fall, Sturz
miqtum	Fall, Befall
nūrum	Licht
pītum	Öffnung
tamšīlum	Abbild, Entsprechung

2 Adjektive[10]

2.1 Raum (teilweise sekundär auch Zeit)

elûm, fem. *elītum*	hoch, oberer
šaqûm, fem. *šaqūtum*	hoch
šaplûm, fem. *šaplītum*	unterer, tief
kawûm, fem. *kawītum*	äußerer
pānûm, fem. *pānītum*	vorderer, früherer
warkûm, fem. *warkītum*	hinterer, späterer, künftiger
rapšum, fem. *rapaštum*	breit, zahlreich, gewaltig
qatnum, fem. *qatantum*	dünn, schmal
rūqum, fem. *rūqtum*	fern

10 Die feminine Form wird bis auf wenige Ausnahmen, in denen sie nie belegt ist, mit angegeben.

2.2 Zeit

eššum, fem. *eššetum*	neu
labirum, fem. *labirtum*	alt
kajjamānum	ständig, dauernd
kajjānum, fem. *kajjāntum*	ständig, dauernd

2.3 Quantität

mādum, fem. *māttum*	viel, zahlreich
īṣum, fem. *īṣtum*	wenig, gering
rīqum, fem. *rīqtum*	leer, unbeschäftigt
mitḫārum, fem. *mitḫārtum*	gleich, entsprechend
šāninum	ebenbürtig
šanûm, fem. *šanītum*	anderer
rabûm, fem. *rabītum*	groß
watrum, fem. *watartum*	übergroß, zusätzlich
ṣeḫrum, fem. *ṣeḫertum*	klein, jung
kabtum, fem. *kabittum*	schwer, gewichtig
qallum, fem. *qallatum*	leicht, wenig, gering
gamrum, fem. *gamirtum*	vollständig, ganz
kalûm (*kalā-*)	alles
wēdum	einzig, allein
kilallān, kilallūn, fem. *kilattān*	beide

2.4 Farben, Reinheit (auch in übertragenem Sinn)

peṣûm, fem. *peṣītum*	weiß, grau
ṣalmum, fem. *ṣalimtum*	schwarz, dunkel
sāmum, fem. *sāmtum*	rot, braun
ṣarpum, fem. *ṣariptum*	geläutert, gebrannt, gerötet
šībum, fem. *šībtum*	grau, alt
ebbum,fem. *ebbetum*	hell, rein, zuverlässig
ellum, fem. *elletum*	(kultisch) rein
nawrum, fem. *nawirtum*	hell, leuchtend, glänzend
zakûm, fem. *zakūtum*	rein, unschuldig

2.5 Sonstige Eigenschaften

damqum, fem. *damiqtum*	gut
ṭābum, fem. *ṭābtum*	gut, schön, süß

lemnum, fem. *lemuttum*	böse, schlecht, schlimm
nak(i)rum, fem. *nakirtum*	fremd, feindlich
sarrum, fem. *sarratum*	falsch, feindlich, verbrecherisch
dannum, fem. *dannatum*	stark, schwierig
enšum, fem. *eništum*	schwach
ezzum, fem. *ezzetum*	zornig, wütend
gitmālum, fem. *gitmāltum*	vollkommen
išarum, fem. *išartum*	normal, gerade, gerecht
kīnum, fem. *kīttum*	fest, sicher, zuverlässig, dauerhaft, wahr, rechtschaffen
rēštûm, fem. *rēštītum*	erster, vornehmster, uralter
ṣīrum, fem. *ṣīrtum*	erhaben
wēdûm	hochrangig
lē'ûm, fem. *lē'ītum*	tüchtig, fähig
mūdûm	wissend, klug
šalmum, fem. *šalimtum*	gesund
marṣum, fem. *maruštum*	krank, schmerzhaft, schwierig
mītum	tot
petûm, fem. *petītum*	offen
waqrum, fem. *waqartum*	teuer, kostbar

3 Verben[11]

3.1 Eigenschaften und Zustände

3.1.1 Dimension, Raum

rabûm (*irabbī/irbī*)	groß sein/werden; D groß machen, (Kinder, Tiere) aufziehen; Š groß machen
watārum (*ittir/ītir*)	überschüssig/übergroß sein/werden; D vermehren, vergrößern
ṣeḫērum (*iṣeḫḫir/iṣḫir*)	klein/jung sein/werden; D verkleinern, vermindern
arākum (*irrik/īrik*)	lang sein/werden

11 Bei den Verben werden die Wurzelvokale durch Nennung von Präs./Prät. angegeben. Auf die Beigabe der Rektion der Verben wurde verzichtet; sie ist im Glossar oder Lexikon nachzuschlagen.

rapāšum (*irappiš*/*irpiš*)	breit sein/werden; D breit machen, erweitern, verbreitern
šaqûm (*išaqqū*/*išqū*)	hoch sein/werden; D erhöhen
šapālum (*išappil*/*išpil*)	niedrig sein/werden; D vertiefen, absenken, hinabbeugen
šapûm (*išappū*/*išpū*)	dicht/dick/laut sein/werden
nesûm (*inessī*/*issī*)	fern sein/werden, sich entfernen
rêqum (*irêq*/*irēq*)	fern sein/werden, sich entfernen
parākum (*iparrik*/*iprik*)	sich quer legen, Schwierigkeiten machen

3.1.2 Quantität

mīʾādum (*imīʾad*/*imīd*)	viel/zahlreich sein/werden
malûm (*imallā*/*imlā*)	voll sein/werden; D (an)füllen
râqum (*irīʾaq*/*irīq*)	leer/unbeschäftigt sein/werden
râḫum (*irêḫ*/*irīḫ*)	übrig bleiben

3.1.3 Farbe, Reinheit

elēlum (*illil*/*īlil*)	rein sein/werden; D reinigen
zakûm (*izakkū*/*izkū*)	rein sein/werden; D reinigen
nawārum (*inawwir*/*iwwir*)	hell sein/werden, leuchten, erstrahlen; D erhellen
peṣûm (*ipeṣṣī*/*ipṣī*)	weiß/grau sein/werden
ṣarārum (*iṣarrur*/*iṣrur*)	funkeln

3.1.4 Sonstige Eigenschaften und Zustände

banûm (*ibannī*/*ibnī*)	gut/schön sein/werden; D gut/schön machen
damāqum (*idammiq*/*idmiq*)	gut sein/werden; D gut machen
ṭīʾābum (*iṭīʾab*/*iṭīb*)	gut sein/werden; D gut machen
lemēnum (*ilemmin*/*ilmin*)	böse/schlecht sein/werden; böse/schlecht machen
ešērum (*iššir*/*īšir*)	günstig sein/werden, gedeihen; Š in Ordnung bringen
šalāmum (*išallim*/*išlim*)	unversehrt/gesund/günstig sein/werden; D bewahren, unversehrt erhalten, vollenden, voll erstatten
salāmum (*isallim*/*islim*)	freundlich/friedlich sein/werden
nakārum (*inakkir*/*ikkir*)	anders/fremd/ feindlich sein/werden, rebellieren, ärgerlich sein/werden; D verändern, beseitigen
šanûm (*išannī*/*išnī*)	anders sein/werden; D verändern

kabātum (*ikabbit*/*ikbit*)	schwer sein/werden; D schwer machen, ehren
qalālum (*iqallil*/*iqlil*)	leicht sein/werden; D vermindern
anāḫum (*innaḫ*/*īnaḫ*)	müde sein/werden, ermüden
egûm (*iggī, iggū*/*īgī, īgū*)	müde sein/werden, ermüden, nachlässig werden/sein
nâḫum (*inâḫ*/*inūḫ*)	ruhig sein/werden, ruhen, sich beruhigen; D beruhigen
pašāḫum (*ipaššaḫ, ipaššiḫ*/ *ipšaḫ, ipšiḫ*)	ruhig sein/werden, sich beruhigen; Š beruhigen
balāṭum (*iballuṭ*/*ibluṭ*)	lebendig sein/werden, am Leben bleiben, leben; D lebendig machen
mâtum (*imât*/*imūt*)	tot sein/werden, sterben; Š töten
marāṣum (*imarraṣ*/*imraṣ*)	krank sein/werden; Š krank machen
gamārum (*igammar*/*igmur*)	beenden, vollständig machen, vernichten; D (Vieles) beenden; vernichten
qatûm (*iqattī*/*iqtī*)	fertig sein/werden; D fertig stellen
šuklulum (*ušaklal*/*ušaklil*)	vollenden, vollkommen machen
danānum (*idannin*/*idnin*)	stark/schwierig sein/werden; D stark machen, verstärken
kânum (*ikân*/*ikūn*)	fest/dauernd sein/werden; D fest/dauernd machen, festsetzen, bestimmen
labārum (*ilabbir*/*ilbir*)	alt sein/werden; D alt machen
waqārum (*iqqir*/*īqir*)	teuer/kostbar sein/werden; Š teuer machen, ehren

3.2 Bewegung

3.2.1 Nicht zielgerichtete Bewegung

alākum (*illak*/*illik*)	gehen; Gtn immer wieder gehen; Š gehen lassen
lasāmum (*ilassum*/*ilsum*)	laufen
rakābum (*irakkab*/*irkab*)	fahren, reiten
šaḫāṭum (*išaḫḫiṭ*/*išḫiṭ*)	springen, angreifen; N angegriffen werden
izuzzum (*izzâz*/*izzīz*)[12]	stehen; Š aufstellen
kabāsum (*ikabbas*/*ikbus*)	treten, zertreten

12 Vgl. für dieses Verb § 129.

nīʾālum (*inīʾal)/*inīl)[13]	liegen; Gt liegen, schlafen (auch sexuell); Š hinlegen
ṣalālum (iṣallal/iṣlal)	liegen, sich hinlegen
wašābum (uššab/ušib)	sitzen, sich setzen; Š sitzen/wohnen lassen
rabāṣum (irabbiṣ/irbiṣ)	sich lagern
kamāsum (ikammis/ikmis)	knien, hocken
kanāšum (ikannuš/iknuš)	sich beugen, sich unterwerfen; D unterwerfen
redûm (ireddē/irdē)	begleiten, führen, verfolgen; Gtn stets geleiten, immer wieder verfolgen; D hinzufügen; Š bringen/verfolgen lassen
warûm (urrū/urū)	führen
šakānum (išakkan/iškun)	setzen, stellen, legen; Gtn immer wieder setzen/stellen/legen; Š setzen/stellen/legen lassen; N gesetzt/gestellt werden
šuqallulum (ušqallal/ušqallil)	Š hängen (intransitiv)

3.2.2 Zielgerichtete Bewegung

elûm (illī/īlī)	aufsteigen; D erhöhen; Š heraufholen, aufsteigen lassen, hinaufbringen
dekûm (idekkē, idkē)	hochheben, wecken, (Truppen) aufbieten
tebûm (itebbē/itbē)	aufstehen, sich erheben, aufbrechen; Š aufheben, aufstehen lassen, entfernen
warādum (urrad/urid)	absteigen; Š hinabbringen
maqātum (imaqqut/imqut)	fallen, stürzen; Š fallen lassen, niederstrecken
ṭebûm (iṭebbū/iṭbū)	untertauchen, untergehen; D untertauchen (transitiv), versenken
erēbum (irrub/īrub)	eintreten; Š eintreten lassen, hineinbringen
waṣûm (uṣṣī/uṣī)	hinausgehen; Gt hinausgehen; Š hinausgehen lassen
ebērum (ibbir/ībir)	überschreiten, übersetzen
etēqum (ittiq/ītiq)	vorbeigehen, überschreiten; Š vorbeigehen/ überschreiten lassen
nabalkutum (ibbalakkat/ibbalkit)	überschreiten, sich umwenden; Š überschreiten lassen, umwenden
naḫāsum (inaḫḫis/iḫḫis)	zurückweichen, zurückkehren

13 Vgl. für dieses Verb § 130.

nêʾum (*inêʾ/inēʾ*)	umwenden
saḫārum (*isaḫḫur/isḫur*)	sich wenden, suchen, herumgehen, umkreisen; D umwenden; N sich umwenden, sich zuwenden
târum (*itâr/itūr*)	sich umwenden, zurückkehren, werden zu; D wenden, zurückbringen, zurückwenden, machen zu
ḫalāqum (*iḫalliq/iḫliq*)	verschwinden, verloren gehen, zugrunde gehen, fliehen; D verlieren, vernichten, entlaufen lassen
ezēbum (*izzib/īzib*)	verlassen, zurücklassen; Š (Urkunde) ausstellen lassen, retten
nābutum (*innabbit/innābit*)[14]	fliehen, flüchten
emēdum (*immid/īmid*)	sich anlehnen, auferlegen; D anlehnen, auflegen; N sich zusammentun mit
maḫārum (*imaḫḫar/imḫur*)	entgegentreten, sich an jemanden wenden
qerēbum (*iqerrib//iqrib*)	sich nähern
ṭeḫûm (*iṭeḫḫē/iṭḫē*)	herankommen, sich nähern; D heranbringen
paḫārum (*ipaḫḫur/ipḫur*)	sich versammeln; D versammeln

3.3 Sinnlich-geistige Wahrnehmung und Aktivität

3.3.1 Sehen, hören

amārum (*immar/īmur*)	sehen
barûm (*ibarrī/ibrī*)	schauen
dagālum (*idaggal/idgul*)	sehen, blicken
naṭālum (*inaṭṭal/iṭṭul*)	sehen, anschauen, betrachten
palāsum (*ippallas/ippalis*)	N erblicken, ansehen
šemûm (*išemmē/išmē*)	hören; Gtn immer wieder hören

3.3.2 Wissen

edûm (*īdē*)[15]	kennen, wissen; D erkennen, kennzeichnen, klar machen
ḫasāsum (*iḫassas/iḫsus*)	sich erinnern, gedenken, planen
lamādum (*ilammad/ilmad*)	kennen lernen, erfahren, begreifen
kullumum (*ukallam/ukallim*)	zeigen
wussûm (*uwassā/uwassī*)	identifizieren, unterscheiden
mašûm (*imaššī/imšī*)	vergessen

14 Vgl. für dieses Verb § 133.
15 Vgl. für dieses Verb § 131.

3.3.3 Sich kümmern

ašārum (*iššar*/*īšur*)	sich kümmern um
kanûm (*ukannā*/*ukannī*)	D verehren, betreuen
kapādum (*ikappud*/*ikpud*)	planen, sich kümmern
puqqum (*upāq*/*upīq*)	achtgeben auf
naṣārum (*inaṣṣar*/*iṣṣur*)	schützen, bewachen, bewahren
qâlum (*iqâl*/*iqūl*)	achten auf, sich kümmern um
ḫaṭûm (*iḫaṭṭī*/*iḫṭī*)	vernachlässigen, sündigen

3.3.4 Suchen, finden

buʾʾûm (*ubaʾʾā*/*ubaʾʾī*)	D suchen
ḫīʾāṭum (*iḫīʾaṭ*/*iḫīṭ*)	ausforschen, ausfindig machen, prüfen
šeʾûm (*išeʾʾē*/*išʾē*)	suchen; Gtn immer wieder suchen
watûm (*uttā*/*utā*)	finden

3.3.5 Wünschen

erēšum (*irriš*/*īriš*)	verlangen, wünschen
ḫašāḫum (*iḫaššiḫ*, *iḫaššaḫ*/*iḫšiḫ*)	brauchen, wünschen
ṣamārum (*uṣammar*/*uṣammir*)	D wünschen, erstreben

3.3.6 Warten

berûm (*uštebrē*/*uštebrī*)	Št ausharren
quʾʾûm (*uqaʾʾā*/*uqaʾʾī*)	erwarten, warten

3.3.7 Sonstiges

gamālum (*igammil*/*igmil*)	gefällig sein, vergelten, schonen
magārum (*imaggar*/*imgur*)	einwilligen, zustimmen
malākum (*imallik*/*imlik*)	(be)raten
manûm (*imannū*/*imnū*)	zählen, rechnen
sanāqum (*isanniq*/*isniq*)	prüfen, kontrollieren; D überprüfen, ausfragen, verhören
šâlum (*išâl*/*išāl*)	fragen; Gt einander fragen, sich mit anderen beraten, (sich selbst fragen =) überlegen
šarāḫum (*ušarraḫ*/*ušarriḫ*)	D prächtig machen, herrlich machen, verherrlichen
šurrûm (*ušarrā*/*ušarrī*)	anfangen
takālum (*itakkal*/*itkal*)	vertrauen
waʾārum (*uwaʾʾar*/*uwaʾʾir*)	D beauftragen, verwalten, regieren, schicken

3.4 Affekte

palāḫum (*ipallaḫ*/*iplaḫ*)	fürchten, verehren (Gott)
galātum (*igallut*/*iglut*)	zittern, sich fürchten
nâšum (*inâš*/*inūš*)	beben
šaḫātum (*išaḫḫut*/*išḫut*)	fürchten

bakûm (*ibakkī*/*ibkī*)	weinen
nazāqum (*inazziq*/*izziq*)	sich ärgern, Kummer haben
ḫadûm (*iḫaddū*/*iḫdū*)	sich freuen
rīʾāšum (*irīʾaš*/*irīš*)	jauchzen
šabāsum (*išabbus*/*išbus*)	zürnen
zenûm (*izennī*/*iznī*)	zürnen
zêrum (*izêr*/*izēr*)	hassen
râmum (*irâm*/*irām*)	lieben
rêmum (*irêm*/*irēm*)	sich erbarmen

3.5 Sprechen, lesen, schreiben

awûm (*ītawwū*/*ītawū*)	Gt sprechen
dabābum (*idabbub*/*idbub*)	sprechen
qabûm (*iqabbī*/*iqbī*)	sagen, befehlen
zakārum (*izakkar*/*izkur*)	sagen, nennen
ragāmum (*iraggum*/*irgum*)	rufen
ramāmum (*irammum*/*irmum*)	brüllen, donnern
šagāmum (*išaggum*/*išgum*)	brüllen
šasûm (*išassī*/*išsī*)	schreien, lesen; Gtn immer wieder rufen
apālum (*ippal*/*īpul*)	antworten
nabûm (*inabbī*/*ibbī*)	nennen, berufen, anrufen
šanûm (*ušannā*/*ušannī*)	D wiederholen, erzählen
zamārum (*izammur*/*izmur*)	singen
šaṭārum (*išaṭṭar*/*išṭur*)	schreiben
eṣērum (*iṣṣir*/*īṣir*)	zeichnen
kanākum (*ikannak*/*iknuk*)	siegeln

3.6 Nehmen, geben, werfen, schütten

3.6.1 Nehmen

aḫāzum (*iḫḫaz*/*īḫuz*)	nehmen; Š nehmen lassen
leqûm (*ileqqē*/*ilqē*)	nehmen, empfangen
ṣabātum (*iṣabbat*/*iṣbat*)	packen, greifen, nehmen; Gt einander packen; D (Vieles) packen, greifen, nehmen; Š nehmen lassen; Št einander packen lassen; N gepackt werden
tamāḫum (*itammaḫ*/*itmuḫ*)	ergreifen, fassen
ekēmum (*ikkim*/*īkim*)	wegnehmen

eṭērum (iṭṭir/īṭir)	wegnehmen
tabālum (itabbal/itbal)	wegnehmen, wegtragen, an sich nehmen
išûm (īšū)[16]	haben
kullum (ukāl/ukīl)	halten
rašûm (iraššī/iršī)	bekommen; Š bekommen lassen
kašādum (ikaššad/ikšud)	erreichen, ankommen, erobern; D vertreiben, verfolgen
lapātum (ilappat/ilput)	anfassen, berühren, antasten, befallen; D (Vieles) anfassen, besprengen
laqātum (ilaqqat/ilqut)	einsammeln

3.6.2 Geben, werfen, schütten

nadānum (inaddin/iddin)	geben
paqādum (ipaqqid/ipqid)	übergeben, anvertrauen, beaufsichtigen
qīʾāpum (iqīʾap/iqīp)	übergeben, (an)vertrauen
waṣābum (uṣṣab/uṣib)	hinzufügen; D (Vieles) hinzufügen
našûm (inaššī/iššī)	hochheben, tragen, bringen; Š heben/tragen/bringen lassen; N gebracht/getragen werden, sich erheben, bringen
wabālum (ubbal/ubil)	bringen; Gtn versorgen; Š bringen lassen, senden; Št$_2$ zusammenbringen
zabālum (izabbil/izbil)	tragen, bringen
šapārum (išappar/išpur)	senden, schicken, schreiben an; Gtn immer wieder senden
ṭarādum (iṭarrad/iṭrud)	senden, vertreiben
qīʾāšum (iqīʾaš/iqīš)	schenken, weihen
šarākum (išarrak/išruk)	schenken
šutlumum (ušatlam/ušatlim)	Š zueigen geben
zaʾānum (uzaʾʾan/uzaʾʾin)	D ausstatten, schmücken
nadûm (inaddī/iddī)	werfen, vernachlässigen; Gtn immer wieder werfen; N hingeworfen/aufgegeben werden
nasākum (inassuk/issuk)	ausschütten, hinwerfen; Š beseitigen
šapākum (išappak/išpuk)	aufhäufen, schütten, speichern

16 Vgl. für dieses Verb § 132.

3.7 Erzeugen, bauen, zerstören, schlagen

3.7.1 Erzeugen, bauen

banûm (*ibannī*/*ibnī*)	erschaffen, erzeugen, bauen
reḫûm (*ireḫḫī*/*irḫī*)	begatten; zeugen, sich ergießen
rašādum (*ušaršad*/*ušaršid*)	Š fest gründen
walādum (*ullad*/*ulid*)	gebären, zeugen, hervorbringen

3.7.2 Zerstören, schlagen

dâkum (*idâk*/*idūk*)	erschlagen, töten
nêrum (*inêr*/*inēr*)	töten, erschlagen
šagāšum (*išaggiš*/*išgiš*)	erschlagen
ḫepûm (*iḫeppī*/*iḫpī*)	zerschlagen, zerbrechen
napāṣum (*inappaṣ*/*ippuṣ*)	wegstoßen, zerschlagen
parārum (*uparrar*/*uparrir*)	D zerstreuen, zerschlagen
šebērum (*išebbir*/*išbir*)	zerbrechen (transitiv)
maḫāṣum (*imaḫḫaṣ*/*imḫaṣ*)	schlagen
napālum (*inappal*/*ippul*)	einreißen, zerstören
naqārum (*inaqqar*/*iqqur*)	einreißen
raḫāṣum (*iraḫḫiṣ*/*irḫiṣ*)	überschwemmen
saḫāpum (*isaḫḫap*/*isḫup*)	umwerfen
sakāpum (*isakkip*/*iskip*)	umstoßen, umwerfen
sapānum (*isappan*/*ispun*)	einebnen, niederwalzen
tarākum (*itarrak*/*itruk*)	schlagen

3.8 Binden, schließen, ausstrecken, trennen, schneiden, ausreißen, lösen, öffnen

3.8.1 Binden, schließen, ausstrecken

kamûm (*ikammī*/*ikmī*)	binden
kasûm (*ikassī*/*iksī*)	binden
kaṣārum (*ikaṣṣar*/*ikṣur*)	knüpfen
rakāsum (*irakkas*/*irkus*)	binden; D (Vieles) binden
retûm (*irettī*/*irtī*)	befestigen
ṣamādum (*iṣammid*/*iṣmid*)	anspannen, anbinden, verbinden
esērum (*issir*/*īsir*)	einschließen
lawûm (*ilawwī*/*ilwī*)	umgeben, belagern
peḫûm (*ipeḫḫī*/*ipḫī*)	verschließen, einschließen, abdichten
sekērum (*isekkir*/*iskir*)	verschließen
katāmum (*ikattam*/*iktum*)	bedecken
tarāṣum (*itarraṣ*/*itruṣ*)	ausstrecken, spannen, aufrichten, hinstellen
wuṣṣûm (*uwaṣṣā*/*uwaṣṣī*)	D ausbreiten

3.8.2 Trennen, schneiden, ausreißen, lösen, öffnen

batāqum (*ibattaq*/*ibtuq*)	abschneiden
nakāsum (*inakkis*/*ikkis*)	fällen, (ab)schneiden, trennen
našārum (*inaššar*/*iššur*)	abteilen, entnehmen
parāsum (*iparras*/*iprus*)	trennen, entscheiden; N getrennt/entschieden werden
nasāḫum (*inassaḫ*/*issuḫ*)	ausreißen, entnehmen, fortholen; D (Vieles) ausreißen, entnehmen; N ausgerissen werden
šaḫāṭum (*išaḫḫaṭ*/*išḫuṭ*)	wegreißen
ṭapārum (*uṭappar*/*uṭappir*)	D vertreiben, entfernen
wašārum (*uwaššar*/*uwaššir*)	D loslassen, freilassen
paṭārum (*ipaṭṭar*/*ipṭur*)	lösen; N gelöst werden
pašārum (*ipaššar*/*ipšur*)	lösen; N gelöst werden, sich lösen
ramûm (*urammā*/*urammī*)	lockern, freilassen
naparkûm (*ipparakkū*/*ipparkū*)	aufhören
sapāḫum (*isappaḫ*/*ispuḫ*)	zerstreuen; D (Vieles) zerstreuen
petûm (*ipettē*/*iptē*)	öffnen; D (Vieles) öffnen

3.9 Alltägliche Aktivität

akālum (*ikkal*/*īkul*)	essen; Š essen lassen
šatûm (*išattī*/*ištī*)	trinken
šebûm (*išebbī*/*išbī*)	satt werden
mesûm (*imessī*/*imsī*)	waschen
ramākum (*irammuk*/*irmuk*)	baden
pašāšum (*ipaššaš*/*ipšuš*)	salben, einreiben
napāḫum (*inappaḫ*/*ippuḫ*)	anzünden
qalûm (*iqallū*/*iqlū*)	verbrennen (transitiv)
qamûm (*iqammū*/*iqmū*)	verbrennen (transitiv)
šarāpum (*išarrap*/*išrup*)	verbrennen (transitiv)
mēlulum (*immellil*/*immelil*)	spielen
ramûm (*irammī*/*irmī*)	wohnen

3.10 Berufliche Aktivität

erēšum (*irriš*/*īriš*)	besäen
eṣēdum (*iṣṣid*/*īṣid*)	ernten
šaqûm (*išaqqī*/*išqī*)	tränken, bewässern
zaqāpum (*izaqqap*/*izqup*)	aufrichten, pflanzen

baqāmum (*ibaqqam*/*ibqum*)	scheren, rupfen
gullubum (*ugallab*/*ugallib*)	scheren, rasieren
madādum (*imaddad*/*imdud*)	messen
patāqum (*ipattiq*/*iptiq*)	formen
ṣullulum (*uṣallal*/*uṣallil*)	überdachen
šadādum (*išaddad*/*išdud*)	ziehen
ṭabāḫum (*iṭabbaḫ*/*iṭbuḫ*)	schlachten
ṭênum (*iṭên*/*iṭēn*)	mahlen
zarûm (*izarrū*/*izrū*)	worfeln, streuen

3.11 Rechtliche Aktivität

bêlum (*ibêl*/*ibēl*)	beherrschen, verfügen über
šâmum (*išâm*/*išām*)	kaufen
šaqālum (*išaqqal*/*išqul*)	abwiegen, bezahlen
šupêlum (*ušpêl*/*ušpēl*)	tauschen
zâzum (*izâz*/*izūz*)	teilen; D (Vieles) teilen
baqārum (*ibaqqar*/*ibqur*)	einen Anspruch geltend machen, vindizieren
bârum (*ubār*/*ubīr*)	D (die rechtliche Sachlage unter Eid) darlegen, bestätigen, überführen, nachweisen
tamûm (*itammā*/*itmā*)	schwören; D vereidigen, beschwören
dīʾānum (*idīʾan* /*idīn*)	richten
ebēbum (*ubbab*/*ubbib*)	D reinigen, für frei von Schuld oder Verpflichtung erklären
ḫabālum (*iḫabbal*/*iḫbul*)	Gewalt/Unrecht antun
ḫabātum (*iḫabbat*/*iḫbut*)	rauben
palāšum (*ipallaš*/*ipluš*)	einbrechen
šarāqum (*išarriq*/*išriq*)	stehlen
šalālum (*išallal*/*išlul*)	plündern

3.12 Kultische Aktivität

karābum (*ikarrab*/*ikrub*)	beten, weihen, segnen
suppûm (*usappā*/*usappī*)	anrufen, beten
naqûm (*inaqqī*/*iqqī*)	libieren
salāḫum (*isallaḫ*/*isluḫ*)	(Flüssigkeiten) sprengen
šukênum (*uškên*/*uškīn*)	sich prosternieren, sich niederwerfen

3.13 Wetter

zanānum (*izannun*/*iznun*)	regnen; Š regnen lassen
zīʾāqum (*izīʾaq*/*izīq*)	wehen, stürmen

3.14 Sonstiges

bašûm (*ibaššī*/*ibšī*)	(vorhanden) sein, existieren; N entstehen
enûm (*innī*/*īnī*)	ändern
epēšum (*ippeš*/*īpuš*)	tun, machen; Gtn immer wieder tun; Š machen lassen; N gemacht werden
leʾûm (*ileʾʾē*/*ilʾē*)	können, imstande sein
maṣûm (*imaṣṣī*/*imṣī*)	entsprechen, genügen
sadārum (*isaddar*/*isdar*?)[17]	ständig tun, regelmäßig tun
šīʾāmum (*išīʾam*/*išīm*)	festsetzen, bestimmen
šanānum (*išannan*/*išnun*)	gleichkommen
wapûm (*ušeppē*/*ušēpī*)	Š sichtbar machen, verwirklichen, verherrlichen

17 Das Prät. ist aB nicht belegt; AHw. 1000 vermutet die Vokalisation *isdur*. Jünger Akkad. ist das Verb *i*-Klasse.

VI Zeichenindex

Der Zeichenindex fasst die Zeichenlisten der Lektionen (Kapitel II) und am Ende der Lesestücke (Kapitel III.6) zusammen. Zusammen bietet er 144 Zeichen. Die Zeichen sind nach dem Mesopotamischen Zeichenlexikon (Borger 2004) geordnet; die Nummer in Spalte 3 gibt die Nummerierung dieses Werks wieder.

Neuassyrischer Duktus	Altbabylonischer Duktus	Borger 2004	Lektionen oder Lesestücke	Zeichenname
𒀸	𒀸	1	2	AŠ
𒄈	𒄈	6	14	GÍR
𒋻	𒋻	9	III.6	TAR
𒀭	𒀭	10	4	AN
𒁀	𒁀	14	4	BA
𒍪	𒍪	15	4	ZU
𒋢	𒋢	16	4	SU
𒀵	𒀵	18	14	ARAD
𒋚	𒋚	23	III.6	ŠAḪ
𒅗	𒅗	24	5	KA
𒌷	𒌷	71	III.6	URU
𒇷	𒇷	85	7	LI
𒌅	𒌅	86	7	TU
𒆷	𒆷	89	6	LA
𒈬	𒈬	98	7	MU
𒋡	𒋡	99	6	SÌLA
𒈾	𒈾	110	6	NA
𒊒	𒊒	111	6	RU

Neuassyrischer Duktus	Altbabylonischer Duktus	Borger 2004	Lektionen oder Lesestücke	Zeichenname
		112	2	NU
		113	9	BAD
		118	9	TI
		119	III.6	DIN
		120	14	MAŠ
		121	14	BAR
		127	5	AG
		130	III.6	MÁŠ
		132	10	ḪU
		134	III.6	NAM
		136	10	IG
		140	10	ZI
		141	10	GI
		142	11	RI
		143	III.6	NUN
		148	14	KAB
		164	9	EN
		167	4	DIM
		172	10	SA
		180	12	GUR
		181	5	SI
		201	III.6	MÁ
		209	11	TAB
		221	6	TAG

Neuassyrischer Duktus	Altbabylonischer Duktus	Borger 2004	Lektionen oder Lesestücke	Zeichenname
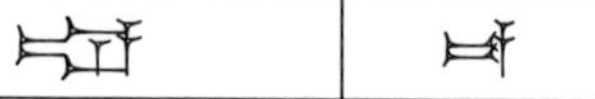		222	III.6	KÁ
		223	3	AB
		238	3	UM
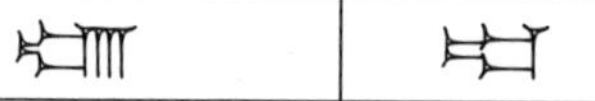		242	12	DUB
		248	3	TA
		252	4	I
		255	13	TUR
		258	6	AD
		259	4	ZÍ
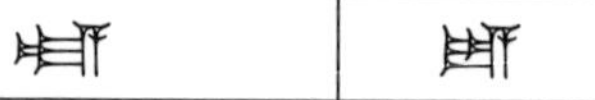		260	4	IA
		261	10	IN
		266	7	LUGAL
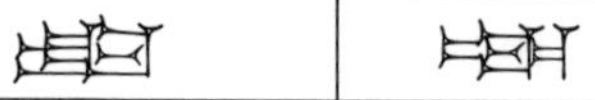		275	III.6	BÀD
		296	9	UG
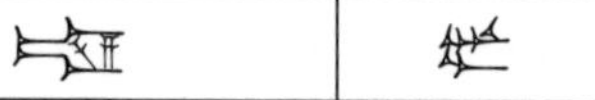		297	9	AZ
		309	5	AM
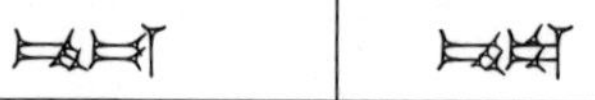		312	III.6	BÍL
		313	5	NE
		320, 333	12	ŠÁM, ŠÀM
		339	8	KUM
		341	8	ÚR
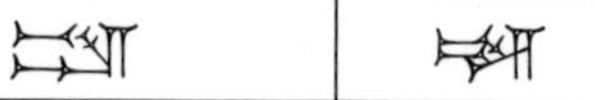		348	8	IL
		350	7	DU
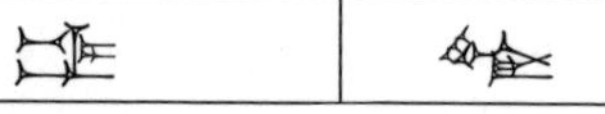		353	III.6	ANŠE

Neuassyrischer Duktus	Altbabylonischer Duktus	Borger 2004	Lektionen oder Lesestücke	Zeichenname
		354	3	TUM
		357	7	IŠ
		358	9	BI
		378	III.6	KIB
		379	14	GAG
		380	10	NI
		381	7	UŠ
		387	III.6	GÁ
		437	10	IR
		464	6	PA
		469	6	GIŠ
		472	12	GU_4
		474	8	AL
		483	III.6	MAR
		490	8	Ú
		491	8	GA
		495	2	É
		498	2	E
		501	9	UN
		504	12	UB
		507	III.6	GI_4
		511	5	RA
		514	III.6	LÚ
		541	12	SAR

Neuassyrischer Duktus	Altbabylonischer Duktus	Borger 2004	Lektionen oder Lesestücke	Zeichenname
		543	III.6	GÀR
		548	III.6	ÁŠ
		552	6	MA
		553	2	GAL
		558	III.6	GIR
		560	5	Á
		561	5	DA
		566	5	ŠA
		567	6	ŠU
		579	7	ŠE
		580	7	BU
		583	10	ZU
		587	13	TIR
		589	7	TE
		590	III.6	KAR
		596	2	DU
		598	2	PI
		611	10	ÚḪ
		631	3	ḪI
		636	3	AḪ
		640/595	III.6	KAM
		641	3	IM
		661	11	U
		681	8	MI

Neuassyrischer Duktus	Altbabylonischer Duktus	Borger 2004	Lektionen oder Lesestücke	Zeichenname
		686	11, III.6	GIM
		690	5	NIM
		693	9	LAM
		695	III.6	AMAR
		698	8	UL
		701	III.6	GÌR
		711	11	EŠ
		724	11	IGI
		726	11	AR
		731	3	Ù
		736	4	DI
		737	4	KI
		745	11	KUG
		748	III.6	DIŠ
		753	11	ME
		754	2	MEŠ
		756	15	ENGUR
		807	8	IB
		808	3	KU
		812	3	LU
		828	8	UR
		836	11	GÍN
		839	2	A
		851	9	ZA

Neuassyrischer Duktus	Altbabylonischer Duktus	Borger 2004	Lektionen oder Lesestücke	Zeichenname
		856	9	ḪA
		859	11	NÍG
		883	14	MUNUS
	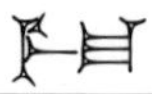	887	III.6	NIN
		889	III.6	DAM
		891	12	GU
		899	12	EL
		900	2	LUM

VII Lösung zu den Lektionen und Lesestücken

Für die Lektionen wird stets nur eine einzige richtige Lösung angegeben, obwohl in manchen Fällen mehrere richtige Analysen und Übersetzungen möglich sind. Auf Erläuterungen über die Übersetzungen, Transkriptionen und Transliterationen hinaus wird verzichtet (s. aber für die Lesestücke die Kommentare dort). Die Übersetzungen sind bewusst wörtlich gehalten, um die hinter ihnen stehende grammatische Analyse transparent zu halten. Prät. und Perf. werden entsprechend §§ 93, 94 nicht eins zu eins mit deutschem Imperfekt bzw. Perfekt wiedergegeben; vielmehr werden schriftdeutschem Gebrauch entsprechend beide Formen, wenn sie im Hauptsatz Vergangenes bezeichnen, mit dem deutschen Imperfekt übersetzt, das Prät. im Nebensatz manchmal auch mit deutschem Plusquamperfekt oder deutschem Perfekt. Bezeichnen sie dagegen die Vorzeitigkeit in der Zukunft, gebraucht die deutsche Übersetzung das Perfekt.

Lektion 1

Ḫa-am-mu-ra-pí, Name des bedeutendsten Königs der 1. Dynastie von Babylon.

Lektion 2

d) 1) Mann 2) des Sklaven 3) Wasser 4) Furchtbarkeit 5) verstreute 6) lange 7) lange 8) schwere 9) unter den Königen 10) den Göttern 11) wegen der Flüche 12) zum Palast 13) vom Haus weg 14) zweiten 15) zweite 16) in ein anderes Haus 17) große 18) starker König 19) verstreute Leute 20) großer Gott 21) große Mutter 22) wie ein großer Berg 23) wie Mütter 24) drückende Nöte 25) gute Männer

e) 1) *išātum* „Feuer" 2) *išātum* „Feuer" 3) *kabtūtim* „schwere" 4) *damiqtum* „gute" 5) *ina ilī* „unter den Göttern" 6) *ina tamḫārim* „in der Schlacht" 7) *ana awīlim* „dem Mann" 8) *ana šanîm* „einem anderen" 9) *aššum zikarim šanîm* „wegen eines anderen Mannes" 10) *rabīʾātim* „große" 11) *rubûm* „Fürst" 12) *ana rubê* „den Fürsten" 13) *ina šamê* „im Himmel" 14) *awīlam dannam* „den starken Mann" 15) *arnam kabtam* „schwere Schuld" 16) *šarrum gitmālum* „vollkommener König" 17) *erretam maruštam* „unheilvollen Fluch" 18) *rīmum kadrum* „wilder Auerochse" 19) *kīma išātim ezzetim* „wie ein grimmiges Feuer"

f) 1) *aš-lum ašlum* „Seil" 2) *aš-rum ašrum* „Ort" 3) *a-wi-lum awīlum* „Mann" 4) *a-wa-tam awātam* „Wort" 5) *a-nu-tam anūtam* „Anum-Würde" 6) *e-pe-rum eperum* „Staub" 7) É.GAL *ekallum* „Palast" 8) UD^{meš} *ūmū* „Tage" 9) É^{meš} *bītātum* „Häuser" 10) É.GAL-*lum ekallum* „Palast"

Lektion 3

d) 1) Herr des verlorenen Gutes 2) Strafe des Prozesses 3) Ehefrau des Mannes 4) Sklave des Palastes 5) König der Gerechtigkeit 6) Herz des Gottes Marduk 7) Gabe des Bēl 8) Wohnstätte von Kiš 9) ein Drittel des Feldes 10) Königin der Königinnen 11) seine Tontafel 12) sein Feld 13) seinen Sohn 14) seinen Vater 15) auf ihm 16) ihre Brüder 17) sein Zins 18) das Hirtentum über sie 19) ihre Herrin 20) sein Land 21) sein Haus 22) ihr Haus 23) seinen Besitz 24) sein Arm 25) Bauer 26) sein Bauer 27) ihr Bauer 28) seiner Ehefrau 29) Milch seiner Mutter 30) das Auge des Sklaven eines Mannes 31) König aller Könige 32) zur Vorderseite seines Feldes 33) in der Hand des Sohnes eines Mannes 34) König des Landes Sumer und Akkad 35) Sîn, Gott, mein Schöpfer 36) die Söhne eines anderen Landes 37) den kleinen Sohn eines Mannes 38) starker König, König von Lullubum

e) 1) *bēl aššatim* „Herr der Ehefrau" 2) *dīnāt mīšārim* „Rechtssprüche der Gerechtigkeit" 3) *awât mīšārim* „Worte der Gerechtigkeit" 4) *uzunšu* „sein Ohr" 5) *libbaša* „ihr Herz" 6) *zittašu* „sein Anteil" 7) *dīnī* „mein Urteil" 8) *bēlni* „unser Herr" 9) *ina kunukkīšunu* „mit ihren Rollsiegeln" 10) *aššassu* „seine Ehefrau" 11) *šarrūssu* „sein Königtum" 12) *ina libbišu* „in seinem Herz" 13) *ana bēlišu* „seinem Herrn" 14) *ana nišīšu* „seinen Leuten" 15) *ana aḫīja* „meinem Bruder" 16) *ittī aḫḫīša* „mit ihren Brüdern" 17) *ittīšunu* „mit ihnen" 18) *ittī bēltiša* „mit ihrer Herrin" 19) *bīš qātišu* „bewegliches Eigentum seiner Hand" 20) *šipiršu* „seine Arbeit" 21) *šipir qātišu* „Arbeit seiner Hand" 22) *bēl šamê u erṣetim* „Herr des Himmels und der Erde" 23) *šumšu ṣīram* „seinen erhabenen Namen" 24) *ana aḫīšunu ṣeḫrim* „ihrem kleinen Bruder"

f) 1) *ap-lu-um aplum* „Erbsohn" 2) *ṭá-ab-tum ṭābtum* „Salz" 3) *aḫ-ḫi aḫḫī* „Brüder" 4) IM DÙG *šārum ṭābum* „günstiger Wind" 5) *qú-lum qūlum* „Stille" 6) *ù lu ū lū* „oder" 7) *e-ku-tum ekūtum* „verwaiste" 8) *a-ḫi-im aḫim* „des Bruders" 9) UDU$^{\text{ḫi.a}}$ *immerātum* „Schafe" 10) *e-lu-um elûm* „oberer"

Lektion 4

d) 1) Sie setzen. 2) Du setzt. 3) Sie setzten. 4) Er setzte. 5) Ich setzte. 7) Er kam an. 8) Ich kam an. 9) Du kamst an. 10) Sie kommen an. 11) Sie kamen an. 12) um anzukommen 13) der Gebende des Silbers = der Silber gibt 14) Er gibt sein bewegliches Eigentum gegen Geld. 15) Die Sklavin vertraute ich der Hand des NN an. 16) Sie werden gegen die Söhne der Sklavin klagen. 17) wenn ein Richter eine Entscheidung gefällt hat 18) wenn ein Mann die Tochter/die Sklavin eines Mannes geschlagen hat 19) wenn ein Mann Eigentum des Gottes oder Palastes gestohlen hat 20) wenn ein anderer sein Feld oder sein Haus ergriffen hat 21) Seine Ehefrau wird man nicht ergreifen.

e) 1) *tapqid* „Du übergabst." 2) *ipqid* „Er übergab." 3) *ipaqqid* „Er übergibt." 4) *apaqqid* „Ich übergebe." 5) *nipaqqid* „Wir übergeben." 6) *pāqid bītim* „Übergebender des Hauses" =

„der das Haus übergibt“ 7) *pāqidam* „den Übergebenden“ 8) *paqdātim* „übergebene“ 9) *imaḫḫaṣ* „er schlägt“ 10) *ina maḫāṣim* „beim Schlagen“ 11) *ina maḫāṣišu* „bei seinem Schlagen“ 12) *ana lamādika* „für dein Lernen“ 13) *išarriqū* „Sie stehlen.“ 14) *ašriq* „Ich stahl.“ 15) *talmadā* „Ihr lerntet.“ 16) *alammad* „Ich lerne.“ 17) *iraggum* „Er ruft.“ 18) *ṣabtum* „ergriffen“ 19) *ṣabtūtum* „ergriffene“ 20) *bītum nadnum* „gegebenes Haus“ 21) *šākin mê nuḫšim ana nišīšu* „Setzender des Wassers des Überflusses für seine Leute“ = „der Wasser des Überflusses für seine Leute bereitstellt“

f) 1) *ṣe-lum ṣēlum* „Rippe“ 2) *i-ṣú-tim īṣūtim* „wenige“ 3) *sú-qí-im sūqim* „der Straße“ 4) *su-tum sūtum* „Maßgefäß“ 5) *ṣe-e-rum ṣērum* „Rücken“ 6) *di-nu-um dīnum* „Prozess“ 7) *ki-di-im kīdim* „des offenen Lands“ 8) *i-ba-lu-uṭ iballuṭ* „Er lebt.“ 9) ^d^IŠKUR *Adad*, Wettergott 10) DINGIR^meš^-*ia ilīja* „meine Götter“

Lektion 5

d) 1) Er sandte mich. 2) Ihr sandtet mich. 3) Du sendest mir. 4) Ihr sendet mir. 5) Ich sende dir. 6) Er sendet dir. 7) Ihr sendet ihn. 8) Er sendet dich. 9) Ich sende euch. 10) Er sandte mir. 11) Ich sandte dir. 12) Er sandte ihnen. 13) Ich sandte ihn. 14) Du sandtest mir. 15) Ich sandte euch. 16) Du sandtest mich. 17) Ihr sandtet mir. 18) Ich sandte euch. 19) Ich schicke dir ihn. 20) Ich komme an.

e) 1) *išapparūnim* „Sie senden mir.“ 2) *išpuršunūti* „Er sandte sie.“ 3) *išpuršu* „Er sandte ihn.“ 4) *ammīni(m) lā išpuram* „Warum hat er mir nicht gesandt.“ 5) *kīʾam išpurūnim* „So sandten sie mir.“ 6) *šarru(m) išpuraššu(m)* „Der König sandte ihm.“ 7) *ašpura(m)* „Ich sandte hin.“ 8) *išṭuršum* „Er schrieb ihm auf.“ 9) *tašṭuram* „Du schriebst mir.“ 10) *ašṭuršum* „Ich schrieb ihm.“ 11) *ašṭurakkum* „Ich schrieb dir.“12) *tašaṭṭaram* „Du schreibst mir.“ 13) *išaṭṭarūši* „Sie schreiben sie.“ 14) *išṭurūšu* „Sie schrieben ihn.“ 15) *išṭurūšim* „Sie schrieben ihr.“ 16) *išṭurakkim* „Er schrieb dir.“ 17) *tašaṭṭarīm* „Du schreibst mir.“ 18) *tašaṭṭaršu* „Du schreibst ihn.“

f) 1) *ka-ša-da-am kašādam* „ankommen“ 2) *i-ka-aš-ša-da-am ikaššadam* „Er kommt an.“ 3) *i-ka-aš-ša-da-nim ikaššadānim* „Sie kommen an.“ 4) *ša-ṭa-ra-am šaṭāram* „schreiben“ 5) *a-ša-ak-ka-an ašakkan* „Ich setze.“ 6) *ša-ka-nim šakānim* „setzen“ 7) *eṭ-lu-um eṭlum* „junger Mann“ 8) *ka-ak-ki-i kakkī* „Waffen“ 9) *ne-eḫ-tum nēḫtum* „Ruhe“ 10) SI^meš^ *qarnātum* „Hörner“

Lektion 6

d) 1) Das Feld ist gegeben. 2) Mein guter Schatten ist über die Stadt gebreitet. 3) Der Weg ist abgeschnitten. 4) Mein Besitz ist verloren. 5) solange sie lebt 6) Er ist nicht klein. 7) Sein Zepter ist gerecht. 8) Ihr Ausspruch ist im Ekur gewichtig. 9) Du bist krank. 10) Sie ist lebendig. 11) Ich bin krank. 12) Seine Zeugen sind nicht nahe (= verfügbar). 13) Meine

Worte sind erlesen. 14) Wir sind gesetzt. 15) Der Mann ist ein Dieb. 16) Dieses Haus ist dein Haus.

e) 1) *aḫī atta* „Du bist mein Bruder.“ 2) *ul abī atta ul ummī atti* „Du bist nicht mein Vater, du bist nicht meine Mutter.“ 3) *šarrum gitmālum anāku* „Ich bin der vollkommene König.“ 4) *šarrum rabûm atta* „Du bist ein großer König.“ 5) *maruṣtī ulā maruṣtaká u pīštī ulā pīšatká* „Ist dein Übel nicht mein Übel und deine Beleidigung nicht meine Beleidigung?“ 6) *ul šārtum ina lētika* „Kein Bart ist auf deiner Wange.“ 7) *šumma awīlum aššatam īḫuzma riksātīša lā iškun, sinništum šī ul aššat* „Wenn ein Mann eine Ehefrau genommen, ihr aber keinen Vertrag ausgestellt hat, ist diese Frau keine Ehefrau.“

f) 1) *a-ḫi at-ta aḫī atta* „Du bist mein Bruder.“ 2) *a-na a-ḫi-šu-nu ana aḫīšunu* „ihrem Bruder“ 3) *ša-ak-na-at šaknat* „Sie ist gesetzt.“ 4) *ša-ak-nu šaknū* „Sie sind gesetzt“ 5) *ša-ak-na-ku* „Ich bin gesetzt.“ 6) *pa-aq-da paqdā* „Sie sind anvertraut.“ 7) *ma-ḫi-iṣ maḫiṣ* „Er ist geschlagen.“ 8) *qa-tim qātim* „der Hand“ 9) *šum-ma šumma* „wenn“ 10) *ru-ba-am rubâm* „den Fürsten“

Lektion 7

d) 1) alles, was er (ein)geklagt hat 2) Worte der Gerechtigkeit, die ich auf meine Stele geschrieben habe 3) Nonne, deren Vater ihr ein Geschenk geschenkt hat 4) wegen der Nachricht über das Getreide, die du mir geschrieben hast 5) als die Götter Mensch waren 6) bis ein Wurm aus ihrer Nase fiel 7) weil der König Gerechtigkeit gesetzt hat 8) wie auf der Tafel des Palastes geschrieben steht 9) Silber, das er abgewogen hat 10) am Tag, da NN mir schrieb

e) 1) *awâtīja, ša ina narîja ašṭuru* „meine Worte, die ich auf meine Stele geschrieben habe“ 2) *šapārum annûm, ša tašpuram, damiq* „Diese Sendung, die du mir geschickt hast, ist gut.“ 3) *awât izkuru* „Worte, die er geprochen hat“ 4) *Ḫammurāpi šar mīšārim, ša Šamaš kīnātim išrukušum, anāku* „Ich bin Hammurapi, König der Gerechtigkeit, dem Šamaš Wahrheit gegeben hat.“ 5) *šumma awīlum ana aššatišu eqlam kiriʾam bītam u bīšam išrukšim* „wenn ein Mann seiner Ehefrau ein Feld, Obstgarten, Haus oder bewegliches Eigentum geschenkt hat“ 6) *awīlum, ša ḫulqum ina qātišu ṣabtu* „der Mann, in dessen Hand das Verlorene ergriffen worden ist“ 7) *šumma awīlum, ša mimmûšu ḫalqu, mimmâšu ḫalqam ina qāti awīlim iṣṣabat* „wenn ein Mann, dessen Besitz verloren ist, seinen verlorenen Besitz in der Hand eines Mannes ergriffen hat“

f) 1) *mu-uš-ta-lum muštālum* „einsichtig“ 2) *še-pu-um šēpum* „Fuß“ 3) *i-pa-aq-qí-du ipaqqidū* „sie übergeben“ 4) *ṭe$_4$-em-ku-nu ṭēmkunu* „eure Nachricht“ 5) *ša aš-ṭú-ru ša ašṭuru* „was ich geschrieben habe“ 6) *a-wa-at iz-ku-ru awāt izkuru* „das Wort, das er gesprochen hat“ 7) *le-i-it i-li lēʾīt ilī* „Mächtige der Götter“ 8) *mu-uš-ke-ne-e-ku muškēnēku* „Ich bin ein Bürger.“ 9) LUGAL GAL *šarrum rabûm* „großer König“ 10) *ša* ^{d}UTU *ki-na-tim iš-ru-ku-šum a-na-ku ša Šamaš kīnātim išrukušum anāku* „Ich bin der, dem Šamaš Wahrheit geschenkt hat.“

Lektion 8

d) 1) Schreibe! 2) Schreibt mir! 3) Ergreife! 4) Er ist ergriffen. 5) Er soll nicht ergreifen. 6) Er wird nicht ergreifen. 7) Vertraue mir an! 8) Übergib ihn! 9) Er ist übergeben. 10) Ich habe wahrlich übergeben. 11) Sie mögen übergeben. 12) Lerne! 13) Er ist gelernt. 14) Er möge lernen. 15) Du sollst dich nicht wenden. 16) Sei freundlich mit mir! 17) Sie mögen freundlich sein. 18) Lass uns Frieden schließen. 19) Sie mögen empfangen. 20) Empfange!

e) 1) *ē taplaḫ* „Du sollst dich nicht fürchten." 2) *lū išrukam* „Er hat mir wahrlich geschenkt." 3) *lū anaddinakkum* „Ich werde dir bestimmt geben." 4) *lā alputu* „Ich habe bestimmt nicht angefasst." 5) *lā araggumu* „Ich werde bestimmt nicht klagen." 6) *ul iraggum* „Er wird nicht klagen." 7) *lā iraggum* „Er soll nicht klagen." 8) *lilmadā nišū* „Die Leute mögen lernen." 9) *ṭēm kirîm šupram* „Schreibe mir Nachricht über den Dattelpalmgarten!" 10) *annītam arḫiš šupram* „Schreibe mir dies schnell!" 11) *ana mannim ašappar* „Wem soll ich schreiben?" 12) *lā tamaggaršu* „Stimme ihm nicht zu!" 13) *purussâšina liprus* „Er möge die Entscheidung über sie fällen."14) *ḫaṭṭašu lišbir* „Sein Zepter möge er zerbrechen." 15) *lū šalmāta* „Mögest du gesund sein." 16) *ana mamman lā tatakkal* „Vertraue niemandem!" 17) *ē tatkal ana awīlūti*(*m*) „Mögest du der Menschheit nicht vertrauen." 18) *Šamaš šīram lemnam liškunšum* „Šamaš möge ihm ein schlechtes Eingeweideomen bereiten." 19) *ina maḫar Marduk bēlija Ṣarpanītum bēltija ina libbišu gamrim likrubam* „Vor Marduk, meinem Herrn, (und) Ṣarpanītum, meiner Herrin, möge er für mich aus seinem vollen Herzen beten." 20) *Nergal dannum ina ilī binī᾿ātīšu kīma ṣalam ṭīdim liḫbuš* „Nergal, der Starke unter den Göttern, möge seine Glieder wie ein Tonbild zerschmettern."

f) 1) *lu-ú iš-ru-ka-am lū išrukam* „Er hat mir wahrlich geschenkt." 2) *qá-aq-qá-di qaqqadī* „mein Kopf" 3) *la-mi-id lamid* „Er ist gelernt." 4) *šu-ul-mu-um šulmum* „Heil" 5) *lu-ú ša-al-ma-ta lū šalmāta* „Mögest du gesund sein." 6) *li-il-ma-da lilmadā* „Sie mögen lernen." 7) *i-na-aṭ-ṭa-lu nu-úr-ka inaṭṭalū nūrka* „Sie sehen dein Licht." 8) *aš-pu-ra-ak-kum ašpurakkum* „Ich habe dir gesandt." 9) *li-ip-qí-id lipqid* „Er möge anvertrauen." 10) *šu-pu-ur šupur* „Schreibe!"

Lektion 9

d) 1) Du gingst zugrunde. 2) Ich schickte. 3) Sie schickten dir. 4) Er ergriff. 5) Sie ergriffen ihn. 6) Sie sagten. 7) Er traf bei dir ein. 8) Ich sandte. 9) Sie kämpften. 10) Sie kämpfen. 11) Sie beraten sich. 12) Sie mögen sich beraten. 13) Ich überlegte und ... 14) Überlegt! 15) Sie salbten sich. 16) Wir stimmen einander zu. 17) das einander Zustimmen 18) willfährige 19) Sie packen einander. 20) Sie mögen einander packen.

e) 1) *šumma mārum abāšu imtaḫaṣ, rittašu inakkisū* „Wenn ein Sohn seinen Vater geschlagen (haben wird =) hat, wird man seine Hand abschneiden. 2) *šumma muškēnum lēt muškēnim imtaḫaṣ, ešeret šiqil kaspam išaqqal* „Wenn ein Bürger die Backe eines Bürgers geschlagen (haben wird =) hat, wird er zehn Sekel Silber zahlen. 3) *šumma warad awīlim lēt mār awīlim imtaḫaṣ, uzunšu inakkisū* „Wenn ein Sklave eines Mannes die Backe eines Sohnes eines Mannes geschlagen (haben wird =) hat, wird man sein Ohr abschneiden. 4) *šumma* (*awīlum*) *eṣemti awīlim ištebir, eṣemtašu išebbirū* „Wenn (ein Mann) den Knochen eines Mannes gebrochen (haben wird =) hat, wird man seinen Knochen brechen." 5) *ina bāb Šamaš imtagrū* „Sie einigten sich im Tor des Šamaš." 6) *anāku amtalik* „Ich überlegte". 7) *atta u šī, mitlikā* „Du und sie, überlegt!" 8) *ummānī u ummān nakrim iṣṣabbatū* „Mein Heer und das Heer des Feindes werden einander packen."

f) 1) *im-ta-ḫa-aṣ imtaḫaṣ* „Er schlug". 2) *li-iš-ku-un liškun* „Er möge setzen." 3) *i-še-eb-bi-ru išebbirū* „Sie zerbrechen." 4) *iṣ-ṣa-ab-ba-tu iṣṣabbatū* „Sie packen einander." 5) *iš-ru-uk-šum išrukšum* „Er schenkte ihm." 6) ^{d}EN.ZU *Sîn*, Name des Mondgottes 7) *a-al be-lu-ti-šu āl bēlūtišu* „Stadt seiner Herrschaft". 8) *ú-zu-un-šu i-na-ak-ki-su uzunšu inakkisū* „Man wird sein Ohr abschneiden." 9) *ú-ul a-bi at-ta ú-ul um-mi at-ti ul abī atta ul ummī atti* „Du bist nicht mein Vater, du bist nicht meine Mutter." 10) *ki-ma ṣa-lam ṭi-di-im li-iḫ-bu-uš kīma ṣalam ṭīdim liḫbuš* „Er möge (ihn) wie ein Lehmbild zerschmettern."

Lektion 10

d) 1) Er hielt den Mann am Leben. 2) Der König hält seinen Diener am Leben. 3) am Leben Erhaltender von Uruk = der Uruk am Leben erhält 4) Erweiternder von allem Möglichen für Meslam = der alles Mögliche für Meslam erweitert 5) So unterrichtete er mich. 6) Die Entscheidung für das Land, die ich getroffen habe, möge er nicht ändern. 7) Er wird erweitert. 8) Sein Land möge er vernichten. 9) Ninlil, die große Mutter, möge seine Krieger zu Fall bringen. 10) Sie ließen Gold nach Mari gelangen. 11) Er ließ ihn seine Stadt erreichen. 12) Dein Herz soll sich nicht sorgen.

e) 1) *ālšu uḫallaq* „Er vernichtet seine Stadt." 2) *uḫtalliq* „Er vernichtete." 3) *mukammer nuḫšim* „Aufhäufender des Überflusses = der Überfluss aufhäuft". 4) *aššum še'im ša ussannaqu* „wegen der Gerste, die überprüft wird" 5) *sunniqšu* „Überprüfe ihn!" 6) *bītam usanniqū* „Sie überprüften das Haus." 7) *mušaddil mēreštim ša Dilbat* „Erweiternder der Anbaufläche von Dilbat = der die Anbaufläche von Dilbat erweitert" 8) *erretam ša abnim abtuq* „Ich durchstach den Steindamm." 9) *nakrum butuqātim ubattaqakkum* „Der Feind wird dir zahlreiche Dämme durchstechen."10) *butuqātum ubtattaqā* „Zahlreiche Dammstiche werden durchgeführt (wörtlich: durchstochen)." 11) *annûmma mārī šiprim ša Qatanim uštaṣbitma aṭṭardaššunūti* „Nun ließ ich die Boten von Qatanum ergreifen und sandte sie." 12) *ša šumī šaṭram ipaššiṭu ū ušapšaṭu šumšu lā šaṭram išaṭṭaru ū ušašṭaru* „wer meinen geschriebenen Namen ausradiert oder ausradieren lässt, seinen nicht geschriebenen Namen schreibt oder schreiben lässt" 13) *bēltum mudammiqat igirrêja ašar šipṭim u purussêm ina maḫar Enlil awāssu lilemmin šulput mātišu ḫalāq nišīšu tabāk napištišu kīma mê ina pī Enlil šarrim lišaškin* „Die Herrin, (gut Machende meines Rufes =) die meinen Ruf gut macht, möge sein Wort am Ort von Gericht und Entscheidung vor Enlil schlecht machen. Zerstören seines Landes, Vernichten seiner Leute, Ausgießen seines Lebens wie Wasser möge sie in den Mund Enlils, des Königs, setzen lassen."

f) 1) *ú-sa-an-ni-qú usanniqū* „Sie überprüften.“ 2) *us-sa-an-na-aq ussannaq* „Er wird überprüft“. 3) *ú-ḫa-al-li-iq uḫalliq* „Er vernichtete.“ 4) *úḫ-ta-al-li-iq uḫtalliq* „Er vernichtete“. 5) *ú-ḫa-al-la-aq uḫallaq* „Er vernichtet.“ 6) *ḫu-ul-li-qa ḫulliqā* „Vernichtet!“ 7) *ú-na-ak-ki-ir unakkir* „Er änderte.“ 8) *ḫu-sí-is ḫussis* „Erinnere!“ 9) *ú-ša-am-gi-ru ušamgirū* „Sie ließen zustimmen.“ 10) *a-wa-sú li-le-mi-in awāssu lilemmin* „Sein Wort möge sie schlecht machen.“

Lektion 11

d) 1) Er wird entschieden. 2) Er wurde entschieden. 3) (nachdem) du entschieden worden (sein wirst =) bist 4) Er möge entschieden werden. 5) Ihr werdet entschieden werden. 6) immer wieder entschieden werden 7) der gepackt wurde 8) Er wurde gepackt. 9) gepackt werden 10) Sie werden gepackt. 11) Sie rauben immer wieder. 12) beim immer wieder Rauben 13) Er wird gelöst. 14) Er löst immer wieder. 15) Er wurde gelöst. 16) Er möge gelöst werden. 17) Du wirst gelöst. 18) Ich laufe immer wieder. 19) Er lief immer wieder. 20) Er möge immer wieder laufen. 21) soviel gegeben wurde 22) alles, was ihm gegeben wurde 23) Die regelmäßigen Opfer empfangen sie immer wieder. 24) Sie mögen immer wieder empfangen. 25) PN sendet ständig nach ON. 26) Sende immer wieder! 27) Nachricht möge uns gesandt werden.

e) 1) *šalušti eqlim u kirîm ana ummišu innaddin* „Ein Drittel von Feld und Dattelpalmgarten wird seiner Mutter gegeben.“ 2) *erbē bilat kaspum ana terḫat mārat* PN *innaddin* „Vier Talente Silber werden als Brautpreis der Tochter des PN gegeben.“ 3) *Anum u Enlil ana Marduk ippalsūšum* „Anum und Enlil blickten zu Marduk.“ 4) *ana aḫīja aštanappar* „Meinem Bruder schreibe ich immer wieder.“ 5) *ana balāṭika mūšam u urram aktanarrab* „Ich bete Tag und Nacht (wörtlich: Nacht und Tag) für dein Leben.“ 6) *ana mīnim libbaki imtanarraṣ* „Warum ist dein Herz immer wieder krank?“ 7) *šumma awīlum warkī abīšu ina sūn murabbītišu*(?) *ša mārī waldat ittaṣbat awīlum šū ina bīt abim innassaḫ* „Wenn ein Mann (nach seinem Vater =) nach dem Tode seines Vaters im Schoß seiner Ziehmutter(?), die Söhne geboren hat, erwischt (worden sein wird =) worden ist, wird dieser Mann aus dem Haus des Vaters verstoßen werden.“ 8) *šumma awīlum ḫubtam iḫbutma ittaṣbat awīlum šū iddâk* „Wenn ein Mann einen Raub begangen (haben wird =) hat und erwischt (worden sein wird =) worden ist, wird dieser Mann getötet werden.

f) 1) *aš-ta-na-ap-pa-ar aštanappar* „Ich sende immer wieder.“ 2) *ši-tap-pa-ra-am šitapparam* „Schicke mir ständig!“ 3) *i-na ši-ta-pu-ri-ka ina šitappurika* „bei deinem immer wieder Senden“ 4) *ip-pa-ri-is ipparis* „Er wurde entschieden.“ 5) *ta-at-tap-ra-su tattaprasu* „(nachdem) du entschieden worden (sein wirst =) bist“ 6) *it-te-eš-bi-ir ittešbir* „Er wurde zerbrochen.“ 7) *im-ta-na-ar-ra-aṣ imtanarraṣ* „Er wird immer wieder krank.“ 8) *li-ib-bi la i-le-em-mì-in libbī lā ilemmin* „Mein Herz soll nicht böse werden.“ 9) NÍG.GA DINGIR *ù* É.GAL *namkūr ilim ū ekallim* „Eigentum von Gott oder Palast“ 10) 10 GÍN KÙ.BABBAR *ešeret šiqil kaspum* „zehn Sekel Silber“.

Lektion 12

d) 1) Er gab mir. 2) Ich gab. 3) Ich gebe immer wieder. 4) Wir geben immer wieder. 5) Gebt ihm! 6) Du ließest geben. 7) Er wird gegeben. 8) Sie nehmen. 9) Er nahm. 10) Er möge nehmen. 11) Ich nehme immer wieder. 12) Er fasste ein. 13) Er ließ dich nehmen. 14) Du lässt ihn nehmen. 15) Er wird genommen. 16) Er wurde genommen. 17) Er legt auf. 18) Sie legen auf. 19) Ich legte auf. 20) Er legte auf. 21) Du lehnst an. 22) Er lehnte an. 23) Sie lehnten sich aneinander. 24) Sie gehen. 25) Er geht. 26) Er möge kommen. 27) Ihr geht umher. 28) Ich ging umher. 29) Umhergehender der Nacht = der in der Nacht umhergeht 30) Er lässt gehen.

e) 1) *šumma awīlum balūm bēl kirîm ina kiri awīlim iṣam ikkis* 1/2 *manā kaspam išaqqal* „Wenn ein Mann ohne (den =) Einwilligung des Herrn eines Dattelpalmgartens im Dattelpalmgarten des Mannes einen Baum gefällt hat, soll er eine halbe Mine Silber zahlen." 2) *šumma awīlum elep šūši īgur ina ūmim ištēn* IGI.6.GÁL *kaspam idīša inaddin* „Wenn ein Mann ein Schiff von 60 (Kor Fassungsvermögen) gemietet hat, soll er 1/6 (Mine) Silber (, seine Miete =) als seine Miete geben." 3) *šumma itinnum bītam ana awīlim īpušma ušaklilšum ana* 1 SAR *bītim šinā šiqil kaspam ana qīštišu inaddiššum* „Wenn ein Baumeister für einen Mann ein Haus gemacht und für ihn fertiggestellt hat, soll er ihm pro Sar Hausfläche zwei Sekel Silber als Honorar geben."

f) 1) *i-gu-ru īgurū* „Sie mieteten." 2) *tu-up-ša-ra-tum tupšarratum* „Schreiberin" 3) DUB.SAR *tupšarrum* „Schreiber" 4) *šum-ma a-wi-lum ba-lum be-el* $KIRI_6$ *i-na* $KIRI_6$ *a-wi-lim i-ṣa-am ik-ki-is šumma awīlum balūm bēl kirîm ina kiri awīlim iṣam ikkis* „wenn ein Mann ohne (den =) Einwilligung des Herrn eines Dattelpalmgartens im Dattelpalmgarten eines Mannes einen Baum gefällt hat" 5) *Ḫa-am-mu-ra-pí šar-ru-um gi-it-ma-lum a-na-ku Ḫammurāpi šarrum gitmālum anāku* „Ich bin Hammurapi, der vollkommene König." 6) *šum-ma a-wi-lum* GU_4 *i-gur-ma* IGI-*šu úḫ-tap-pí-it* KÙ.BABBAR *mi-ši-il* ŠÁM-*šu a-na be-el* GU_4 *i-na-ad-di-in – šumma awīlum alpam īgurma īnšu uḫtappid kaspam mišil šīmišu ana bēl alpim inaddin* „Wenn ein Mann ein Rind gemietet und (dann) sein Auge geblendet hat, soll er Silber, die Hälfte seines Kaufpreises, an den Herrn des Rindes geben."

Lektion 13

d) 1) Sie bringen. 2) Wir bringen. 3) Er bringt mir. 4) Er brachte mir. 5) Sie mögen bringen. 6) Sie mögen dir bringen. 7) Sie brachten ihm. 8) Bringe mir! 9) Er ist gebracht. 10) Sie bringen ihm immer wieder. 11) Lasse mir bringen! 12) Ich/Er ließ dir bringen. 13) Sie werden gebracht.

e) 1) *šumma awīlum alpam īgurma ilum imḫassuma imtūt awīlum ša alpam īguru nīš ilim izakkarma ūtaššar* „Wenn ein Mann einen Stier gemietet und diesen ein Gott geschlagen hat und er gestorben ist, wird der Mann, der den Stier gemietet hat, einen Eid (wörtlich: Leben des Gottes) sprechen und freigelassen werden." 2) *šumma awīlum ina ḫarrānim wašibma kaspam ḫurāṣam abnam ū bīš qātišu ana awīlim iddinma ana šībultim ušābilšu awīlum šū mimma ša šūbulu ašar šūbulu lā iddinma itbal bēl šībultim awīlam šuʾāti ina mimma ša šūbuluma lā iddinu ukānšuma awīlum šū adī ḫamšīšu mimma ša innadnušum ana bēl šībultim inaddin* „Wenn sich ein Mann auf einer Reise befindet und einem Mann Silber, Gold, Stein oder bewegliches Eigentum gegeben hat und (es) ihn als Transportgut hat bringen lassen, dieser Mann (aber) alles, was er hätte bringen sollen, nicht dorthin, wohin er es hätte bringen sollen, gegeben und gebracht hat, wird der Herr des Transportgutes diesem Mann betreffs all dessen, was er hätte bringen sollen, aber nicht gegeben hat, den Nachweis führen und dieser Mann wird alles, was ihm gegeben worden ist, fünffach an den Herrn des Transportgutes geben."

f) *šum-ma a-wi-lum ḫi-ir-ta-šu ša* DUMU^{meš} *la ul-du-šum i-iz-zi-ib* KÙ.BABBAR *ma-la ter-ḫa-ti-ša i-na-ad-di-iš-ši-im ù še-ri-ik-tam ša iš-tu* É *a-bi-ša ub-lam ú-ša-lam-ši-im-ma i-iz-zi-ib-ši – šumma awīlum ḫīrtašu ša mārī lā uldušum izzib kaspam mala terḫatiša inaddiššim u šeriktam ša ištū bīt abīša ublam ušallamšimma izzibši* „Wenn ein Mann sich von seiner Gattin, die ihm keine Söhne geboren hat, scheiden lassen will, wird er ihr Silber entsprechend ihres Brautpreises geben und das Geschenk, das sie aus ihrem Vaterhaus gebracht hat, wird er ihr voll erstatten und sich von ihr scheiden."

Lektion 14

d) 1) Er wurde fest. 2) Sie wurden fest. 3) Sie ist fest. 4) Er wurde fest. 5) Du machst fest. 6) Der König machte fest. 7) Er machte fest. 8) Er möge fest machen. 9) der Festmachende des Königtums = der das Königtum fest macht 10) Sîn hat mir geschenkt. 11) Ich will ihr schenken. 12) Er vertraut an. 13) Du vertraust an. 14) Ich vertraue an. 15) Die Wand wurde schief. 16) Er fragt mich. 17) Du fragst. 18) Sie fragen dich. 19) Sie fragten. 20) Frage ihn! 21) Ich herrschte. 22) Man wird ihn töten. 23) Tötet! 24) Ich kaufte. 25) als das Haus gekauft wurde 26) Sie sterben. 27) Ich werde sterben. 28) Er stirbt. 29) Ich bin tot. 30) Du ließest sterben. 31) Er überwacht. 32) Er überwacht. 33) Ich überwachte. 34) Sie überwachten. 35) Ich bin überwacht.

e) 1) *dīnāt mīšārim ša Ḫammurāpi ukinnu* „Rechtssprüche der Gerechtigkeit, die Hammurapi bestimmt hat" 2) *Anum Enlil šarrūtam dārītam ukinnūšum* „Anum (und) Enlil bestimmten ihm ein ewiges Königtum." 3) *šumma awīlum lū kaspam lū ḫurāṣam lū wardam lū amtam lū alpam lū immeram lū imēram ū lū mimma šumšu ina qāt mār awīlim ū lū warad awīlim balūm šībī u riksātim ištām ū lū ana maṣṣārūtim imḫur awīlum šū šarrāq iddâk* „Wenn ein Mann (entweder) Silber oder Gold oder einen Sklaven oder eine Sklavin oder ein Rind oder ein Schaf oder einen Esel oder sonst irgendetwas aus der Hand des Sohnes eines Mannes (d. h. eines Angehörigen der Bürgerklasse) oder des Sklaven eines Mannes ohne Zeugen und Vertrag gekauft hat oder zur Aufbewahrung empfangen hat, ist dieser Mann ein Dieb; er wird getötet werden."

f) 1) *šum-ma aš-ša-at a-wi-lim aš-šum zi-ka-ri-im ša-ni-im mu-sà uš-di-ik* MUNUS *šu-a-ti i-na ga-ši-ši-im i-ša-ak-ka-nu-ši – šumma aššat awīlim aššum zikarim šanîm mussa ušdīk sinništam šuʾāti ina gašīšim išakkanūši* „Wenn die Ehefrau eines Mannes ihren Ehemann wegen eines anderen Mannes hat töten lassen, wird man diese Frau auf den Pfahl setzen." 2) *šum-ma* A.ZU *sí-ma-am kab-tam* ARAD MAŠ.EN.GAG *i-na* GÍR.GAG ZABAR *i-pu-uš-ma uš-ta-mi-it* ARAD *ki-ma* ARAD *i-ri-ab – šumma asûm simmam kabtam warad muškēnim ina karṣilli siparrim īpušma uštamīt wardam kīma wardim irīʾab* „Wenn ein Arzt dem Sklaven eines Bürgers mit einem Messer aus Bronze eine schwere Wunde beigebracht und ihn hat sterben lassen, wird er einen Sklaven anstelle des Sklaven ersetzen."

Lektion 15

d) 1) Er baute. 2) Baue! 3) sein Erbauender 4) Er ließ bauen. 5) Er wird gebaut. 6) Er wurde gebaut. 7) Er wurde gebaut. 8) Er nimmt. 9) Er nahm. 10) Sie nahmen. 11) Er nahm mich. 12) Er nahm. 13) Du nahmst. 14) Ich will nehmen. 15) Er nimmt immer wieder. 16) Sie mögen immer wieder nehmen. 17) Lasse nehmen! 18) Sie werden genommen. 19) Er öffnete. 20) Du öffnetest (Vieles). 21) Öffne (Vieles)! 22) Lasse öffnen! 23) Er wird geöffnet. 24) Er wurde geöffnet. 25) Er wurde groß. 26) Er möge groß werden. 27) Er macht groß. 28) Sie mögen groß werden lassen. 29) Sie sind. 30) Er ließ werden. 31) Sie entstehen. 32) Er entstand. 33) Du freust dich. 34) Ich freute mich. 35) Er ist aufgestanden. 36) Lasse aufstehen! 37) Sie wurden zurückgehalten. 38) Er führte her. 39) Er führte. 40) Er bekam. 41) Er zählt. 42) Zähle! 43) Ich zählte.

e) 1) *Enlil-bānī* „Enlil ist Erzeuger." 2) *Amurrum-bānī-awīlim* „Amurrum ist der Erzeuger des Menschen." 3) *Sîn-lēqī-unnīni(m)* „Sîn ist der Nehmende des Gebetes." 4) *puttâ dalātum* „Die Türen sind geöffnet." 5) *Ilum-rabī* „Der Gott ist groß." 6) *ištū mārīša urtabbû* „nachdem sie ihre Söhne großgezogen (haben wird =) hat" 7) *muḫaddī libbi Ištar* „Erfreuender des Herzens der Ištar" 8) *ḫadû pānūša* „Ihr Gesicht ist erfreut." 9) *nāram išallīʾam* „Er taucht in den Fluss." 9) *ša nāram išlīʾam* „der in den Fluss getaucht ist" 10) *ina kussê dajjānūtišu ušetbûšu* „Vom Thron seines Richteramtes lässt man ihn aufstehen." 11) *tebû šārū* „Winde haben sich erhoben." 12) *ina bītišu iktalāšu* „In seinem Haus hielt er ihn fest."13) *eštenemmē tazzīmtaka* „Immer wieder höre ich deine Klage."

f) 1) *šum-ma a-wi-lum ki-iš-pí e-li a-wi-lim id-di-ma la uk-ti-in-šu ša e-li-šu ki-iš-pu na-du-ú a-na* ^d^*Íd i-il-la-ak* ^d^*Íd i-ša-al-li-a-am-ma šum-ma* ^d^*Íd ik-ta-ša-sú mu-ub-bi-ir-šu* É*-sú i-tab-ba-al šum-ma a-wi-lam šu-a-ti* ^d^*Íd ú-te-eb-bi-ba-aš-šu-ma iš-ta-al-ma-am ša e-li-šu ki-iš-pí id-du-ú id-da-ak ša* ^d^*Íd iš-li-a-am* É *mu-ub-bi-ri-šu i-tab-ba-al – šumma awīlum kišpī elī awīlim iddīma lā uktīnšu ša elīšu kišpū nadû ana Id illak Id išallīʾamma šumma Id iktašassu mubbiršu bīssu itabbal šumma awīlam šuʾāti Id ūtebbibaššuma ištalmam ša elīšu kišpī iddû iddâk ša Id išlīʾam bīt mubbirišu itabbal* „Wenn ein Mann einem Mann Zauberei vorgeworfen, aber ihm nicht nachgewiesen hat, wird der, dem Zauberei vorgeworfen wurde, zu Id (dem Fluss(gott)) gehen. In Id wird er eintauchen und, wenn ihn Id ergriffen hat, wird sein Bezichtiger sein Haus wegnehmen. Wenn Id diesen Mann frei von Schuld erklärt hat und er wohlbehalten geworden (= geblieben) ist, wird derjenige, der ihm

Zauberei vorgeworfen hatte, getötet werden. Der in Id eingetaucht ist, wird das Haus seines Bezichtigers wegnehmen."

Lesestück 1.1. KH § 8

šum-ma a-wi-lum lu GU_4 *lu* UDU *lu* ANŠE *lu* ŠAḪ *ù lu* ^{giš}MÁ *iš-ri-iq šum-ma ša i-lim šum-ma ša* É.GAL A.RÁ 30-*šu i-na-ad-di-in šum-ma ša* MAŠ.EN.GAG A.RÁ 10-*šu i-ri-a-ab šum-ma šar-ra-qá-nu-um ša na-da-nim la i-šu id-da-ak – šumma awīlum lū alpam lū immeram lū imēram lū šaḫâm ū lū eleppam išriq šumma ša ilim šumma ša ekallim adī šālāšîšušu inaddin šumma ša muškēnim adī ešrīšu irī᾿ab šumma šarrāqānum ša nadānim lā īšū iddâk* „Wenn ein Mann ein Rind oder ein Schaf oder einen Esel oder ein Schwein oder ein Schiff gestohlen hat, wenn es (= eines dieser Dinge) etwas des Gottes ist, wenn es etwas des Palastes ist, wird er (es) 30fach geben. Wenn es etwas eines Bürgers ist, wird er (es) zehnfach ersetzen. Wenn der Dieb nichts zu geben hat, wird er getötet werden."

Lesestück 1.2. KH § 129

šum-ma aš-ša-at a-wi-lim it-ti zi-ka-ri-im ša-ni-im i-na i-tu-lim it-ta-aṣ-bat i-ka-sú-šu-nu-ti-ma a-na me-e i-na-ad-du-ú-šu-nu-ti šum-ma be-el aš-ša-tim aš-ša-sú ú-ba-la-aṭ ù šar-ru-um ARAD-*sú ú-ba-la-aṭ – šumma aššat awīlim ittī zikarim šanîm ina itūlim ittaṣbat ikassûšunūtima ana mê inaddûšunūti šumma bēl aššatim aššassu uballaṭ u šarrum warassu uballaṭ* „Wenn die Ehefrau eines Mannes beim Beischlaf mit einem anderen Mann erwischt worden ist, wird man sie binden und in das Wasser werfen. Wenn der Herr der Ehefrau seine Ehefrau am Leben erhalten will, wird auch der König seinen Diener am Leben erhalten."

Lesestück 1.3. KH § 130

šum-ma a-wi-lum aš-ša-at a-wi-lim ša zi-ka-ra-am la i-du-ú-ma i-na É *a-bi-ša wa-aš-ba-at ú-kab-bíl-ši-ma i-na su-ni-ša it-ta-ti-il-ma iṣ-ṣa-ab-tu-šu a-wi-lum šu-ú id-da-ak* MUNUS *ši-i ú-ta-aš-šar – šumma awīlum aššat awīlim ša zikaram lā īdûma ina bīt abīša wašbat ukabbilšima ina sūniša ittatīlma iṣṣabtūšu awīlum šū iddâk sinništum šī ūtaššar* „Wenn ein Mann die Ehefrau eines Mannes, die (noch) keinen Mann 'kennt' und im Haus ihres Vaters wohnt, geknebelt und in ihrem Schoß gelegen und man ihn ergriffen hat, wird dieser Mann getötet werden. Diese Frau wird freigelassen werden."

Lesestück 1.4. KH § 136

šum-ma a-wi-lum URU-*šu id-di-ma it-ta-bi-it wa-ar-ki-šu aš-ša-sú a-na* É *ša-ni-im i-te-ru-ub šum-ma a-wi-lum šu-ú it-tu-ra-am-ma aš-ša-sú iṣ-ṣa-ba-at aš-šum* URU-*šu i-ze-ru-ma in-na-bi-tu aš-ša-at mu-na-ab-tim a-na mu-ti-ša ú-ul i-ta-ar – šumma awīlum ālšu iddīma ittābit warkīšu aššassu ana bīt šanîm īterub šumma awīlum šū ittūramma aššassu iṣṣabat aššum ālšu izēruma innābitu aššat munnabtim ana mutiša ul itâr* „Wenn ein Mann seine Stadt gering geachtet hat und geflohen ist (und) nach seiner Flucht (wörtlich „nach ihm“) seine Ehefrau in das Haus eines anderen eingetreten ist, wenn dieser Mann zurückgekehrt ist und seine Ehefrau ergriffen hat, weil er seine Stadt gehasst hat und geflohen ist, wird die Ehefrau des Flüchtigen nicht zu ihrem Ehemann zurückkehren.“

Lesestück 2.1. YOS 10, 11 i 23–27

šum-ma i-na a-mu-tim 4 *na-ap-la-sà-tim iš-te-ni-iš iz-za-az-za na-ak-rum a-na li-ib-bi a-li-i-ka i-te-bé-a-am-ma a-la-ni-i-ka i-ki-im-ma i-ta-ba-al – šumma ina amūtim erbē naplasātim ištēniš izzazzā nakrum ana libbi ālika itebbēʾamma alānīka ikkimma itabbal* „Wenn auf der Leber 4 Scheuklappen zusammen stehen, wird der Feind deine Stadt angreifen und deine Städte wegnehmen und mit sich nehmen.“

Lesestück 2.2. YOS 10, 46 i 45–47

DIŠ ^{giš}TUKUL *i-mi-tim i-na re-eš mar-tim ša-ki-im-ma ib-ba-al-ki-it-ma ma-áṣ-ra-aḫ mar-tim iṭ-ṭù-ul šar-rum ma-li-ki ú-ul i-ra-aš-ši – šumma kakki imittim ina rēš martim šakimma ibbalkitma maṣraḫ martim iṭṭul šarrum mālikī ul iraššī* „Wenn eine Waffe (auf) der rechten Seite auf der Spitze der Gallenblase liegt und sich umgewendet und den Gallengang angeblickt hat, wird der König keine Ratgeber bekommen.“

Lesestück 2.3. YOS 10, 56 i 34f.

DIŠ *iz-bu-um ši-in-na-šu wa-ṣa-a* LUGAL UD-*mu-šu ga-am-ru i-na* ^{giš}GU.ZA-*šu ša-nu-um uš-ša-ab – šumma izbum šinnāšu waṣâ šarrum ūmūšu gamrū ina kussêšu šanûm uššab* „Wenn eine Missgeburt – ihre Zähne sind herausgekommen, der König – seine Tage werden beendet sein. Auf seinem Thron wird ein anderer sitzen.”

Lesestück 2.4. YOS 10, 56 i 26f.

DIŠ *iz-bu-um pa-ni* UR.MAḪ *ša-ki-in* LUGAL *da-an-nu-um ib-ba-aš-ši-ma ma-tam ša-ti ú-na-aš – šumma izbum pānī nēšim šakin šarrum dannum ibbaššīma mātam šâti unnaš*

„Wenn eine Missgeburt mit dem Gesicht eines Löwen versehen ist, wird ein starker König auftreten (wörtlich: enstehen) und dieses Land schwächen.“

Lesestück 2.5. YOS 10, 56 iii 3–5

DIŠ *iz-bu-um pa-ni* UR.BAR.RA *ša-ki-in mu-ta-nu da-an-nu-tum ib-ba-aš-šu-ú a-ḫu-um a-na bi-it a-ḫi-im ú-ul i-ru-ub* – *šumma izbum pānī barbarim šakin mūtānū dannūtum ibbaššû aḫum ana bīt aḫim ul irrub* „Wenn eine Missgeburt mit dem Gesicht eines Wolfes versehen ist, wird eine schwere Seuche entstehen. Der eine (wörtlich: Bruder) wird nicht in das Haus des anderen (wörtlich: des Bruders) eintreten.“

Lesestück 2.6. YOS 10, 56 iii 8f.

DIŠ *iz-bu-um ki-ma* UR.MAḪ *a-mu-ut* ^{m}*Na-ra-am-*^{d}EN.ZU *ša ki-ša-tam i-bé-lu-ú* – *šumma izbum kīma nēšim amūt Narām-Sîn ša kiššatam ibēlu* „Wenn eine Missgeburt wie ein Löwe ist, (ist das ein) Leberomen des Narām-Sîn, der die Welt beherrschte.“

Lesestück 3.1. AbB 9, 32 = YOS 2, 32

a-na Lu-uš-ta-mar-^{d}*Za-*ba_4*-*ba_4 *ù Be-la-nu-um qí-bi-ma um-ma Ḫa-am-mu-ra-pí-ma* ^{md}EN.ZU-*a-na*-DU_{10}.GAR^{ki}*-li-ip-pa-li-is* DUMU *Ma-ni-nu-um ša na-ak-rum il-qú-ú* 10 GÍN KÙ.BABBAR *i-na* É ^{d}EN.ZU *a-na* DAM.GÀR-*šu id-na-a-ma pu-uṭ-ra-šu* – *ana Luštamar-Zababa u Bēlānum qibīma umma Ḫammu-rāpima Sîn-ana-Damru-lippalis mār Maninum ša nakrum ilqû ešeret šiqil kaspam ina bīt Sîn ana tamkārišu idnāma puṭrāšu* „Zu Luštamar-Zababa und Bēlānum sprich! Folgendermaßen Hammurapi. Sîn-ana-Damru-lippalis, Sohn des Maninum, den der Feind entführt hat – gebt seinem Kaufmann 10 Sekel Silber aus dem Tempel des Sîn und löst ihn aus!“

Lesestück 3.2. AbB 2, 24 = LIH 1, 24

a-na ^{d}EN.ZU-*i-din-nam qí-bi-ma um-ma Ḫa-am-mu-ra-pí-ma* ^{m}DINGIR-*šu-i-bi* DAM.GÀR UGULA NAM.5 *ki-a-am ú-lam-mi-da-an-ni um-ma šu-ú-ma* 30 ŠE.GUR *a-na* ^{d}EN.ZU-*ma-gir* GÌR.NÍTA *ad-di-im-ma* DUB-*pa-šu na-ši-a-ku-ma iš-tu* MU.3^{kam} *e-te-ne-er-ri-is-su-ma* ŠE-*am ú-ul i-na-ad-di-nam ki-a-am ú-lam-mi-da-an-ni* DUB-*pa-šu a-mu-ur-ma* ŠE-*am ù* MÁŠ.BI ^{md}EN.ZU-*ma-gir li-ša-ad-di-nu-ma a-na* DINGIR-*šu-i-bi i-di-in* – *ana Sîn-iddinam qibīma umma Ḫammu-rāpima Ilšu-ibbī tamkārum wakil ḫamištim kīʾam ulammidanni umma šūma šalāšā kur šeʾam ana Sîn-magir šakkanakkim addimma tuppašu našīʾākuma ištū šalāš šanātim ētenerrissuma šeʾam ul inaddinam kīʾam ulammidanni tuppašu amurma šeʾam u ṣibassu Sîn-magir lišaddinūma ana Ilšu-ibbī idin* „Zu Sîn-iddinam sprich! Folgendermaßen Hammurapi. Ilšu-ibbī, der Kaufmann, der Aufseher über fünf, hat mich so informiert. Folgendermaßen er: ‚30 Kor Gerste habe ich dem Statthalter

Sîn-magir gegeben und ich halte seine Tafel und seit 3 Jahren verlange ich (sie) von ihm immer wieder, doch er gibt mir die Gerste nicht.' So hat er mich informiert. Prüfe seine Tafel und man möge den Sîn-magir die Gerste und den Zins für sie geben lassen und gib sie dem Ilšu-ibbī!"

Lesestück 3.3. AbB 13, 12

a-na ^{d}EN.ZU-*i-din-nam qí-bí-ma um-ma Ḫa-am-mu-ra-pí-ma* ^{m}DUMU-*Ip-qú-ša* KÙ.DÍM *ki-a-am ú-lam-mi-da-an-ni um-ma šu-ú-ma ša-ad-da-aq-di-im* ^{lú}*ša-ar-ra-qú bi-ti ip-lu-šu-ma mi-im-mu-ia il-te-qú-ú i-na-an-na ap-pu-na-ma i-na qá-ti-šu-nu i-tu-ru bi-ti ip-lu-šu-ma* ^{lú}*ša-ar-ra-qí šu-nu-ti aṣ-ṣa-ba-at ki-a-am iq-bi-a-am a-nu-um-ma* DUMU-*Ip-qú-ša šu-a-ti a-na ṣe-ri-ka aṭ-ṭar-dam* ^{lú}*ša-ar-ra-qí ša iṣ-ba-tu ku-sa-a-am-ma ma-ṣa-ri šu-uk-na-aš-šu-nu-ši-im-ma a-na ma-aḫ-ri-ia šu-ri-a-aš-šu-nu-ti ù* ^{lú}*ši-i-bi ša* DUMU-*Ip-qú-ša ṭú-ur-dam* – *ana Sîn-iddinam qibīma umma Ḫammu-rāpima Mār-Ipquša kutimmum kīʾam ulammidanni umma šūma šaddaqdim šarrāqū bītī iplušūma mimmûja ilteqû inanna appūnama ina qātišunu itūrū bītī iplušūma šarrāqī šunūti aṣṣabat kīʾam iqbīʾam annûmma Mār-Ipquša šuʾāti ana ṣērika aṭṭardam šarrāqī ša iṣbatu kusâmma maṣṣārī šuknaššunūšimma ana maḫrija šūrīʾaššunūti u šībī ša Mār-Ipquša ṭurdam* „Zu Sîn-iddinam sprich! Folgendermaßen Hammurapi. Mār-Ipquša, der Goldschmied, hat mich so informiert. Folgendermaßen er: ‚Letztes Jahr brachen Diebe in mein Haus ein und nahmen meinen Besitz mit. Jetzt sind sie nochmals mit ihrer Hand eingebrochen, ich aber habe diese Diebe ergriffen.' So hat er mir gesagt. Nun habe ich diesen Mār-Ipquša zu dir gesandt. Die Diebe, die er gefangen hat, binde und setze für sie Wachen ein und lasse sie zu mir führen! Auch die Zeugen des Mār-Ipquša schicke!"

Lesestück 4. Eine Inschrift Hammurapis: RIME 4, 347–349 Nr. 12, akkadische Version

Ḫa-am-mu-ra-pí LUGAL *da-núm* LUGAL KÁ.DINGIR.RA^{ki} LUGAL *ki-ib-ra-tim ar-ba-im ba-ni ma-tim* LUGAL *ša ep-ša-tu-šu a-na ši-ir* ^{d}UTU *ù* ^{d}AMAR.UTU *ṭa-ba a-na-ku* BÀD *ša* ZIMBIR^{ki} *in e-pe-ri ki-ma* SA.TU-*im ra-bi-im re-ši-šu lu ù-ul-li ap-pa-ra-am lu uš-ta-ás-ḫi-ir-šu* ^{íd}BURANUN *a-na* ZIMBIR^{ki} *lu aḫ-ri-a-am-ma* KAR *šu-ul-mi-im lu ù-um-mi-sú Ḫa-am-mu-ra-pí ba-ni ma-tim* LUGAL *ša ep-ša-tu-šu a-na ši-ir* ^{d}UTU *ù* ^{d}AMAR.UTU *ṭa-ba a-na-ku* ZIMBIR^{ki} *ù* KÁ.DINGIR.RA^{ki} *šu-ba-at ne-eḫ-tim a-na da-rí-a-tim lu ù-še-ši-ib Ḫa-am-mu-ra-pí mi-gi*$_4$*-ir* ^{d}UTU *na-ra-am* ^{d}AMAR.UTU *a-na-ku ša iš-tu* UD-*um ṣi-a-tim* LUGAL *in* LUGAL-*rí la ib-ni-ù a-na* ^{d}UTU *be-lí-ia ra-bi-iš lu e-pu-ús-su-um* – *Ḫammu-rāpi šarrum dannum šar Babili šar kibrātim arbaʾim bānī mātim šarrum ša epšātūšu ana šīr Šamaš u Marduk ṭābā anāku dūram ša Sippir in eperī kīma šadîm rabîm rēšīšu lū ullī appāram lū uštasḫiršu Purattam ana Sippir lū aḫrīʾamma kār šulmim lū ummissu Ḫammu-rāpi bānī mātim šarrum ša epšātūšu ana šīr Šamaš u Marduk ṭābā anāku Sippir u Babili šubat nēḫtim ana dārīʾātim lū ušēšib Ḫammu-rāpi migir Šamaš narām Marduk anāku ša ištū ūm ṣīʾātim šarrum in šarrī lā ibnīʾu ana Šamaš bēlija rabîš lū *ēpussum* „Hammurapi, starker König, König von Babylon, König der vier Weltregionen, Schöpfer des Landes, König, dessen Taten dem Šamaš und Marduk gefallen (wörtlich: „dem Fleisch von ... gut sind“), ich, ich erhöhte wahrlich das Haupt der Mauer von Sippir aus dem Staub heraus wie einen großen Berg. Mit einem Röhricht umgab ich sie wahrlich. Den Euphrat grub ich wahrlich nach Sippir hin und versah ihn wahrlich mit einem Kai des Heils. Hammurapi, Schöpfer des Landes, König, dessen Taten dem Šamaš und Marduk gefallen, ich, ich ließ Sippir und Babylon wahrlich an einer Wohnstätte der Ruhe auf ewig wohnen. Hammurapi, Günstling des Šamaš, Liebling des Marduk, ich, ich baute wahrlich dem Šamaš, meinem Herrn in großartiger Weise, was seit ferner Zeit nie ein König unter den Königen gebaut hatte.“

Lesestück 5.1. Gegen Fliegen: YOS 11, 6: 1–11

am-ḫa-ṣa-ka i-na mu-ḫi-im iš-tu mu-ḫi-im a-na pu-ti-im iš-tu pu-ti-im a-na ḫa-ar-ḫa-sa-ni-im iš-tu ḫa-ar-ḫa-sa-ni-im a-na na-ḫi-ri-im ša ap-pí-im ú-ta-mi-ka ᵈ*Nin-kar-ra-ak ti-bu-ti er-bi-im lu te-te-bé-am* – *amḫaṣakka ina muḫḫim ištū muḫḫim ana pūtim ištū pūtim ana ḫarḫasannim ištū ḫarḫasannim ana naḫīrim ša appim utammīka Ninkarrak tibûti erbîm lū tetebbeʾam* „Ich schlage dich auf dem Schädel, vom Schädel zur Stirn, von der Stirn zur Ohrmuschel, von der Ohrmuschel zum Nasenloch. Ich beschwöre dich bei Ninkarrak: Du sollst dich wahrlich in der Art eines Heuschreckenanfalls hinwegheben.“

Lesestück 5.2. Gegen Hundebiss: BiOr. 11, 82f. pl. II (LB 2001)

ur-ru-uk bi-ir-ka-šu a-ru-uḫ la-sa-ma-am i-iṣ bu-bu-tam et-nu-uš a-ka-lam i-na ši-in-ni-šu e-ʾì-il ni-il-šu a-šar iš-šu-ku ma-ra-šu i-zi-ib tu.en.né.nu.ri – *urruk birkašu aruḫ lasāmam īṣ bubūtam etnuš akālam ina šinnīšu eʾil nīlšu ašar iššuku mārāšu izzib* tu.en.né.nu.ri „ Er ist sehr lang hinsichtlich seines Knies, eilig an Laufen, gering vor Hunger, ganz schwach (aus Mangel) an Essen. An seine Zähne ist sein Sperma gebunden. Wo er gebissen hat, hinterlässt er seinen Sohn. Beschwörung.“

Lesestück 5.3. Um ein Baby zu beruhigen: ZA 71, 62 rev.

ṣe-eḫ-ru-um wa-ši-ib bi-it ek-le-tim lu ta-ta-ṣa-am ta-ta-ma-ar nu-ur ᵈUTU *a-mi-in ta-ba-ki a-mi-in tu-ga-ag ul-li-ki-a a-mi-in la ta-ab-ki ì-lí bi-tim te-ed-ke ku-sa-ri-ku-um i-ge-él-tim ma-nu-um id-ke-a-ni ma-nu-um ú-ga-li-ta-ni ṣe-eḫ-ru-um id-ke-ka ṣe-eh-ru-um ú-ga-li-it-ka ki-ma ša-tu-ù ka-ra-ni-im ki-ma ma-ar sà-bi-tim li-im-qù-ta-šum ši-tum ši-ip-tum ša ṣe-eḫ-ri-im nu-úḫ-ḫi-im* – *ṣeḫrum wāšib bīt ekletim lū tattaṣâm tātamar nūr Šamaš ammīn tabakkī ammīn tuggag ullīkīʾa ammīn lā tabkī ilī bītim tedkē kusarikkum iggeltîm mannum idkēʾanni mannum ugallitanni ṣeḫrum idkēka ṣeḫrum ugallitka kīma šātû karānim kīma mār sābītim limqutaššum šittum šiptum ša ṣeḫrim nuḫḫim* „Kind, das im Haus der Finsternis saß, du bist doch herausgekommen, hast das Sonnenlicht erblickt. Warum weinst du? Warum zürnst(?) du? Warum weintest du dort nicht? Die Götter des Hauses hast du aufgestört. Der Stiermensch ist erwacht: ‚Wer hat mich aufgestört, wer hat mich erschreckt?' Das Kind hat dich aufgestört, das Kind hat dich erschreckt. Wie auf einen Weintrinker, wie auf den ‚Sohn einer Schenkin' möge auf ihn der Schlaf fallen. Beschwörung für das Beruhigen eines Kindes."

VIII Grammatische Terminologie

Im folgenden wird die in diesem Lehrbuch gebrauchte grammatische Terminologie zusammengestellt und ganz knapp erläutert. Für ausführliche Definitionen und Beispiele müssen linguistische Wörterbücher konsultiert werden, etwa Bußmann 2008. Die Paragraphenverweise beziehen sich auf die kurzgefasste Grammatik (Kapitel I) und nennen nicht jedes Vorkommen eines Terminus, sondern beschränken sich oft auf Stellen, an denen Definitionen geboten werden.

Ablaut	Vokalwechsel
Abstraktum	Substantiv mit begrifflicher Bedeutung
Adjektiv	Eigenschaftswort
Affirmativ	Beteuerungsform (§ 98)
Affix	Übergeordnete Bezeichnung für Präfix und Suffix
Affrikate	Kombination aus Verschluss- und Reibelaut (§§ 25, 37, 40–41, 43, 45)
Agens	Semantische Rolle des Urhebers einer Handlung
Akkusativ	Kasus zur Bezeichnung des direkten Objekts
Aleph	Stimmabsatz, Umschrift ʾ
Allophon	Variante eines Phonems
Alveolar	Am Wulst hinter den oberen Schneidezähnen artikulierter Laut (§ 25)
Apodosis	Nachsatz eines Konditionalgefüges
Apposition	Substantiv zur Näherbestimmung eines nominalen Satzglieds
Assimilation	Angleichung von Lauten
Assimilation, regressive	Rückwirkende Angleichung von Lauten
Asyndetisch	Unverbunden (§§ 159–160)
Attributsatz	Untergeordneter Satz in der Funktion eines Attributs (§ 160a)
Attribut	Adjektiv oder Genitiv zur Näherbestimmung eines nominalen Satzglieds
Dativ	Kasus zur Bezeichnung des indirekten Objekts
Deaffrizierung	Vereinfachung von Affrikaten zu Sibilanten (§ 42)
Deklination	Flexion der Nomina (§ 61)
Demonstrativpronomen	Hinweisendes Pronomen (§ 59)
Denominal	Vom Nomen abgeleitet
Dental	An den Schneidezähnen artikulierter Laut (§ 25)

Derivation	Bildung der Nominalformen und der Verbalstämme (§ 55)
Determination	Bestimmtheit (§ 62)
Determinativ	Deutzeichen (§ 7)
Determinativpronomen	Zur Näherbestimmung verwendetes Pronomen (§ 59)
Deverbal	Vom Verb abgeleitet
Dialekt	Regional gebundenes Sprachsystem
Diphthong	Lautfolge Vokal+*w* oder Vokal+*j* (§§ 31, 46)
Dissimilation	Differenzierung von ähnlichen Lauten (§ 29)
Distributiv	Bezug auf die einzelnen Elemente einer Menge
Dual	Zweizahl
Duktus	Schriftform
Durative Aktionsart	Bedeutung eines Verbs, das einen dauernden Sachverhalt ausdrückt
Dynamisch-intransitiv	Eigenschaft eines Verbs, das einen Vorgang ausdrückt (§ 88)
Dynamisch-transitiv	Eigenschaft eines Verbs, das eine Handlung am Objekt ausdrückt (§ 88)
Elision	Vokalausstoßung (§ 27)
Enklitisch	An das vorangehende Wort angehängt
Etymologie	Lehre von der Herkunft der Wörter und Formen
Final(is)	Den Zweck bezeichnend
Finalsatz	Zwecksatz (§ 147)
Finite Verbalform	Konjugierte Verbalform im Gegensatz zu den deklinierten Verbalnomina
Flexion	„Beugung“ (s. Deklination und Konjugation) (§ 55)
Frikativ	Reibelaut (§ 25)
Gemination	Verdoppelung von Konsonanten (§§ 22, 52)
Genereller Sachverhalt	Gesetzmäßig eintretender Sachverhalt
Genitiv	Kasus zur Bezeichnung des Attributs eines Nomens
Genus	Grammatisches Geschlecht
Glottalisiert	Laut mit zusätzlichem Verschluss der Stimmritze (§ 25)
Ikonisch	Korrelation zwischen Form und Inhalt derart, dass erstere letztere abbildet (§ 73)
Imperativ	Befehlsform (§ 96a)
Imperfektiv	Unvollendeter, gleichzeitig ablaufender Sachverhalt (§ 92c)
Indefinitpronomen	Unbestimmtes Pronomen (§ 59)
Indetermination	Unbestimmtheit (§ 62)
Individuell-kontinuierend	Eigenschaft eines einmaligen, dauernden Sachverhalts

Infinitiv	Verbalnomen, Zitierform des Verbs (§ 104)
Infix	In ein Wort eingefügtes *ta-* oder *tan-*Morphem
Ingressiv	Das Einsetzen eines Sachverhalts ausdrückend (§ 116b)
Interrogativpronomen	Fragepronomen (§ 59)
Intransitiv	s. Dynamisch-intransitiv
Inzidenzschema	Sachverhaltskonstellation, bei der ein Sachverhalt passiert, während ein anderer im Gange ist und vom ersteren beendet wird (§ 92c)
Irrealis	Unwirklichkeitsform (§ 99)
Kardinalzahl	Grundzahl
Kasus pendens	Kasus eines vorangestellten Satzteils in der Pendenskonstruktion (§ 161)
Kausalsatz	Begründungssatz (§ 145)
Kausativ	Den Sachverhalt des Verursachens ausdrückend
Kohortativ	Wunschform der 1. Person Plural (§ 97a)
Koinzidenzfall	Sachverhalt, bei dem eine Äußerung zugleich der Vollzug des durch die Äußerung ausgedrückten Sachverhalts ist (§ 93b)
Kollektiv	Substantiv, das eine Vielzahl als Einheit bezeichnet (§ 74)
Komparativsatz	Vergleichssatz (§ 148)
Kompositum	Aus zwei Wörtern zusammengesetztes Wort
Konditionale Implikation	Formal nicht ausgedrücktes, aber mitgemeintes Konditionalverhältnis
Konditionalsatz	Bedingungssatz (§ 151)
Kongruenz	Grammatische Übereinstimmung (in Numerus, Kasus oder Genus)
Konjugation	Flexion der Verben
Konjunktion	Beiordnende Partikel (§§ 149–151)
Konkretum	Substantiv gegenständlicher Bedeutung
Konsekutivsatz	Folgesatz (§ 146)
Konsonant	Mitlaut (§ 25)
Kontraktion	Verschmelzung zweier aufeinanderfolgender Vokale (§ 28)
Koppelung	Zwei miteinander verbundene kongruierende Verben, von denen das erste das zweite bedeutungsmäßig spezifiziert (§ 154e)
Kursiv	Schriftform für Tontafeln im Gegensatz zur Schriftform für Steinmonumente
Labial	Mit den Lippen artikulierter Laut (§ 25)
Lateral	Laut, bei dem der Luftstrom an der Seite entweicht (§ 25)
Logogramm	Wortzeichen (§ 7)
Lokalsatz	Ortssatz (§ 160b)

Lokativ	Kasus zur Bezeichnung des Ortes
Makron	Zeichen in Form eines Striches über Vokalen zur Bezeichnung struktureller Länge
Mediopassiv	Eine Tätigkeit ausdrückend, die das Subjekt für sich oder in seinem Interesse durchführt (§ 110c)
Merismus	Stilmittel, in dem eine Gesamtheit durch zwei gegensätzliche Begriffe ausgedrückt wird (§ 83)
Mimation	*m*-Endung von Flexionssuffixen (§ 30)
Modus	Grammatische Kategorie, die eine subjektive Stellungnahme des Sprechers ausdrückt
Monophthongierung	Vereinfachung von Diphthongen zu Langvokalen (§§ 31, 46)
Morphem	Kleinstes bedeutungstragendes Element der Sprache (§ 55)
Morphologie	Formenlehre
Nasal	Laut, bei dem der Luftstrom durch die Nase entweicht (§ 25)
Negation	Verneinende Partikel (§ 152)
Nomen	Übergeordneter Begriff für Substantive und Adjektive
Nominalform	Formaler Bildungstyp des Nomens (§ 63)
Nominativ	Kasus zur Bezeichnung des Subjekts
Numerus	Grammatische Kategorie zur Bezeichnung von Quantität (s. Singular, Dual, Plural)
Nunation	*n*-Endung
Objekt, direktes	Satzglied zur Bezeichnung der vom Verb direkt betroffenen Größe
Objekt, indirektes	Satzglied zur Bezeichnung der vom Verb indirekt betroffenen Größe
Obliquus	Kasus im Plural des Nomens mit den Funktionen von Genitiv und Akkusativ im Singular
Ordinalzahl	Ordnungszahl
Palatal	Am harten Gaumen artikulierter Laut (§ 25)
Paradigma	Menge der Formen, die ein Deklinations- oder Konjugationsmuster bilden
Paronomasie	Rhetorische Figur der Wiederholung (§ 79d)
Partikel	Kleines unflektierbares Wort
Partizip	Verbalnomen (§ 103)
Passiv	Einen Sachverhalt vom Standpunkt des Betroffenen ausdrückend
Pendenskonstruktion	Vorausstellung eines Satzteiles in einem nicht der Syntax entsprechenden Kasus (§ 161)
Perfekt	Tempus zum Ausdruck von Vor- + Nachzeitigkeit (§ 94)
Performativ	s. Koinzidenzfall

Personalpronomen	Pronomen zum Verweis auf Sprecher (§ 57)
Phonem	Bedeutungsunterscheidender Laut
Phonogramm	Lautzeichen, Silbenzeichen (§ 7)
Phonologie	Lautlehre
Pleneschreibung	s. Vokalpleneschreibung
Pleonastisch	Überflüssiger, zusätzlicher Ausdruck
Plural	Mehrzahl
Plurale tantum	Nur im Plural vorkommendes Wort
Pluralischer Sachverhalt	Mehrmals eintretender Sachverhalt
Possessivpronomen	Besitzanzeigendes Pronomen
Prädikat	Satzglied zur Bezeichnung von Handlungen, Vorgängen und Zuständen
Präfix	Ein einem Wort vorangestelltes Morphem
Präposition	Partikel, die Beziehungen zwischen Elementen ausdrückt (§ 134)
Präpositionalphrase	Kombination aus Präposition und Nomen oder Adverb (§ 135)
Präsens	Tempus zum Ausdruck von Gleich- und Nachzeitigkeit (§ 92)
Präteritum	Tempus zum Ausdruck von Vorzeitigkeit (§ 93)
Prekativ	Wunschform (§ 97a)
Primae aleph, Verben	Verben mit erstem Radikal ʾ (§ 122)
Primae nun, Verben	Verben mit erstem Radikal *n* (§ 121)
Primae waw, Verben	Verben mit erstem Radikal *w* (§ 125)
Primärnomen	Ursprüngliches, nicht von einer Verbalwurzel abgeleitetes Nomen
Progress, zeitlicher	Zeitliches Nacheinander (§ 94d)
Progressweiser	Ein die Folge Präteritum–Perfekt verknüpfendes *-ma* (§§ 94d, 154d)
Prohibitiv	Verbotsform (§ 96b)
Pronomen	Fürwort (§ 56)
Protasis	Vordersatz eines Konditionalgefüges
Radikal	Wurzelkonsonant (§ 55)
Reflexiv	Eine rückbezügliche Beziehung ausdrückend
Relationswert	Zeitwert, auf den sich ein Tempus bezieht
Relativpronomen	Bezugspronomen
Relativsatz	Bezugssatz (§ 137)
Relativsatz, verallgemeinernder	Relativsatz mit einem allgemeinen Bezugswort (§ 137d)
Relativsatz, freier	Relativsatz ohne Bezugswort (§ 137c)
Reziprok	Eine wechselseitige Beziehung ausdrückend
Satz, nichtverbaler	Satz ohne Verb als Prädikat (§ 155)
Satzfrage	Frage, auf die die Antwort „ja" oder „nein" lautet (§ 157)
Schwaches Verb	Verb mit Lautveränderungen (§ 87)

Secundae aleph, Verben	Verben mit zweitem Radikal ʾ (§ 123)
Secundae geminatae, Verben	Verben mit identischem zweiten und dritten Radikal (§ 120)
Secundae vocalis, Verben	Verben mit Vokal anstelle des zweiten Radikals (§ 126)
Secundae waw, Verben	Verben mit zweitem Radikal *w* (§ 126)
Secundae jod, Verben	Verben mit zweitem Radikal *j* (§ 126)
Semantische Klasse	Bedeutungsklasse
Sibilant	Zischlaut (§ 25)
Silbe, geschlossene	Auf Konsonant endende Silbe (§ 53)
Silbe, offene	Auf Vokal endende Silbe (§ 53)
Singular	Einzahl
Sonorität	Schallfülle von Sprachlauten (§ 27i)
Spaltsatz	Freier Relativsatz mit Funktion des Prädikats im übergeordneten Satz (§ 137c)
Stamm	Beim Nomen: Form ohne Flexionssuffixe. Beim Verb: Abgeleitetes Verb
Starkes Verb	Dreiradikaliges Verb mit Wurzeltyp *PRS* (§ 87)
Stativ	Zustandsform (§ 102)
Stativisch	Eigenschaft eines Verbs, das einen Zustand ausdrückt (§ 88)
Status absolutus	Form des Nomens ohne Kasusflexion (§ 83)
Status constructus	Form eines Nomens vor einem weiteren Nomen im Genitiv, vor einem genitivischen Pronominalsuffix oder vor einem asyndetischen Relativsatz mit reduzierter Flexion
Status rectus	Voll flektierte Form des Nomens (§ 81)
Stoffname	Substantiv, das ein Material ausdrückt
Subjekt	Satzglied zur Bezeichnung des Satzgegenstands
Subjunktion	Unterordnende Partikel (§ 136)
Subordinativ	Form zum Ausdruck der syntaktischen Unterordnung beim Verb (§ 100)
Substantiv	Gegenstandswort
Substantivsatz	Dass-Satz (§ 138)
Suffix	An ein Wort angehängtes Morphem
Syndetisch	Verbunden
Syntax	Satzlehre
Temporalsatz	Zeitsatz (§ 139)
Tempus	Zeitform
Terminativ	Kasus zur Bezeichnung der Richtung
Tertiae aleph, Verben	Verben mit drittem Radikal ʾ (§ 124)
Tertiae waw, Verben	Verben mit drittem Radikal *w* (§ 127)
Tertiae jod, Verben	Verben mit drittem Radikal *j* (§ 127)
Tertiae vocalis, Verben	Verben mit Vokal anstelle des dritten Radikals (§ 127)

Transitiv	s. Dynamisch-transitiv
Transkription	Die Lautung wiedergebende, gebundene Umschrift (§ 9)
Transliteration	Zeichen-für-Zeichen-Umschrift (§ 9)
Umlaut	Wechsel von *a* oder *i* zu *e* (§ 26)
Valenz	Fähigkeit eines Wortes, seine syntaktische Umgebung vorzustrukturieren
Velar	Am Gaumensegel artikulierter Laut (§ 25)
Ventiv	Form zum Ausdruck des Richtungsbezugs beim Verb (§ 101)
Verb	Tätigkeitswort
Verbaladjektiv	Vom Verb abgeleitetes Adjektiv (§ 105)
Verbalsatz	Satz mit einem Verb als Prädikat (§ 156)
Verbalstamm	s. Stamm
Vetitiv	Negative Wunschform (§ 97b)
Vibrant	Zitterlaut (§ 25)
Vokal	Selbstlaut (§ 24)
Vokalpleneschreibung	Doppelschreibung eines Vokals (§ 21)
Wortfrage	Durch ein Fragewort eingeleitete Frage (§ 157)
Wurzel	Bedeutungstragendes Konsonantengerüst (§ 55)
Wurzelvokal	Vokal vor dem letzten Radikal in den Tempora des Verbs
Wurzelvokalklasse	Nach dem Wurzelvokal unterschiedene Gruppen von Verben (§ 107)
Zirkumflex	Zeichen in Form eines Daches über Vokalen zur Bezeichnung eines kontraktionslangen Vokals (§ 10)

IX Index zitierter Paragraphen des Kodex Hammurapi

Erfasst sind nur vollständige, in den Lektionen oder Lesestücken zitierte Paragraphen.

§ 2	Lektion 15	§ 153	Lektion 14
§ 7	Lektion 14	§ 158	Lektion 11
§ 8	Lesestück 1.1	§ 195	Lektion 9
§ 22	Lektion 11	§ 197	Lektion 9
§ 59	Lektion 12	§ 204	Lektion 9
§ 112	Lektion 13	§ 205	Lektion 9
§ 128	Lektion 6	§ 219	Lektion 14
§ 129	Lesestück 1.2	§ 228	Lektion 12
§ 130	Lesestück 1.3	§ 247	Lektion 12
§ 136	Lesestück 1.4	§ 249	Lektion 13
§ 138	Lektion 13	§ 277	Lektion 12

X Literatur

Aro, J.: Präpositionale Verbindungen als Bestimmungen des Nomens im Akkadischen, Or. 32 (1963) 395–406.

—: Rezension zu AbB 3 und 4, OLZ 66 (1971) 245–252.

Beaulieu, P.-A./ Mayer, W. R.: Akkadische Lexikographie: *CAD* $Š_2$ und $Š_3$, Or. 66 (1997) 157–180.

Bomhard, A. R.: The Reconstruction of the Proto-Semitic Consonant System, in: Y. L. Arbeitman (ed.), Fucus. A Semitic/Afrasian Gathering in Remembrance of Albert Ehrman (Amsterdam–Philadelphia 1988) 113–140.

Borger, R.: Babylonisch-Assyrische Lesestücke, 2. neubearbeitete Auflage. Rom 1979 (= AnOr. 54).

—: Altorientalische Lexikographie. Geschichte und Probleme (= Nachrichten der Akademie der Wissenschaften in Göttingen. I. Philologisch-Historische Klasse, Jahrgang 1984, Nr. 2).

—: Mesopotamisches Zeichenlexikon. Münster 2004 (= AOAT 305).

Bottéro, J./Finet, A.: Répertoire analytique des tomes I à V. Paris 1954 (= ARM 15).

Brockelmann, C.: Grundriß der vergleichenden Grammatik der semitischen Sprachen, Bd. 1. Berlin 1908.

—: Grundriß der vergleichenden Grammatik der semitischen Sprachen, Bd. 2. Berlin 1913.

Buccellati, G.: A Structural Grammar of Babylonian. Wiesbaden 1996.

Bußmann, H.: Lexikon der Sprachwissenschaft. Stuttgart ^{4}2008.

Cantineau, J.: Le consonantisme du Sémitique, Semitica 4 (1951/2) 79–94.

Caplice, R.: Introduction to Akkadian. Third, Revised Edition. Rom 1988 (= StPohl SM 9).

Cavigneaux, A.: Le nom akkadien du grain, NABU 1989/52.

Charpin, D.: L'Akkadien des lettres d'Ilân-ṣurâ. In: M. Lebeau/P. Talon (ed.), Reflets des deux fleuves. Volume de mélanges offerts à André Finet. Leuven 1989 (= Akk. Suppl. 6) 31–40.

Christian, V.: Die Entstehung der semitischen Kasusendungen, Zeitschrift für Semitistik 3 (1924) 17–26.

Cohen, E.: Akkadian *-ma* in Diachronic Perspective, ZA 90 (2000) 207–226.

—: Focus Marking in Old Babylonian, WZKM 91 (2001) 85–104.

—: Paronomastic Infinitive in Old Babylonian, JEOL 38 (2004) 105–112.

—: Addenda to Non-Verbal Clauses in Old Babylonian, JSS 50 (2005) 247–279.

—: The Modal System of Old Babylonian. Winona Lake 2005 (= HSS 56) (= 2005a).

—: The Tense-Aspect-System of the Old Babylonian Epic, ZA 96 (2006) 31–68.

del Olmo Lete, G./Sanmartín, J.: Diccionario de la lengua ugarítica. Vol. II *m-ẓ*. Sabadell 2000 (= AulaOr. Suppl. 8).

De Meyer, L.: L'Accadien des contrats de Suse. Leiden 1962.

Denz, A.: Die Verbalsyntax des neuarabischen Dialektes von Kwayriš (Irak). Mit einer einleitenden allgemeinen Tempus- und Aspektlehre. Wiesbaden 1971 (= Abhandlungen für die Kunde des Morgenlandes XL, 1).

—: Die Struktur des Klassischen Arabisch, in: W. Fischer (ed.), Grundriß der Arabischen Philologie. Band I: Sprachwissenschaft. Wiesbaden (1982) 58–82.

Deutscher, G.: Syntactic Change in Akkadian. The Evolution of Sentential Complementation. Oxford 2000.

Deutscher, G./Kouwenberg, N. J. C. (ed.): The Akkadian Language in its Semitic Context. Studies in the Akkadian of the Third and Second Millennium BC. Leiden 2006 (= PIHANS 106).

Diem, W.: Gedanken zur Frage der Mimation und Nunation in den semitischen Sprachen, ZDMG 125 (1975) 239–258.

Durand, J.-M.: La situation historique des Šakkanakku : nouvelle approche, M.A.R.I. 4 (1985) 147–172.

Edzard, D. O.: Die Stämme des altbabylonischen Verbums in ihrem Oppositionssystem, AS 16 (1965) 111–120.

—: Die Modi beim älteren akkadischen Verbum, Or. 42 (1973) 121–141.

—: Zu den altbabylonischen Präpositionen *itti* und *qadum*, Festschrift Lubor Matouš. Budapest (1978) 69–89.

—: Rezension zu CAD M, ZA 69 (1979) 290–299.

—: Zu den akkadischen Nominalformen *parsat-*, *pirsat-* und *pursat-*, ZA 72 (1982) 68–88.

—: Rezension zu CAD Q, ZA 73 (1983) 132–136.

—: Die 3. Person M. Pl. *Tiprusū* im Altakkadischen von Mari, in: J.-M. Durand/J.-R. Kupper (ed.), Miscellanea Babylonica. Mélanges offerts à Maurice Birot. Paris (1985) 85–86.

—: Die Iterativstämme beim akkadischen Verbum. Die Frage ihrer Entstehung; ihre Funktion; ihre Verbreitung. München 1996.

—: Rezension zu GAG^{3}, ZA 89 (1999) 141–142.

—: Sumerian Grammar, Leiden 2003 (= HdOr. 71).

—: Das Ebla-Akkadische als Teil des altakkadischen Dialektkontinuums, in: Deutscher/Kouwenberg (ed.) 2006, 76–83.

Edzard, L.: Polygenesis, Convergence, and Entropy: An Alternative Model of Linguistic Evolution Applied to Semitic Linguistics. Wiesbaden 1998.

Farber, W.: Rezension zu Huehnergard 1997 und Buccellati 1996, JAOS 121 (2001) 315–317.

Finet, A.: L'Accadien des lettres de Mari. Bruxelles 1956.

Gai, A.: The Connection between Past and Optative in the Classical Semitic Languages, ZDMG 150 (2000) 17–28.

Gelb, I. J.: Notes on von Soden's Grammar of Akkadian, BiOr. 12 (1955) 93–111.

—: Glossary of Old Akkadian. Chicago 1957 (= MAD 3).

—: Mari and the Kish Civilization, in: G. D. Young (ed.), Mari in Retrospect. Winona Lake (1992) 121–202.

Gensler, O.: Why Semitic Adverbializers (Akkadian- *iš*, Syriac *-āʾīṯ*) Should not be Derived from Existential *ʾīṯ*, JSS 45 (2000) 233–265.

George, A. R.: The Babylonian Gilgamesh Epic, Vol. I/II. Oxford 2003.

Goetze, A.: Number Idioms in Old Babylonian, JNES 5 (1946) 185–202.

Greenstein, E. L.: The Phonology of Akkadian Syllable Structure, Afroasiatic Linguistics 9 (1984) 1–71.

Groneberg, B.: Terminativ- und Lokativadverbialis in altbabylonischen literarischen Texten, AfO 26 (1978/9) 15–29.

Hasselbach, R.: Final Vowels of Pronominal Suffixes and Independent Personal Pronouns in Semitic, JSS 49 (2004) 1–20.

—: The Affiliation of Sargonic Akkadian with Babylonian and Assyrian: New Insights Concerning the Internal Sub-Grouping of Akkadian, JSS 52 (2007) 21–43.

Hecker, K.: Grammatik der Kültepe-Texte. Rom 1968 (= AnOr. 44).

—: *i* oder *ī* im Status constructus?, AoF 27 (2000) 260–268.

W. Heimpel/G. Guidi: Der Koinzidenzfall im Akkadischen, ZDMG Suppl. I/1 (1969) 148–152.

Hess, C. W.: Oblique Core Arguments in Akkadian, in: L. Kogan et al. (ed.), Language in the Ancient Near East. Winona Lake 2010 (= CRRAI 53) 729–749.

Hetzron, R.: La division des langues sémitiques, in: A. Caquot/D. Cohen (ed.), Actes du premier congrès international de linguistique sémitique et chamito-sémitique, Paris 16–19 juillet 1969. The Hague (1974) 181–194.
Hilgert, M.: Akkadisch in der Ur III-Zeit. Münster 2002 (= Imgula 5).
Hirsch, H.: Zur Frage der *t*-Formen in den keilschriftlichen Gesetzestexten, in: W. Röllig (ed.), *lišān mitḫurti*. Festschrift Wolfram Freiherr von Soden zum 19. VI. 1968 gewidmet von Schülern und Mitarbeitern. Neukirchen-Vluyn 1969 (= AOAT 1) 119–131.
—: Akkadische Grammatik – Erörterungen und Fragen, Or. 44 (1975) 245–322.
—: Gilgamesch-Epos und Erra-Lied. Zu einem Aspekt des Verbalsystem. Wien 2002 (= AfO Bh. 29).
—: Eine höchst interessante Erscheinung der akkadischen Grammatik: Die Verbalstämme mit *ta*-Infix, AfO 50 (2003/4) 81–94.
Huehnergard, J.: Three Notes on Akkadian Morphology, in: D. M. Golomb (ed.), "Working With No Data". Semitic and Egyptian Studies Presented to Thomas O. Lambdin. Winona Lake (1987) 181–193.
—: The Afroasiatic Language Family. The Semitic Languages, The Anchor Bible Dictionary 4 (1992) 155–162.
—: Semitic Languages, in: J. M. Sasson (ed.), Civilizations of the Ancient Near East IV (1995) 2117–2134.
—: A Grammar of Akkadian, Atlanta 1997. ^{2}2005. (= HSS 45).
—: Akkadian Grammar (Rezension zu von Soden 1995), Or. 66 (1997) 434–444 (= 1997a).
—: *izuzzum* and *itūlum*, in: T. Abusch (ed.), Riches Hidden in Secret Places. Ancient Near Eastern Studies in Memory of Thorkild Jacobsen. Winona Lake (2002) 161–185.
—: Akkadian *ḫ* and West Semitic **ḥ*, in: L. Kogan (ed.), Studia Semitica. Moskau 2003 (= Orientalia: Papers of the Oriental Insitute 3) 112–119.
—: Proto-Semitic and Proto-Akkadian, in: Deutscher/Kouwenberg (ed.) 2006, 1–18.
Izre'el, S.: On the Person-Prefixes of the Akkadian Verb, JANES 20 (1991) 35–56.
Jacobsen, T.: The Akkadian Ablative Accusative, JNES 22 (1963) 18–29.
Kienast, B.: Historische Semitische Sprachwissenschaft. Wiesbaden 2001.
Knudsen, E.: Cases of Free Variants in the Akkadian *q* Phoneme, JCS 15 (1961) 84–90.
—: Innovation in the Akkadian Present, Or.Suec. 33–35 (1984–1986) 231–239.
Koehler, L./Baumgartner, W.: Hebräisches und aramäisches Lexikon zum Alten Testament. Lieferung I: א–טבח. 3. Auflage neu bearbeitet von Walter Baumgartner. Leiden 1967.
Kogan, L.: **ġ* in Akkadian, UF 33 (2001) 263–298.
—: Old Assyrian vs. Old Babylonian: the Lexical Dimension, in: Deutscher/Kouwenberg (ed.) 2006, 177–214.
Koschmieder, E.: Beiträge zur allgemeinen Syntax. Heidelberg 1965.
Kouwenberg, N. J. C.: Rezension zu von Soden 1995, BiOr. 54 (1997) 399–402.
—: Gemination in the Akkadian Verb. Assen 1997 (= 1997a).
—: Rezension zu Buccellati 1996, BiOr. 55 (1998) 172–185.
—: Nouns as Verbs: the Verbal Nature of the Akkadian Stative, Or. 69 (2000) 21–71.
—: The Interchange of *e* and *a* in Old Babylonian, in: W. H. van Soldt (ed.), Veenhof Anniversary Volume. Studies Presented to Klaas R. Veenhof on the Occasion of his Sixty-Fifth Birthday. Leiden 2001 (= PIHANS 89) 225–249.
—: Ventive, Dative and Allative in Old Babylonian, ZA 92 (2002) 200–240.
—: Initial Plene Writing and the Conjugation of the First Weak Verbs in Akkadian, Ex Oriente Lux 38 (2004) 83–103.
—: Assyrian Light on the History of the N-Stem, in: J. G. Dercksen (ed.), Assyria and Beyond, Leiden 2004 (= Festschrift M. T. Larsen) 333–352 (= 2004a).
—: Reflections on the Gt-stem in Akkadian, ZA 95 (2005) 77–103.

Kraus, F. R.: Der akkadische Vokativ, in: B. L. Eichler, Kramer Anniversary Volume. Cuneiform Studies in Honor of Samuel Noah Kramer. Neukirchen-Vluyn 1976 (= AOAT 25) 293–297.

—: Nominalsätze in altbabylonischen Briefen und der Stativ. Amsterdam 1984 (= Mededelingen der Koninklijke Nederlandse Akademie Van Wetenschappen, AFD. Letterkunde, Nieuwe Reeks, Deel 47 No. 2).

—: Sonderformen akkadischer Parataxe: Die Koppelungen, Amsterdam 1987 (= Mededelingen der Koninklijke Nederlandse Akademie Van Wetenschappen, AFD. Letterkunde, Nieuwe Reeks, Deel 50 No. 1).

Krebernik, M.: The Linguistic Classification of Eblaite: Methods, Problems, and Results, in: J. S. Cooper/G. M. Schwartz (ed.), The Study of the Ancient Near East in the Twenty-First Century. Winona Lake (1996) 233–249.

—: Some Questions Concerning Word Formation in Akkadian, in: Deutscher/Kouwenberg (ed.) 2006, 84–95.

Krebernik, M./Nissen, H. J.: Die sumerisch-akkadische Keilschrift, in: H. Günther/O. Ludwig (ed.), Schrift und Schriftlichkeit. Ein interdisziplinäres Handbuch internationaler Forschung, 1. Halbband. Berlin/New York (1994) 274–288 und Tafeln I–IV.

Krebernik, M./Streck, M. P.: *Šumman lā qabi'āt ana balāṭim* ... Wärst du nicht zum Leben berufen ... Der Irrealis im Altbabylonischen, in: R. Bartelmus/N. Nebes (ed.), Sachverhalt und Zeitbezug. Semitistische und alttestamentliche Studien Adolf Denz zum 65. Geburtstag. Wiesbaden 2001 (= Jenaer Beiträge zum Vorderen Orient 4) 51–78.

Labat, R.: Manuel d'Épigraphie akkadienne. Paris 1976.

Lambert, W. G.: The Pantheon of Mari, M.A.R.I. 4 (1985) 525–539.

Lämmerhirt, K.: Wahrheit und Trug. Münster 2010 (= AOAT 348).

Leslau, W.: Lexique soqoṭri (sudarabique moderne). Avec comparaisons et explications étymologiques. Paris 1938.

—: Comparative Dictionary of Geʿez (Classical Ethiopic). Wiesbaden ^{2}1991.

Lieberman, S. J.: The Sumerian Loanwords in Old-Babylonian Akkadian. Volume One: Prolegomena and Evidence. Missoula 1977 (= HSS 22).

—: The Afro-Asiatic Background of the Semitic N-Stem: Towards the Origins of the Stem-Afformatives of the Semitic and Afro-Asiatic Verb, BiOr. 43 (1986) 577–628.

Limet, H.: Observations sur la grammaire des anciennes tablettes de Mari, Syria 52 (1975) 37–52.

Lipiński, E.: Semitic Languages. Outline of a Comparative Grammar. Leuven 1997 (= OLA 80).

Livingstone, A.: The Akkadian Word for Barley, JSS 42 (1997) 1–5.

Mankowski, P. V. und S. J.: Akkadian Loanwords in Biblical Hebrew. Winona Lake 2000 (= HSS 47).

Mayer, W. R.: Untersuchungen zur Formensprache der babylonischen „Gebetsbeschwörungen". Rom 1976 (= StPohl SM 5).

—: Das „gnomische Präteritum" im literarischen Akkadisch, Or. 61 (1992) 373–399.

—: Zum Terminativ-Adverbialis im Akkadischen: Die Modaladverbien auf *-iš*, Or. 64 (1995) 161–186.

—: Besonderheiten in der Verwendung des Graphems A.A im Akkadischen, Or. 72 (2003) 293–306.

—: Das akkadische Präsens zum Ausdruck der Nachzeitigkeit in der Vergangenheit, Or. 76 (2007) 117–144.

Metzler, K. A.: Tempora in altbabylonischen literarischen Texten. Münster 2000 (= AOAT 279).

Moscati, S. (ed.): An Introduction to the Comparative Grammar of the Semitic Languages. Phonology and Morphology. Wiesbaden 1964.

Nebes, N.: Funktionsanalyse von *kāna yafʿalu*. Hildesheim 1982.

—: Die Konstruktionen mit /FA-/ im Altsüdarabischen. Syntaktische und epigraphische Untersuchungen. Wiesbaden 1995.

Nebes, N.: Das Inzidenzschema im klassischen Arabischen. Ein Vorbericht, in: R. Bartelmus/N. Nebes. Sachverhalt und Zeitbezug. Festschrift Adolf Denz zum 65. Geburtstag. Wiesbaden 2001 (= Jenaer Beiträge zum Vorderen Orient 4) 113–128.

Oppenheim, A. L. et alii: The Assyrian Dictionary of the Oriental Institute of the University of Chicago. Chicago/Glückstadt 1956ff..

Pardee, D./Whiting, R. M.: Aspects of Epistolary Verbal Usage in Ugaritic and Akkadian, BSOAS 50 (1987) 1–31.

Parpola, S.: Proto-Assyrian. HSAO 2, Heidelberg (1988) 293–298.

Patterson, R. D.: Old Babylonian Parataxis as Exhibited in the Royal Letters of the Middle Old Babylonian Period and in the Code of Hammurapi. Ann Arbor 1970.

Pedersén, O.: Some Morphological Aspects of Sumerian and Akkadian Linguistic Areas, in: H. Behrens et alii (ed.), DUMU-E$_2$-DUB-BA-A. Studies in Honor of Åke W. Sjöberg. Philadelphia (1989) 429–438.

Philippi, F. W. M.: Wesen und Ursprung des Status constructus im Hebräischen. Ein Beitrag zur Nominalflexion im Semitischen überhaupt. Weimar 1871.

Poebel, A.: The Verb *uzuzzu*, “to stand”, AS 9 (1939) 75–196.

Pollak, W.: Studien zum "Verbalaspekt" im Französischen (= Österreichische Akademie der Wissenschaften, Philosophisch-Historische Klasse, Sitzungsberichte, 233. Band, 5. Abhandlung). 2. Auflage 1988 unter dem Titel: Studien zum Verbalaspekt. Mit besonderer Berücksichtigung des Französischen. Bern 1960.

Rechenmacher, H.: Jungfrau, Tochter Babel. Eine Studie zur sprachwissenschaftlichen Beschreibung althebräischer Texte am Beispiel von Jes 47. St. Ottilien 1994.

Reiner, E.: The Phonological Interpretation of a Subsystem in the Akkadian Syllabary, in: R. D. Biggs (ed.), Studies Presented to A. Leo Oppenheim, June 7, 1964. Chicago (1964) 167–180.

—: A Linguistic Analysis of Akkadian. The Hague 1966.

—: Akkadian, in: T. A. Sebeok (ed.), Current Trends in Linguistics, vol. 6. The Hague (1970) 274–303.

—: *Damqam-īnim* Revisited. StOr. 55, Helsinki (1984) 177–182.

Renger, J.: Rezension zu von Soden 1969, JNES 31 (1972) 228–232.

Riemschneider, K. K.: Lehrbuch des Akkadischen. Leipzig 1969.

Röllig, W.: s. von Soden/Röllig 1991.

Rubio, G.: Eblaite, Akkadian and East Semitic, in: Deutscher/Kouwenberg (ed.) 2006, 110–139.

Sallaberger, W.: Priester. A. I. Mesopotamien, RlA 10/7–8 (2005) 617–640.

Salonen, E.: Untersuchungen zur Schrift und Sprache des Altbabylonischen von Susa. Helsinki 1962 (= StOr. 27/1).

Sima, A.: Etymologisches zu akkadisch *adi* „bis, bis zu“ (Präp. loci et temporis), AfO 46/47 (1999/2000) 213–215.

Steiner, G.: Die sog. *tan*-Stämme des akkadischen Verbums und ihre semitischen Grundlagen, ZDMG 131 (1981) 9–27.

Stol, M.: Muškēnu, RlA 8/7–8 (1997) 492–493.

—: Sesam, RlA 12/5–6 (2010) 400–404.

Streck, M. P.: Funktionsanalyse des akkadischen Št$_2$-Stamms, ZA 84 (1994) 161–197.

—: Zahl und Zeit. Grammatik der Numeralia und des Verbalsystems im Spätbabylonischen. Groningen 1995 (= CM 5).

—: *ittašab ibakki* “weinend setzte er sich”: *iparras* für die Vergangenheit in der akkadischen Epik, Or. 64 (1995) 33–91 (= 1995a).

—: Rezension zu von Soden 1995, AfO 44/45 (1998) 310–314.

—: Rezension zu Buccellati 1996, AfO 44/45 (1998) 314–325 (= 1998a).

Streck, M. P.: Rezension zu M. Roth, Law Collections from Mesopotamia and Asia Minor (1995), ZABR 4 (1998) 303–309 (= 1998b).
—: Zur Gemination beim akkadischen Verbum, Or. 67 (1998) 523–531 (= 1998c).
—: The Tense Systems in the Sumerian-Akkadian Linguistic Area, ASJ 20 (1998) 181–199 (= 1998d).
—: Zum akkadischen Wort für Gerste, NABU 1998/53 (= 1998e).
—: Rezension zu Huehnergard 1997, ZA 89 (1999) 283–286.
—: Das "Perfekt" *iptaras* im Altbabylonischen der Hammurapi-Briefe, in: N. Nebes (ed.), Tempus und Aspekt in den semitischen Sprachen. Jenaer Kolloquium zur semitischen Sprachwissenschaft. Wiesbaden 1999 (= Jenaer Beiträge zum Vorderen Orient 1) 101–126 (= 1999a).
—: Hammurabi oder Hammurapi?, ArOr. 67 (1999) 655–669 (= 1999b).
—: Das amurritische Onomastikon der altbabylonischen Zeit. Band 1: Die Amurriter. Die onomastische Forschung. Orthographie und Phonologie. Nominalmorphologie. Münster 2000 (= AOAT 271/1).
—: Die Nominalformen *maPRaS*(*t*), *maPRāS* und *maPRiS*(*t*) im Akkadischen, in: N. Nebes (ed.), Neue Beiträge zur Semitistik. Erstes Arbeitstreffen der Arbeitsgemeinschaft Semitistik in der Deutschen Morgenländischen Gesellschaft vom 11. bis 13. September 2000 an der Friedrich-Schiller-Universität Jena. Wiesbaden 2002 (= Jenaer Beiträge zum Vorderen Orient 5) 223–257.
—: Rezension zu Deutscher 2000, ZA 92 (2002) 140–145 (= 2002a).
—: Die akkadischen Verbalstämme mit *ta*-Infix. Münster 2003 (= AOAT 303).
—: Simply a Seller, Nothing but Gods: The Nominal Suffix *–ān* in Old Babylonian, in: L. Kogan/N. Koslova/S. Loesov/S. Tishchenko (ed.), Memoriae Igor M. Diakonoff. Winona Lake 2005 (= Babel und Bibel 2) 233–243.
—: Rezension zu Wasserman 2003, ZA 95 (2005) 146–149 (= 2005a).
—: Sibilants in the Old Babylonian Texts of Hammurapi and of the Governors in Qaṭṭunān, in: Deutscher/Kouwenberg (ed.) 2006, 215–251.
—: (ed.) Sprachen des Alten Orients. Darmstadt ^{3}2007.
—: Die Kardinalzahl „sechs" im Altbabylonischen und der analogische Ausgleich der Kardinalzahlen „sechs"-„acht". AoF 35 (2008) 246–253.
—: Rezension zu CAD T und Ṭ, ZA 99 (2009) 135–140.
—: Feminine Gender of Old Babylonian Nouns, in: D. Shehata/F. Weiershäuser/K. V. Zand (ed.), Von Göttern und Menschen. Beiträge zu Literatur und Geschichte des Alten Orients. Festschrift für Brigitte Groneberg. Leiden 2010 (= CM 41) 287–305.
—: im Druck Großes Fach Altorientalistik. Der Umfang des keilschriftlichen Textkorpus,MDOG 142.
Testen, D.: The East Semitic Precative Paradigm, JSS 38 (1993) 1–13.
—: The I-*w* Verbal Class and the Reconstruction of the Early Semitic Preradical Vocalism, JAOS 114 (1994) 426–434.
—: The Derivational Role of the Semitic N-Stem, ZA 88 (1998) 127–145.
—: An Akkadian-Arabic Cognate-Pair and the Formation of Stem-Based Diminutives in Early Semitic, in: Deutscher/Kouwenberg (ed.) 2006, 140–149.
Tropper, J.: Akkadisch *nuḫḫutu* und die Repräsentation des Phonems /ḥ/ im Akkadischen, ZA 85 (1995) 58–66.
—: Probleme des akkadischen Verbalparadigmas, AoF 24 (1997) 189–210.
—: Die infirmen Verben des Akkadischen, ZDMG 148 (1998) 7–34.
—: Ugaritische Grammatik. Münster 2000 (= AOAT 273).
—: Der altäthiopische Status constructus auf *-a* aus sprachvergleichender Sicht,WZKM 90 (2000) 201–218 (= 2000a).
—: Eblaitisch und die Klassifikation der semitischen Sprachen, in: G. J. Selz (ed.), Festschrift für Burkhart Kienast. AOAT 274, Münster (2003) 647–657.

Tropper, J./Verreet, E.: Ugaritisch *NDY*, *YDY*, *HDY*, *NDD* und *D(W)D*, UF 20 (1988) 339–350.
Ungnad, A.: Zur Syntax der Gesetze Hammurabis, ZA 18 (1904/5) 1–67.
Voigt, R. M.: Die *tan*-Stämme und das System der Verbalformen im Akkadischen, ZDMG 137 (1987) 246–265.
—: The Classification of Central Semitic, JSS 32 (1987) 1–21 (= 1987a).
—: Akkadisch *šumma* "wenn" und die Konditionalpartikeln des Westsemitischen. AOAT 240, Neukirchen-Vluyn (1995) 517–528.
von Soden, W.: Der hymnisch-epische Dialekt des Akkadischen, Teil I, ZA 40 (1931) 163–227.
—: Der hymnisch-epische Dialekt des Akkadischen, Teil II, ZA 41 (1933) 90–183, 236.
—: Grundriß der akkadischen Grammatik. Rom 1952. ²1969. ³1995 (= AnOr. 33).
—: Akkadisches Handwörterbuch. Wiesbaden 1959–81.
—: Status rectus-Formen vor dem Genitiv im Akkadischen und die sogenannte uneigentliche Annexion im Arabischen, JNES 19 (1960) 163–171.
—: Zum Akkusativ der Beziehung im Akkadischen, Or. 30 (1961) 156–162.
—: Rezension zu Reiner 1966, OLZ 63 (1968) 345–350.
—: 1969 s. 1952.
—: Der akkadische Subordinativ-Subjunktiv, ZA 63 (1973) 56–58.
—: Zu einigen akkadischen Wörtern: 1. Die Zahl neunzig, ZA 67 (1977) 235–241.
—: Zu den semitischen und akkadischen Kardinalzahlen und ihrer Konstruktion, ZA 73 (1983) 82–91.
—: Ableitungen von Zahlwörtern im Semitischen, in: F. Rochberg-Halton (ed.), Language, Literature and History: Philological and Historical Studies Presented to Erica Reiner. New Haven 1987 (= AOS 67) 403–414.
—: Sonderfälle bei der regressiven Assimilation von *l*, *m* und *n* an stimmlose Konsonanten im Akkadischen, in: G. Mauer/U. Magen (ed.), Ad bene et fideliter seminandum. Festgabe für Karlheinz Deller zum 21. Februar 1987. Neukirchen-Vluyn 1988 (= AOAT 220) 269–285.
—: Deminutiva nach der Form *qutail* > *qutīl* und vergleichbare vierkonsonantige Bildungen im Akkadischen, in: A. S. Kaye (ed.), Semitic Studies in Honor of Wolf Leslau on the Occasion of his 85th Birthday. Wiesbaden (1991) 1488–1492.
—: 1995 s. 1952.
von Soden, W./ Röllig, W.: Das akkadische Syllabar. Rom ⁴1991 (= AnOr. 42).
Wasserman, N.: Style and Form in Old Babylonian Literary Texts. Leiden 2003 (= CM 27).
Wehr, H.: Arabisches Wörterbuch für die Schriftsprache der Gegenwart. Arabisch–Deutsch. Unter Mitwirkung von L. Kropfitsch. Wiesbaden ⁵1985.
Westenholz, A.: Some Notes on the Orthography and Grammar of the Recently Published Texts from Mari, BiOr. 35 (1978) 160–169.
—: The Phoneme /o/ in Akkadian, ZA 81(1991) 10–19.
—: Do not Trust the Assyriologists! (Some Remarks on the Transliteration and Normalization of Old Babylonian Akkadian), in: Deutscher/Kouwenberg (ed.) 2006, 252–260.
Westenholz, J. G.: Studying Poetic Language, Or. 66 (1997) 181–195.
Whiting, R. M.: The R stem(s) in Akkadian, Or. 50 (1981) 1–39.
—: Old Babylonian Letters from Tell Asmar. Chicaogo 1987 (= AS 22).
Woods, C.: The Grammar of Perspective. Leiden 2008 (= CM 32).